MÉMOIRES

DU DUC

DE SAINT-SIMON

PUBLIÉS PAR

MM. CHÉRUEL ET AD. REGNIER FILS

ET COLLATIONNÉS DE NOUVEAU POUR CETTE ÉDITION
SUR LE MANUSCRIT AUTOGRAPHE

AVEC UNE NOTICE DE M. SAINTE-BEUVE

TOME DIX-NEUVIÈME

PARIS
LIBRAIRIE HACHETTE ET Cie
BOULEVARD SAINT-GERMAIN, 79

1875
Tous droits réservés

MÉMOIRES

DU DUC

DE SAINT-SIMON

XIX

PARIS — IMPRIMERIE ARNOUS DE RIVIÈRE ET Cie
RUE RACINE, 26

MÉMOIRES

DE SAINT-SIMON.

CHAPITRE PREMIER.

Piége tendu au maréchal de Villeroy, qui y donne en plein. — Le maréchal de Villeroy arrêté, et conduit tout de suite à Villeroy. — Le Roi fort affligé. — Fuite inconnue de l'évêque de Fréjus, découvert à Basville, mandé, et de retour aussitôt. — Fureurs du maréchal de Villeroy. — Le Roi un peu apaisé par le retour si prochain de l'évêque de Fréjus; mesures à prendre avec cet évêque, et prises en effet; le duc de Charost déclaré gouverneur. — Désespoirs du maréchal de Villeroy; il dévoile la cause de la fuite de Fréjus, dont cet évêque se tire fort mal; sa joie et ses espérances fondées sur l'éloignement du maréchal. — Maréchal de Villeroy exilé à Lyon, mais avec ses fonctions de gouverneur de la ville et de la province; crayon léger de ce maréchal. — Le Roi tout consolé du maréchal de Villeroy. — Art et ambition de la conduite de Fréjus. — Confirmation et première communion du Roi. — Cardinal du Bois, sans plus d'obstacles, tout occupé de se faire brusquement déclarer premier ministre, employe Belle-Isle pour m'en parler. — Conversation singulière entre M. le duc d'Orléans et moi sur faire un premier ministre, dont je ne suis point d'avis. — Ennui du Régent le porte à faire un premier ministre, à quoi je m'oppose. — Comparaison du feu prince de Conti, gendre du dernier Monsieur le Prince. — Aveu sincère de M. le duc d'Orléans. — Considérations futures. — Cardinal du Bois bien connu de son maître. — Foiblesse incroyable du Régent. — Belle-Isle resté en embuscade; réponse que je lui fais. — Embuscade de Belle-Isle.

Le dimanche 12 août, M. le duc d'Orléans alla sur la fin de l'après-dînée travailler avec le Roi, comme il avoit accoutumé de faire plusieurs jours marqués de chaque semaine, et, comme c'étoit l'été, au retour de sa promenade, qui étoit toujours de bonne heure. Ce travail étoit de montrer au Roi la distribution d'emplois vacants, de bénéfices, de certaines magistratures, d'intendances, de récompenses de toute nature, et de lui expliquer en peu de mots les raisons des choix et des préférences, quelquefois des distributions de finances ; enfin les premières nouvelles étrangères, quand il y en avoit à sa portée, avant qu'elles devinssent publiques. A la fin de ce travail, où le maréchal de Villeroy assistoit toujours, et où quelquefois Monsieur de Fréjus se hasardoit de rester, M. le duc d'Orléans supplia le Roi de vouloir bien passer dans un petit arrière-cabinet, où il avoit un mot à lui dire tête à tête. Le maréchal de Villeroy s'y opposa à l'instant. M. le duc d'Orléans, qui lui tendoit le piége, l'y vit donner en plein avec satisfaction. Il lui représenta avec politesse que le Roi entroit dans un âge si voisin de celui où il gouverneroit par lui-même, qu'il étoit temps que celui qui, en attendant, étoit le dépositaire de toute son autorité, lui rendît compte des choses qu'il pouvoit maintenant entendre, et qui ne pouvoient être expliquées qu'à lui seul, quelque confiance que méritât quelque tiers que ce pût être, et qu'il le prioit de cesser de mettre obstacle à une chose si nécessaire et si importante, que lui Régent avoit peut-être à se reprocher de n'avoir pas commencé plus tôt, uniquement par complaisance pour lui. Le maréchal s'échauffant et secouant sa perruque, répondit qu'il savoit le respect qu'il lui devoit, et pour le moins autant ce qu'il devoit au Roi et à sa place, qui le chargeoit de sa personne et l'en rendoit responsable, et protesta qu'il ne souffriroit point que Son Altesse Royale parlât au Roi en particulier, parce qu'il devoit savoir tout ce qui lui étoit dit, beaucoup moins tête à tête dans un cabinet, hors de sa vue, parce que son devoir étoit de ne le perdre pas de vue un seul moment, et dans tous de répondre de sa personne. Sur ce propos, M. le duc d'Orléans le regarda fixement, et lui dit avec un ton de maître qu'il se méprenoit et s'oublioit ; qu'il devoit songer à qui il parloit et à la force de ses paroles, qu'il vouloit bien croire qu'il n'entendoit pas ; que le respect de la présence du Roi l'empêchoit de lui répondre comme il le méritoit et de pousser plus loin cette conversation : et tout de suite fit au Roi une profonde révérence, et s'en alla.

Le maréchal, fort en colère, le conduisit quelques pas, marmonnant et gesticulant sans que M. le duc d'Orléans fît semblant de le voir et de l'entendre, laissant le Roi étonné et le Fréjus riant tout bas dans ses barbes. Le hameçon[1] si bien pris, on se douta que le maréchal, tout audacieux qu'il étoit, mais toutefois bas et timide courtisan, sentiroit toute la différence de braver et de bavarder, d'insulter le cardinal du Bois, odieux à tout le monde et sentant encore la vile coque dont il sortoit, d'avec celle d'avoir une telle prise, et en présence du Roi, avec M. le duc d'Orléans, et de prétendre anéantir les droits et l'autorité du régent du royaume par les prétendus droits et autorité de sa place de gouverneur du Roi, et par ses termes de répondre de sa personne, les appuyer ouvertement sur ce qu'il y a de plus injurieux. On n'y fut pas trompé. Moins de deux heures après, on sut que le maréchal, se vantant de ce qu'il venoit de faire, avoit ajouté qu'il s'estimeroit bien malheureux que M. le duc d'Orléans pût croire qu'il eût voulu lui manquer, quand il n'avoit songé qu'à remplir son plus précieux devoir, et qu'il iroit chez lui dès le lendemain matin, pour en avoir un éclaircissement avec lui, dont il se flattoit bien que ce prince demeureroit content.

A tout hasard, on avoit pris toutes les mesures nécessaires dès que le jour fut arrêté pour tendre le piége au maréchal. On n'eut donc qu'à leur donner leur dernière forme, dès qu'on sut, dès le soir même, que le maréchal viendroit s'enferrer. Au delà de la chambre à coucher de M. le duc d'Orléans étoit un grand et beau cabinet, à quatre grandes fenêtres sur le jardin, et de plein pied à deux marches près, deux en face en entrant, deux sur le côté vis-à-vis de la cheminée, et toutes ces fenêtres

---

1. Voyez tome IV, p. 348 et note 1, et tome VIII, p. 181.

s'ouvroient en portes, depuis le haut jusqu'au parquet. Ce cabinet faisoit le coin, où les gens de la cour attendoient, et en retour étoit un cabinet joignant, où M. le duc d'Orléans travailloit, et faisoit entrer les gens les plus distingués ou favorisés qui avoient à lui parler. Le mot étoit donné. Artagnan, capitaine des mousquetaires gris, étoit dans cette pièce, qui savoit ce qui s'alloit exécuter, avec force officiers sûrs de sa compagnie, qu'il avoit fait venir, et d'anciens mousquetaires pour s'en servir au besoin, qui voyoient bien à ce préparatif qu'il s'agissoit de quelque chose, mais sans se douter de ce que ce seroit. Il y avoit aussi des chevau-légers répandus en dehors le long des fenêtres, et dans la même ignorance, et beaucoup d'officiers principaux et autres de M. le duc d'Orléans, tant dans sa chambre à coucher que dans ce grand cabinet.

Tout cela bien ordonné, arriva sur le midi le maréchal de Villeroy avec son fracas accoutumé, mais seul, sa chaise et ses gens restés au loin, hors la salle des gardes. Il entre en comédien, s'arrête, regarde, fait quelques pas; sous prétexte de civilité, on s'attroupe auprès de lui, on l'environne; il demande d'un ton d'autorité ce que fait M. le duc d'Orléans; on lui répond qu'il est enfermé et qu'il travaille; le maréchal élève le ton, dit qu'il faut pourtant qu'il le voie, qu'il va entrer, et dans cet instant qu'il s'avance, la Fare, capitaine des gardes de M. le duc d'Orléans, se présente vis-à-vis de lui, l'arrête, et lui demande son épée. Le maréchal entre en furie, et toute l'assistance en émoi. En ce même instant, le Blanc se présente. Sa chaise à porteurs, qu'on avoit tenue cachée, se plante devant le maréchal. Il s'écrie, il est mal sur ses jambes, il est jeté dans la chaise qu'on ferme sur lui, et emporté dans le même clin d'œil par une des fenêtres latérales dans le jardin, la Fare et Artagnan chacun d'un côté de la chaise, les chevau-légers et mousquetaires après, qui ne virent que par l'effet de quoi il s'agissoit. La marche se presse, descend l'escalier de l'orangerie du

côté des bosquets, trouve la grande grille ouverte, et un
carosse à six chevaux devant. On y pose la chaise : le
maréchal a beau tempêter, on le jette dans le carrosse.
Artagnan y monte à côté de lui, un officier des mousquetaires, sur le devant, et du Libois, un des gentilshommes
ordinaires du Roi, à côté de l'officier ; vingt mousquetaires, avec des officiers à cheval, autour du carrosse ; et
touche, cocher.

Ce côté du jardin, qui est sous les fenêtres de l'appartement de la Reine, occupé par l'infante, ne fut vu de
personne à ce soleil de midi, et quoique ce nombre de
gens qui se trouvèrent dans l'appartement de M. le duc
d'Orléans se dispersassent bientôt, il est étonnant qu'une
affaire de cette nature demeura[1] ignorée plus de deux
heures dans le château de Versailles. Les domestiques du
maréchal de Villeroy, à qui personne n'avoit osé rien dire
en sortant, je ne sais par quel hasard, attendirent toujours avec sa chaise près de la salle des gardes ; et ceux
qui étoient chez lui, dans les derrières des cabinets du
Roi, ne l'apprirent qu'après que M. le duc d'Orléans eût[2]
vu le Roi, et qu'il leur manda que le maréchal étoit allé à
Villeroy, où ils pouvoient lui aller porter ce qui lui étoit
nécessaire. Je reçus à Meudon le message convenu. J'allois me mettre à table, et ce ne fut que vers le souper
qu'il vint des gens de Versailles qui nous apprirent à tous
la nouvelle qui y faisoit grand bruit, mais un bruit fort
contenu que la qualité de l'exécution rendoit fort mesuré
par la surprise et la frayeur qu'elle avoit répandue[3].

Ce ne fut pas, après, un petit embarras que celui de
M. le duc d'Orléans pour en porter la nouvelle au Roi, dès
qu'elle fut répandue. Il entra dans le cabinet du Roi, d'où
il fit sortir tous les courtisans qui s'y trouvèrent, et n'y
laissa que les gens dont les charges leur donnoient cette

1. Ce verbe est bien à l'indicatif.
2. *Eût* (*eust*) est bien l'orthographe de Saint-Simon, qui écrit, sept mots plus loin, *manda*, et non *mandast*.
3. *Répandu*, sans accord, au manuscrit.

entrée, et il ne s'en trouva presque point. Au premier mot le Roi rougit; ses yeux se mouillèrent : il se mit le visage contre le dos d'un fauteuil, sans dire une parole, ne voulut ni sortir ni jouer. A peine mangea-t-il quelques bouchées à souper, pleura et ne dormit point de toute la nuit. La matinée et le dîner du lendemain 14 ne se passèrent guère mieux. Ce même jour 14, comme je sortois de dîner à Meudon avec beaucoup de monde, le valet de chambre qui me servoit me dit qu'il y avoit là un courrier du cardinal du Bois, avec une lettre, qu'il n'avoit pas cru me devoir amener à table devant toute cette compagnie. J'ouvris la lettre. Le cardinal me conjuroit de l'aller trouver à l'instant droit à la surintendance à Versailles, d'amener avec moi un homme sûr en état de courir la poste pour le dépêcher à la Trappe aussitôt qu'il m'auroit parlé, et de ne me point casser la tête à deviner ce que ce pouvoit être, parce qu'il me seroit impossible de le deviner, et qu'il m'attendoit avec la dernière impatience pour me le dire. Je demandai mon carrosse aussitôt, que je trouvai bien lent à venir des écuries, qui sont fort éloignées du château neuf que j'occupois.

Ce courrier à mener au cardinal pour le dépêcher à la Trappe me tournoit la tête : je ne pouvois imaginer ce qui pouvoit y être arrivé, qui occupât si vivement le cardinal dans des moments si voisins de celui de l'enlèvement du maréchal de Villeroy. La constitution, ou quelque fugitif important et inconnu découvert à la Trappe, et mille autres pensées m'agitèrent jusqu'à Versailles. Arrivant à la surintendance, je vis par-dessus la porte le cardinal du Bois à la fenêtre, qui m'attendoit, et qui me fit de grands signes, et que je trouvai au-devant de moi au bas du degré, comme je l'allois monter. Sa première parole fut de me demander si j'avois amené un homme qui pût aller en poste à la Trappe. Je lui montrai ce même valet de chambre qui en connoissoit tous les êtres pour y avoir été fort souvent avec moi, et qui étoit connu de lui de tout temps, parce que de tout temps il venoit chez moi, et que, petit abbé du Bois alors, il l'entretenoit souvent en m'attendant. Il me conta, en montant le degré, les pleurs du Roi, qui venoient bien d'augmenter par l'absence de Monsieur de Fréjus, qui avoit disparu, qui n'avoit point couché à Versailles, et qu'on ne savoit ce qu'il étoit devenu, sinon qu'il n'étoit ni à Villeroy ni sur le chemin, parce qu'ils venoient d'en avoir des nouvelles; que cette disparution[1] mettoit le Roi au désespoir, et eux dans le plus cruel embarras du monde; qu'ils ne savoient que penser de cette subite retraite, sinon peut-être qu'il étoit allé se cacher à la Trappe, où il falloit envoyer voir s'il y étoit, et tout de suite me conduisit chez M. le duc d'Orléans. Nous le trouvâmes seul, fort en peine, se promenant dans son cabinet, qui me dit aussitôt qu'il ne savoit que devenir, ni que faire du Roi, qui crioit après Monsieur de Fréjus, et ne vouloit entendre à rien, et de là à crier contre une si étrange fuite.

Peu de moments après arrivèrent le prince et le cardinal de Rohan, à qui l'arrêt du maréchal de Villeroy avoit ouvert toutes les portes; ils étoient suivis de Pezé. Son attachement et sa parenté de Mme de Ventadour, qui l'avoit fort familiarisé avec les deux frères, n'empêchoit pas qu'il ne fût fort aise de se voir délivré du maréchal de Villeroy, mais qui étant lié à Fréjus, étoit outré de cette escapade. Après plus de jérémiades que de résolutions, du Bois me pressa d'aller écrire à la Trappe. Tout étoit en désarroi chez M. le duc d'Orléans : ils parloient tous dans ce cabinet; impossible, à tout ce bruit, d'écrire sur son bureau, comme il m'arrivoit souvent quand j'étois seul avec lui. Mon appartement étoit dans l'aile neuve, et peut-être fermé, car on ne m'attendoit pas ce jour-là. J'eus plus tôt fait de monter chez Pezé, dont la chambre étoit proche, au-dessus de l'appartement [de la] Reine, et je m'y mis à écrire. Ma lettre étoit achevée, que Pezé, qui m'y avoit conduit et qui étoit redescendu aussitôt, remonta et me

1. Voyez tome IX, p. 192 et p. 244.

cria : « Il est trouvé, il est trouvé ; votre lettre est inutile, revenez-vous-en chez M. le duc d'Orléans ; » puis me conta que tout à l'heure un homme à M. le duc d'Orléans, qui savoit que Fréjus étoit ami des Lamoignons, avoit rencontré Courson dans la grande cour, qui sortoit du conseil des parties, à qui il[1] avoit demandé s'il ne sauroit point ce qu'étoit devenu Fréjus ; que Courson lui avoit dit qu'il ne savoit pas de quoi on étoit si en peine ; que Fréjus étoit allé la veille coucher à Basville, où étoit le président Lamoignon ; sur quoi cet homme de M. le duc d'Orléans lui avoit amené Courson pour le lui dire lui-même.

Nous arrivâmes, Pezé et moi, chez M. le duc d'Orléans, d'où Courson venoit de sortir. La sérénité y étoit revenue ; Fréjus fut bien brocardé, et le cardinal et le prince de Rohan ne s'y ménagèrent pas. Après un peu d'épanouissement, le cardinal du Bois avisa M. le duc d'Orléans d'aller porter au Roi cette bonne nouvelle, et de lui dire qu'il alloit dépêcher à Basville pour faire revenir son précepteur. M. le duc d'Orléans monta chez le Roi, et me dit qu'il alloit redescendre ; les deux frères s'en allèrent de leur côté avec Pezé, et je demeurai à attendre M. le duc d'Orléans avec le cardinal du Bois. Après avoir un peu raisonné sur cette fugue de Fréjus, il me conta qu'ils avoient des nouvelles de Villeroy ; que le maréchal n'avoit cessé de crier à l'attentat commis sur sa personne, à l'audace du Régent, à l'insolence de lui du Bois, ni de chanter pouille tout le chemin à Artagnan de se prêter à une violence si criminelle ; puis à invoquer les mânes du feu Roi, à exalter sa confiance en lui, l'importance de la place pour laquelle il l'avoit préféré à tout le monde ; le soulèvement qu'une entreprise si hardie, et qui passoit si fort le pouvoir du Régent, alloit causer dans Paris et dans tout le royaume, et le bruit qu'elle alloit faire dans tous les pays étrangers ; les choix du feu Roi, pour ce qu'il laissoit de plus précieux à conserver et à former, chassés,

---

1. Il y a *qu'il*, pour *qui il*.

d'abord le duc du Maine, lui ensuite; déplorations du sort du Roi, de celui de tout le royaume; puis des élans, puis des invectives, puis des applaudissements de ses services, de sa fidélité, de sa fermeté, de son invariable attachement à son devoir; après, de[s] railleries piquantes à du Libois, gardien né de tous les personnages qu'on arrêtoit, sur ce qu'il avoit été mis auprès de Cellamare, auparavant de l'ambassadeur de Savoie. Enfin ce fut un homme si étonné, si troublé, si plein de dépit et de rage, qu'il étoit hors de soi et ne se posséda pas un moment. Le duc de Villeroy, le maréchal de Tallart, Biron, furent à peu près ceux qui eurent la permission d'aller à Villeroy, presque aucun autre ne la demanda. Mais ce ne fut que le lendemain.

M. le duc d'Orléans revint de chez le Roi, qui nous dit que la nouvelle qu'il lui avoit portée l'avoit fort apaisé : sur quoi nous conclûmes qu'il falloit faire en sorte que Fréjus revînt dans la matinée du lendemain; que M. le duc d'Orléans le reçût à merveilles, prît tout pour bon ; l'amadouât, lui fît entendre que ce n'étoit que pour le ménager et lui ôter tout embarras s'il ne lui avoit pas confié le secret de l'arrêt du maréchal de Villeroy; lui en expliquer la nécessité avec d'autant plus de liberté que Fréjus haïssoit le maréchal, ses hauteurs, ses jalousies, ses caprices, et dans son âme seroit ravi de son éloignement et de posséder le Roi tout à son aise; le prier de faire entendre au Roi les raisons de cette nécessité; communiquer à Fréjus le choix du duc de Charost; lui en promettre tout le concert et les égards qu'il en pouvoit desirer; lui demander de le conseiller et le conduire; enfin prendre le temps de la joie du Roi du retour de Fréjus pour lui apprendre le choix du nouveau gouverneur, et le lui présenter. Tout cela fut convenu, et très-bien exécuté le lendemain.

Quand le maréchal le sut à Villeroy, il s'emporta d'une étrange manière contre Charost, dont il parla avec le dernier mépris d'avoir accepté sa place, mais surtout contre Fréjus, qu'il n'appeloit plus que traître et scélérat. Après les premiers[1], qui ne lui permirent que des transports et des fureurs d'autant plus violentes que la tranquillité qu'il apercevoit partout le détrompoit malgré[2] lui de la certitude où son orgueil l'avoit jeté que le Parlement, que les halles, que Paris se soulèveroit[3] si on osoit toucher à un personnage aussi important et aussi aimé qu'il se figuroit l'être, après l'avoir été à ses dépens, qu'on n'auroit jamais l'assurance ni les moyens de l'arrêter. Ces vérités, qu'il ne pouvoit plus se dissimuler, succédant si fort tout à coup aux chimères qui faisoient toute sa nourriture et sa vie, le mettoient au désespoir et hors de lui-même. Il s'en prenoit au Régent, à son ministre, à ceux qu'ils avoient employés pour l'arrêter, à ceux qui avoient manqué à le défendre, à tout ce qui ne se révoltoit pas pour le faire revenir et faire tête au Régent; à Charost, qui avoit osé lui succéder; surtout à Fréjus, qui l'avoit trompé, et qui le trahissoit d'une manière si indigne. Fréjus étoit celui contre lequel il étoit le plus irrité. Ses reproches d'ingratitude et de trahison pleuvoient sur lui sans cesse; tout ce qu'il avoit tenté près du feu Roi pour lui; comme il l'avoit protégé, assisté, logé, nourri; que sans lui il n'eût jamais été précepteur du Roi; et tout cela étoit exactement vrai. Mais la trahison qu'il rebattoit à tous moments, il l'expliqua enfin : il dit que Fréjus et lui s'étoient promis l'un à l'autre, dès les premiers jours de la régence, une indissoluble union, et que si, par des troubles et des événements qui ne se pouvoient prévoir, et qui n'étoient que trop communs dans le cours des régences, on entreprenoit d'ôter l'un d'eux d'auprès du Roi sans que l'autre le pût empêcher, et sans lui toucher, cet autre se retireroit sur-le-champ, et ne reprendroit jamais sa place que celle de l'autre ne lui fût rendue, et en même temps; et là-dessus,

1. Après les premiers emportements.
2. On lit ici le mot *de*, au manuscrit.
3. L'orthographe de Saint-Simon est *soulevroit*.

nouveaux cris de la perfidie que ce misérable, car les termes les plus odieux lui étoient les plus familiers, prétendoit sottement couvrir d'un voile de gaze en se dérobant pour aller à Basville, se faire chercher, et revenir aussitôt dans la frayeur de perdre sa place par la moindre résistance et le moindre délai, et prétendoit s'acquitter ainsi de sa parole et de l'engagement réciproque que tous deux avoient pris ensemble ; et de là retournoit aux injures et aux fureurs contre ce serpent, disoit-il, qu'il avoit réchauffé et nourri tant d'années dans son sein.

Ce récit revint promptement de Villeroy à Versailles avec les transports, les injures, les fureurs, non-seulement par ceux que le Régent y tenoit pour le garder honnêtement, et pour rendre un compte exact de tout ce qu'il disoit et faisoit jour par jour, mais par tout le domestique, tant des siens que de ceux qui furent à Villeroy, qui alloient et venoient, et devant qui il affectoit de se répandre[1] de plus belle, soit à table, soit passant par ses antichambres, ou faisant quelques tours dans ses jardins. Le contre-coup en fut pesant pour Fréjus, qui, avec toute la tranquillité apparente de son visage, en parut confondu. Il n'y répondit que par un silence de respect et de commisération, dans lequel il s'enveloppa. Toutefois, il ne put le garder tout entier au duc de Villeroy, au maréchal de Tallart, et à quelque[2] peu d'autres ; il s'en tira avec eux par leur dire tranquillement qu'il avoit fait tout ce qu'il avoit pu pour remplir un engagement qu'il ne nioit pas, mais qu'après y avoir satisfait autant qu'il étoit en lui, il avoit cru ne pouvoir se dispenser d'obéir aux ordres si exprès du Roi et du Régent, ni devoir abandonner le Roi pour opérer le retour du maréchal de Villeroy, qui étoit l'objet de leur engagement réciproque, et qu'il étoit sensible que l'opiniâtreté de son absence n'opéreroit pas. Mais parmi ces excuses si sobres, on sentoit la joie percer malgré lui de se trouver défait

1. Il y a *répandoit*, pour *répandre*.
2. Ce mot porte le signe du pluriel.

d'un supérieur si incommode, de n'avoir plus affaire qu'à un gouverneur dont il n'auroit qu'à se jouer, et de pouvoir désormais se conduire en liberté vers le grand objet où il avoit toujours tendu, qui étoit de s'attacher le Roi sans réserve, et de faire de cet attachement obtenu par toutes sortes de moyens, la base d'une grandeur qu'il ne pouvoit encore se démêler à lui-même, mais dont le temps et les conjonctures[1] lui apprendroient à en tirer les plus grands partis, et marcher en attendant fort couvert. On laissa le maréchal se reposer et s'exhaler cinq ou six jours à Villeroy, et comme il n'avoit aucun talent redoutable éloigné de la personne du Roi, on l'envoya à Lyon, avec la liberté d'exercer ses courtes fonctions de gouverneur de la ville et de la province, en prenant les mesures nécessaires pour le faire veiller de près, et laissant auprès de lui du Libois pour émousser son autorité par cet air de précaution et de surveillance qui lui ôtoit tout air de crédit. Il n'y voulut point recevoir d'honneurs en y arrivant. Une grande partie de son premier feu étoit jeté[2]; ce grand éloignement de Paris et de la cour, où tout étoit non-seulement demeuré sans le plus léger mouvement, mais dans l'effroi et la stupeur d'une exécution de cette importance, lui ôta tout reste d'espérance, rabattit ses fougues, et le persuada enfin de se comporter avec sagesse pour éviter un traitement plus fâcheux.

Telle fut la catastrophe de cet homme si fort au-dessous de tous les emplois qu'il avoit remplis, qui y montra le tuf dans tous, qui mit enfin la chimère et l'audace à la place de la prudence et de la sagesse, qui ne parut partout que frivole et comédien, et dont l'ignorance universelle et profonde, excepté de l'art de bas courtisan, laissa toujours percer bien aisément la croûte légère de probité et de vertu dont il couvroit son ingratitude, sa folle ambition, sa soif de tout ébranler pour se faire le chef de tous

1. *Conjectures*, au manuscrit.
2. Il y a bien *jeté*, au masculin.

au milieu de ses foiblesses et de ses frayeurs, et pour tenir un gouvernail dont il étoit si radicalement incapable. Je ne parle ici que depuis la régence. On a vu ici ailleurs en tant d'endroits le peu ou même le rien qu'il valoit en tout genre; comment son ignorance et sa jalousie perdit la Flandre, et presque l'État, puis sa fatuité poussée à l'extrême, lui-même, et les déplorables ressorts de son retour qu'il est inutile de s'y arrêter davantage. C'est assez de dire qu'il ne put jamais se relever de l'état où le jeta cette dernière folie, et que le reste de sa vie ne fut plus qu'amertume, regrets et mépris. Il avoit persuadé au Roi, et on en verra la preuve, si j'ai le temps de remplir jusqu'au bout ce que je me suis proposé, il avoit, dis-je, persuadé au Roi que lui seul, par sa vigilance et par ses précautions, conservoit sa vie, qu'on vouloit lui ôter par le poison; c'est ce qui fut la source des larmes du Roi quand il lui fut enlevé, et de son presque désespoir lorsque Fréjus disparut. Il ne douta point qu'on ne les eût écartés tous deux que pour en venir plus aisément à ce crime.

Le retour si prompt de Fréjus dissipa la moitié de sa crainte, la persévérance de sa bonne santé le délivra peu à peu de l'autre. Le précepteur, qui avoit un si grand intérêt à le conserver, et qui se sentoit si soulagé du poids du maréchal de Villeroy, ne s'oublia pas à tâcher d'éteindre de si funestes idées, conséquemment à en laisser tomber le criminel venin sur celui qui les avoit inspirées et persuadées. Il en craignoit le retour quand le Roi se trouveroit le maître, dont la majorité approchoit : délivré de son joug, il ne vouloit pas y retomber. Il savoit bien que les grands airs, les ironies et les manières d'autorité sur le Roi en public lui étoient insupportables, et que le maréchal ne tenoit au Roi que par ces affreuses idées de poison. Les détruire c'étoit laisser le maréchal à nu, et pis que cela, montrer au Roi, sans paroître le charger, le criminel intérêt de lui donner ces alarmes, et la fausseté et l'atrocité de l'invention d'une telle calomnie. Ces réflexions, que la santé du Roi confirmoit chaque jour, sapoient toute estime, toute reconnoissance, laissoient même la bienséance en liberté de ne rapprocher pas de soi, quand il en seroit le maître, un si noir imposteur et si intéressé. Fréjus sut user de ces moyens pour se mettre pour toujours à l'abri de tout retour du maréchal, et de s'attacher le Roi sans réserve : on n'en a que trop senti depuis le prodigieux succès.

Cette expédition fut aussitôt après suivie de la confirmation du Roi par le cardinal de Rohan, et de sa première communion, qui lui fut administrée par le même cardinal, son grand aumônier.

Défait enfin du maréchal de Villeroy, le cardinal du Bois n'eut plus d'obstacle pour se faire déclarer premier ministre. Il crut même avec raison devoir profiter de l'étonnement et de la stupeur où cet [événement[1]] avoit jeté toute la cour, la ville, et plus que tous le Parlement, pour achever brusquement cet ouvrage également audacieux et odieux. Son pouvoir sur l'esprit de son maître étoit sans bornes, et il avoit pris soin de le faire connoître tel pour se rendre redoutable à tout le monde. Ce n'étoit pas que les affaires en allassent mieux. Tout languissoit, celles du dehors comme celles du dedans ; il n'y donnoit ni temps ni soins, qu'en très-légère apparence, et seulement pour les retenir toutes à soi, où elles se fondoient et périssoient toutes. Son crâne étroit n'étoit pas capable d'en embrasser plus d'une à la fois, ni aucune qui n'eût un rapport direct et nécessaire à son intérêt personnel. Il n'avoit été occupé que d'amener tout à soi, et de conduire son maître au point de n'oser, sans lui, remuer la moindre paille, encore moins décider rien que par son avis, et conformément à son avis, en sorte qu'en grâces comme en affaires, en choses courantes comme en choses extraordinaires, il ne s'agissoit plus de M. le duc d'Orléans, à qui personne, pas même aucun ministre, n'osoit aller

1. On lit ici *étonnement*, pour *événement*.

pour quoi que ce fût, sans l'aveu et la permission du cardinal, dont le bon plaisir, c'est-à-dire l'intérêt et le caprice, étoit devenu l'unique mobile de tout le gouvernement. M. le duc d'Orléans le voyoit, le sentoit ; c'étoit un paralytique qui ne pouvoit être remué que par le cardinal, et dans lequel, à cet égard, il n'y avoit plus de ressource.

Cet état causoit, mais sourdement, un gémissement général, par la crainte qu'avoit répandue de soi cet homme qui pouvoit tout, qui ne connoissoit aucune mesure, et qui s'étoit rendu terrible. Je m'en affligeois plus que personne, par amour pour l'État, par attachement pour M. le duc d'Orléans, par la vue de suites nécessaires, et plus que personne je voyois évidemment qu'il n'y avoit point de remède, par ce que je connoissois et j'approchois de plus près que personne. Malgré un empire si absolu et si peu contredit, l'usurpateur du pouvoir suprême me craignoit encore, et me ménageoit. Il n'avoit pu que contraindre la confiance de M. le duc d'Orléans en moi, sa familiarité, l'habitude, le goût, je n'oserois dire le soulagement de me voir et de me parler jusque dans sa contrainte, dont il s'échappoit quelquefois, et ma liberté, ma vérité, dirai-je encore le désintéressement qui me rendoit hardi à n'écouter que le bien de l'État et mon attachement pour le Régent, pour lui parler ou lui répondre, retenoit le cardinal en des mesures qu'il ne gardoit que pour moi, et qui me forçoient d'en conserver avec lui.

Dans cette situation personnelle, parmi tout ce mouvement, le cardinal me détacha Belle-Isle, pour me tourner sur la déclaration de premier ministre, et tâcher non-seulement de ranger tout obstacle de mon côté, mais de n'oublier rien pour me rendre capable de l'y servir. Cet entremetteur s'y prit avec tous les tours et toute l'adresse possible. Il me représenta que, par tout ce [que] nous voyions, il ne s'agissoit que du plus tôt ou du plus tard ; que ne m'y. pas prêter de bonne grâce n'empêcheroit pas à la fin que le cardinal ne l'emportât, et m'exposeroit à toute sa haine, dont je voyois tous les jours la violence, la suite, la durée, le pouvoir ; au lieu qu'en le servant en chose qui étoit le but de ses plus ardents desirs, et chose que tôt ou tard il n'étoit en ma puissance ni en celle de qui que ce fût de pouvoir empêcher, je devois être assuré d'une reconnoissance proportionnée, qui me feroit partager et les affaires et l'autorité de ce maître du Régent et du royaume. Je répondis à Belle-Isle qu'il pouvoit bien juger que je ne pouvois penser qu'il me vînt faire une telle proposition de lui-même, et il m'avoua sans peine que le cardinal l'avoit chargé de me la faire, et qu'il ne lui avoit pas même défendu de me le dire.

C'étoit pour m'embarrasser que le cardinal s'y prit de la sorte, en me réduisant de la sorte à répondre comme si c'eût été à lui-même. Je dis donc à Belle-Isle de remercier le cardinal de cette confiance, que j'accompagnai de force compliments ; que la chose étoit de telle importance qu'elle valoit bien la peine de se donner le temps d'y penser ; qu'en attendant, je lui dirois ce qui me venoit dans l'esprit : qu'il me paroissoit que le cardinal possédoit tous les avantages d'un premier ministre, déclaré tel par les plus expresses patentes ; que de se les faire expédier ne lui acquerroit[1] rien de plus du côté du pouvoir, de l'autorité, des pleines et entières fonctions, mais que le titre, joint à l'effet et à la substance qu'il possédoit et qu'il exerçoit sans contredit dans la plus vaste étendue, lui soulèveroit ceux qui étoient tout accoutumés à le voir et le sentir le maître ; et que, si quelque chose pouvoit être capable de jeter par la suite des nuages entre M. le duc d'Orléans et lui, ce seroit la jalousie et les soupçons qui naîtroient de cette qualité de premier ministre ; que je suppliois le cardinal, comme son serviteur, de peser cette première réflexion qui me frappoit sur cette affaire, de

1. Saint-Simon écrit ici *acquereroit*, et quatre lignes plus loin, *soulevroit*. Voyez ci-dessus, p. 10 et note 3.

sentir que le nom public et déclaré n'ajouteroit quoi que ce soit à ce qu'il possédoit et qu'il exerçoit en toute plénitude, et à quoi tout étoit déjà ployé et accoutumé ; que ce nom de plus n'en rendoit pas la consistance plus stable, parce que, dans la supposition, pour tout prévoir, qu'il pût arriver qu'on lui voulût ôter le maniement des affaires, le titre, les patentes, l'enregistrement et toutes les formes dont il seroit revêtu, ne le rendroient pas plus difficile à congédier que s'il n'en avoit point obtenu ; que ces choses, ne faisant donc ni accroissement pour lui, ni obstacles, ni rempart quelconque à une chute, ne lui devenoient plus qu'un fardeau inutilement ajouté, mais avec danger d'en pouvoir [être] entraîné, au lieu que, s'en tenant à sa situation présente, il jouissoit également de tout le pouvoir qu'il pouvoit se proposer, et qui étoit tel que nul titre ne pouvoit l'accroître, qu'il ne réveilloit et ne révoltoit personne par aucune nouveauté ; qu'il ne semoit ni soupçon, ni jalousie, ni nuages dans l'esprit de M. le duc d'Orléans, dont le germe pouvoit produire des repentirs avec le temps, et de là des suites ; que l'intérêt de tous les deux n'étoit que de bien envisager la proximité de la majorité, et de se conduire de telle sorte l'un et l'autre, que l'habitude et la volonté du Roi majeur, maître accessible, succédât en leur faveur à ce que la nécessité avoit fait pour le duc d'Orléans, avoit fait pour lui par le droit de sa naissance, et à ce que l'estime, la confiance et le goût avoient obtenu de M. le duc d'Orléans pour lui.

Mon but dans ce raisonnement, qui au fond étoit vrai et solide, étoit d'éloigner tout engagement sans me rendre suspect de mauvaise volonté, et de tâcher de détourner le cardinal d'entreprendre ce que je sentois bien que je tenterois en vain d'empêcher, mais que toutefois il n'étoit pas en moi de ne pas tenter par toutes sortes de considérations d'honneur, de probité, de fidélité pour l'État et pour l'intérêt personnel de M. le duc d'Orléans. Belle-Isle avoit trop d'esprit et de sens pour ne pas sentir la force de ce que jé lui exposois ; mais il connoissoit trop bien le cardinal du Bois et sa passion effrénée pour le titre public de premier ministre, pour espérer la moindre impression sur lui de mon raisonnement, autre que le dépit, la fougue et la violence d'un torrent qui ne cherche qu'à renverser toutes les digues qui se rencontrent sur son chemin, et qui à la fin les brise. Il m'en avertit, se remit sur tout ce que je me pouvois promettre en servant une passion si véhémente, et n'oublia rien de tout ce qu'il crut avoir le plus de prise sur moi pour me toucher et m'ébranler, convenant d'ailleurs avec moi de la tristesse de l'état des choses et d'une pareille nécessité. Toutefois je demeurai ferme sur le principe secret qui me conduisoit. Je tâchai de lui faire entendre que des raisonnements sages et qui n'alloient à rien moins qu'à diminuer le cardinal en quoi que ce soit, n'étoient pas un refus, mais que j'estimois préalable à tout de lui présenter des réflexions qui n'alloient qu'à ses avantages avant que d'aller plus loin.

Belle-Isle n'en pouvant tirer plus, se résolut de rendre compte au cardinal de tout ce que je lui avois dit, et comme le cardinal ne pouvoit penser à autre chose, ce fut dès le soir même qu'il le lui rendit. Il en arriva ce qu'il en avoit prévu. Dès le lendemain il me le renvoya avec des promesses nonpareilles, non-seulement de conduire toutes les affaires par mon conseil et de partager toute l'autorité avec moi, mais de faire tout ce que je voudrois, et ce qu'il savoit qui me touchoit le plus sur le rétablissement de tout ordre, droits et justice dans les points qu'on me savoit sensibles, où le désordre étoit devenu plus grand. Je ris en moi-même de tant de magnifiques appas[1]. Du Bois me croyoit sans doute aussi dupe que le cardinal de Rohan, à qui il avoit si solennellement promis de le faire premier ministre, et qui avoit été assez simple et assez follement ambitieux pour s'en

---

1. Voyez tome XIII, p. 51 et note 1.

être laissé pleinement persuader. Mais ce manége, tout faux qu'il fût, m'acculoit de façon à ne pouvoir plus reculer. Toute mon adresse ne buta¹ qu'à m'assurer le privilége des Normands, dont il n'est rien de plus rare que de tirer un oui ou un non. J'eus recours à véritablement bavarder sur l'incertitude et la volubilité de M. le duc d'Orléans, qui change en un moment tout ce qu'on croit tenir de sa facilité, de son crédit sur lui, des impressions qu'il a reçues des raisons qu'on lui a présentées, après quoi très-souvent on se trouve non-seulement à recommencer, mais plus éloigné que l'on n'étoit avant d'avoir proposé; que ce que je ferois, ce seroit de le sonder et de profiter de ce que je trouverois de favorable à mon dessein, la première fois que je le verrois. J'ajoutai que je disois la première fois que je le verrois, parce que, si j'allois le trouver en jour qui n'étoit pas l'ordinaire, il seroit dès là en garde sur ce qui m'amèneroit, et par là je gâterois toute la besogne. Ce que j'alléguois en effet pour différer et gagner temps étoit en effet tellement dans le vrai du caractère toujours soupçonneux de M. le duc d'Orléans, et si parfaitement connu du cardinal, et même de Belle-Isle, par ce qu'il en savoit de ceux qui en avoient l'expérience par eux-mêmes, que Belle-Isle s'en contenta, et le cardinal aussi, qui me le renvoya le lendemain pour me le dire, me faire des remerciements infinis, des promesses réitérées, surtout bien confirmer la bonne volonté que je lui témoignois, et tout doucement m'insinuer et me recorder² ma leçon.

Enfin, mon jour ordinaire venu, il me fallut aller chez M. le duc d'Orléans, à Versailles, pour y arriver à mon heure, qui étoit sur les quatre heures après midi, temps où il n'y avoit plus personne chez lui. Entrant tout de suite, je trouvai Belle-Isle seul dans ce grand cabinet, où le maréchal de Villeroy avoit été arrêté, qui m'attendoit au passage, pour me recommander l'affaire, et tâcher de

1. Voyez tome IV, p. 346 et note 1.
2. Voyez tome VI, p. 335 et note 1.

la bombarder[1], proposition qu'il ne m'avoit point faite jusqu'alors, et qui venoit apparemment tout fraîchement d'éclore du cerveau embrasé du cardinal. Belle-Isle me lâcha ce saucisson dans l'oreille. Je passai sans m'arrêter, et j'entrai dans le cabinet de M. le duc d'Orléans.

Après quelques moments de conversation, je mis sur son bureau les papiers dont j'avois à lui rendre compte. Il se mit à son bureau, et je m'assis vis-à-vis de lui, comme j'avois accoutumé. Je trouvai un homme occupé, distrait, qui me faisoit répéter, lui qui étoit au fait avant qu'on eût achevé, et qui se plaisoit assez souvent à mêler quelques plaisanteries dans les affaires les plus sérieuses, surtout avec moi, à placer quelques bourles[2] et quelques disparates pour m'impatienter, et s'éclater de rire de la colère où cela me mettoit toujours, et à se divertir de ce que je ne m'y accoutumois point. Cette distraction et ce sérieux me donna lieu, au bout de quelque temps, de lui en demander la cause. Il balbutia, il hésita et ne s'expliqua point. Je me mis à sourire et à lui demander s'il étoit quelque chose de ce qu'on m'avoit dit tout bas, qu'il pensoit à faire un premier ministre et à choisir le cardinal du Bois. Il me parut que ma question le mit au large, et que je le tirois de l'embarras de s'en taire avec moi, ou de m'en parler le premier. Il prit un air plus serein et plus libre, et me dit qu'il étoit vrai que le cardinal du Bois en mouroit d'envie; que, pour lui, il étoit las des affaires et de la contrainte où il étoit à Versailles d'y passer tous les soirs à ne savoir que devenir; que du moins il se délassoit à Paris par des soupers libres dont il trouvoit la compagnie sous sa main, quand il vouloit quitter le travail, ou au sortir de sa petite loge de l'Opéra. Mais qu'avoir la tête rompue toutes les journées d'affaires pour n'avoir les soirs qu'à s'ennuyer, cela passoit ses

1. Voyez tome I, p. 19, tome X, p. 5, etc.
2. *Bourle*, plaisanterie. C'est le mot italien *burla*, d'où vient *burlesque*. Voyez *le Bourgeois gentilhomme* de Molière, acte III, scène XIII, texte de l'édition originale.

forces et l'inclinoit à se décharger sur un premier
ministre, qui lui donneroit du repos dans les journées et
la facilité de s'aller divertir à Paris. Je me mis à rire, en
l'assurant que je trouvois cette raison tout à fait solide,
et qu'il n'y avoit pas à y répliquer. Il vit bien que je me
moquois, et me dit que je ne sentois ni la fatigue de ses
journées, ni le vide presque aussi accablant de ses soirées, qu'il n'y avoit qu'un ennui horrible chez Mme la
duchesse d'Orléans, et qu'il ne savoit où donner de la
tête.

Je répondis que de la façon dont j'étois avec Mme la
duchesse d'Orléans depuis le lit de justice des Tuileries,
je n'avois rien à dire sur ce qui la regardoit, mais que je
le trouvois bien à plaindre si cette ressource d'amusement lui manquoit, de ne savoir pas s'en faire d'autres,
lui régent du royaume, avec autant d'esprit, d'ornement
dans l'esprit de toutes les sortes, et d'aussi bonne compagnie quand il lui plaisoit; que je le priois de se souvenir de ce qu'il avoit vu du feu prince de Conti, à qui
il n'étoit inférieur en rien, sinon en délaissement de soi-
même, et faire une comparaison de ce prince avec lui;
que le Roi le haïssoit, et le témoignoit d'une façon si
marquée et si constante que personne ne l'ignoroit; qu'il
étoit donc non-seulement sans crédit, mais qu'il n'étoit
point de courtisan qui ne sentît qu'on déplaisoit au Roi
de le fréquenter, qu'il n'avoit pas oublié non plus dans
quelle frayeur on étoit de lui déplaire, et que le desir de
lui être agréable étoit généralement poussé jusqu'à l'esclavage et aux plus grandes bassesses; que nonobstant
des raisons si puissantes sur l'âme d'une cour aussi com-
plétement asservie, il avoit vu que le prince de Conti n'y
paroissoit jamais, et il y étoit assidu, que dans l'instant
il ne fût environné de tout ce qu'il y avoit de plus grand,
de meilleur, de plus distingué de tout âge; qu'on se pelo-
tonnoit autour de lui; que tous les matins sa chambre
étoit remplie à Versailles du plus important et du plus
brillant de la cour, où on étoit assis en conversation

toujours curieuse et agréable, et où on se succédoit les uns aux autres deux et trois heures durant; qu'à Marly, où tout étoit bien plus sous les yeux du Roi qu'à Versailles, non-seulement le prince de Conti étoit environné dans le salon dès qu'il y paroissoit, mais que ce qui composoit la plus illustre, la plus distinguée, la plus importante compagnie, s'asseyoit en cercle autour de lui, et en oublioit souvent les moments de se montrer au Roi, et les heures des repas. Dans la journée, à la cour comme à Paris, ce prince n'étoit jamais à vide ni embarrassé de passer d'agréables soirées, tout cela sans le secours de la chasse ni du jeu, qui n'étoient pour lui que des effets rares de complaisance, et nullement de son goût. Jamais dans l'obscur, dans le petit, dans la crapule; ses débauches avec gens de bonne compagnie, et de si bon aloi qu'en leur genre ils faisoient honneur partout; d'ailleurs bonnes lectures de toute espèce et fréquentation chez lui de gens de toute robe et de diverses sciences, outre les gens de guerre et de cour, à tous lesquels il parloit leur propre langage, et les savoit ravir en se mettant à leur unisson; attentif à plaire au valet comme au maître par une coquetterie pleine de grâces et de simplicité qui étoit née avec lui. La princesse, sa femme, pour qui il avoit toutes sortes d'égards, mais qui ne savoit que jouer, ne lui étoit point un obstacle, quoique il vécût comme point avec elle, et qu'il n'y pût trouver la moindre ressource. Il rendoit avec attention et distinction ce qui étoit dû à chacun; il étoit attentif à flatter chaque seigneur, chaque militaire, par des faits anciens ou nouveaux qu'il savoit placer naturellement; il entendoit merveilleusement à faire des récits agréables, où eux ou les leurs se trouvoient avec distinction. En un mot, c'étoit un Orphée qui savoit amener autour de soi les arbres et les rochers par les charmes de sa lyre, et triompher de la haine du feu Roi, si redouté jusqu'au milieu de sa cour, sans paroître y prendre la moindre peine, et avoir toutes les dames à son commandement par l'agrément de sa politesse et la discrétion de sa galantarie. En un mot, le contraste le plus parfait de Monsieur le Duc, devant qui tout fuyoit, tout se cachoit comme devant un ouragan, et qui passoit sa vie dans la tristesse, dans l'ennui, dans l'embarras que faire, où aller, que devenir, et dans la rage de toutes les espèces de jalousies, ayant toutefois beaucoup d'esprit, de savoir, de valeur, et toute la faveur de sa double alliance avec le bâtard favori et la bâtarde du feu Roi.

Je demandai ensuite à M. le duc d'Orléans qui l'empêchoit d'imiter ce prince de Conti, ayant autant ou plus d'esprit et de savoir que lui, sachant autant de faits d'histoire, de guerre et de cour que lui, n'ayant pas moins de valeur, et de plus commandé les armées, vu l'Espagne à revers, non moins de grâce et de mémoire pour des récits et des conversations charmantes, et, outre tous ces avantages encore plus grands que dans le prince de Conti, se trouvant, au lieu de la disgrâce dont ce prince n'étoit jamais sorti, tenir les rênes du gouvernement et la balance des grâces, qui seule mettoit tout le monde à ses pieds, et lui présentoit à choisir, à son gré, parmi tout ce qu'il y avoit de meilleur en chaque genre. J'ajoutai que pour cela il n'y avoit qu'un pas à faire, qui étoit de préférer la bonne compagnie à la mauvaise, de la savoir distinguer et attirer, de souper joyeusement, mais sensément avec elle; de sentir que ses soupers devenoient honteux passé dix-huit ou tout au plus vingt ans, où le grand bruit, les propos sans mesure, sans honnêteté, sans pudeur, faisoient injure à l'homme; où une ivresse continuelle le déshonoroit, qui bannissoit tout ce qui n'avoit même qu'un reste d'honneur extérieur et de maintien, et d'où la crapule et l'obscurité des convives si déshonorés repoussoit tout homme qui ne vouloit pas l'être, et dont le public lui faisoit un mérite; que de tout cela je concluois que l'ennui de ses soirées à Versailles n'étoit que volontaire, que celles qu'il y regrettoit et qu'il alloit chercher à Paris ne seroient pas souffertes à aucun particulier de la moitié de son âge, sans être éconduit de toutes les compagnies où il voudroit se présenter, et que ce qu'il n'avoit pas voulu retrancher pour Dieu, il le bannît du moins pour les hommes et pour luimême; que rien ne l'empêchoit d'avoir à Versailles un souper pour les gens distingués de la cour, de la meilleure compagnie, qui s'empresseroient tous d'y être admis, quand elle seroit sur le pied de n'être point mêlée, ni salie d'ordures, d'impiétés et d'ivrognerie, dont à ne considérer que son âge, son rang et son état, le temps en étoit de bien loin outre-passé pour lui; que la proximité de la majorité l'y convioit encore pour ôter de dessus lui des prises si funestes et si sensibles qui seules pouvoient l'écarter bien loin, et dont il ne pouvoit se dissimuler l'indignation publique, le mépris dans lequel nageoient, pour ainsi dire, les obscurs compagnons de ses scandaleuses soirées, tout ce qui en rejaillissoit sans cesse sur lui, le crédit qu'elles donnoient à tout ce que ses ennemis vouloient imaginer et les pernicieuses semences qui s'en jetoient pour des temps même peu éloignés. Je conclus par le prier de se souvenir qu'il y avoit des années que je gardois un silence exact sur sa conduite personnelle, et que je ne lui en parlois maintenant que parce qu'il m'y avoit forcé en me montrant l'abîme où l'abandon à cette conduite l'alloit précipiter, de se dégoûter des affaires par l'ennui de ses soirées, et de chercher à s'en délivrer, par se décharger sur un premier ministre.

M. le duc d'Orléans eut la patience d'écouter, les coudes sur son bureau et sa tête entre ses deux mains, comme il se mettoit toujours quand il étoit en peine et embarras et qu'il se trouvoit assis, d'écouter, dis-je, cette pressante râtelée, bien plus longue que je ne l'écris. Comme je l'eus finie, il me dit que tout cela étoit vrai, et qu'il y avoit pis encore; c'étoit, ajouta-t-il, qu'il n'avoit plus besoin de femmes, et que le vin ne lui étoit plus de rien, même le dégoûtoit. « Mais, Monsieur, m'écriai-je, par cet aveu, c'est donc le diable qui vous possède, de vous perdre pour l'autre monde et pour celui-ci, par les deux attraits dont il séduit tout le monde, et que vous convenez n'être plus de votre goût ni de votre ressort que vous avez usé; mais à quoi sert tant d'esprit et d'expérience; à quoi vous servent jusqu'à vos sens, qui, las de vous perdre, vous font malgré eux sentir la raison? Mais avec ce dégoût du vin et cette mort à Vénus, quel plaisir vous peut attacher à ces soirées et à ces soupers, sinon du bruit et des guculées qui feroient boucher toute autre oreille que les vôtres, et qui, plaisir d'idées et de chimères, est un plaisir que le vent emporte aussitôt, et qui n'est plus que le déplorable partage d'un vieux débauché qui n'en peut plus, qui soutient son anéantissement par les misérables souvenirs que réveillent les ordures qu'il écoute? » Je me tus quelques moments, puis je le suppliai de comparer des plaisirs honteux de tous points, des plaisirs même qui se déroboient à lui sans espérance de retour avec des amusements honnêtes, décents, des délassements de son âge, de son rang, de la place qu'il tenoit dans l'État, et que, sous un autre nom, il devoit tâcher de conserver après la majorité: des amusements qui le montreroient tel qu'il étoit, et qui lui concilieroient tout le monde, par l'honneur de vivre quelquefois avec lui, et par les espérances qui s'y attacheroient et qui lui attacheroient dès lors tous ceux qui les concevroient pour eux ou pour les leurs, ceux même qui seroient au-dessus et au-dessous de ces espérances, par la joie de voir enfin mener une vie raisonnable et digne au maître de toutes les affaires et de toutes les fortunes, et d'être délivrés de la frayeur de voir, avec le temps, le Roi tomber dans des égarements plus pardonnables à la jeunesse, dont il lui donneroit l'exemple, mais si insupportables sur le trône, et si peu connus des têtes couronnées, plus étroitement esclaves de toutes bienséances, et plus nécessairement que pas un de leurs sujets. Je lui dis encore de penser à ce que diroit la cour, la ville, toute la France et les pays étrangers, de voir un régent de son âge, et qui s'étoit montré si capable de l'être, l'abdiquer, pour ainsi dire, et en revêtir un autre, pour vaquer à la débauche plus librement et avec plus de loisir; et quelle prise ne donneroit-il pas sur lui à ses ennemis, aux mécontents, aux brouillons, aux ambitieux, d'intriguer auprès du Roi pour le faire remercier des soins qu'il ne vouloit plus prendre, puisqu'il s'en étoit déchargé sur un autre, et de congédier cet autre, qui n'auroit plus de soutien, pour le remplacer d'un ou de plusieurs de son goût et de son choix; et que devient alors un prince de sa naissance, après avoir si longtemps régné, tombé tout à coup dans l'anéantissement de l'état particulier, et qui n'en jouit même que parmi les craintes et les soupçons qu'on a ou qu'on fait semblant d'avoir, pour les inspirer à un roi encore sans expérience et sans réflexion, facile à être conduit où on le veut mener. Je terminai cette reprise par l'exemple de Gaston, confiné à Blois, où il passa les dernières années de sa vie, et où il mourut dans la situation la plus triste, la plus délaissée, on n'ose dire d'un fils de France la plus méprisée.

Je crus alors en avoir dit assez, peut-être même trop, emporté par la matière, et devoir attendre ce que cela produiroit. Après un peu de silence, M. le duc d'Orléans se redressa sur sa chaise : *Hé bien !* dit-il, *j'irai planter mes choux à Villers-Cotterets;* se leva et se mit à se promener dans le cabinet, et moi avec lui. Je lui demandai qui le pouvoit assurer qu'on les lui laisseroit planter en paix et en repos, même en sûreté; qu'on ne lui chercheroit pas mille noises sur son administration; que sur le pied qu'on l'avoit fait passer en France et en Espagne, du temps du feu Roi, qui est-ce qui pouvoit lui répondre qu'on ne lui feroit pas accroire qu'il trameroit des mouvements et de dangereux complots, et qu'on ne parvînt à effrayer trop fortement le Roi, encore sans Dauphin, d'un prince d'autant d'esprit, de valeur, de capacité, qui avoit si longtemps régné sous un autre nom, qui ne pouvoit être destitué de gens de main et de créatures, mais justement piqué, outré de son état présent, et qui se trouvoit jusqu'alors héritier présomptif de la couronne, avec la liaison la plus intime, si soigneusement achetée et ménagée entre lui et les Anglois, qui gouvernoient l'Empereur et la Hollande. Il y eut encore là quelques tours de cabinet en silence, après lesquels il m'avoua que cela méritoit réflexion, et continua une douzaine de tours en silence.

Se trouvant à la muraille, au coin de son bureau, où il y avoit par hasard deux tabourets, j'en vois encore la place, il me tira par le bras sur l'un en s'asseyant sur l'autre, et se tournant tout à fait vers moi, me demanda vivement si je ne me souvenois pas d'avoir vu du Bois valet de Saint-Laurent, et se tenant trop heureux de l'être; et de là, reprit tous les degrés et tous les divers états de sa fortune, jusqu'au jour où nous étions, puis s'écria : « Et il n'est pas content; il me persécute pour être déclaré premier ministre, et je suis sûr, quand il le sera, qu'il ne sera pas encore content; et que diable pourroit-il être au delà? » Et tout de suite se répondant à lui-même : « Se faire Dieu le Père, s'il pouvoit. — Oh! très-assurément, répondis-je, c'est sur quoi on peut bien compter; c'est à vous, Monsieur, qui le connoissez si bien, à voir si vous êtes d'avis de vous faire son marchepied, pour qu'il vous monte sur la tête. — Oh ! je l'en empêcherois bien, » reprit-il. Et le voilà de nouveau à se promener par son cabinet, sans plus rien dire, ni moi non plus, tout occupé que j'étois de ce *je l'en empêcherois bien*, à la suite d'une conversation si forte et de ce vif récit et encore plus vivement terminé qu'il venoit de me faire de la vie du cardinal du Bois *ab incunabulis*[1] jusqu'alors, où je ne l'avois point porté ni donné aucune occasion. Cette seconde promenade dura assez de temps et toujours en silence, lui la tête basse comme quand il

---

1. Depuis le berceau.

étoit embarrassé et peiné, moi comme ayant tout dit, et attendant ce qui sortiroit de ce silence après une telle conversation. Enfin il se remit à son bureau à sa place ordinaire, et moi vis-à-vis de lui assis, lui, comme d'abord, ses coudes sur le bureau, sa tête fort basse entre ses deux mains.

Il demeura plus d'un demi-quart d'heure de la sorte, sans remuer, sans ouvrir la bouche ni moi non plus qui n'ôtois pas les yeux de dessus lui. Cela finit par soulever sa tête sans remuer d'ailleurs, l'avancer vers moi et me dire d'une voix basse, foible, honteuse, avec un regard qui ne l'étoit pas moins : *Mais pourquoi attendre, et ne le pas déclarer tout à l'heure?* Tel fut le fruit de cette conversation. Je m'écriai : « Ah ! Monsieur, quelle parole ! Qui est-ce qui vous presse si fort? N'y serez vous pas toujours à temps ? donnez-vous au moins le temps de la réflexion à tout ce que nous venons de dire, et à moi de vous expliquer ce que c'est qu'un premier ministre et le prince qui le fait. » Il remit doucement sa tête entre ses deux mains sans répondre une seule parole. Quoique atterré d'une résolution si prompte après ce que lui-même avoit dit des degrés et de l'ambition du cardinal du Bois, je sentis que le salut de la chose, si tant étoit qu'il se pût espérer, n'étoit plus dans les raisons d'opposition, qui étoient toutes épuisées, mais uniquement dans le délai. Il fut court, car après un peu de silence, il se leva et me dit : *Ho bien ! donc, revenez ici demain à trois heures précises raisonner encore de cela, et nous en aurons tout le temps.* Je pris les papiers que j'avois à reprendre et je sortis. Il courut après moi, et me rappela pour me dire : *Au moins, demain à trois heures ; je vous prie, n'y manquez pas,* et referma sa porte. Je fus surpris de retrouver Belle-Isle en embuscade où je l'avois laissé en entrant, et qui avoit eu la patience d'y persévérer plus de deux grosses heures à m'attendre. Il me suivit pour me demander si cela étoit fait. Je lui dis que la conversation s'étoit étendue sur plusieurs matières, dont quelques-unes m'avoient conduit à tâter le pavé, que je l'avois trouvé assez bon; mais qu'il connoissoit M. le duc d'Orléans soupçonneux, et qui n'aimoit pas à conclure ni à être pressé; que je reviendrois le lendemain, où je verrois ce qui se pourroit faire, sans toutefois lui répondre de rien. Je répondis de la sorte à Belle-Isle, parce qu'il avoit vu M. le duc d'Orléans me rappeler, qu'il avoit pu entendre l'ordre qu'il me donnoit de revenir le lendemain; que ce retour enfin ne pourroit être ignoré de lui ni du cardinal du Bois, trop alerte pour n'être pas informé avec précision de tous les moments de M. le duc d'Orléans dans une telle crise, et que la cachotterie eût été également inutile, et préjudiciable à moi, qui voulois aller au bien, mais garder avec eux des mesures. D'ailleurs ma réponse fut en des termes qui ne pouvoient blesser le cardinal.

CHAPITRE II.

Autre conversation singulière et curieuse entre M. le duc d'Orléans et moi sur faire un premier ministre, dont je persiste à n'être pas d'avis. — Malheur des princes indiscrets et peu fidèles au secret. — Exemples des premiers ministres en tous pays depuis Louis XI. — Quel est nécessairement un premier ministre. — Quel est le prince qui fait un premier ministre. — Embuscade de Belle-Isle. — Le cardinal du Bois déclaré premier ministre; il me le mande, et veut me faire accroire qu'il m'en a l'obligation, et n'oublie rien pour en persuader le public; Conches; quel. — Je vais le lendemain à Versailles, où je vois le cardinal du Bois chez M. le duc d'Orléans. — Indignité des Rohans. — Épisode nécessaire. — Plénœuf, sa femme et sa fille, depuis marquise de Prie, et maîtresse déclarée de Monsieur le Duc. — Infamie du marquis de Prie. — Liaison intime de Belle-Isle et de le Blanc entre eux et avec Mme de Plénœuf leur attire[1] la haine, puis la persécution de Mme de Prie et de Monsieur le Duc. — Le cardinal du Bois, fort avancé dans son projet d'élaguer entièrement M. le duc d'Orléans, se propose de perdre le Blanc, et peut-être Belle-Isle; conduite qu'il y tient. —

1. *Attirent*, au manuscrit.

Désordre des affaires de la Jonchère, trésorier de l'extraordinaire des guerres, dévoué à M. le Blanc. — Belle-Isle toujours mal avec M. le duc d'Orléans. — Mariage futur de Mlle de Beaujolois avec l'infant don Carlos, déclaré. — Mariage du prince électoral de Bavière avec une archiduchesse, Joséphine. — Fort pour amuser le Roi. — Mort de Ruffé; étrange licence en France. — Mort de Dacier; érudition profonde de sa femme, et sa modestie. — Mort, famille et caractère de la duchesse de Luynes Aligre. — Mort de Reynold. — Mariage de Pezé avec une fille du premier écuyer.

Le lendemain, 22 août, je vins au rendez-vous, et je trouvai encore Belle-Isle dans ce grand cabinet, qui m'attendoit au passage, et qui me pressa de finir l'affaire du cardinal; je payai de mine et d'empressement d'entrer dans le cabinet de M. le duc d'Orléans, que j'y trouvai seul, qui s'y promenoit avec l'air plus dégagé que la veille. « Hé bien ! me dit-il d'abordée, qu'avons-nous encore à dire sur l'affaire d'hier ? Il me semble que tout est dit, et qu'il n'y a qu'à déclarer dès tout à l'heure le premier ministre. » Je reculai deux pas et je lui dis que pour chose de telle importance, c'étoit là un conseil bientôt pris. Il répondit qu'il y avoit bien pensé, que tout ce que je lui avois dit là-dessus lui étoit fort présent; mais qu'au bout, il étoit crevé d'affaires tout le jour, d'ennui tous les soirs, de persécution du cardinal du Bois à tous les moments.

Je repris que cette dernière raison étoit la plus puissante; que je ne m'étonnois pas de l'empressement du cardinal, mais beaucoup de son succès sur lui, qui étoit si soupçonneux; que je le suppliois de se bien représenter deux choses : la première, que pour le soulagement des affaires et la liberté d'aller, tant qu'il voudroit, chercher l'Opéra et ses soupers à Paris, il pouvoit en jouir tant que bon lui sembleroit, parce que le cardinal jouissoit si pleinement et si ouvertement de la toute-puissance, et que tout le monde le voyoit et le sentoit si pleinement, qu'il n'y avoit plus qui que ce fût, François ou ministres étrangers, qui osât se jouer à aller directement à Son Altesse Royale, et qui ne fût bien convaincu, qu'affaire, justice ou grâce ne dépendît uniquement du cardinal, n'allât à lui, ne se tînt pour battu s'il le trouvoit contraire, sans oser tenter d'aller plus haut, demeuroit sûr de ce qu'il demandoit s'il trouvoit le cardinal favorable, et le plus souvent s'en tenoit là, sans que lui Régent en entendît parler, ou que les gens ne venoient à lui que pour la forme, et lors seulement que le cardinal le leur prescrivoit, ce qu'il leur ordonnoit aussi quelquefois dans des cas de refus, dans l'espérance de leur faire prendre le change et de se décharger du refus sur lui ; que je m'étonnois qu'il fût encore à s'apercevoir d'une chose si évidente qu'elle n'étoit ignorée de personne ; et que moi-même, depuis mon retour d'Espagne, si j'avois à demander la moindre chose, et la plus facile, et la plus raisonnable, pour moi ou pour quelque autre à Son Altesse Royale, je me garderois bien de lui en parler sans m'être assuré du cardinal auparavant, et me tiendrois très-sûr du refus si j'allois droit à elle sans l'attache du cardinal, et au contraire, avec certitude morale de sa volonté que j'obtinsse ce que je lui aurois représenté à demander ; que les choses étant à ce point d'autorité, et d'autorité affichée, je ne voyois nul accroissement possible à l'exercice actuel qu'il en faisoit publiquement, par la déclaration ni par les patentes de premier ministre, ni plus de soulagement et de liberté que Son Altesse Royale en pouvoit prendre dès à présent sans cela ; mais que j'y apercevois pour le cardinal du Bois une différence, à la vérité imperceptible, à l'exercice actuel de sa toute-puissance, mais qui n'en étoit pas moins essentielle, et que c'étoit la seconde chose sur laquelle je demandois à Son Altesse Royale toutes ses réflexions. C'est que, quelle que fût l'étendue et la plénitude actuelle du pouvoir qu'avoit saisi et qu'exerçoit pleinement le cardinal du Bois, il ne laissoit pas de se trouver comme l'oiseau sur la branche, exposé à être congédié au premier instant que la volonté en prendroit à Son Altesse Royale, sans autre forme ni embarras que de le renvoyer, de faire dire aux ministres étrangers de ne se plus adresser à lui, et aux ministres et secrétaires d'État de cesser de recevoir et de lui plus demander d'ordres, et de lui plus rendre compte de rien ; et sans même ce très-peu de si courtes et si simples mesures, envoyer un secrétaire d'État lui porter l'ordre de s'en aller en son diocèse, prendre ou sceller ses papiers, et le faire partir sur-le-champ ; que quoique la patente enregistrée et la déclaration de premier ministre ne pût le parer de la chute, autre chose étoit de pouvoir être renvoyé en un instant comme je venois de montrer que cela se pouvoit toutes fois et quantes, autre chose de ne le pouvoir que par des formes qui donnent du temps et des ressources, et moyens de se raccommoder et de faire jouer des ressorts dans l'intervalle, de dresser et de causer[1] une déclaration révocatoire, dont il pouvoit être averti, de l'envoyer au Parlement, de l'y faire enregistrer. Je suppliai donc M. le duc d'Orléans de faire l'attention si nécessaire à cette différence d'un homme qui est maître de tout sans autre titre que la volonté de son maître, exprimée par le seul usage dans lequel il l'autorise simplement de fait, ou qui le devient par titre exprès, par déclaration, par enregistrement.

J'aurois bien ajouté à un autre qu'à M. le duc d'Orléans de quel danger il étoit pour lui d'établir premier ministre en titre un homme aussi capable que l'étoit le cardinal du Bois de saisir toutes les avenues du Roi à force d'argent, de grâces, de souplesses, de se rendre maître de l'esprit d'un enfant devenu majeur, et sans expérience de rien, et lui revêtu en titre, tandis que son premier maître s'en trouvoit dépouillé de droit par la majorité, se délivrer d'une subordination importune, et le faire renvoyer comme le cardinal Mazarin avoit fait Gaston. Mais c'étoit chose que l'ensorcellement de M. le duc d'Orléans le rendoit incapable d'entendre, puisque tout ce que je lui avois dit la veille lui avoit fait si

---

1. De motiver. Voyez tome XVIII, p. 432 et note 1.

peu d'impression ; et d'ailleurs, quoique je n'eusse[1] rien dit qui tendît à aucune diminution de la pleine puissance du cardinal du Bois, je me commettois assez avec lui par la foiblesse et l'indiscrétion de M. le duc d'Orléans, de m'opposer à sa déclaration de premier ministre, pour ne m'exposer pas inutilement à m'hasarder[2] de produire cette dernière réflexion, quelque importante qu'elle pût être ; et voilà comme le défaut de sentiment et de secret dans les princes ferme[3] la bouche à leurs meilleurs serviteurs, et les prive des plus essentielles connoissances. Je me tus après un discours si péremptoire, pour voir ce qu'il opéreroit. La promenade continua sept ou huit tours en silence, mais l'air embarrassé et la tête basse, puis il s'alla mettre à son bureau dans l'attitude de la veille, et je m'assis vis-à-vis, le bureau seulement entre lui et moi.

Ce mouvement n'interrompit point le silence. J'avois bien résolu de ne le pas rompre le premier. Enfin il leva un peu la tête, me regarda et me fit souvenir, je n'en avois pourtant pas besoin, que je lui voulois dire quelque chose, dès la veille, sur l'état d'un premier ministre. Je lui répondis qu'il savoit trop bien l'histoire de son pays et des voisins pour ignorer les maux et les malheurs que la Hongrie, Vienne, l'Angleterre et l'Espagne avoient soufferts du gouvernement de leurs premiers ministres, à l'exception unique et dans tous les points, du seul cardinal Ximénès, dont la capacité, le désintéressement et la droiture avoit fait un phénix, et n'avoit pu toutefois le garantir du poison des Flamands ; que ce seroit perdre temps de lui retracer les faits de tous ces premiers ministres, excepté Ximénès ; les désordres et les ruines que leur intérêt personnel avoit causés ; la haine et le mépris dont leur conduite avoit couvert leurs maîtres, sans en excepter même Henri VIII, qui ne s'en releva que par la ruine du

---

1. Saint-Simon a écrit *je ne n'eusse*.
2. Voyez tome IV, p. 174, tome V, p. 141, tome VI, p. 17, etc.
3. Il y a *ferment*, au pluriel.

cardinal Wolsey. Que, pour se renfermer en France, le plus habile, pour ne rien dire de plus, le plus soupçonneux, le plus rusé et le plus précautionné de tous nos rois avoit été livré au duc de Bourgogne par le cardinal Balue, réduit à en subir la loi, à tout instant en peine de sa vie, réduit à passer par tout ce que son ennemi voulut, et notamment à combattre en personne avec lui deux jours après contre les Liégeois qu'il lui avoit soulevés, et qu'il se vit forcé à l'aider à réduire, c'est peu dire, à les mettre sous son joug. Aussi Louis XI, rendu à lui-même, enferma-t-il Balue, tout cardinal qu'il fût et qu'il l'avoit fait, dans une cage de fer pendant tant d'années, et se garda bien de lui donner un successeur.

Louis XII fut deux fois réduit à deux doigts de sa ruine, et la dernière précipité dans le schisme, toutes les deux par l'ambition de son premier ministre de se faire élire pape, dont toutes les deux fois il se crut assuré, et toutefois les histoires sont pleines des louanges du cardinal d'Amboise, parce qu'il n'eut point d'autres bénéfices que l'archevêché de Rouen. Mais quelle y fut sa magnificence, qui fait encore l'admiration d'aujourd'hui? Sept ou huit frères ou neveux comblés des plus grands bénéfices, de la grande maîtrise de Malte, grand maître de France, maréchaux de France, gouverneurs de Milan, un neveu cardinal : voilà pourtant le meilleur premier ministre et le plus applaudi qu'aient eu nos rois.

La Ligue fut conçue et préparée, et l'intelligence et l'union avec l'Espagne pour la faire éclore, par le cardinal de Lorraine, premier ministre, pour transférer la couronne dans sa maison, et qui n'eut d'autre objet pour la guerre et pour cette paix funeste par laquelle il fit rendre plus de quarante places et de vastes pays à l'Espagne, qu'elle n'eût pas repris en un siècle, et qu'il se dévoua par un si perfide service, dont la mort du duc de Guise son frère, tué par Poltrot, l'empêcha de voir le succès, et l'accabla de la plus profonde douleur à Trente, où, à l'acclamation de la clôture du concile, il acclama tous les rois en nom collectif pour éviter, contre la coutume constante jusqu'alors, de nommer le roi de France le premier, puis tous les autres après, et gratifier l'Espagne en un point si sensible, depuis que Philippe II avoit osé le premier entrer en compétence[1] si boiteusement fondée sur la préséance de l'empereur Charles V, parce qu'il étoit aussi roi d'Espagne : ce dont le cardinal de Lorraine, premier ministre, jeta de si solides fondements, dont l'effet ne fut suspendu que par la mort de son frère; le fils de ce frère si jeune alors, et depuis tué à Blois au moment qu'il alloit enlever la couronne à Henri III, à force de troubles, de partis, de guerres et de désordres, sut trop bien en profiter, et le duc de Mayenne, son oncle, après lui, en sorte que ce ne fut pas sans des miracles redoublés, et sans des merveilles, qui, en tout genre, ont illustré Henri IV et la noblesse françoise, que ce prince, après tant de hasards, de détresses, de victoires, rassura la couronne sur sa tête et dans sa postérité, mais dont la fin ne le rendit pas moins la victime de l'esprit encore fumant de la Ligue abattue, comme Henri III l'avoit été de sa force et de sa fureur.

Vint après le foible et funeste gouvernement de la reine sa veuve, ou plutôt du maréchal d'Ancre, sous son nom, dont le catastrophe rendit la paix au royaume. Mais Louis XIII étoit si jeune, et par une détestable politique, si enfermé, si étrangement élevé qu'il ne savoit pas lire encore, et qu'il ignoroit tout, comme il s'en est souvent plaint à mon père, à quoi suppléa un sublime naturel, une piété sincère, une justice exquise, la valeur d'un héros et la science des capitaines; mais si malheureux en mère, en frère unique, en épouse, vingt ans stérile, en santé, qui attiroit les yeux de tous sur Gaston et qui faisoit sa force, en partis encore fumants, dont les plus grands obligeoient à compter avec eux, et les huguenots armés, organisés, maîtres de tant de places et de pays,

1. Voyez tome XI, p. 411 et note 1, et tome XII, p. 462 et note 1.

formant un État dans l'État, forcèrent Louis XIII à faire un premier ministre, qui fut un génie puissant et transcendant en tout, mais qui, avec tant et de si grandes qualités, ne fut pas exempt de la passion de se maintenir, et qui fit voler bien des têtes, à la vérité presque toutes justement.

La minorité du feu Roi soumit la France à une régente pour le moins aussi Espagnole d'inclination que de naissance, qui se choisit un premier ministre étranger, et le premier qui fût de la lie du peuple. Aussi ne songea-t-il qu'à lui, et à s'asservir tellement la Reine qu'elle lui sacrifia tout, jusqu'à se précipiter deux fois au dernier bord des derniers abîmes et de la guerre civile pour son unique intérêt, et pour le maintenir ou le rappeler de ses proscriptions hors du royaume, à toutes risques[1] et affrontant tous les périls de toute la nation, uniquement révoltée contre le cardinal Mazarin. Depuis on a vu ses fautes aux Pyrénées, que Saint-Évremond développa avec tant de justesse et d'agrément dans cette ingénieuse lettre qui lui coûta un expatriement qui a duré aussi longtemps que sa très-longue vie. Les lettres particulières, les Mémoires, toute l'histoire du traité de Westphalie conclu enfin à Munster et à Osnabruck, font foi qu'il en arrêta la conclusion, aux risques de tout perdre, jusqu'à ce que son intérêt particulier n'eût plus besoin de la guerre pour se soutenir, et se mettre hors d'état de plus rien craindre. Ce furent ses ordres secrets à Servien, son esclave, collègue indigne du grand d'Avaux, qui mirent bien des fois la négociation au point de la rupture, qui rendirent la sienne avec d'Avaux si scandaleuse et si publique, qui mit tous les ministres employés à la paix par toutes les puissances du côté de d'Avaux, qui produisirent ces lettres si insultantes de Servien à d'Avaux, et les réponses de d'Avaux si pleines de sens, de modération et de gravité. Ce fut enfin la conduite de Mazarin, si absurdement

---

1. Voyez tome I, p. 356 et note 1.

confite en félonie, dont Servien avoit tout le secret, conséquemment toute l'autorité de la négociation, qui firent[1] enfin tout abandonner à d'Avaux au sein du triomphe des longs travaux de son génie et de sa politique, qui avoit su venir à bout de la paix du Nord, où plus d'un siècle après il est encore admiré, et amener par là les choses à traiter et la plus glorieuse paix en Westphalie, pour venir traîner dans sa patrie, dont il avoit si bien mérité, y être sans crédit sous le vain nom de surintendant des finances, où il n'eut jamais la moindre autorité, ni la moindre part au ministère, dont il vit récompenser Servien à son retour.

C'est à Mazarin que les dignités et la noblesse du royaume doit les prostitutions, le mélange, la confusion, sous lesquelles[2] elle gémit, le règne des gens de rien, les pillages et l'insolence des financiers, l'avilissement de tout ordre, l'aversion et la crainte de tout mérite, le mépris public que font de la nation tous ces vils champignons dominants dans les premières places, dont l'intérêt à tout décomposer à la fin a tout détruit. Tel fut l'ouvrage du détestable Mazarin, dont la ruse et la perfidie fut la vertu, et la frayeur la prudence. Qui ne sera épouvanté des trésors qu'il amassa en moins de vingt ans de règne, traversés par deux furieuses proscriptions? Il fut prouvé en pleine grand'chambre, au procès du duc Mazarin contre son fils, pour la restitution de la dot de sa mère, qu'elle avoit eu vingt-huit millions en mariage. Ajoutez à cela les dots de la duchesse de Mercœur, de la connétable Colonne, de la comtesse de Soissons, même celle que trouva après la mort du cardinal Mazarin la duchesse de Bouillon, toutes filles de la seconde de ses sœurs, et les biens immenses qui ont fait le partage du duc de Nevers leur frère. Ajoutons-y les dots de la princesse de Conti et de la duchesse de Modène, filles de la sœur aînée du cardinal Mazarin. Tous ces trésors tirés

1. Ce verbe est bien au pluriel.
2. Il y a bien *lesquelles*, au féminin.

uniquement de ceux qu'il avoit su amasser, non dans un long cours d'abondance et de prospérités, mais du sein de la misère publique et des guerres civiles qu'il avoit allumées, et des étrangères qu'il trouva, qu'il renouvela, qu'il entretint jusqu'à un an près de sa mort.

Le cardinal de Richelieu et lui ont eu la même maison militaire que nos rois : des gardes, des gens d'armes, des chevau-légers, et le dernier des mousquetaires de plus, tous commandés par des seigneurs et par des gens de qualité sous eux. Personne n'ignore que le père du premier maréchal de Noailles passa immédiatement de capitaine des gardes du cardinal Mazarin à la charge de premier capitaine des gardes du corps, et que le marquis de Chandenier, dont la valeur et la vertu ont été si reconnues, et chef de la maison de Rochechouart, fut le seul des quatre capitaines des gardes dépossédés pour la ridicule affaire arrivée aux Feuillants de la rue Saint-Honoré qui ne pût[1] être rétabli, parce qu'il ne le pouvoit être qu'aux dépens du domestique du cardinal Mazarin, à qui sa charge avoit été donnée.

« Voilà, Monsieur, dis-je à M. le duc d'Orléans, quels ont été en tous pays les premiers ministres depuis le temps de Louis XI, pour ne remonter pas plus haut. Je ne fais ici que vous faire souvenir d'eux par quelques traits généraux. Vous avez assez lu, et vu encore des gens du temps des derniers, pour que ce peu que je vous en dis vous en rappelle tout le reste, et vous démontre que la peste, la guerre et la famine, qui de tout temps ont passé pour les plus grands fléaux dont la justice de Dieu ait puni les rois et les États, ne sont pas plus à craindre que celui d'un premier ministre, avec cette différence que celui-là seul se peut éviter : et que diriez-vous d'un prince prêt à essuyer la peste et la famine dans son royaume, à qui Dieu les montreroit prêtes à y fondre, et promettroit en même temps de l'en garantir à la moindre

---

1. Saint Simon a bien écrit *pust*, au subjonctif.

prière qu'il en feroit, qui non-seulement ne daigneroit pas demander la délivrance de ces terribles fléaux, mais qui auroit la folie, ou si vous lui voulez donner un nom plus propre, qui seroit assez stupide pour les demander? Tel est, Monsieur, un prince qui fait un premier ministre quand il n'est pas dans les termes où se trouvèrent la fameuse Isabelle et votre incomparable aïeul, et dont le tact n'est pas assez juste ou assez heureux pour choisir un Ximénès ou un Richelieu.

« En voilà beaucoup, Monsieur, poursuivis-je ; mais ce n'est pas encore tout : permettez-moi de vous dire avec ma vérité et ma fidélité accoutumée quel est nécessairement un premier ministre et quel devient le prince qui le fait.

« Un premier ministre, si on en excepte le seul Ximénès, est un ambitieux du premier ordre, qui conserve l'écorce dont il a besoin tant et selon la mesure que le besoin subsiste, mais qui, dans la vérité, n'a d'honneur, de vertu, d'amour de l'État, ni de son maître qu'en simple parure, et sacrifie tout à sa grandeur, et, quand il y est parvenu, à sa toute-puissance, à sa sûreté et à son affermissement dans sa grande place. Il ne connoît que cet unique intérêt, d'amis ni d'ennemis que par rapport à cela, et suivant les divers degrés qui s'y rapportent. Conséquemment tout mérite lui est suspect en tout genre, excepté en ceci le cardinal de Richelieu, qui se laissoit volontiers dompter par le mérite et les talents ; toute réputation lui est odieuse, toute élévation par dignité ou par naissance lui est dure et pesante ; tous droits, priviléges, lois, coutumes de tout temps respectées, lui sont à charge ; l'esprit et la capacité de quiconque ne le laisse point dormir en repos ; sur toutes choses, la moindre familiarité avec le prince, la plus légère marque de son goût pour quelqu'un, l'effraye. Ce sont tous gens qu'il prend à tâche d'éloigner ; heureux, mais rarement heureux quand il ne va pas jusqu'à les noircir et à les perdre. Sa principale application est de se faire autant d'esclaves que de gens qui approchent du prince, de se bien assurer qu'ils ne parleront et ne répondront au prince que sur le ton qu'il leur aura prescrit, et qu'ils lui rendront compte de tout ce qu'ils verront, entendront, sauront, soupçonneront même, avec une parfaite fidélité et le plus scrupuleux détail, et à ceux-là même il donnera des espions et des surveillants qu'ils ne pourront connoître, et d'autres encore à ceux-ci. Son grand art est de faire que personne n'approche du prince que de sa main, et tant qu'il pourra sans que le prince s'en aperçoive, de perdre sans retour ceux qui s'en approcheront sans lui, ou par leur hardiesse ou par le goût du prince; et comme il s'en trouve toujours quelqu'un trop difficile à perdre, de n'oublier rien pour les gagner. L'intérêt de l'État, toujours subordonné au sien, rend tout conseil d'État, de finance, et tous autres inutiles, et la fortune de ceux qui les composent toujours douteuse. Ils sont réduits à chercher et à deviner la volonté du premier ministre, dont l'ignorance leur devient dangereuse, et la moindre résistance fatale.

« Un roi n'a d'intérêt que celui de l'État : on n'a donc point ces embarras avec lui. Il s'explique nettement et librement de ses volontés : on sait donc à quoi s'en tenir. On obéit, ou si on croit lui devoir faire quelques représentations sages, ou lui faire apercevoir ce qu'on soupçonne lui être échappé de réflexions à faire sur cette volonté, on le fait avec respect et sans crainte, parce que le Roi, dont la place et l'autorité sont inamissibles, n'en peut concevoir aucun soupçon; et s'il persévère dans sa volonté, c'est sans mauvais gré à qui l'a combattue. A l'égard du premier ministre, c'est précisément tout le contraire. Quelque tout-puissant, quelque affermi qu'il soit, toute représentation lui est odieuse. Plus elle est fondée, plus elle le choque, plus il craint un esprit qu'il sent qui va au fait. Il redoute d'être tâté, encore plus d'être feuilleté : quiconque en a l'imprudence, même sans mauvaise intention, sa perte est résolue, et ne tarde pas.

« Le premier ministre a toujours un intérêt oblique qu'il cache sous tous les voiles qu'il peut, et cela en toute espèce d'affaires. Malheur à qui les perce, s'il s'en aperçoit. Sa place et sa puissance, de quelque façon qu'elles soient établies, ne tiennent qu'à la volonté du prince. Le rien souvent, aussitôt que l'affaire la plus importante, peut altérer cette volonté, et lui causer bien de cuisantes inquiétudes, et bien du travail pour se rassurer dans sa place et dans son autorité. Le moindre affoiblissement lui annonce sa ruine; un autre rien peut la déterminer. Il n'y a donc point de riens pour un premier ministre, et dès lors quelle multitude de soins pour lui, et quelle dangereuse glace que celle sur laquelle marchent toujours les ministres à son égard? La paix et la guerre, les liaisons bonnes ou mauvaises avec les puissances étrangères, les traités et leurs diverses conditions, les conjonctures à saisir ou à laisser tomber, tout est en la main du premier ministre, qui combine, avise, et ajuste tout à son intérêt personnel, qui, dans sa bouche, n'est que celui de l'État. Les ministres qui travaillent sous lui, à qui le vrai intérêt de l'État est clair et celui du premier ministre dans les ténèbres, c'est à ces ministres à bien prendre garde à eux, à examiner les yeux et la contenance du premier ministre, à se garer même de ses discours, tenus souvent pour les sonder, à ne parler qu'avec incertitude, sans s'expliquer jamais nettement, parce que ce n'est pas leur avis que le premier ministre cherche, mais leur aveu que le sien, quand il jugera à propos de le dire, est la politique la plus exquise et le plus solide intérêt de l'État. Il en est de même sur les finances, et sur ce qui regarde les particuliers. La place de premier ministre, qui décide de toutes les affaires et de toutes les fortunes, est si enviée, si haïe, ne peut éviter de faire un si grand nombre de mécontents de tout genre et de toute espèce, qu'il a à redouter. Il doit donc continuellement multiplier et fortifier ses précautions. Rien de tout ce qui peut le maintenir et le raffermir ne lui paroît injuste.

En ce genre il peut tout ce qu'il veut, et il veut tout ce qu'il peut. En récompense de tant d'avisements, de soins, de précautions, de frayeurs, de combinaisons, de mascarades de toutes les sortes, il accumule sur soi et sur les siens les charges, les gouvernements, les bénéfices, les chapeaux, les richesses, les alliances. Il s'accable de biens, de grandeurs, d'établissements pour se rendre redoutable au prince même; mais son grand art est de le persuader à fond qu'il est l'homme unique dont il ne peut se passer, à qui il est redevable de tout, sans qui tout périroit, pour lequel il ne peut trop faire, et sans lequel il ne doit rien faire, surtout être confus des soins, des peines, des travaux dont il est accablé, uniquement pour son bien et pour sa gloire, et pour lequel sa reconnoissance et son abandon ne sauroient aller trop loin, et par une suite nécessaire, traiter ses ennemis comme ceux de sa personne, de sa gloire et de son État, et n'avoir de rigueur ou de bonté que pour les personnes et suivant les degrés qu'il lui marque. Tel est, Monsieur, et très-nécessairement tout premier ministre, dont pas un ne pourroit se maintenir sans cela. Voyons maintenant quel est le prince qui fait un premier ministre, et permettez-moi de ne vous en rien cacher. J'excepte toujours Isabelle et Louis le Juste, par les cas singuliers où ils se sont trouvés, et par l'heureux discernement de leur choix.

« Ce rayon[1], quoique si raccourci, des exemples des fléaux que tous les divers États ont éprouvés de l'élévation et du gouvernement de leurs premiers ministres, la France en particulier, et celui de ce qu'est nécessairement un premier ministre en lui-même, prépare au crayon du prince qui en fait un. C'est la déclaration la plus authentique qu'il puisse faire de sa foiblesse ou de son incapacité, peut-être de l'une et de l'autre, sans rien persuader à personne du mérite de son choix, quelques

1. Il y a bien *rayon;* les éditions précédentes donnent *crayon*, mot qui se retrouve cinq lignes plus loin.

pompeux éloges qu'il lui donne dans ses patentes, sinon de la misère du promoteur, et de l'adresse et de l'ambition du promu. Si Louis XI punit la trahison du sien en l'enfermant dans une cage de fer durant tant d'années, à Loches, la reconnoissance du premier ministre pour un si énorme bienfait n'a que la même récompense pour son maître. Mais la cage où il le met est d'or et de pierreries, elle est parfumée des plus belles fleurs; elle est au milieu de sa cour; mais elle n'en est pas moins cage, et le prince n'y est pas moins enfermé et bien exactement scellé. Ses plus familiers courtisans sont ses plus sûrs geôliers. Il a donné son nom, son pouvoir, son goût, son jugement, ses yeux, ses oreilles à son premier ministre, bien jaloux de garder de si précieux dépôts, et bien en garde qu'il n'en revienne au prince l'émanation la plus légère. Son salut en dépend, et il ne l'ignore pas. Ainsi tout est transmis du prince au premier ministre; le premier ministre règne en plein en son nom; plus de différence d'effet entre le premier ministre et nos anciens maires du palais; plus de différence effective entre le prince et nos rois fainéants, sinon que la plupart étoient opprimés par les puissantes factions de leurs maires, et que le prince ne l'est que par sa fétardise[1]. Je frémis, Monsieur, de prononcer ce mot; mais où ne se précipite pas le serviteur tendre et fidèle pour sauver son maître, qu'il voit emporté dans le tournoyant d'un gouffre, et qui se trouve seul à oser l'hasarder[2] ? Le prince est longtemps à se trouver à son aise dans sa cage. Il y dort, il s'y allonge, il y jouit de la plus douce oisiveté. Tous les plaisirs, tous les amusements s'empressent autour de lui; jamais leur succession n'est interrompue, tandis que tout lui crie les travaux continuels du premier ministre, qui se tue pour le soulager, et qui étonne à tous moments l'Europe par la justesse et la profondeur de sa politique, qui n'oublie rien pour rendre ses peuples heureux, qui

1. *Fétardise*, paresse, indolence.
2. Voyez ci-dessus, p. 33 et note 2.

fait d'ailleurs les délices de sa cour, et à qui il doit tant de solides et de glorieux avantages, sans autre soin que de vouloir s'en servir et l'autoriser en tout. Quel bonheur suprême pour un prince aveugle et paralytique de tout voir, de tout faire par autrui, sans sortir du sein du repos, des amusements, des plaisirs et de l'ignorance de tout la plus consommée ! C'est là le grand art de ne retenir que la grandeur et les charmes de la royauté, et d'en bannir tous les soucis, les embarras, les travaux ; et n'est-ce pas la dernière folie à qui le peut de ne pas s'y livrer ? Le prince ne voit rien d'aucune des parties du gouvernement. Les fautes, les choix indignes, et ce qui en résulte, la misère et les cris des sujets, les injustices, les oppressions, les désespoirs de tous les ordres de l'État, les imprécations, les désolations, la ruine, le dépeuplement, les désordres, le profit et les partis immenses que les étrangers savent en tirer, leurs dérisions, le mépris du premier ministre, qu'ils payent quelquefois en plus d'une sorte de monnoie, qu'ils séduisent, qu'ils trompent, et qui retombe bien plus à plomb sur le prince, qui y perd tout et qui n'y gagne rien, comme son premier ministre, ce sont toutes choses si soigneusement éloignées de la cage, que le prisonnier ne s'en peut pas douter. Il lui est si doux de croire régner, et de sentir qu'il n'a rien à faire qu'à s'abandonner à ses goûts et à son oisiveté, qu'il n'imagine pas un plus heureux que lui sur terre, et l'amour-propre et l'ignorance lui font encore ajouter foi aux plus folles louanges qu'on est sans cesse occupé de lui prodiguer par l'ordre du premier ministre, en sorte que le prince est persuadé qu'il est le plus glorieux et le plus révéré de l'Europe, qu'il en tient le sort entre ses mains ; que de tant d'heur et de gloire, il n'en est redevable qu'à son premier ministre, à ce grand choix qu'il a fait : que l'unique moyen de se conserver dans cet état radieux est de continuer à laisser maître de tout un si grand premier ministre, et qu'il y va de toute sa gloire, de tout son bonheur, de tout celui de son État, de le maintenir, et de l'augmenter même s'il est possible, en puissance, en autorité, en toute espèce de grandeur.

« Mais rien de stable sur la terre. Le premier ministre porté si haut, et qui a eu temps et moyens à souhait de se faire de grands et de solides établissements, et de grandes et de vastes alliances, dont la fortune dépend du maintien de la sienne, vient quelquefois à s'enivrer. Il se figure ne pouvoir plus être entamé, il se croit au-dessus des revers; il ne voit plus le tonnerre et la foudre que bien loin sous ses pieds, comme ces voyageurs qui passent sur la cime des plus hautes montagnes. Il devient insolent : la souplesse, la complaisance auprès du prince l'abandonne, parce qu'il compte n'en avoir plus besoin. Il devient fantasque, opiniâtre; il le contrarie pour des riens, et il refuse d'autres riens aux gardiens de la cage. Le prince, dont l'entêtement est dur à entamer, a plus tôt fait de se croire indiscret que son premier ministre impertinent. Son humeur se fortifie par le succès. Il trouve dangereux d'accoutumer par sa complaisance le prince à être importun, et ceux qui l'approchent à en être cause. Il y faut couper pied, et cette méthode enfin commence à donner au prince du malaise, et du dépit à ses geôliers. Ils négocient; ils sont rebutés : le prince les plaint, intérieurement se fâche. Il commence à s'apercevoir qu'encore seroit-il de raison qu'il pût disposer des bagatelles. Le premier ministre s'alarme, croit que, s'il abandonne des bagatelles, bientôt tout lui échappera. Il se roidit, il éloigne ces gardiens suspects, il en substitue de plus fidèles. Le prince ne sait plus avec qui se plaindre de la dureté qu'il éprouve. Son angoisse devient extrême; mais comment se passer d'un homme si nécessaire? et quand il seroit capable d'en prendre le parti, comment s'y prendre pour renverser le colosse qu'il a fait? et quel usage tirer de l'impuissance où il s'est bien voulu réduire pour élever un autre roi que lui? De là, les partis, les cabales, les troubles, une lutte et des malheurs profonds, qui ne sont pas même réparés par la chute du premier ministre. L'abondance de la matière fourniroit sans fin. Ce court précis peut suffire aux réflexions de Votre Altesse Royale. Elle se souviendra seulement de ce que c'est qu'un cardinal; que du Bois ne peut être en rien [au-]dessous du Mazarin pour la naissance, et qu'il a par-dessus lui l'avantage d'être né François, dont cet Italien a toujours tout ignoré, jusqu'à la langue. »

Un assez long silence succéda à ce fort énoncé. La tête de M. le duc d'Orléans, toujours entre ses mains, étoit peu à peu tombée fort près de son bureau. Il la leva enfin et me regarda d'un air languissant et morne, puis baissa des yeux qui me parurent honteux, et demeura encore quelque temps dans cette situation. Enfin il se leva et fit plusieurs tours, toujours sans rien dire. Mais quel fut mon étonnement et ma confusion au moment qu'il rompit le silence! Il s'arrêta, se tourna à demi vers moi sans lever les yeux, et se prit tout à coup à me dire d'un ton triste et bas : « Il faut finir cela, il n'y a qu'à le déclarer tout à l'heure. — Monsieur, repris-je, vous êtes bon et sage, et par-dessus le maître. N'avez-vous rien à m'ordonner pour Meudon? » Je lui fis tout de suite la révérence et sortis, tandis qu'il me cria : « Mais vous reverrai-je pas bientôt? » Je ne répondis rien, et je fermai la porte. Le fidèle et patient Belle-Isle étoit encore depuis plus de deux grosses heures au même endroit où je l'avois laissé en entrant, sans le temps qu'il y avoit attendu mon arrivée. Il me saisit aussitôt, en me disant avec empressement à l'oreille : « Hé bien! où en sommes-nous? — Au mieux, lui répondis-je en me contenant tant que je pus; je tiens l'affaire faite, et tout sur le petit bord d'être déclaré. — Cela est à merveilles, reprit-il; je vais tout à l'heure faire un homme bien aise. » Je ne le chargeai de rien, et je me hâtai de le quitter pour me sauver à Meudon et m'y exhaler seul à mon aise.

Je sentis dès le lendemain la raison des quatre embuscades de Belle-Isle, que je n'avois attribuées[1] qu'à curiosité, à l'envie de se mêler et de faire sa cour au cardinal du Bois. Ni moi ni personne n'en aurions jamais deviné la cause, qui fut toute de projet d'une hardiesse démesurée. Sur les deux heures après midi du 23 août, lendemain de la conversation qui vient d'être racontée, le cardinal du Bois fut déclaré premier ministre par M. le duc d'Orléans, et par lui présenté au Roi comme tel, à l'heure de son travail. Sur les quatre heures après midi arriva Conches à Meudon, qui vint m'apprendre cette nouvelle de la part du cardinal du Bois, qui l'envoyoit exprès m'en porter, me dit-il, son hommage, comme à celui à qui il en avoit toute l'obligation. Je répondis fort sec et avec grande surprise que j'étois fort obligé à Monsieur le cardinal de la part qu'il vouloit bien me donner d'une chose pour laquelle il savoit mieux que personne qu'il n'avoit besoin que de lui-même, et Conches, sans autre propos de moi ni guère plus de lui, s'en retourna aussitôt. Conches étoit un homme de rien, et de Dauphiné, dont la figure lui avoit tenu lieu d'esprit. M. de Vendôme lui avoit fait avoir une compagnie de dragons, puis commission de lieutenant-colonel. Il s'étoit attaché depuis à Belle-Isle, mestre de camp général des dragons, qui ramassoit alors tout ce qu'il pouvoit pour se faire des créatures, et qui savoit très-bien se servir des gens quels qu'ils fussent, et les servir lui-même utilement. Je vis donc par ce message que le cardinal du Bois se vouloit parer de mon suffrage pour son élévation à la place de premier ministre, tandis qu'il étoit radicalement impossible et hors de toute vraisemblance qu'il ne sût par M. le duc d'Orléans ce qui s'étoit passé, du moins en gros, entre ce prince et moi là-dessus. Je fus vraiment indigné de cette effronterie, dont sa prétendue reconnoissance remplit la cour et la ville. Heureusement on nous connoissoit tous deux; mais ce n'étoit pas le plus grand nombre,

1. *Attribué*, sans accord, au manuscrit.

de ceux surtout qui n'approchoient pas de la cour. Je ne laissai pas de dire à des amis, à quelques autres personnes distinguées, que j'étois fort éloigné d'y avoir part, et je remis au lendemain, quoique il fût de si bonne heure, à aller à Versailles.

Comme j'entrois dans les premières pièces de l'appartement de M. le duc d'Orléans, où j'étois apparemment guetté à tout hasard, un des officiers de sa chambre me vint dire que M. le cardinal du Bois me prioit de passer par la petite cour, et que je le trouverois à la porte du caveau. Ce[1] caveau étoit une pièce à qui une espèce d'enfoncement, moins réel que d'ajustement, qui faisoit une petite pièce assez obscure, où Monseigneur couchoit souvent l'hiver, dans les derrières de sa chambre naturelle, par la ruelle de laquelle on y entroit, qui avoit un degré fort étroit et fort noir en dégagement, qui rendoit dans la seconde antichambre du Roi, d'un côté, et dans les derrières de l'appartement de la Reine, de l'autre, et qui avoit un autre dégagement de plein pied dans la petite cour, à travers une manière de très-petite antichambre. Ce fut dans cette antichambre que je trouvai le cardinal du Bois. Je n'ai point su ce qui l'y avoit mis. Peut-être averti de mon arrivée, puisque dès l'entrée de l'appartement j'y fus envoyé de sa part, y étoit-il allé pour m'y faire en particulier toutes ses protestations et ses caracoles, qu'il craignoit apparemment qui ne fussent démenties par le froid dont il craignoit que je les pourrois recevoir. Quoi qu'il en soit, je l'y trouvai avec le Blanc et Belle-Isle seuls. Dès qu'il m'aperçut, il courut à moi, n'oublia rien pour me persuader que je l'avois fait premier ministre, et son éternelle reconnoissance, me protesta qu'il vouloit ne se conduire que par mes conseils, m'ouvrir tous ses portéfeuilles, ne me cacher rien, concerter tout avec moi. Je n'étois pas si crédule que le cardinal de Rohan, et je sentois tout ce que valoit ce langage d'un homme

---

1. Nous reproduisons textuellement cette phrase.

qui savoit mieux qu'il ne disoit, et qui ne cherchoit qu'à se cacher sous mon manteau, et à jeter, s'il l'eût pu, tout l'odieux de sa promotion sur moi, comme l'ayant conseillée, poursuivie et procurée. Je répondis par tous les compliments que je pus tirer de moi, sans jamais convenir que j'eusse la moindre part à sa promotion, ni que je prisse à l'hameçon de tant de belles offres sur les affaires. Il ne tenoit pas à terre de joie. Nous entrâmes par les derrières, lui et moi, dans le cabinet de M. le duc d'Orléans, qui, à travers l'embarras qui le saisit à ma vue, me fit aussi merveilles, mais sans qu'il fût question de la déclaration du premier ministre. J'abrégeai tant que je pus ma visite, et m'en revins respirer à Meudon. Cette déclaration, incontinent suivie de la plus ample patente, et de son enregistrement, fut extrêmement mal reçue de la cour, de la ville et de toute la France. Le premier ministre s'y étoit bien attendu, mais il y étoit parvenu et il se moquoit de l'improbation et des clameurs publiques, que nulle politique ni crainte ne put retenir.

Les Rohans firent preuve de la leur en cette occasion, qui les touchoit de si près; ils avalèrent la chose doux comme lait, affectèrent de l'approuver, de la louer, de publier que cela ne se pouvoit autrement, sinon que cela avoit été trop différé. Ils ont tous en préciput une finesse de nez qui les porte sans faillir à l'insolence ou[1] à la bassesse, qui les fait passer de l'un[2] à l'autre avec une agilité merveilleuse, et dont l'air simple et naturel surprendroit toujours, si leur extrême fausseté étoit moins connue, jusqu'à douter avec raison s'ils ont soif à table quand ils demandent à boire. En vérité, la souplesse ni l'étude des plus surprenants danseurs de corde n'égala jamais la leur. Leur coup étoit manqué; en user autrement eût blessé le cardinal du Bois jusque dans le fond

---

1. On lit, l'un après l'autre, le mot *ou*, puis le mot *et*; le mot *à* qui suit est écrit en interligne.
2. Il y a bien *l'un*, et non *l'une*.

de l'âme par la conviction de sa longue perfidie ; l'avaler comme ils firent étoit se l'acquérir autant qu'il en pouvoit être capable, par la reconnoissance de cacher son forfait autant qu'il étoit en eux, et par l'effort d'approbation et de joie de ce qu'il leur enlevoit après des engagements si forts et si redoublés. Laissons-les s'ensevelir dans cette fange, et du Bois dans le comble de sa satisfaction et de la toute-puissance, pour exposer un épisode indispensable à placer ici pour les étranges suites qu'eurent de si chétives sources.

Plénœuf étoit Berthelot, c'est-à-dire de ces gens du plus bas peuple qui s'enrichissent en le dévorant, et qui, des plus abjectes commissions des fermes, arrivent peu à peu, à force de travail et de talent, aux premiers étages des maltôtiers, et des financiers par la suite. Tous ces Berthelots, en s'aidant les uns les autres, étoient tous parvenus, les uns moins, les autres plus ; celui-ci s'étoit gorgé par bien des métiers, et enfin dans les entreprises des vivres pour les armées. Ce fut cette connoissance qui le fit prendre à Voysin, devenu secrétaire d'État de la guerre, pour un de ses principaux commis. Il avoit épousé une femme de même espèce que lui, grande, faite au tour, avec un visage extrêmement agréable, de l'esprit, de la grâce, de la politesse, du savoir-vivre, de l'entregent et de l'intrigue, et qui auroit été faite exprès pour fendre la nue à l'Opéra et y faire admirer la déesse. Le mari étoit un magot plein d'esprit, qui vouloit en avoir la meilleure part, mais qui du reste n'étoit pas incommode, et dont les gains immenses fournissoient aisément à la délicatesse et à l'abondance de la table, à toutes les fantaisies de parure d'une belle femme, et à la splendeur d'une maison de riche financier

La maison étoit fréquentée ; tout y attiroit ; la femme adroite y souffroit par complaisance les malotrus amis de son mari, qui, de son côté, recevoit bien aussi des gens d'une autre sorte, qui n'y venoient pas pour lui. La femme étoit impérieuse, vouloit des compagnies qui lui fissent honneur; elle ne souffroit guère de mélange dans ce qui venoit pour elle. Éprise d'elle-même au dernier point, elle vouloit que les autres le fussent; mais il falloit en obtenir la permission. Parmi ceux-là elle savoit choisir; elle avoit si bien su établir son empire, que le bonheur complet ne sortoit jamais à l'extérieur des bornes du respect et de la bienséance, et que pas un de la troupe choisie n'osoit montrer de jalousie ni de chagrin. Chacun espéroit son tour, et en attendant, le choix plus que soupçonné étoit révéré de tous dans un parfait silence, sans la moindre altération entre eux. Il est étonnant combien cette conduite lui acquit d'amis considérables, qui lui sont toujours demeurés attachés, sans qu'il fût question de rien de plus que d'amitié, et qu'elle a trouvés, au besoin, les plus ardents à la servir dans ses affaires. Elle fut donc dans le meilleur et le plus grand monde, autant qu'alors une femme de Plénœuf y pouvoit être, et s'y est toujours conservée depuis parmi tous les changements qui lui sont arrivés.

Entre plusieurs enfants, elle eut une fille, belle, bien faite, plus charmante encore par ces je ne sais quoi qui enlèvent, et de beaucoup d'esprit, extrêmement orné et cultivé par les meilleures lectures, avec de la mémoire et le jugement de n'en rien montrer. Elle avoit fait la passion et l'occupation de sa mère à la bien élever. Mais devenue grande, elle plut, et à mesure qu'elle plut elle déplut à sa mère. Elle ne put souffrir de vœux chez elle qui pussent s'adresser à d'autres; les avantages de la jeunesse l'irritèrent. La fille, à qui elle ne put s'empêcher de le faire sentir, souffrit sa dépendance, essuya ses humeurs, supporta les contraintes; mais le dépit s'y mit. Il lui échappa des plaisanteries sur la jalousie de sa mère, qui lui revinrent. Elle en sentit le ridicule, elle s'emporta; la fille se rebecqua, et Plénœuf, plus sage qu'elles, craignit un éclat qui nuiroit à l'établissemant de sa fille, leur imposa en sorte qu'il en étouffa les suites, qui n'en devinrent que plus aigres dans l'intérieur domestique, et qui pressèrent Plénœuf de l'établir.

Entre plusieurs partis qui se présentèrent, le marquis de Prie fut préféré. Il n'avoit presque rien, il avoit de l'esprit et du savoir; il étoit dans le service, mais la paix l'arrêtoit tout court. L'ambition de cheminer le tourna vers les ambassades, mais point de bien pour les soutenir; il le trouvoit chez Plénœuf, et Plénœuf fut ébloui du parrain du Roi, d'une naissance distinguée, et parent si proche de la duchesse de Ventadour du seul bon côté, et qui, avec raison, le tenoit à grand honneur. L'affaire fut bientôt conclue; elle fut présentée au feu Roi par la duchesse de Ventadour; sa beauté fit du bruit; son esprit, qu'elle sut ménager, et son air de modestie la relevèrent. Presque incontinent après, de Prie fut nommé à l'ambassade de Turin, et tous deux ne tardèrent pas à s'y rendre. On y fut content du mari, la femme y réussit fort, mais leur séjour n'y fut pas fort long. La mort du Roi et l'effroi des financiers pressèrent leur retour; l'ambassade ne rouloit que sur la bourse du beau-père. Mme de Prie avoit donc vu le grand monde françois et étranger; elle en avoit pris le ton et les manières en ambassadrice et en femme de qualité distinguée et connue; elle avoit été applaudie partout. Elle ne dépendoit plus de sa mère; elle la méprisa, et prit des airs avec elle qui lui firent sentir toute la différence de la fleur d'une jeune beauté d'avec la maturité des anciens charmes d'une mère, et toute la distance qui se trouvoit entre la marquise de Prie et Mme de Plénœuf. On peut juger de la rage que la mère en conçut; la guerre fut déclarée, les soupirants prirent parti, l'éclat n'eut plus de mesure; la déroute et la fuite de Plénœuf suivirent de près. La misère, vraie ou apparente, et les affaires les plus fâcheuses accablèrent Mme de Plénœuf. Sa fille rit de son désastre et combla son désespoir. Voilà un long narré sur deux femmes de peu de chose, et peu digne, ce semble, de tenir la moindre place dans des Mémoires sérieux, où on a toujours été attentif de bannir les bagatelles, les galanteries, surtout quand elles n'ont influé sur rien d'important. Achevons tout de suite.

Mme de Prie devint maîtresse publique de Monsieur le Duc, et son mari, ébloui des succès prodigieux que M. de Soubise avoit eus, prit le parti de l'imiter : mais Monsieur le Duc n'étoit pas Louis XIV, et ne menoit pas cette affaire sous l'apparent secret et sous la couverture de toutes les bienséances les plus précautionnées. C'est où ces deux femmes en étoient, lorsque je fus forcé par M. et Mme la duchesse d'Orléans, comme on l'a vu en son lieu, d'entrer en commerce avec Mme de Plénœuf sur le mariage d'une de leurs filles, que Plénœuf, retiré à Turin, s'étoit mis de lui-même à traiter avec le prince de Piémont. Mme de Prie, parvenue à dominer Monsieur le Duc entièrement, fit par lui la paix de son père, et le fit revenir. Elle l'aimoit assez, et il la ménageoit dans la situation brillante où il la trouvoit ; car ces gens-là, et malheureusement bien d'autres, comptent l'utile pour tout, et l'honneur pour rien. Lui et sa fille avoient grand intérêt à sauver tant de biens. Cet intérêt commun et la situation de Monsieur le Duc, duquel elle disposoit en souveraine, serra de plus en plus l'union du père et de la fille aux dépens de la mère ; mais la fille, non contente de se venger de la sorte des jalousies et des hauteurs de sa mère, qui ne put ployer devant l'amour de Monsieur le Duc, se mit à prendre en aversion les adorateurs de sa mère, et la crainte qu'elle leur donna en fit déserter plusieurs.

Les plus anciens tenants et les plus favorisés étoient le Blanc et Belle-Isle. C'étoit d'où étoit venue leur union. Tous deux étoient nés pour la fortune ; tous deux en avoient les talents ; tous deux se crurent utiles l'un à l'autre : cela forma entre eux la plus parfaite intimité, dont Mme de Plénœuf fut toujours le centre. Le Blanc voyoit dans son ami tout ce qui pouvoit le porter au grand, et Belle-Isle sentoit dans la place qu'occupoit le Blanc de quoi l'y conduire, tellement que, l'un pour s'étayer, l'autre pour se pousser, marchèrent toujours dans le plus grand concert sous la direction de la divinité qu'ils adoroient sans jalousie. Il n'en fallut pas davantage pour les rendre l'objet de la haine de Mme de Prie. Elle ne put les détacher de sa mère, elle résolut de les perdre. La tentative paroissoit bien hardie contre deux hommes aussi habiles, dont l'un, secrétaire d'État depuis longtemps, étoit depuis longtemps à toutes mains de M. le duc d'Orléans, et employé seul dans toutes les choses les plus secrètes. Il étoit souple, ductile, plein de ressources et d'expédients, le plus ingénieux homme pour la mécanique des diverses sortes d'exécutions, où il étoit employé sans cesse, enfin l'homme aussi à tout faire du cardinal du Bois, tellement dans sa confiance qu'il l'avoit attirée à Belle-Isle, et que tous deux depuis longtemps passoient tous les soirs les dernières heures du cardinal du Bois chez lui, en tiers, à résumer, agiter, consulter et résoudre la plupart des affaires. Tel en étoit l'extérieur, et très-ordinairement même le réel. Mais, avec toute cette confiance, le Blanc étoit trop en possession de celle du Régent pour que le cardinal pût s'en accommoder longtemps.

On a déjà vu ici que son projet étoit d'ôter d'auprès de M. le duc d'Orléans tous ceux pour qui leur familiarité avec lui pouvoit[1] donner le moindre ombrage, et qu'il avoit déjà commencé à les élaguer. Il étoit venu à bout de chasser le duc de Noailles, Canillac et Nocé, ses trois premiers et principaux amis, qui l'avoient remis en selle, Broglio l'aîné, quoique il n'en valût guère la peine ; qu'il avoit échoué au maréchal de Villeroy, qui bientôt après s'étoit venu perdre lui-même ; enfin qu'il avoit tâché de raccommoder le duc de Berwick avec l'Espagne pour l'y envoyer en ambassade, ne pouvant s'en défaire autrement, et on verra bientôt qu'il ne se tenoit pas encore battu là-dessus. Par tous ces élaguements il ne se trouvoit plus embarrassé que du Blanc et de moi. Il me

---

1. Saint-Simon a écrit *pouvoient*, au pluriel.

ménageoit, parce qu'il ne savoit comment me séparer d'avec M. le duc d'Orléans. Il me faisoit la grâce du Cyclope ; en attendant ce que les conjonctures lui pourroient offrir, il me réservoit à me manger le dernier. D'ailleurs je m'étois toujours contenté d'entrer où on m'appeloit ; et à moins de choses instantes et périlleuses, je ne m'ingérois jamais, et il ne pouvoit manquer de s'apercevoir que la conduite du Régent et le gouvernement de toutes choses me déploisoient et me faisoient tenir à l'écart. Cela lui donnoit le temps d'attendre les moyens de faire naître des occasions ; et m'attaquer sans occasions, c'eût été trop montrer la corde et se gâter auprès de M. le duc d'Orléans, à la façon dont j'étois seul à tant de titres auprès de lui. Le Blanc étoit bien plus incommode. Sa charge, et plus encore les détails de la confiance des affaires secrètes, lui donnoient continuellement des rapports et publics et intimes avec M. le duc d'Orléans. La soumission, la souplesse, les hommages de le Blanc, ne le rassuroient point. C'étoit un homme agréable et nécessaire à M. le duc d'Orléans, de longue main dans sa privance la plus intime. Il étoit de son choix, de son goût, utile et commode à tout, il l'entendoit à demi-mot, il ne tenoit qu'à lui : c'étoient autant de raisons de le craindre, par conséquent de l'éloigner ; et si, par les racines qui le tenoient ferme, il ne pouvoit l'éloigner qu'en le perdant et l'accablant absolument, il n'y falloit pas balancer. Et pour le dire encore en passant, voilà les premiers ministres.

Celui-ci, uniquement occupé que de son fait et des choses intérieures, étoit instruit de l'ancienne et intime liaison de le Blanc et de Belle-Isle avec Mme de Plénœuf, de la haine extrême que se portoient la mère et la fille, que celle de Mme de Prie rejaillissoit en plein sur ces deux tenants de sa mère. Du Bois résolut d'en profiter. En attendant que les moyens s'en ouvrissent, il se mit à cultiver Monsieur le Duc. Fort tôt après il sut que le désordre étoit dans les affaires de la Jonchère. C'étoit un trésorier de l'extraordinaire des guerres, entièrement dans la confiance de le Blanc, qui l'avoit poussé et protégé, et qui s'en étoit servi, lui et Belle-Isle, en bien des choses. Je n'ai point démêlé au clair si le cardinal en vouloit aussi à Belle-Isle, ou si ce ne fut que par concomitance avec le Blanc, par l'implication dans les mêmes affaires et dans la haine de Mᵐᵉ de Prie. Je pencherois à le croire, parce qu'ayant plusieurs fois voulu servir Belle-Isle auprès de M. le duc d'Orléans, je lui ai toujours trouvé une opposition qui alloit à l'aversion. Je ne crois pas même m'être trompé d'avoir cru m'apercevoir qu'il le craignoit, qu'il étoit en garde continuelle contre lui de s'en laisser approcher le moins du monde, et certainement il n'a jamais voulu de lui pour quoi que ç'ait été, d'où il me semble que, lié comme il étoit avec le Blanc, qui ne cherchoit qu'à l'avancer, et qui en étoit si à portée avec M. le duc d'Orléans, quelque prévention qu'eût eue ce prince, elle n'y auroit pas résisté, si elle n'eût été étayée des mauvais offices du cardinal du Bois, qui, avec tous les dehors de confiance pour Belle-Isle, avoit assez bon nez pour le craindre personnellement, et comme l'ami le plus intime du Blanc, qu'il avoit résolu de perdre. Quoi qu'il en soit, Belle-Isle passoit pour avoir trop utilement profité de l'amitié du Blanc, et pour avoir infiniment tiré des manéges qui se pratiquent dans les choses financières de la guerre, et en particulier de la Jonchère, dans les comptes, les affaires et le crédit duquel cela avoit causé le plus grand désordre, sous les yeux et par l'autorité du Blanc.

Au lieu d'étouffer la chose, et d'y remédier pour soutenir le crédit public de cette partie importante au bien général des affaires, le cardinal la saisit pour s'en servir contre le Blanc, et en faire sa cour à Monsieur le Duc et à Mᵐᵉ de Prie, qui aussitôt lâcha Monsieur le Duc au cardinal. Il fit donc grand bruit, pressa le Blanc d'éclaircir cette affaire, et bientôt vint à déclarer ses soupçons de la part qu'il avoit en ce désordre. Monsieur le Duc, poussé par sa maîtresse, se mit à poursuivre vivement cette affaire, et à ne garder plus aucunes mesures sur le Blanc ni sur Belle-Isle. M. le duc d'Orléans, qui aimoit le Blanc, se trouva dans le dernier embarras des vives instances de Monsieur le Duc, qu'il redoubloit tous les jours sous prétexte du bon ordre à maintenir, et du discrédit que causoit aux affaires publiques la faillite énorme qu'un trésorier de l'extraordinaire des guerres étoit prêt à faire, pour n'avoir pu ne se pas prêter à toutes les volontés du secrétaire d'État de la guerre, son supérieur et son protecteur, et de Belle-Isle, ami de le Blanc jusqu'à n'être qu'un avec lui. Le Régent n'étoit pas moins embarrassé des semonces doctrinales de son premier ministre, qui, sans lui montrer tant de feu que Monsieur le Duc, le pressoit plus solidement, et avec une autorité que le Régent ne s'entendoit pas à décliner. Cette affaire en étoit [là], quand les préparatifs d'une nouvelle liaison avec l'Espagne et ceux du sacre du Roi la suspendirent pour quelque temps.

Le mariage de Mlle de Beaujolois, cinquième fille de M. le duc d'Orléans, avec l'infant don Carlos, troisième fils du roi d'Espagne, mais aîné du second lit, fut traité avec tant de promptitude et de secret qu'il fut déclaré presque avant qu'on en eût rien soupçonné. Ce prince n'avoit pas encore sept ans, étant né à Madrid le 20 janvier 1716, et la princesse avoit un an plus que lui, étant née à Versailles le 18 décembre 1714. C'étoit cet infant que regardoit la succession de Parme et de Plaisance, aux droits de la reine sa mère, et celle de Toscane aussi. Cet établissement en Italie n'étoit pas prêt d'échoir, par l'âge des possesseurs actuels. Elle avoit besoin d'un grand appui pour n'être point troublée par la jalousie de l'Empereur, si attentif à l'Italie, par celle du roi de Sardaigne, qui se trouveroit par là enfermé par la maison royale de France, enfin par celle de toute l'Europe, qui portoit déjà si impatiemment la domination de cette maison en Espagne, et qui avoit fait tant d'efforts pour l'en arracher. L'intérêt de cette auguste maison étoit donc également grand et sensible de se conserver une si belle partie de l'Italie, dont le droit lui étoit évident et reconnu, et en particulier celui de la reine d'Espagne, de qui il dérivoit, à qui il étoit si glorieux d'augmenter d'une si belle et si importante succession la maison où elle avoit eu l'honneur d'entrer, à la surprise de toute l'Europe et au grand mécontentement du feu Roi, comme on l'a vu en son lieu. Un intérêt plus personnel à la reine d'Espagne s'y joignoit encore. Elle avoit toujours regardé avec horreur l'état des reines d'Espagne veuves. Elle étoit accoutumée à régner pleinement par le roi son époux; la chute lui en paroissoit affreuse si elle venoit à le perdre, comme la différence de leurs âges le lui faisoit envisager. Son but avoit donc été toujours de n'oublier rien pour faire un établissement souverain à son fils, où elle pût se retirer auprès de lui, hors de l'Espagne, quand elle seroit veuve, et s'y consoler en petit de ce qu'elle perdroit en grand. Pour y réussir, elle ne se pouvoit appuyer [1] plus solidement que de la France; et le Régent, de son côté, ne pouvoit établir sa fille plus grandement, ni mieux s'assurer personnellement de plus en plus de l'appui de l'Espagne. La surprise de la déclaration de ce mariage fut grande en Europe, et non moindre en France, où tout ce qui n'aimoit pas le Régent et son gouvernement en laissa voir du chagrin. Malheureusement, on vit bientôt après que ces mariages, simplement conclus et signés avec l'Espagne, n'avoient pas été faits au ciel.

Un autre mariage, entièrement parachevé en même temps, acheva l'apparente réconciliation de la maison de Bavière avec celle d'Autriche. Ce fut celui du prince électoral de Bavière avec la sœur cadette de la reine de Pologne, électrice de Saxe, toutes deux filles du feu empereur Joseph, frère aîné de l'empereur régnant. Quoique accompli dès lors avec toute la pompe et la joie la

---

1. Le manuscrit porte : *elle ne se pouvoit s'appuyer.*

plus apparente, il ne fut pas heureux, et ne réussit point à réunir les deux maisons.

En attendant le sacre qui s'alloit faire, on amusa le Roi de l'attaque d'un petit fort dans le bout de l'avenue de Versailles, et à lui montrer ces premiers éléments militaires.

Il perdit Ruffé, un de ses sous-gouverneurs, qui étoit homme fort sage, lieutenant général, et qui ne jouit pas longtemps du gouvernement de Maubeuge, qu'il avoit eu à la mort de Saint-Frémont. Il étoit aussi premier sous-lieutenant de la première compagnie des mousquetaires. Ruffé étoit du pays de Dombes, fort attaché au duc du Maine, et se prétendoit de la maison de Damas, dont il n'étoit point, et n'en étoit point reconnu de pas un de cette illustre et ancienne maison. Son frère néanmoins, qui fut aussi lieutenant général, s'est toujours fait hardiment appeler le chevalier de Damas. En France, il n'y a qu'à vouloir prétendre entreprendre en tout genre, on y fait tout ce que l'on veut.

Les lettres perdirent aussi Dacier, qui s'y étoit rendu recommandable par ses ouvrages et par son érudition. Il avoit soixante et onze ans, et il étoit garde des livres du cabinet du Roi, ce qui l'avoit fait connoître et estimer à la cour. Il avoit une femme bien plus foncièrement savante que lui, qui lui avoit été fort utile, qui étoit consultée de tous les doctes en toutes sortes de belles-lettres grecques et latines, et qui a fait de beaux ouvrages. Avec tant de savoir, elle n'en montroit aucun, et le temps qu'elle déroboit à l'étude pour la société, on l'y eût prise pour une femme d'esprit, mais très-ordinaire, et qui parloit coiffures et modes avec les autres femmes, et de toutes les autres bagatelles qui font les conversations communes, avec un naturel et une simplicité comme si elle n'eût pas été capable de mieux.

Il mourut en même temps une femme d'un grand mérite : ce fut la duchesse de Luynes[1], fille du dernier

---

1. Les mots *de Luynes* sont répétés.

chancelier Aligre, veuve en premières noces de Manneville, gouverneur de Dieppe, qui sont des gentilshommes de bon lieu, et mère de Manneville, aussi gouverneur de Dieppe, qui avoit épousé une fille du marquis de Montchevreuil, qui fut quelque temps dame d'honneur de la duchesse du Maine. Le duc de Luynes voulant se remarier en troisièmes noces, le duc de Chevreuse, son fils aîné, lui trouva ce parti plein de sens, de vertu et de raison, et eut bien de la peine à la résoudre. Elle s'acquit l'amitié, l'estime et le respect de toute la famille du duc de Luynes, qui l'ont vue soigneusement jusqu'à sa mort. Lorsqu'elle perdit le duc de Luynes, ils ne purent l'empêcher de se retirer aux Incurables. On voyoit encore, à plus de quatre-vingts ans, qu'elle avoit été belle, grande, bien faite et de grande mine. Le duc de Luynes n'en eut point d'enfants.

Reynold, lieutenant général et colonel du régiment des gardes suisses, très-galant homme, et fort vieux, la suivit de près. Il avoit été mis dans le conseil de guerre : il en est ici parlé ailleurs.

Pezé, dont il a été souvent parlé ici, qui avoit le régiment d'infanterie du Roi et le gouvernement de la Muette[1], épousa une fille de Beringhen, premier écuyer.

CHAPITRE III.

Préparatifs du voyage de Reims, où pas un duc ne va, excepté ceux de service actuel et indispensable, et de ceux-là même aucun ne s'y trouva en pas une cérémonie sans la même raison. — Désordres des séances et des cérémonies du sacre; étranges nouveautés partout. — Bâtards ne font point le voyage de Reims. — Remarques de nouveautés principales. — Cardinaux. — Conseillers d'État, maîtres de requêtes, secrétaires du Roi. — Maréchal d'Estrées non encore alors duc et pair. — Secrétaires d'État. — Mépris outrageux de toute la noblesse, seigneurs et autres. — Mensonge et fri-

1. Voyez tome IV, p. 286, note 2.

ponnerie avérée qui fait porter la première des quatres offrandes au maréchal de Tallart duc vérifié. — Barons otages de la sainte ampoule. — Peuple nécessaire dans la nef dès le premier instant du sacre. — Deux couronnes; leur usage. — Esjouissance des pairs très-essentiellement estropiée. — Le couronnement, et achevé, c'est au Roi à se mettre sa petite couronne sur la tête et à se l'ôter quand il le faut, non à autre. — Festin royal; le Roi y doit être vêtu de tous les mêmes vêtements du sacre. — Trois évêques, non pairs, suffragants de Reims, assis en rochet et camail à la table des pairs ecclésiastiques, vis-à-vis les trois évêques comtes-pairs. — Tables des ambassadeurs et du grand chambellan placées au-dessous de celles des pairs laïques et ecclésiastiques; lourdise qui les fait placer sous les yeux du Roi. — Cardinal de Rohan hasarde l'Altesse dans ses certificats de profession de foi à MM. les duc de Chartres et comte de Charolois; est forcé sur-le-champ d'y supprimer l'Altesse, qui l'est en même temps pour tous certificats à tous chevaliers de l'ordre nommés, avec note de ce dans les registres de l'ordre, et observé depuis toujours. — Grands officiers de l'ordre couverts comme les chevaliers; ridicule et confusion de la séance. — Princes du sang s'arrogent un de leurs principaux domestiques près d'eux à la cavalcade [1], où plus de confusion que jamais. — Fêtes à Villers-Cotterets et à Chantilly. — La Fare et Belle-Isle à la Ferté; leur inquiétude, et mon avis, que Belle-Isle ne peut se résoudre à suivre. — Survivance du gouvernement de Paris du duc de Tresmes à son fils aîné. — Signature du contrat de futur mariage de Mlle de Beaujolois avec l'infant don Carlos; départ et accompagnement de cette princesse; Laullez complimenté par la ville de Paris, qui lui fait le présent de la ville. — Mort à Rome de la fameuse princesse des Ursins. — Mort de Madame; son caractère; et de la maréchale de Clérembault; famille et caractère de cette maréchale. — Mariage de Mme de Cani avec le prince de Chalais, et du prince de Robecque avec Mlle du Bellay. — Paix de Nystadt, entre le Czar et la Suède.

Le temps du sacre s'approchoit fort. A la façon dont tout s'étoit passé depuis la régence, je compris que le sacre, qui est le lieu ou l'état et le rang des pairs a toujours le plus paru, se tourneroit pour eux en ignominie. Le principal coup leur était porté par l'édit de 1711, qui attribuoit aux princes du sang, et, à leur défaut, aux bâtards du Roi et à leur postérité, la représentation des anciens pairs au sacre, de préférence aux autres pairs. L'ignorance, la mauvaise foi, et la malignité éprouvée du

---

1. L'orthographe de Saint-Simon est *cavalcate*.

grand maître des cérémonies, l'orgueil du cardinal du Bois
de tout confondre et de tout abattre pour relever d'autant
les cardinaux, le même goût de confusion, par principe,
de M. le duc d'Orléans, me répondoient du reste. Je le
sondai néanmoins ; je représentai, je prouvai inutilement ;
je ne trouvai que de l'embarras, du balbutiement, et un
parti pris. Le cardinal du Bois, qui sut apparemment de
M. le duc d'Orléans que je lui avois parlé et que je n'étois[1]
pas content, m'en jeta des propos, et tâcha de me faire
accroire des merveilles. Il craignit ce qui arriva. Il vouloit
m'amuser et laisser les ducs dans la foule. Il me pressa
sur ce que je croyois qu'il convenoit aux ducs. Je ne
voulus point m'expliquer que je n'eusse parlé à plusieurs,
quelque résolution que j'eusse prise, comme on l'a vu
ailleurs, de ne [me] mêler plus de ce qui les regardoit.
Pressé de nouveau par le cardinal, je lui dis enfin ce que
je pensois : il bégaye[2], dit oui et non, se jeta sur des géné-
ralités et des louanges de la dignité, sur la convenance,
même la nécessité qu'ils se trouvassent au sacre, et qu'ils
y fussent dignement, s'expliquant peu en détail. Je lui
déclarai que ces propos n'assuroient rien ; mais que d'aller
au sacre pour y éprouver des indécences, et pis encore,
ce ne seroit jamais mon avis ; que si M. le duc d'Orléans
vouloit que les ducs y allassent, il falloit convenir de tout,
l'écrire par articles, et que M. le duc d'Orléans le signât
double, et en présence de plusieurs ducs ; qu'il en donnât
un au grand maître des cérémonies, avec injonction bien
sérieuse de l'exacte exécution, l'autre à celui des ducs
qu'il en voudroit charger.

Du Bois, qui n'avoit garde de se laisser engager de la
sorte, parce qu'il vouloit attirer les ducs et se moquer
d'eux, se récria sur l'écriture, et vanta les paroles. Je lui
répondis nettement que l'affaire du bonnet et d'autres
encore avoient appris aux ducs la valeur des paroles les
plus solennelles, les plus fortes, les plus réitérées ; qu'ainsi

1. *Je ne n'étois*, au manuscrit.
2. Le texte est bien *bégaye*, et non *bégaya*.

il falloit écrire ou se passer de gens qu'il regardoit
comme aussi inutiles, sinon à grossir la cour. Le cardinal
se mit sur le ton le plus doux, même le plus respectueux,
car tous les tons différents ne lui coûtoient rien, et
n'oublia rien pour me gagner. Il me détacha après
Belle-Isle et le Blanc, pour me représenter que je ne
pouvois m'absenter du sacre sans quelque chose de trop
marqué, le désir extrême du cardinal que je m'y trouvasse
et de m'y procurer toutes sortes de distinctions. M. le duc
d'Orléans me demanda si je n'y viendrois pas, et sans
oser ou vouloir m'en presser, fit ce qu'il put pour m'y
engager. Comme ils sentirent enfin qu'ils n'y réussiroient
pas, le cardinal se mit à me presser par lui-même et par
ses deux envoyés de ne pas empêcher les autres ducs d'y
aller, et de considérer l'effet d'une telle désertion. Je
répondis que c'étoit à ceux qui pouvoient l'empêcher, en
mettant l'ordre nécessaire, à y faire leurs réflexions; que
je ne gouvernois pas les ducs, comme il n'y avoit que
trop paru, mais que je savois ce qu'ils avoient à faire et
me tins fermé à cette réponse.

Je m'étois assuré plus facilement que je ne l'avois
espéré que pas un d'eux n'iroit, excepté ceux à qui leurs
charges rendoient le voyage indispensable, et que de
ceux-là même aucun ne se trouveroit dans l'église de
Reims, ni à pas une seule des cérémonies, comme celle
des autres églises, et celles du festin royal et de la cavalcade[1], excepté ceux que leurs charges y forceroient, et
qu'ils sacrifieroient toute curiosité à ce qu'ils se de-
voient à eux-mêmes, ce qui fut très-fidèlement et très-
ponctuellement exécuté. Quand je fus bien assuré de la
chose, j'allai quatre ou cinq jours avant le départ du Roi,
prendre congé de M. le duc d'Orléans, et dire adieu au
cardinal du Bois avec un air sérieux, pour m'en aller à la
Ferté, et je partis le lendemain. Tous deux s'écrièrent
fort; mais, ne pouvant me persuader le voyage de Reims,

1. Ici encore, et à la ligne 28 de la page suivante, il y a *cavalcate*.
Voyez ci-dessus, p. 61 et note 1.

ils firent l'un et l'autre ce qu'ils purent pour m'engager à me trouver au retour à Villers-Cotterets, où M. le duc d'Orléans préparoit de superbes fêtes. Je répondis modestement que, ne pouvant avoir de part aux solennités de Reims, je me trouverois un courtisan fort déplacé à Villers-Cotterets, et tins ferme à toutes les instances. J'étois convenu avec les ducs que pas un n'y iroit de Paris ni de Reims, hors ceux qui ne pouvoient s'en dispenser par le service actuel de leurs charges. Et cela fut exécuté avec la même ponctualité et fidélité. J'allai donc à la Ferté cinq ou six jours avant le départ du Roi, et n'en revins que huit ou dix après son retour.

Le désordre du sacre fut inexprimable, et son entière dissonance d'avec tous les précédents. On y en vit dans le genre de ceux qui eurent ordre de s'y trouver et de ceux qui n'en eurent point, et le projet de l'exclusion possible de toutes dignités[1] et de toute la noblesse y sauta aux yeux. Il ne fut pas moins évident qu'on l'y voulut effacer par la robe, et jusque par ce qui est au-dessous de la robe, ces deux genres de personnes y ayant été nommément mandées et conviées, et nul de la noblesse, excepté le peu d'entre elle qui y eurent des fonctions qui ne se pouvoient donner hors de leur ordre. Le même désordre par le même projet régna dans les séances de l'église de Reims, la veille aux premières vêpres du sacre, le jour du sacre, et le lendemain, pour l'ordre du Saint-Esprit, que le Roi reçut, puis conféra; au festin royal; à la cavalcade, enfin partout. C'est ce qui va être expliqué par quelques courtes remarques. Il y en auroit tant à faire qu'on ne s'arrêtera qu'à ce qui regarde le sacre, le festin royal et l'ordre du Saint-Esprit. Je n'ai point su quelles furent les prétentions des bâtards; mais le duc du Maine, ni ses deux fils, ni le comte de Toulouse ne firent point le voyage de Reims; et le comte de Toulouse, qui en fut pressé, le refusa nettement, et demeura

---

1. Il y a *toute* au singulier, et *dignités* au pluriel.

à Rambouillet. Des six cardinaux qu'il y avoit à Paris, le seul cardinal de Noailles n'y fut point invité. Ce fut un hommage que le cardinal du Bois voulut rendre au cardinal de Rohan et à la constitution *Unigenitus*, qui l'avoient si bien servi à Rome pour son chapeau. Par cette exclusion, le cardinal de Rohan se trouva à la tête des quatre autres cardinaux. La même reconnoissance pour les deux frères d'avoir si onctueusement avalé la déclaration du premier ministre, après en avoir été si cruellement joués, fit aussi choisir le prince de Rohan pour faire la charge de grand maître de France, au lieu de Monsieur le Duc, qui l'étoit, mais qui représentoit le duc d'Aquitaine.

Les pairs ecclésiastiques devoient à deux titres avoir la première place de leur côté. Ils avoient sans difficulté, avec les pairs laïques, la fonction principale dans toute la cérémonie, et l'archevêque de Reims étoit le prélat officiant, et dans son église, les cinq autres le joignoient sur la même ligne, et y étoient les principaux officiants. Voilà donc deux raisons sans réplique. L'usage des précédents sacres en étoit une troisième. Le cardinal du Bois vouloit signaler son cardinalat, et primer à l'appui de ses confrères. Il ne voulut donc pas les placer derrière les pairs ecclésiastiques, et il n'osa les mettre devant eux pour troubler toute la cérémonie. Il fit donner aux cardinaux un banc un peu en arrière de celui des pairs ecclésiastiques, mais poussé assez haut pour qu'il n'y eût rien entre ce banc et l'autel, et que le dernier cardinal, qui étoit Polignac, ne fût pas effacé par l'archevêque de Reims, ni par l'accompagnement ecclésiastique qui étoit près de lui debout. Ainsi les archevêques et évêques, et à leur suite le clergé du second ordre, fut placé sur des bancs derrière celui des pairs ecclésiastiques, et plus arriéré que celui des cardinaux. Sur même ligne que les bancs des archevêques, évêques et second ordre, et au-dessous, étoient trois bancs, sur lesquels furent placés dix conseillers d'État, dix maîtres des requêtes, et pour que rien ne manquât à la dignité de cette séance, six secrétaires du Roi, tous députés de leurs trois compagnies ou corps, qui avoient été invités.

De l'autre côté, les pairs laïques vis-à-vis des pairs ecclésiastiques, et rien vis-à-vis des cardinaux. Derrière les pairs laïques les trois maréchaux de France nommés pour porter les trois honneurs. Il faut se souvenir que le maréchal d'Estrées, qui, comme l'ancien des deux autres, étoit destiné pour la couronne, ne devint duc et pair que le 16 juillet 1723, par la mort sans enfants du duc d'Estrées, gendre de M. de Nevers. Au-dessous du banc des honneurs, et un peu plus reculé, étoit le banc des seuls secrétaires d'État, et rien devant eux qu'un bout de la fin du banc des pairs laïques. Il est vrai qu'il y eut un moment court de la cérémonie, où on mi' devant les secrétaires d'État un tabouret placé vis-à-vis l'intervalle entre le banc des pairs laïques et celui des honneurs, où se mit le duc de Charost ; mais, outre que cela fut pour très-peu de temps, la séance accordée aux secrétaires d'État n'en fut pas moins grande, puisque le duc de Charost ne prit cette place pendant quelques moments qu'en qualité de gouverneur du Roi, qui n'est pas une charge qui existe ordinairement lors d'un sacre.

Derrière le banc des trois maréchaux de France destinés à porter les honneurs, les maréchaux de Matignon et de Besons y furent placés ; et sur le reste de leur banc, qui s'étendoit derrière celui des secrétaires d'État, les seigneurs de la cour, et d'autres que la curiosité avoit attirés, sans que pas un fût convié, y furent placés au hasard et sur d'autres bancs derrière. Ainsi les conseillers d'État, maîtres des requêtes et secrétaires du Roi d'un côté, et les secrétaires d'État de l'autre, tous conviés, eurent les belles séances, et les gens de qualité furent placés en importuns curieux où ils purent, et comme le hasard ou la volonté du grand maître des cérémonies les rangea pour remplir les vides d'un spectacle où ils n'étoient point conviés, et où leur curiosité fit nombre inutile ; tant, jusqu'aux secrétaires du Roi, tout homme à collet fut là supérieur à la plus haute noblesse de France.

Les quatre premières chaires du chœur, de chaque côté, les plus proches de l'autel, furent occupées par les quatre chevaliers de l'ordre qui devoient porter les quatre pièces de l'offrande, et par les quatre barons chargés de la garde de la sainte ampoule. On a ici remarqué ailleurs la friponnerie mise exprès dans un livre des cérémonies du sacre du feu Roi, que le grand maître des cérémonies fit imprimer et publier quelques mois auparavant celui-ci, où mon père étoit nommé comme portant une de ces offrandes. J'eus beau dire, publier et déclarer alors, que c'étoit une faute absurde dans la prétendue relation de ce livre du sacre du feu Roi ; que c'étoit mon oncle, frère aîné de mon père, et chevalier de l'ordre en 1633, en même promotion que lui, qui porta un des honneurs, et non mon père, qui étoit alors depuis longtemps à Blaye, et qui y demeura longtemps depuis, fort occupé pour le service du Roi contre les mouvements, puis de la révolte de Bordeaux et de la province. Ce même service occupoit beaucoup de pairs dans leurs gouvernements, et en fit manquer pour la représentation des anciens pairs au sacre, en sorte que si mon père se fût trouvé à Paris, il eût représenté un de ces anciens pairs, puisqu'à leur défaut il fallut avoir recours à un duc non vérifié, ou, comme on parle, à brevet, qui fut M. de Bournonville, père de la maréchale de Noailles.

Cette fausseté n'avoit pas été mise pour rien dans ce livre répandu exprès dans le public avec bien d'autres fautes. Le parti étoit pris. On avoit résolu de confondre les ducs avec des seigneurs ou autres qui ne l'étoient pas, de la manière la plus solennelle, et on en choisit un qui n'avoit garde de se refuser à rien, et conduit par des gens dont les chimères avoient le même intérêt. Ce fut le maréchal de Tallart, duc vérifié, et non pas pair, qui fut mis à la tête du comte de Matignon, de M. de Medavid, depuis maréchal de France, et de Goesbriant, tous chevaliers de l'ordre ; et Tallart fit ainsi la planche inouïe et première de cette association, en même fonction d'un duc, même d'un maréchal de France, avec trois autres qui ne l'étoient pas, et qui n'avoit jamais été faite par un maréchal de France, beaucoup moins par un duc.

A l'égard des quatre barons de la sainte ampoule, placés vis-à-vis, ce fut une indécence tout à fait nouvelle, accordée à leur curiosité de voir le sacre, et c'en fut une autre bien plus marquée de placer dans les quatre chaires basses, au-dessous d'eux, leurs quatre écuyers tenants leurs pennons flottants à leurs armes au revers de celles de France, tandis que les princes du sang, représentants les anciens pairs, ni pas un autre homme en fonction n'avoit ni écuyers ni pennons. La fonction de ces quatre barons en étoit interceptée. Leur charge est d'être otages de la restitution de la sainte ampoule à l'église abbatiale de Saint-Remi après le sacre. Pour cet effet, ils doivent marcher ensemble, à cheval, avec leurs écuyers portant chacun le pennon éployé aux armes de son maître, et point avec les armes de France, à cheval aussi devant le sien, et les barons environnés de leurs pages et de leur livrée, et aller ainsi depuis l'archevêché, comme députés pour ce par le Roi, à l'abbaye de Saint-Remi, où arrivés, ils doivent être de fait, ou supposés enfermés dans un appartement de l'abbaye, et sous clef, depuis l'instant que la sainte ampoule en part jusqu'à celui où elle y est rapportée et replacée, et alors être délivrés, comme dûment déchargés de leur fonction d'otages et de répondants de la restitution et remise de la sainte ampoule, et retourner de l'abbaye de Saint-Remi à l'archevêché avec le même cortége qu'ils en étoient venus. Ainsi leurs pennons uniques ne préjudicioient à personne, puisque, ni dans la marche à l'aller et au retour, les quatre barons étoient seuls ainsi que dans l'abbaye, et ces pennons de plus ne devoient servir en effet qu'à être appendus dans l'église de l'abbaye, en mémoire et en honneur de la fonction d'otage de la restitution de la sainte ampoule, faite et remplie par ces quatre barons.

Voici bien une autre faute sans exemple en aucun des sacres précédents, et tout à fait essentielle, et telle que je ne puis croire qu'elle ait été commise en effet dans la cérémonie, mais que le goût d'énerver tout et l'esprit régnant de confusion a fait mettre dans les relations de la gazette [1], et publiques et autorisées. Elle demande un court récit. Le peuple, qui depuis assez longtemps fait le troisième ordre, mais diversement composé, le peuple, dis-je, simple peuple ou petits bourgeois, ou artisans et manants, a toujours rempli la nef de l'église de Reims au moment que le Roi y est amené. Il est là, comme autrefois aux champs de Mars, puis de Mai, applaudissant nécessairement, mais simplement, à ce qui est résolu et accordé par les deux ordres du clergé et de la noblesse. Dès que le Roi est arrivé et placé, l'archevêque de Reims se tourne vers tout ce qui est placé dans le chœur, pour demander le consentement de la nation. Ce n'est plus, depuis bien des siècles, qu'une cérémonie, mais conservée en tous les sacres, et qui, suivant même les relations des gazettes et autres autorisées et publiées, l'a été en celui-ci. Il faut donc que, comme aux anciennes assemblées de la nation aux champs de Mars, puis de Mai, puisque cette partie de la cérémonie en est une image, que la nef soit alors remplie de peuple pour ajouter son consentement présumé à celui de ceux qui sont dans le chœur, comme dans ces assemblées des champs de Mars, puis de Mai, la multitude éparse en foule dans la campagne, acclamoit, sans savoir à quoi, à ce que le clergé et la noblesse, placés [2] aux deux côtés du trône du Roi, consentoit aux propositions du monarque, sur lesquelles ces deux ordres avoient délibéré, puis consenti. C'est donc une faute énorme, tant contre l'esprit que contre l'usage constam-

---

1. *Gazettes*, au manuscrit.
2. Il y a *placées*, au féminin pluriel.

ment observé en tous les sacres jusqu'à celui-ci, de n'ouvrir la nef au peuple qu'après l'intronisation au jubé.

On se sert au sacre de deux couronnes : la grande de Charlemagne, et d'une autre qui est faite pour la tête du Roi, et enrichie de pierreries. La grande est exprès d'une largeur à ne pas pouvoir être portée sur la tête, et c'est celle qui sert au couronnement. Elle est faite ainsi pour donner lieu aux onze pairs servants d'y porter chacun une main au moment que l'archevêque de Reims l'impose sur la tête du Roi, et de le conduire, en la soutenant toujours, jusqu'au trône du jubé, où se fait l'intronisation. Il est impossible, par la forme de cette ancienne couronne, que cela ait pu se pratiquer autrement; mais les relations approuvées et publiées ont affecté de brouiller cet endroit si essentiel de la cérémonie, ne parlent point exprès, pour exténuer tout, du soutien de la couronne de Charlemagne sur la tête du Roi par les pairs, et laissent croire qu'il l'a portée immédiatement sur sa tête. Ce n'est pas la seule réticence affectée de cet important endroit de la cérémonie. Elles taisent la partie principale de l'intronisation, qui s'appelle l'esjouissance des pairs, et voici ce qui a été soigneusement omis par ces relations tronquées. Chaque pair, ayant baisé le Roi à la joue, assis sur son trône, fait de façon que de la nef il est vu à découvert depuis les reins jusqu'à la tête : le pair qui a baisé le Roi se tourne à l'instant à côté du Roi, le visage vers la nef, s'appuie et se penche sur l'appui du jubé et crie au peuple : « Vive le roi Louis XV! » A l'instant le peuple crie le même : « Vive le roi Louis XV! » A l'instant une douzième partie des oiseaux tenus exprès en cage sont lâchés; à l'instant une douzième partie de monnoie est jetée au peuple. Pendant ce bruit le premier pair se retire à sa place sur le jubé même; le second va baiser le Roi, se pencher au peuple et lui crier le « Vive le roi Louis XV! » A l'instant autres cris redoublés du peuple, autre partie d'oiseaux lâchés, autre partie de monnoie jetée, et ainsi de suite jusqu'au dernier des douze pairs servants.

Les relations disent tout hors cette proclamation des pairs au peuple, et cette distribution d'oiseaux et de monnoie à chacune des douze proclamations. La raison de ce silence est évidente; je me dispenserai de la qualifier. Je ne parle point des fanfares et des décharges qui accompagnent chaque proclamation, et dont le bruit, ainsi que celui de la voix de tout ce qui est dans la nef, ne cesse point, mais redouble à chaque proclamation et ne commence qu'à la première. L'autre couronne se trouve au jubé. Dès que le Roi y est assis, la grande couronne est déposée à celui qui est choisi pour la porter, et c'est le Roi lui-même qui prend la petite couronne et qui se la met sur la tête, qui se l'ôte et se la remet toutes les fois que cela est à faire. Je ne sais si les relations sont ici fautives; il seroit bien plus étrange qu'elles ne [le] fussent pas. La raison de cela est évidente; et quand il va à l'autel pour l'offrande et pour la communion, et qu'il en revient au jubé, c'est après avoir ôté sa petite couronne, qui demeure sur son prie-Dieu[1] au jubé, et les pairs lui tiennent la grande couronne sur sa tête, excepté, pour ces deux occasions, l'archevêque de Reims, qui demeure à l'autel.

Les relations ne disent pas un mot des fonctions de l'évêque-duc de Langres, ni des évêques-comtes de Châlons et de Noyon.

Il y eut, au festin royal, ou une faute dans le fait, ou une méprise dans les relations si la faute n'a pas été faite, et deux nouveautés qui n'avoient jamais été à pas un autre festin du sacre avant celle-ci. La faute ou la méprise est que les relations disent que, le Roi étant revenu de l'église en son appartement, on lui ôta ses gants pour les brûler, parce qu'ils avoient touché aux onctions, et sa chemise pour la brûler aussi, par la même

---

1. Voyez tome II, p. 398, note 1.

raison; qu'il prit d'autres habits que ceux qu'il avoit à l'église, reprit par dessus son manteau royal, et conserva sa couronne sur sa tête. Les gants ôtés et brûlés, cela est vrai, et s'est toujours pratiqué d'abord en rentrant dans son appartement; la chemise aussi, mais à l'égard de la chemise, ordinairement elle n'est ôtée qu'après le festin, lorsque le Roi, retiré dans son appartement, quitte ses habits royaux pour ne les plus reprendre. Que si quelquefois il y a eu des rois qui ont changé de chemise avant le festin royal, ils ont repris tous les mêmes vêtements qu'ils avoient à l'église pour aller au banquet royal. C'est donc une faute et une nouveauté s'il en a été usé autrement, sinon une lourde méprise aux relations de l'avoir dit, et un oubli d'avoir omis quel fut l'habit que ces relations prétendent que le Roi prit dessous le manteau royal pour aller au festin.

A l'égard des deux nouveautés, l'une fut faite pour tout confondre, l'autre par une lourde imprudence qui vint d'embarras. La première fut de faire manger à la table des pairs ecclésiastiques les évêques de Soissons, Amiens et Senlis, comme suffragants de Reims, sans aucune prétention ni exemple quelconque en aucun festin royal du sacre avant celui-ci. La suffragance de Reims n'a jamais donné ni rang ni distinction; c'est la seule pairie qui les donne. Cela est clair par le siége de Soissons, qui n'en a point, quoique premier suffragant; quoique cette primauté de suffragance lui donne le droit de sacrer les rois en vacance du siége de Reims, ou empêchement de ses archevêques, et le siége de Langres dont l'évêque est duc et pair, et toutefois suffragant de Lyon. Jamais qui que ce soit, avant ce sacre n'avoit été admis à la table des pairs ecclésiastiques; aussi dans cette entreprise n'osa-t-on pas y mettre d'égalité. Les pairs ecclésiastiques étoient à leur table en chape et en mitre, comme ils y ont toujours été, de suite et tous six du même côté, joignant l'un l'autre, l'archevêque de Reims à un bout avec son cortége de chapes derrière lui debout, et sa croix et sa crosse portées par des ecclésiastiques en surplis devant lui, la table entre-deux, et l'évêque de Noyon à l'autre bout. Les trois évêques, qu'on peut appeler parasites, furent en rochet et camail, et apparemment découverts, puisque les relations taisent le bonnet carré, et placés de l'autre côté de la table, et encore au plus bas bout qu'il se put, vis-à-vis des trois évêques-comtes pairs. Outre le préjudice de la dignité des pairs dans une cérémonie si auguste, et où ils figurent si principalement, c'étoit manquer de respect au Roi, en présence duquel et à côté de lui dans la même pièce, c'est manger avec lui, quoique à différente table, et jamais évêque ni archevêque n'a mangé en aucun cas avec nos rois s'il n'a été pair ou prince, comme il a été expliqué ici ailleurs, jusqu'à ce que l'ancien évêque de Fréjus se fit admettre le premier dans le carrosse du Roi, puis à sa table, ce qui a été le commencement de la débandade qui s'est vue depuis en l'un et en l'autre; c'étoit faire une injure aux officiers de la couronne qui sont bien au-dessus des évêques, qui en ce festin du sacre, tous grands qu'ils sont, ne sont pas admis à la table des pairs laïques, et ne le furent pas non plus en celui-ci. En un mot, il n'a jamais été vu en aucun autre sacre que qui que ç'ait été ait mangé à la vue du Roi au festin royal, autres que les six pairs laïques et les six pairs ecclésiastiques qui avoient servi au sacre.

L'autre nouveauté, qui fut une très-lourde bévue, vint de l'embarras qui étoit né de la facilité qu'on laisse à chacun de faire ce qui lui plaît, sans penser aux conséquences. La pièce de tout temps destinée au festin royal du sacre, dans l'ancien palais archiépiscopal de Reims, étoit une pièce vaste, et fort extraordinaire en ce qu'elle étoit en équerre, en sorte que ce qui se passoit dans la partie principale de cette pièce ne se voyoit point de ceux qui étoient dans la partie de la même pièce qui étoit en équerre, et réciproquement n'étoient point vus de ceux qui étoient dans la partie principale de la même pièce.

L'équerre étoit aussi fort spacieux[1] et profond, et c'étoit dans cet équerre qu'étoient les tables[2] des ambassadeurs et du grand chambellan, tellement qu'elles étoient également toutes deux dans la même pièce où étoit la table du Roi, et celle des pairs laïques et ecclésiastiques, et toutefois entièrement hors de leur vue. L'archevêque de Reims, le Tellier, qui travailla beaucoup à ce palais archiépiscopal, trouvant cette pièce immense baroque, la rompit sans penser aux suites, ou sans s'en mettre en peine, et le feu Roi l'ignora, ou ne s'en soucia pas plus que lui. De là l'embarras où placer les tables des ambassadeurs et du grand chambellan : on ne pouvoit les placer dans la même pièce de celle du Roi sans être sous sa vue, ni lui en dérober la vue qu'en les mettant dans une autre pièce. On ne songea seulement pas qu'avant le changement fait à cette pièce, elle étoit aussi capable qu'alors de contenir ces deux tables, et qu'elles avoient néanmoins été toujours mises dans l'équerre (que l'archevêque le Tellier n'avoit fait que couper), que[3] pour les dérober à la vue du Roi, ce qui devoit déterminer à les mettre encore dans cette même équerre, quoique coupée et faisant une autre pièce. On sauta donc le bâton, on les mit dans la pièce où étoit la table du Roi, et on les plaça sur même ligne, mais au-dessous des deux tables des pairs laïques et ecclésiastiques, d'où résulta nouvelle difformité, en ce que ces évêques, non pairs, suffragants de Reims, qu'on fit manger pour la première fois à la table des pairs ecclésiastiques, se trouvèrent à une table supérieure à celle des ambassadeurs et à celle du grand chambellan, avec qui ces évêques n'ont pas la moindre compétence[4], et pour rendre la chose plus ridicule, à une table supérieure à celle où le chancelier mangeoit, et

1. Saint-Simon fait ici *équerre* du masculin ; il le fait du féminin quelques lignes plus loin.
2. *Les tables* a été, après coup, corrigé en *la table*.
3. Ce mot *que* est bien au manuscrit.
4. Voyez tome XI, p. 411 et note 1, tome XII, p. 462 et note 2, et ci-dessus, p. 35.

placé comme eux au bas côté de la table inférieure à la leur, lui qui ne leur donne pas la main chez lui, et dont le style de ses lettres à eux est si prodigieusement supérieur. Ajoutons encore l'énormité de faire manger à la vue du Roi, en une telle cérémonie, les deux introducteurs des ambassadeurs, tant par leur être personnel que par la médiocrité de leur charge, parce qu'ils doivent manger à la table des ambassadeurs. Les réflexions se présentent tellement d'elles-mêmes sur un si grand amas de dissonances de toutes les espèces, nées de toutes ces nouveautés, que je les supprimerai ici. Venons maintenant à ce qui se passa pour l'ordre du Saint-Esprit, que le Roi reçut le lendemain matin des mains de l'archevêque de Reims, et qu'il conféra ensuite, comme grand maître de l'ordre, au duc de Chartres et au comte de Charolois.

La règle est que ceux qui sont nommés chevaliers de l'ordre, entre plusieurs formalités préparatoires, font à genoux, chez le grand aumônier de France, qui l'est né de l'ordre, profession de la foi du concile de Trente, font la lecture à haute voix de sa formule latine, qui est longue, et que le grand aumônier leur tient sur ses genoux, assis dans un fauteuil, la signent, et prennent un certificat du grand aumônier d'avoir rempli ce devoir. Les deux princes nommés au chapitre tenu à Reims s'acquittèrent de ce devoir.

Le cardinal de Rohan, ne doutant de rien sur l'appui de la protection si déclarée et si bien méritée du cardinal du Bois, saisit une si belle occasion d'établir sa princerie, d'autant mieux que c'étoit la première promotion de l'ordre qui se faisoit depuis qu'il étoit grand aumônier. Il donna ses ordres à son secrétaire, qui en signant les certificats de ces princes au-dessous de la signature du cardinal de Rohan, mit hardiment : *par Son Altesse Éminentissime*, au lieu de mettre simplement : *par Monseigneur*. Le secrétaire des commandements du Régent, qui retira le certificat de M. le duc de Chartres, y jeta les yeux par hasard, et fut si étrangement surpris de l'*Altesse Éminentissime* qu'il alla sur-le-champ en avertir M. le duc d'Orléans. La colère le transporta à l'instant malgré sa douceur naturelle et son peu de dignité, mais au fond très-glorieux. Il envoya sur-le-champ chercher l'abbé de Pompone, chancelier de l'ordre. C'étoit l'heure qu'on sortoit de dîner pour aller bientôt aux premières vêpres du sacre, et le chapitre de l'ordre s'étoit tenu la veille. L'abbé de Pompone m'a conté qu'il fut effrayé de la colère où il trouva M. le duc d'Orléans, au point qu'il ne sut ce qui alloit arriver. Il lui commanda d'aller dire de sa part au cardinal de Rohan d'expédier sur-le-champ deux autres certificats à MM. les duc de Chartres et comte de Charolois, où il y eût seulement : *par Monseigneur*, d'y supprimer l'*Altesse Éminentissime* qu'il avoit osé y hasarder, et de lui défendre de la part du Roi de jamais l'employer dans aucun certificat de chevalier de l'ordre. Le Régent ajouta l'ordre à l'abbé de Pompone de faire écrire le fait et l'ordre en conséquence, tant à l'égard du certificat expédié à chacun de ces deux princes, que tous ceux à expédier à tous chevaliers de l'ordre nommés à l'avenir sur les registres de l'ordre.

Le cardinal de Rohan et son frère furent bien mortifiés de cet ordre, dont ils ne s'étoient pas défiés par le caractère du Régent et par la protection du premier ministre. Ils obéirent sur-le-champ même et sans réplique, et l'avalèrent sans oser en faire le plus léger semblant. De pareilles tentatives, souvent avec succès, sont les fondements des prétentions, et trop ordinairement de la possession de ces chimères de rang de prince étranger; je l'ai remarqué ici en plus d'une occasion. Quand je fus chevalier de l'ordre, cinq ans après, j'avertis les maréchaux de Roquelaure et d'Alègre et le comte de Gramont, qui furent de la même promotion avec le prince de Dombes, le comte d'Eu et des absents, de prendre bien garde à leurs certificats. M. le duc d'Orléans n'étoit plus, et les entreprises revivent. Je voulus voir le mien chez le cardinal de Rohan même, au sortir de ma profession de foi. Le secrétaire, qui en sentit bien la cause, me dit un peu honteusement que je n'y trouverois que ce qu'il y falloit, et me le présenta. En effet, j'y vis *par Monseigneur*, et point d'*Altesse;* je souris en regardant le secrétaire, et lui dis : *Bon, Monsieur, comme cela*, et je l'emportai. Je sus des trois autres que j'avois avertis, que les leurs étoient de même. Cela me montra qu'ils avoient abandonné cette prétention. Certainement le coup étoit bon à faire ; si le premier prince du sang, fils du Régent, et un autre prince du sang avoient souffert l'*Altesse* du cardinal de Rohan, qui eût pu après s'en défendre ?

Il n'y eut de séance à la cérémonie de l'ordre que pour le clergé et pour la même robe, même les secrétaires du Roi, qui y eurent les mêmes qu'au sacre. Tout le reste n'y fut placé qu'à titre de curieux, pêle-mêle, comme il plut au grand maître des cérémonies. Il n'y eut que les chevaliers de l'ordre, qui étoient en petit nombre, qui formèrent seuls la cérémonie. Ce qu'il y eut de nouveau, car il y eut du nouveau partout, c'est que les officiers de l'ordre se couvrirent dans le chœur, comme les chevaliers, eux qui dans les chapitres, excepté le seul chancelier de l'ordre, sont au bout de la table, derrière lui, debout et découverts, et les chevaliers et le chancelier assis et couverts. Aussi, comme je l'ai remarqué ailleurs, ont-ils fait en sorte qu'il n'y a plus de chapitres qu'en foule, en désordre, sans rang, où le Roi est debout et découvert, et qu'il n'y a plus de repas, parce que le chancelier de l'ordre y mange seul avec le Roi et les chevaliers en réfectoire, et les autres grands officiers mangent en même temps avec les petits officiers de l'ordre dans une salle séparée.

A l'égard de la cavalcade[1], il ne se put rien ajouter à l'excès de sa confusion. Les princes du sang y prirent, pour la première fois, un avantage que le Régent souffrit

1. Voyez ci-dessus, p. 61 et note 1, p. 63 et p. 64.

pour l'intérêt de Monsieur son fils contre le sien. Chacun d'eux eut près de soi un de ses principaux domestiques. Cela ne fut jamais permis qu'aux fils de France et aux petits-fils de France, c'est-à-dire à M. le duc de Chartres, depuis d'Orléans, enfin régent, seul petit-fils de France, qui ait existé depuis l'établissement de ce rang pour Mademoiselle, fille de Gaston, et pour ses sœurs, qui toutes n'avoient point de frères. Cette nouveauté en a enfanté bien d'autres depuis que Monsieur le Duc fut premier ministre.

Je ne parle point de beaucoup d'autres remarques, cela seroit infini; j'omets aussi les fêtes superbes que M. le duc d'Orléans et Monsieur le Duc donnèrent au Roi, à Villers-Cotterets et à Chantilly, en revenant de Reims.

Tout en arrivant à Paris, la Fare et Belle-Isle me vinrent voir à la Ferté. La Fare étoit aussi fort ami de Mme de Plénœuf, mais non son esclave comme ses deux amis le Blanc et Belle-Isle. Ils me parlèrent fort de leur inquiétude sur la vivacité avec laquelle l'affaire de la Jonchère se poussoit, lequel avoit été conduit à la Bastille, et qu'on ne parloit pas de moins que d'ôter à le Blanc sa charge de secrétaire d'État, et de l'envelopper avec Belle-Isle dans la même affaire. Quoique la Fare n'y fût pour rien, ils venoient me demander conseil et secours. Je leur dis franchement que je voyois clairement la suite du projet d'écarter de M. le duc d'Orléans tous ceux en qui il avoit habitude de confiance, et ceux encore dont on pouvoit craindre la familiarité avec lui, dont les exemples des exils récents faisoient foi; que le Blanc étant celui de tous le plus à éloigner, en suivant ce plan, par l'accès de sa charge et par l'habitude de confiance et de familiarité, que le prétexte et le moyen en étoit tout trouvé par l'affaire de la Jonchère; que le cardinal du Bois auroit encore à en faire sa cour à Monsieur le Duc et à Mme de Prie, et à tout rejeter sur eux; qu'ils connoissoient tous deux l'esprit et la rage de Mme de Prie contre les deux inséparables amis de sa mère, et quel étoit son pouvoir sur Monsieur le Duc; qu'ils ne connoissoient pas moins l'impétuosité et la férocité de Monsieur le Duc, la foiblesse extrême de M. le duc d'Orléans, l'empire que le cardinal du Bois avoit pris sur lui; qu'il n'y avoit point d'innocence ni d'amitié de M. le duc d'Orléans qui pussent tenir contre le cardinal, Monsieur le Duc et sa maîtresse réunis par d'aussi puissants intérêts; que je ne voyois donc nul autre moyen de conjurer l'orage que d'apaiser la fille en voyant moins la mère, qui ne couroit risque de rien, à qui cela ne faisoit aucun tort, et qui, si elle avoit de la raison et une amitié véritable pour eux, et qui méritât la leur, devoit être la première à exiger de ses deux amis à faire ce sacrifice à une fureur à laquelle ils ne pouvoient résister qu'en la désarmant par cette voie, même de ne voir plus la mère, laquelle ne méritoit pas qu'ils se perdissent pour elle, si elle le souffroit.

La Fare trouvoit que je disois bien, et que ce que je proposois étoit la seule voie de salut, si déjà l'affaire n'étoit trop avancée. Belle-Isle ne put combattre mes raisons ni se résoudre à suivre ce que je pensois, et se mit, faute de mieux, à battre la campagne. J'avois beau le ramener au point, il s'échappoit toujours. A la fin, je lui prédis la prompte perte de le Blanc et la sienne, que le cardinal, Monsieur le Duc et sa maîtresse entreprenoient de concert, et dont ils ne se laisseroient pas donner le démenti, si, en suivant mon opinion, ils ne désarmoient promptement Monsieur le Duc et sa maîtresse par le sacrifice que je proposois; quoi fait, ils auroient encore bien de la peine à se tirer des griffes seules du cardinal; mais que, quand ils n'auroient plus affaire qu'à lui, encore y auroit-il espérance. Mais rien ne put ébranler Belle-Isle. Question fut donc de voir quelle conduite il auroit, si les choses se portoient à l'extrémité, comme je le croyois. Je conclus à la fuite, et que Belle-Isle attendît hors du royaume les changements que les temps amènent toujours.

La Fare fut aussi de cet avis; mais Belle-Isle s'écria que fuir seroit s'avouer coupable, et qu'il préféroit de tout risquer, étant bien sûr qu'il n'y avoit sur lui aucune prise. Je lui demandai s'il n'avoit jamais vu, au moins dans les histoires, d'innocents opprimés, et trop souvent encore sous nos yeux, par des procès, mais que je ne croyois pas qu'il en eût vu aucun échapper à des premiers ministres, quand ils y mettent tout leur pouvoir, encore moins s'ils se trouvent soutenus d'un prince du sang du caractère et dans la posture où étoit Monsieur le Duc, et d'une femme de l'esprit et de l'emportement de Mme de Prie; que personne n'ignoroit qu'avec de telles parties, si hautement déclarées et engagées, raison, justice, innocence, évidence n'avoient plus lieu ; par conséquent, que fuir leur fureur et leur puissance, l'une et l'autre n'étoit rien moins que s'avouer coupable, mais sagesse et nécessité, s'y exposer, folie consommée. Ce raisonnement, qui me paroissoit évident et solide, ne put rien gagner sur Belle-Isle. Il s'en retourna avec la Fare, persuadé, sans être lui-même le moins du monde ébranlé, malgré ma prédiction réitérée, de laquelle pourtant il ne s'éloignoit pas.

Ils m'apprirent que le Roi, avec lequel étoit M. le duc d'Orléans, etc., trouva, en arrivant à Paris, le duc de Tresmes venant en cérémonie au-devant de lui. La survivance du gouvernement de Paris lui fut donnée pour son fils aîné, qu'il ne songeoit pas à demander. Son fils avoit alors trente ans, et avoit eu, dès 1716, la survivance de la charge de premier gentilhomme de la chambre qu'avoit son père. Celle-ci ne nuisit pas à l'autre. Le premier ministre vouloit se faire des amis de ce qui environnoit le Roi.

Le 25 novembre, don Patricio Laullez, ambassadeur extraordinaire d'Espagne, conduit et reçu avec les cérémonies accoutumées, fit au Roi la demande de Mlle de Beaujolois pour don Carlos, et fut ensuite chez M. et Mme la duchesse d'Orléans. Il fut après traité à dîner avec sa suite, après quoi il alla chez le cardinal du Bois, où les articles furent signés par lui et par les commissaires du Roi, qui furent le cardinal du Bois, Armenonville, garde des sceaux, la Houssaye, chancelier de M. le duc d'Orléans, conseiller d'État, et Dodun, contrôleur général des finances. Laullez fut ensuite reconduit à Paris, à l'hôtel des ambassadeurs extraordinaires. Le lendemain il retourna à Versailles, accompagné et reçu comme la veille, et conduit, sur les cinq heures du soir, dans le cabinet du Roi, où étoient tous les princes et princesses du sang, debout des deux côtés d'une table, au milieu de laquelle le Roi étoit dans son fauteuil, sur laquelle le contrat de mariage fut signé par le Roi et tous les princes et princesses du sang sur une colonne, au bas de laquelle le cardinal du Bois signa, et l'ambassadeur signa seul sur l'autre colonne : après quoi il fut reconduit à Paris.

Le 1ᵉʳ décembre, Mlle de Beaujolois partit de Paris pour se rendre à Madrid, accompagnée, jusqu'à la frontière, de la duchesse de Duras, qui mena avec elle la duchesse de Fitz-James sa fille, qui eurent toujours un fauteuil, une soucoupe, le vermeil doré, etc., avec la princesse. Elle fut servie par les officiers du Roi et par ses équipages, et accompagnée d'un détachement des gardes du corps jusqu'à la frontière. M. le duc d'Orléans et M. le duc de Chartres la conduisirent de Paris jusqu'au Bourg-la-Reine. Quelques jours après, le prévôt des marchands, à la tête du corps de la ville de Paris, alla, par ordre du Roi, complimenter l'ambassadeur d'Espagne, et lui présenter les présents de la ville.

Enfin la fameuse princesse des Ursins mourut à Rome, où elle s'étoit, à la fin, retirée et fixée depuis plus de six ans, aimant mieux y gouverner la petite cour d'Angleterre que de ne gouverner rien du tout. Elle avoit quatre-vingt-cinq ans, fraîche encore, droite, de la grâce et des agréments, une santé parfaite jusqu'à la maladie peu longue dont elle mourut; la tête et l'esprit comme à cinquante ans, et fort honorée à Rome, où elle eut le plaisir de voir les cardinaux del Giudice et Alberoni l'être fort peu. On a tant et si souvent parlé ici de cette dame si extraordinaire et si illustre, qu'il n'y a rien à y ajouter.

Madame, dont la santé avoit toujours été extrêmement forte et constante, ne se portoit plus bien depuis quelque temps, et se sentoit même assez mal pour être persuadée qu'elle alloit tomber dans une maladie dont elle ne relèveroit[1] pas. L'inclination allemande qu'elle avoit toujours eue au dernier point, lui donnoit une prédilection extrême pour Mme la duchesse de Lorraine et pour ses enfants, par-dessus M. le duc d'Orléans et les siens. Elle mouroit d'envie de voir les enfants de Mme la duchesse de Lorraine qu'elle n'avoit jamais vus, et se faisoit un plaisir extrême de les voir à Reims, où Mme la duchesse de Lorraine, qui vouloit voir le sacre, les devoit amener. Madame, se sentant plus incommodée, balança fort sur le voyage, qui approchoit beaucoup, et vouloit devancer le Roi à Reims de plusieurs jours pour être plus longtemps avec Mme la duchesse de Lorraine, à qui elle avoit donné rendez-vous à jour marqué et à ses enfants. On a vu ici, à la mort de Monsieur, qu'elle prit à elle la maréchale de Clérembault, et la feue comtesse de Beuvron, qu'elle avoit toujours fort aimées, et que Monsieur avoit chassées de chez lui et qu'il haïssoit fort.

La maréchale de Clérembault croyoit avoir une grande connoissance de l'avenir par l'art des petits points : comme, Dieu merci, je ne sais ce que c'est, je n'expliquerai point cette opération, en laquelle Madame avoit aussi beaucoup de confiance. Elle consulta donc la maréchale sur le voyage de Reims, qui lui répondit fermement : *Partez, Madame, en toute sûreté, je me porte bien.* C'est qu'elle prétendoit avoir vu par ces petits points qu'elle mourroit avant Madame, qui sur cette confiance alla à Reims. Elle y fut logée dans la belle abbaye de Saint-Pierre avec Mme la duchesse de Lorraine, où le Roi les

---

1. L'orthographe de Saint-Simon est *relevroit*.

alla voir deux fois, et dont une sœur du feu comte de Roucy étoit abbesse. Madame vit le sacre et les cérémonies de l'ordre du lendemain dans une tribune avec Mme la duchesse de Lorraine et ses enfants, dans laquelle le frère du roi de Portugal eut aussi place. Mais au retour du sacre elle perdit la maréchale de Clérambault, qui mourut à Paris le 27 novembre, dans sa quatre-vingt-neuvième année, ayant jusqu'alors la santé, la tête, l'esprit et l'usage de tous ses sens comme à quarante ans. Elle étoit fille de Chavigny, secrétaire d'État, mort à quarante-quatre ans, en octobre 1652, dont j'ai parlé à l'entrée de ces *Mémoires*, et qui étoit fils de Bouthillier, surintendant des finances, mort un an avant lui. La mère de la maréchale étoit fille unique et héritière de Jacq. Phélypeaux, seigneur de Villesavin et d'Is. Blondeau, que j'ai vue, et fait collation dans sa chambre avec de jeunes gens de mon âge, qui allions voir son arrière-petit-fils, et je la peindrois encore grande, grasse, l'air sain et frais. Elle nous conta qu'elle étoit dans son carrosse avec son mari sur le pont Neuf, lorsque tout à coup ils entendirent de grands cris, et qu'ils apprirent un moment après qu'Henri IV venoit d'être tué. Pour revenir à la maréchale de Clérambault, elle eut plusieurs frères et sœurs, entre autres l'évêque de Troyes, qui, démis et retiré, fut mis dans le conseil de régence, et duquel il a été parlé souvent ici; Mme de Brienne-Loménie, femme du secrétaire d'État, morte dès 1664, et la duchesse de Choiseul, seconde femme sans enfants du dernier duc de Choiseul, veuve en premières noces de Brûlart, premier président du parlement de Dijon, dont elle eut la duchesse de Luynes, dame d'honneur de la Reine.

La maréchale de Clérambault avoit épousé, en 1654, le maréchal de Clérambault, qui avoit été fait maréchal de France dix-huit mois auparavant. Il eut le gouvernement de Berry, et fut chevalier de l'ordre en la première grande promotion du feu Roi, en 1661, et mourut en

1665, à cinquante-sept ans, ne laissant qu'une fille, qui fut religieuse, et deux fils dont on a parlé ici à l'occasion de leur mort sans alliance. Le maréchal de Clérembault étoit homme de qualité, bon homme de guerre, et avoit été mestre de camp général de la cavalerie, fort à la mode sous le nom de comte de Palluau, avant qu'il prît son nom lorsqu'il devint maréchal de France. C'étoit un homme de beaucoup d'esprit, orné, agréable, plaisant, insinuant et souple, avec beaucoup de manége, toujours bien avec les ministres, fort au gré du cardinal Mazarin, et fort aussi au gré du monde et toujours parmi le meilleur. Sa femme, devenue veuve, fut gouvernante des filles de Monsieur, et accompagna la reine d'Espagne jusqu'à la frontière, en qualité de sa dame d'honneur.

C'étoit une des femmes de son temps qui avoit le plus d'esprit, le plus orné sans qu'il y parût, et qui savoit le plus d'anciens faits curieux de la cour, la plus mesurée et la plus opiniâtrément silencieuse. Elle en avoit contracté l'habitude par avoir été constamment une année entière sans proférer une seule parole dans sa jeunesse, et se guérit ainsi d'un grand mal de poitrine. Elle n'avoit jamais bu que de l'eau, et fort peu. Souvent aussi son silence venoit de son mépris secret pour les compagnies où elle se trouvoit et pour les discours qu'on y tenoit; mais lorsqu'elle étoit en liberté, elle étoit charmante, on ne la pouvoit quitter. Je l'ai souvent vue de la sorte entre trois ou quatre personnes au plus chez la chancelière de Pontchartrain, dont elle étoit fort amie. C'étoit un tour, un sel, une finesse, et avec cela un naturel inimitable. Elle fut allante venante à la cour en grand habit presque toujours jusqu'à sa dernière maladie. Fort riche et avare. Par les chemins et dans les galeries, elle avoit toujours un masque de velours noir. Sans avoir jamais été ni prétendu être belle ni jolie, elle avoit encore le teint parfaitement beau, et elle prétendoit que l'air lui causoit des élevures. Elle étoit l'unique qui en portât, et quand on la rencontroit et qu'on la saluoit, elle ne manquoit jamais à l'ôter pour faire la révérence. Elle aimoit fort le jeu, mais le jeu de commerce et point trop gros, et eût joué volontiers jour et nuit. Je me suis peut-être trop étendu sur cet article : les singularités curieuses ont fait couler ma plume.

Madame fut d'autant plus touchée de la perte de cette ancienne et intime amie qu'elle savoit que les petits points avoient toujours prédit qu'elle la survivroit, mais que ce seroit de fort peu. En effet, elle la suivit de fort près. L'hydropisie, qui se déclara tard, fit en très-peu de jours un tel progrès qu'elle se prépara à la mort avec beaucoup de fermeté et de piété. Elle voulut presque toujours avoir auprès d'elle l'ancien évêque de Troyes, frère de la maréchale de Clérembault, et lui dit : *Monsieur de Troyes, voilà une étrange partie que nous avons faite, la maréchale et moi.* Le Roi la vint voir, et elle reçut tous les sacrements. Elle mourut à Saint-Cloud le 8 décembre, à quatre heures du matin, à près de soixante et onze ans. Elle ne voulut point être ouverte, ni de pompe à Saint-Cloud. Ainsi dès le 10 du même mois, elle fut portée à Saint-Denis dans un carrosse, sans aucun appareil de deuil, le carosse précédé, environné et suivi des pages des deux écuries du Roi, des gardes et des suisses de M. le duc d'Orléans, et de ses valets de pied avec des flambeaux. Mlle de Charolois et les duchesses d'Humières et de Tallart accompagnoient dans un autre carrosse, où étoient Mme de Châteauthiers, dame d'atour de Madame, avec Mmes de Tavannes et de Flamarens.

Madame tenoit en tout beaucoup plus de l'homme que de la femme. Elle étoit forte, courageuse, allemande au dernier point, franche, droite, bonne et bienfaisante, noble et grande en toutes ses manières, et petite au dernier point sur tout ce qui regardoit ce qui lui étoit dû. Elle étoit sauvage, toujours enfermée à écrire, hors les courts temps de cour chez elle ; du reste, seule avec ses dames ; dure, rude, se prenant aisément d'aversion, et redoutable par les sorties qu'elle faisoit quelquefois, et sur quiconque ; nulle complaisance, nul tour dans l'esprit, quoique elle [ne] manquât pas d'esprit ; nulle flexibilité, jalouse, comme on l'a dit, jusqu'à la dernière petitesse, de tout ce qui lui étoit dû ; la figure et le rustre d'un Suisse, capable avec cela d'une amitié tendre et inviolable. M. le duc d'Orléans l'aimoit et la respectoit fort. Il ne la quitta point pendant sa maladie, et lui avoit toujours rendu de grands devoirs, mais il ne se conduisit jamais par elle. Il en fut fort affligé ; je passai le lendemain de cette mort plusieurs heures seul avec lui à Versailles, et je le vis pleurer amèrement.

Les ambassadeurs et la cour se présentèrent devant le Roi en manteaux longs et en mantes, ainsi que les princes et les princesses du sang, et pareillement chez M. et Mme la duchesse d'Orléans, qui les reçut de même, et Mme la duchesse d'Orléans au lit, après que l'un et l'autre eurent été avec M. le duc de Chartres, en manteaux et en mantes, saluer le Roi, qui après alla voir M. et Mme la duchesse d'Orléans. Le Roi fut harangué par le Parlement et par toutes les autres Compagnies, lesquelles toutes allèrent saluer M. et Mme la duchesse d'Orléans. Le Roi drapa, parce que Madame étoit veuve du grand-père maternel du Roi. Cette perte ne fit pas grande sensation à la cour ni dans le monde. La duchesse de Brancas, sa dame d'honneur, ne parut à rien, étant déjà attaquée du cancer au sein dont elle mourut assez longtemps après.

Mme de Cani, veuve du fils unique de Chamillart, avec beaucoup d'enfants, et sœur du duc de Mortemart, s'ennuya enfin de porter le nom de son mari, et en un tournemain[1] son mariage se fit avec le prince de Chalais, grand d'Espagne, qui, ennuyé de l'Espagne où il n'avoit que cette dignité, sans grade militaire qui lui pût faire

---

1. Voyez tome IV, p. 460 et note 1.

rien espérer par delà la médiocre pension qu'il en avoit, s'étoit depuis peu fixé en France pour toujours, où étoit son bien et sa famille. Toute celle de Mortemart parut fort aise de ce mariage. Ce qu'il y eut de louable, est que les enfants du premier lit n'en ont été que plus constamment chéris et bien traités en tout de la mère et de son second mari.

Le prince de Robecque aussi grand d'Espagne, et dégoûté du séjour et du service d'Espagne, où il étoit lieutenant général, et fixé en France avec le même grade, épousa, à Paris, Mlle du Bellay.

L'année finit par le traité de paix conclu à Nystadt[1] entre le Czar et la Suède, qui céda au Czar toutes les conquêtes qu'il avoit faites sur elle, ce qui la restreignit au delà de la mer Baltique, et lui ôta toute la considération que les conquêtes de Charles [2] lui avoient acquise au deçà, et conséquemment toute sa considération en Allemagne et dans le reste de l'Europe, tellement que cette monarchie, revenue à son dernier état, se trouva de plus ruinée et dans le dernier abattement, fruit du prétendu héroïsme de son dernier monarque[3].

CHAPITRE IV.

Année 1723; stérilité des récits de cette année; sa cause. — Mort de l'abbé de Dangeau. — Mort du prince de Vaudemont. — Mort du duc de Popoli à Madrid, et sa dépouille. — Mort et caractère de M. le Hacquais. — Obsèques de Madame à Saint-Denis. — Mort, famille, caractère, obsèques de Madame la Princesse. — Biron, Lévy et la Vallière faits et reçus ducs et pairs à la majorité. — Majorité du Roi; lit de justice; il visite les princesses belle-fille, filles,

1. Le traité de Nystadt fut signé le 10 septembre 1721, et non à la fin de l'année 1722.
2. Saint-Simon n'a pas indiqué de quel Charles il vouloit parler Il s'agit probablement ici de Charles X, ou Charles-Gustave, qui régna en Suède de 1654 à 1660, et se signala par ses victoires sur les Danois et les Polonais.
3. Charles XII.

même la sœur de feu Madame la Princesse, et point ses petites-filles, quoique princesses du sang. — Conseil de régence éteint; forme nouvelle du gouvernement. — Survivance de la charge de secrétaire d'État de la Vrillière à son fils. — Mariage secret du comte de Toulouse avec la marquise de Gondren. — Fin de la peste de Provence, et le commerce universellement rétabli. — Mlle de Beaujolois remise à la frontière par le duc de Duras au duc d'Ossone, et reçue par Leurs Majestés Catholiques, etc., à une journée de Madrid, où il se fait de belles fêtes. — Le chevalier d'Orléans, grand prieur de France, et le comte de Bavière, bâtard de l'électeur, faits grands d'Espagne. — Explication des diverses sortes d'entrées chez le Roi, et du changement et de la nouveauté qui s'y fit. — Rétablissement des rangs et honneurs des bâtards, avec des exceptions peu perceptibles, dont ils osent n'être pas satisfaits. — Cardinal du Bois éclate sans mesure contre le P. d'Aubanton; cause de cet éclat sans retour. — Mort du prince de Courtenay. — Détails des troupes et de la marine rendus au secrétaire d'État; duc du Maine conserve ceux de l'artillerie et des Suisses, et y travaille chez le cardinal du Bois. — Maulevrier arrivé de Madrid, où Chavigny est chargé des affaires, sans titre. — Mariage de Maulevrier Colbert avec Mlle d'Estaing, et du comte de Peyre avec Mlle de Gassion. — Mort de la princesse de Piémont, palatine Soultzbach. — Mort du duc d'Aumont. — Mort de Beringhen, premier écuyer du Roi. — Mort de la marquise d'Alègre. — Mort de Mme de Châteaurenaud; mort de Mme de Coëtquen, sœurs et Noailles. — Mort du fils aîné du duc de Lorraine. — Cardinal du Bois préside à l'assemblée du clergé. — La Jonchère à la Bastille; le Blanc exilé; Breteuil secrétaire d'État de la guerre; cause singulière et curieuse de sa fortune; leur caractère.

Cette année, dont la fin est le terme que j'ai prescrit à ces *Mémoires*, n'aura ni la plénitude ni l'abondance des précédentes. J'étois ulcéré des nouveautés du sacre; je voyois s'acheminer le complet rétablissement de toutes les grandeurs des bâtards, j'avois le cœur navré de voir le Régent à la chaîne de son indigne ministre, et n'osant rien sans lui ni que par lui; l'État en proie à l'intérêt, à l'avarice, à la folie de ce malheureux sans qu'il y eût aucun remède. Quelque expérience que j'eusse de l'étonnante foiblesse de M. le duc d'Orléans, elle avoit été sous mes yeux jusqu'au prodige lorsqu'il fit ce premier ministre après tout ce que je lui avois dit là-dessus, après ce qu'il m'en avoit dit lui-même, enfin de la manière incroyable à qui ne l'a vu comme moi, dont je l'ai racontée dans la plus exacte vérité. Je n'approchois plus de ce pauvre prince à tant de grands et d'utiles talents enfouis, qu'avec répugnance ; je ne pouvois m'empêcher de sentir vivement sur lui ce que les mauvais Israélites se disoient dans le désert sur la manne : *Nauseat anima mea super cibum istum levissimum*[1]. Je ne daignois plus lui parler. Il s'en apercevoit, je sentois qu'il en étoit peiné ; il cherchoit à me rapprocher, sans toutefois oser me parler d'affaires que légèrement et avec contrainte, quoique sans pouvoir s'en empêcher. Je prenois à peine celle d'y répondre, et j'y mettois fin tout le plus tôt que je le pouvois ; j'abrégeois et je ralentissois mes audiences ; j'en essuyois les reproches avec froideur. En effet, qu'aurois-je eu à dire ou à discuter avec un régent qui ne l'étoit plus, pas même de soi, bien loin de l'être du royaume, où je voyois tout en désordre.

Le cardinal du Bois, quand il me rencontroit, me faisoit presque sa cour. Il ne savoit par où me prendre. Les liens de tous les temps et sans interruption étoient devenus si forts entre M. le duc d'Orléans et moi, que le premier ministre, qui les avoit sondés plus d'une fois, n'osoit se flatter de les pouvoir rompre. Sa ressource fut d'essayer de me dégoûter par imposer à son maître une réserve à mon égard qui nous étoit à tous deux fort nouvelle, mais qui lui coûtoit plus qu'à moi par l'habitude, et j'oserai dire par l'utilité qu'il avoit si souvent trouvée dans cette confiance, et moi je m'en passois plus que volontiers, dans le dépit de n'en pouvoir espérer aucun fruit ni pour le bien de l'État, ni pour l'honneur et l'avantage de M. le duc d'Orléans, totalement livré à ses plaisirs de Paris, et au dernier abandon à son ministre. La conviction de mon inutilité parfaite me retira de plus en plus, sans avoir jamais eu le plus léger soupçon qu'une conduite différente pût m'être dangereuse, ni que, tout foible et tout abandonné que fût le

1. *Anima nostra jam nauseat super cibo isto levissimo.* (*Nombres*, chapitre XXI, verset 5.)

Régent au cardinal du Bois, celui-ci pût venir à bout de me faire exiler comme le duc de Noailles et Canillac, ni de me faire donner des dégoûts à m'en faire prendre le parti. Je demeurai donc dans ma vie accoutumée, c'est-à-dire ne voyant jamais M. le duc d'Orléans que tête à tête, mais le voyant peu à peu, toujours de plus loin en plus loin, froidement, courtement, sans ouvrir aucun propos d'affaires, les détournant même de sa part quand il en entamoit, et y répondant de façon à les faire promptement tomber. Avec cette conduite et ces vives sensations, on voit aisément que je ne fus de rien, et que ce que j'aurai à raconter de cette année sentira moins la curiosité et l'instruction de bons et de fidèles Mémoires, que la sécheresse et la stérilité des faits répandus dans des gazettes.

L'abbé de Dangeau mourut au commencement de cette année, à quatre-vingts ans. Il en a été [assez] parlé d'avance à l'occasion de la mort de son frère aîné, pour n'avoir rien à y ajouter. Il n'avoit qu'une abbaye et un joli prieuré à Gournay-sur-Marne, qui lui faisoit une très-agréable maison de campagne à la porte de Paris, aussi bon homme et aussi fade que son frère.

Le prince de Vaudemont mourut presque en même temps, à quatre-vingt-quatre ans, à Commercy, où il s'étoit comme retiré depuis la mort du feu Roi, venant rarement et courtement à Paris, et n'allant guère plus souvent ni pluslonguement à Lunéville. Il a tant et si souvent été parlé ici de la naissance, de la famille, de la fortune, des perfidies, des cabales de cet insigne Protée, que je ne m'y étendrai pas ici. Ses chères nièces lui alloient tenir compagnie tous les ans longtemps, surtout depuis que l'aînée, tombée des nues par la mort de Monseigneur, puis par celle du Roi, s'étoit fait une planche, après le naufrage de l'abbaye de Remiremont, qu'elle avoit su obtenir fort peu après la mort de Monseigneur. La princesse d'Espinoy recueillit l'immense héritage de ce cher oncle, excepté Commercy, qui revint au duc de Lorraine, qui renvoya à l'Empereur le collier de la Toison, que Vaudemont avoit de Charles II.

Le duc de Popoli, duquel j'ai aussi tant parlé, mourut à Madrid quelques jours après. Le duc de Bejar eut sa place de majordone-major du prince des Asturies, et le duc d'Atri, frère du cardinal Acquaviva, eut sa compagnie italienne des gardes du corps. Le duc de Popoli avoit soixante-douze ans, et il étoit chevalier du Saint-Esprit et de la Toison d'or. Ce fut une perte pour la cabale italienne, et un gain pour les Espagnols et pour les honnêtes gens. Son fils, dont j'ai aussi beaucoup parlé, trouva un prodigieux argent comptant et force pierreries, qu'il ne tarda pas à manger, ni à se ruiner ensuite. Il fit aussitôt après sa couverture de grand d'Espagne.

Un plus honnête homme qu'eux les suivit de près, mais d'une condition si différente que je n'en parlerois pas ici sans la singularité de ses vertus, et que je l'ai fort connu à Pontchartrain. Il s'appeloit le Hacquais, et par corruption M. des Aguets, conseiller d'honneur à la cour des aides, après y avoir été longtemps avocat général avec la plus grande réputation de droiture et la première d'éloquence, avec une capacité profonde et une facilité surprenante à parler et à écrire. Il étoit plein d'histoire et de belles-lettres, de goût le plus délicat, du sel le plus fin et du tour le plus singulier et le plus agréable. Il avoit la conversation charmante, naturelle, pleine de traits ; il étoit modeste, poli, respectueux, et jamais ne montroit la moindre érudition. La galanterie et l'amour de la chasse les avoit unis le chancelier de Pontchartrain et lui dans leur jeunesse ; leurs cœurs ne s'étoient jamais désunis depuis. Il étoit de tous les voyages de Pontchartrain, aussi aimé de la chancelière, de toute la famille et de tous les amis qu'il l'étoit du chancelier, et il étoit là dans un air de considération infinie, et y chassoit, tant qu'il pouvoit, à tirer à pied et à cheval, et à courre le renard avec le chancelier. Il étoit extrêmement sobre et simple en tout. Ses vers galants autrefois, et sur toutes sortes de sujets, étoient pleins de pensées, de tour, de traits et de justesse. Il y avoit longtemps, quand je le connus à Pontchartrain, qu'il étoit devenu fort homme de bien, et même pénitent. Ce changement lui avoit tellement fermé la bouche que le chancelier l'appeloit son muet, et on y perdoit infiniment. Quand il faisoit tant que de dire quelque chose, c'étoit toujours avec un sel et une grâce qui ravissoit. Je lui disois souvent que j'avois envie de le battre jusqu'à ce qu'il se mît à parler. Il ne fut jamais marié, fort solitaire et sauvage depuis sa grande piété, et mourut avec peu de bien, duquel il ne s'étoit jamais soucié, à quatre-vingt-quatre ans, regretté de beaucoup d'amis, et avec une réputation grande et rare.

Les obsèques de Madame se firent à Saint-Denis, le 13 février. Mlles de Charolois, de Clermont et de la Roche-sur-Yon firent le deuil, menées par M. le duc de Chartres, Monsieur le Duc et M. le comte de Clermont. Les cours supérieures y assistèrent. L'archevêque d'Albi, Castries, officia, et l'évêque de Clermont, Massillon, fit l'oraison funèbre, qui fut belle.

Madame la Princesse suivit Madame de près. Elle mourut à Paris, le 23 février, à soixante-quinze ans. Elles étoient filles des deux frères, et fort unies, petites-filles de l'électeur palatin, gendre de Jacques Ier, roi premier de la Grande-Bretagne, qui, pour s'être voulu faire roi de Bohême, perdit tous ses États et sa dignité électorale, et mourut proscrit en Hollande. Son fils aîné fut enfin rétabli, mais dernier électeur, ce que Madame, qui étoit sa fille, ne pardonna jamais à la branche de Bavière. Édouard, frère puîné de l'électeur rétabli, épousa Anne Gonzague, dite Clèves, dont il eut la princesse de Salm, femme du gouverneur de l'empereur Joseph, et ministre d'État de l'empereur Léopold, Madame la Princesse, et la duchesse d'Hanovre ou de Brunswick, mère de l'impératrice Amélie, épouse de l'empereur Joseph. Cette Anne Gonzague se rendit illustre par son esprit et sa conduite, et par sa grande cabale pendant les troubles de la minorité du feu Roi, devint jusqu'à sa mort la plus intime et confidente amie du célèbre prince de Condé, qu'elle servit plus utilement que personne, de sorte qu'ils marièrent ensemble leurs enfants. Elle étoit sœur de la reine Marie, deux fois reine de Pologne, aimée et admirée partout par son esprit, ses talents de gouvernement et tous les agréments possibles, que la Reine mère et le cardinal de Richelieu empêchèrent Monsieur Gaston de l'épouser.

Madame la Princesse eut des biens immenses. Elle étoit laide, bossue, un peu tortue, et sans esprit, mais douée de beaucoup de vertu, de piété, de douceur et de patience, dont elle eut à faire un pénible et continuel usage tant que son mariage dura, qui fut plus de quarante-cinq ans. Devenue veuve, elle bâtit somptueusement le petit Luxembourg, assez vilain jusqu'alors, l'orna et le meubla de même ; mais quand on l'alloit voir on entroit, par ce qui s'appelle une montée, dans une vilaine petite salle à manger, au coin de laquelle étoit une porte qui donnoit dans un magnifique cabinet, au bout de toute l'enfilade de l'appartement, qu'on ne voyoit jamais. Toutes les cérémonies dues à son rang furent observées au petit Luxembourg, où elle mourut, mais il n'y fut pas question de la garde de son corps par des dames. Cette entreprise, tentée précédemment, n'avoit pu réussir ; les princes du sang enfin s'en étoient dépris. Elle fut portée en cérémonie aux Carmélites de la rue Saint-Jacques, où elle fut enterrée. Caylus, évêque d'Auxerre, y fit la cérémonie. J'ai rangé ici cette mort pour ne pas interrompre ce qui va suivre.

La majorité approchoit, et mettoit bien des gens en mouvement. M. le duc d'Orléans se laissa entendre qu'il pourroit faire duc et pair le marquis de Biron, son premier écuyer. Cette notion en réveilla d'autres. Le prince de Talmont, qui à son mariage avoit escroqué le tabouret au feu Roi par surprise, et qui ne pouvoit espérer de le transmettre à son fils, n'oublia rien pour être fait duc et pair. Madame et lui étoient enfants des deux sœurs,

titre qui, joint à sa naissance, le lui faisoit espérer de
M. le duc d'Orléans : toutefois il n'y put réussir. La princesse de Conti, dont la passion pour l'élévation de la
Vallière, son cousin germain, étoit extrême, se mit à
tourmenter M. le duc d'Orléans, qui, à ce qu'il me dit,
avoit donné au fils de la Vallière la survivance de son
gouvernement de Bourbonnois pour être quitte avec la
princesse de Conti, et lui fermer la bouche sur toute
autre demande; mais il n'eut pas la force de résister. Je
réussis aussi, quoique avec grand'peine, pour le marquis
de Lévy, gendre du feu duc de Chevreuse. Ainsi ces trois
furent déclarés en cet ordre : Biron, Lévy et la Vallière.
Les deux premiers, *toto cœlo* distants du troisième,
avoient eu chacun un duché-pairie dans sa maison, et
Lévy avoit vu éteindre celui de Ventadour depuis peu
d'années. A l'égard de celui de Biron, j'admirai avec indignation l'effronterie et l'impudence avec laquelle la femme
de Biron osoit tirer un titre de prétention de l'extinction
du duché-pairie de Biron. Biron et Lévy passèrent sans
grand murmure par leur naissance et leurs services;
mais la Vallière, qu'on aimoit d'ailleurs, excita les clameurs publiques, au point que M. le duc d'Orléans en
fut honteux.

Le 19 février, le Roi reçut à Versailles les respects de
M. le duc d'Orléans et de toute la cour sur sa majorité,
et déclara les trois nouveaux ducs et pairs. Le lendemain
il vint en pompe, après dîner, à Paris aux Tuileries, et
le 22 il alla au Parlement tenir son lit de justice pour la
déclaration de sa majorité, et y fit recevoir les trois nouveaux ducs et pairs. La séance finit par l'enregistrement
d'un nouvel édit contre les duels, qui redevenoient communs. Le 23, le Roi reçut aux Tuileries les harangues des
Compagnies supérieures et autres corps qui ont accoutumé d'haranguer[1]. Le 24, il alla voir Madame la Duchesse
et les deux filles de Madame la Princesse, morte de la veille.

---

1. Voyez tome IX, p. 238 et note 1.

On vit avec surprise qu'il alla voir aussi la duchesse de Brunswick, sa sœur. Ses visites s'y bornèrent; elles ne s'étendirent pas jusqu'aux princes et princesses du sang, petits-enfants de Madame la Princesse. Enfin, le 25, il retourna à Versailles avec la même pompe qu'il en étoit venu.

Le conseil de régence prit fin. Le conseil d'État ne fut composé que de M. le duc d'Orléans, M. le duc de Chartres, Monsieur le Duc, du cardinal du Bois et de Morville, secrétaire d'État jusqu'alors sans fonction, à qui le cardinal du Bois remit sa charge de secrétaire d'État avec le département des affaires étrangères. Maurepas, secrétaire d'État jusqu'alors sous la tutelle de la Vrillière, son beau-père, commença à faire sa charge de secrétaire d'État avec le département de la marine. La Vrillière demeura comme il étoit sous le feu Roi; mais il ne remit qu'un peu après le détail de Paris et de la maison du Roi à son gendre, qui étoient de son département, et le Blanc demeura secrétaire d'État avec le département de la guerre, pour ne pas y rester longtemps. Le conseil des finances, les mêmes excepté Morville, et de plus Armenonville, garde des sceaux, Dodun, contrôleur général, et les deux conseillers d'État et au conseil royal des finances. Le maréchal de Villeroy, chef de ce conseil, étoit exilé à Lyon. Le conseil des dépêches étoit composé de M. le duc d'Orléans, des deux princes du sang, du cardinal du Bois et des quatre secrétaires d'État. Ainsi tout cet extérieur, aux princes du sang près, reprit tout celui du temps du feu Roi. On consola la Vrillière de son déchet par la survivance de sa charge de secrétaire d'État à son fils.

Il y avoit assez longtemps que le comte de Toulouse avoit pris beaucoup de goût pour la marquise de Gondren aux eaux de Bourbon, où ils s'étoient rencontrés et fort vus. Elle étoit sœur du duc de Noailles, qu'il n'aimoit ni n'estimoit, et veuve avec deux fils du fils aîné de d'Antin, avec qui il avoit toujours eu beaucoup de commerce et de liaisons de convenance et de bienséance, parce qu'ils étoient tous deux fils de Mme de Montespan. Mme de Gondren avoit été dame du palais sur la fin de la vie de Madame la Dauphine, jeune, gaie et fort Noailles; la gorge fort belle, un visage agréable, et n'avoit point fait parler d'elle. L'affaire fut conduite au mariage dans le dernier secret. Pour le mieux cacher, le comte de Toulouse prit le moment de la séance du lit de justice de la majorité, dont il s'excluoit, parce que les bâtards ne traversoient plus le parquet, et à cause de cela n'alloient point au Parlement, ni le cardinal de Noailles non plus, à cause de sa pourpre qui y auroit cédé aux pairs ecclésiastiques. La maréchale de Noailles alla seule avec sa fille à l'archevêché, où le comte de Toulouse se rendit en même temps seul avec d'O, où le cardinal de Noailles leur dit la messe et les maria dans sa chapelle, au sortir de laquelle chacun s'en retourna comme il étoit venu. Rien n'en transpira, et on fut longtemps sans en rien soupçonner, d'autant que le comte de Toulouse avoit toujours paru fort éloigné de se marier.

En ce même temps la peste, qui avoit si longtemps désolé la Provence, y fut tout à fait éteinte, et tellement que les barrières furent levées, le commerce rétabli, et les actions de grâces publiquement célébrées dans toutes les églises du royaume, et au bout de peu de mois le commerce entièrement rouvert avec tous les pays étrangers.

Mlle de Beaujolois fut remise à la frontière par le duc de Duras, qui commandoit en Guyenne, et qui en eut la commission, au duc d'Ossone, qui avoit celle du roi d'Espagne pour la recevoir, et qui commandoit le détachement de la maison du roi d'Espagne envoyé au-devant d'elle. La duchesse de Duras la remit à la comtesse de Lemos, sa camarera-mayor, dont j'ai parlé plus d'une fois, et dont la complaisance d'accepter cette place surprit fort toute la cour d'Espagne. Aucun François ni Françoise ne passa en Espagne avec Mlle de Beaujolois. Elle trouva Leurs Majestés Catholiques, le prince et la princesse des

Asturies à Buytrago, à une journée de Madrid, qui lui présentèrent don Carlos à la descente de son carrosse. Ils allèrent tous le lendemain à Madrid, où il y eut beaucoup de fêtes. Le chevalier d'Orléans, grand prieur de France, y étoit arrivé sept ou huit jours auparavant, et il fut fait grand d'Espagne. Bientôt après il fit sa couverture, et s'en revint aussitôt après avoir rempli l'objet de son voyage. L'électeur de Bavière, qui avoit si bien servi les deux couronnes, et à qui il en avoit coûté si cher, crut, sur cet exemple, pouvoir demander la même grâce au roi d'Espagne, fils de sa sœur, pour son bâtard le comte de Bavière, qui étoit dans le service de France.

M. le duc d'Orléans, qui méprisoit tout et qui faisoit litière de tout, avoit peu à peu accordé à qui avoit voulu, sans choix ni distinction aucune, les grandes entrées chez le Roi, aux uns les grandes, les premières entrées aux autres, et les avoit rendus si nombreux que c'étoit un peuple dont la foule ôtoit toute distinction, et ne pouvoit qu'importuner beaucoup le Roi. Le cardinal du Bois, qui ne butoit[1] pas moins à se rendre maître de l'esprit du Roi qu'il avoit fait à dominer M. le duc d'Orléans, voulut éloigner de tout moyen de familiarité avec le Roi tous ceux qu'il pourroit, et se la procurer en même temps toute entière. Il saisit donc les premiers moments qui suivirent la majorité pour faire aux entrées le changement qu'il projetoit, sous prétexte d'y remettre l'ordre, et de soulager le Roi d'une foule importune dans les moments de son particulier. Pour mieux entendre le manége du cardinal du Bois là-dessus, il faut expliquer auparavant ce que c'étoit que les entrées chez le feu Roi, l'ordre qui y étoit observé, et combien elles étoient précieuses et rares. Je n'ai fait qu'en dire un mot à l'occasion de celles que le feu Roi donna : les premières à MM. de Charost, père et fils, et les grandes, longtemps depuis, aux maréchaux de Boufflers et de Villars.

---

1. Voyez tome IV, p. 346 et note 1.

Il y avoit chez le feu Roi trois sortes d'entrées fort distinguées, deux autres fort agréables, une dernière qui étoit comme entre les mains du premier gentilhomme de la chambre en année. La première sorte s'appeloit les grandes entrées. Les charges qui les donnoient sont celles de grand chambellan, des quatre premiers gentilshommes de la chambre en année ou non, de grand maître de la garde-robe et du maître de la garde-robe en année. Sans charge elles furent toujours très-rares, et une grande récompense ou un grand effet de faveur; je ne les ai vues qu'aux bâtards et aux maris des bâtardes, même des filles des bâtards. De gens de la cour, le duc de Montausier par avoir été gouverneur de Monseigneur, le premier maréchal de la Feuillade et le duc de Lauzun, qui en a joui seul sans charge bien des années jusqu'à la mort du Roi. L'autre sorte d'entrées n'étoit que par les derrières. Ceux qui les avoient n'entroient jamais par devant, ni n'en jouissoient dans la chambre du Roi à son lever, à son coucher; ou quand ils y vouloient venir, ils n'entroient qu'avec toute la cour. Ils venoient donc par le petit degré de derrière qui donnoit dans les cabinets du Roi, ou par les portes de derrière des cabinets qui donnoient dans la galerie ou dans le grand appartement, et entroient ainsi sans être vus dans les cabinets du Roi à toutes heures, hors celles du conseil, ou d'un travail particulier du Roi avec un de ses ministres. C'est ce que n'avoient point les grandes entrées ni aucune autre. Celles de derrière se trouvoient quand bon leur sembloit dans le cabinet du Roi après le lever, où, pendant un quart d'heure et plus, le Roi donnoit l'ordre de sa journée, parmi tous ceux qui avoient des entrées; mais l'ordre donné, tout sortoit du cabinet, excepté les entrées des derrières, qui demeuroient jusqu'à la messe, et cela étoit souvent assez long.

Les soirs, entre le souper et le coucher du Roi, ces entrées de derrières avoient la liberté d'être dans le cabinet où le Roi se tenoit avec ses bâtards, ses bâtardes et leurs enfants ou gendres, ou Monseigneur, les fils de France, Mmes les duchesses de Bourgogne et de Berry ; et après la mort de Mme la duchesse de Bourgogne, devenue Dauphine, Madame fut enfin admise. Ceux qui avoient ces entrées étoient les fils de France, les princesses qui viennent d'être nommées et qui entroient par devant avec le Roi. Tout le reste entroit et sortoit par derrière : c'étoient les bâtards, les bâtardes, leurs gendres, petits-gendres et leurs enfants et petits-enfants. A cette entrée d'après souper, Monsieur le Duc, gendre du Roi, et M. le prince de Conti, gendre de Madame la Duchesse, et qui ne l'avoient eue que comme tels à leur mariage, entroient et sortoient seuls par devant avec le Roi. Le reste de ceux qui avoient ces entrées de derrière ne les avoient que par leurs emplois. C'étoient Mansart, puis d'Antin, qui avoient les bâtiments, Montchevreuil et d'O, comme ayant été gouverneurs des deux bâtards : Chamarande, qui avoit eu la survivance de son père de premier valet de chambre. Le reste n'étoit que des principaux valets, lesquels avoient aussi les grandes entrées. Ce qui distinguoit ces grandes entrées des premières entrées étoit le premier petit lever où les grandes entrées voyoient le Roi au lit et sortir de son lit, avoient toutes les autres entrées excepté celles de derrière, mais pouvoient aussi entrer à toute heure dans le cabinet du Roi, quand il n'y avoit point de travail de ministre, lorsqu'ils avoient quelque chose à dire au Roi de pressé, ce qui n'étoit pas permis à d'autres. Les premières entrées avoient, exclusivement aux entrées inférieures, un second petit lever fort court, et le petit coucher auquel il n'y avoit point de différence des grandes entrées à celles-ci, qui en sortoient ensemble.

Longtemps avant la mort du Roi, à l'occasion d'une longue goutte qu'il avoit eue, il avoit supprimé le grand coucher, c'est-à-dire, que la cour ne le voyoit plus depuis la sortie de son souper. Ainsi tout le coucher étoit devenu petit coucher réservé aux grandes entrées et aux premières. Quand le Roi étoit incommodé, ces grandes entrées avoient leurs privances et leurs distinctions au-dessus des premières, comme celles-ci en avoient au-dessus des entrées inférieures, qui en avoient aussi, mais peu perceptibles sur le reste de la cour. Dans ces cas d'incommodité, les entrées des derrières entroient par les derrières dans les cabinets, et de là dans la chambre du Roi, en de certains moments rompus, et en sortoient de même. Ceux qui avoient les premières entrées que j'ai vus, étoient le maître de la garde-robe qui n'étoit point en année, le précepteur et les sous-gouverneurs de Monseigneur et des princes ses fils, ou qui l'avoient été. Il n'y avoit que ceux-là par charge. Des autres, Monsieur le Prince, qui les avoit eues seulement au mariage de Monsieur son fils avec la fille aînée du Roi et de Mme de Montespan, le maréchal de Villeroy, comme fils du gouverneur du Roi, le duc de Béthune, lorsqu'il quitta sa compagnie des gardes du corps, Beringhen, premier écuyer, Tilladet, parce qu'il avoit été maître de la garde-robe avant d'avoir eu les Cent-Suisses; enfin, les deux lecteurs du Roi, que je ne compte pas, quoique par charge, parce qu'elles n'ont rien que ces premières entrées qui les fasse compter pour quelque chose, et qu'excepté Dangeau qui en acheta une uniquement pour avoir ces entrées, et qui perça, tous les autres ont été des gens de fort peu de chose. Viennent après les entrées de la chambre et celles du cabinet. Toutes les charges chez le Roi ont ces deux entrées, et tous les princes du sang comme tels, ainsi que les cardinaux. Fort peu d'autres gens de la cour sans charges les ont obtenues.

Celles de la chambre consistent à entrer au lever du Roi un moment avant le reste de la cour, quelquefois pour un instant, quand le Roi prenoit un bouillon les jours de médecine, ou de quelque légère incommodité, privativement au reste de la cour.

Celles du cabinet, qui appartiennent aux charges principales et secondes, et à fort peu d'autres courtisans, mais aussi aux princes du sang et aux cardinaux, n'étoient que pour entrer après le lever dans le cabinet du Roi à l'heure qu'il donnoit l'ordre pour la journée, et rien plus.

Enfin la dernière entrée, dont le premier gentilhomme de la chambre en année disposoit, étoit lorsque le Roi allant à la chasse ou se promener, venoit prendre une chaussure et un surtout. L'huissier alloit nommer au premier gentilhomme de la chambre en année les personnes de quelque distinction qui étoient à la porte et qui desiroient entrer. Le premier gentilhomme de la chambre ne nommoit au Roi que celles qu'il vouloit favoriser, qu'il faisoit entrer, et de même au retour du Roi. C'est ce qui s'appeloit le botté et le débotté. A Marly y entroit qui vouloit indépendamment du premier gentilhomme de la chambre, mais non ailleurs.

On voit ainsi l'ordre de toutes ces entrées, et combien précieuses et rares étoient les grandes et celles des derrières, même les premières entrées, qui donnoient lieu à faire une cour facile et distinguée, et à parler au Roi à son aise et sans témoins, car les gens de ces entrées s'écartoient dès que l'un d'eux s'approchoit pour parler au Roi, qui étoit si difficile à accorder des audiences au reste de sa cour.

Le cardinal du Bois, dans son nouveau projet, commença par faire rendre les brevets des grandes et des premières entrées à ceux qui en avoient obtenu. Il n'en excepta que le maréchal de Berwick pour les grandes, qu'il ménageoit, pour l'éloigner en lui faisant accepter l'ambassade d'Espagne, et Belle-Isle pour les premières, qu'il vouloit tromper jusqu'au bout pour le perdre avec le Blanc, et il fut la dupe de l'un et de l'autre. Berwick ne fut point en Espagne; Belle-Isle, après un long et dur séjour à la Bastille, puis en exil à Nevers, revint à la cour faire la plus prodigieuse fortune, et tous deux conservèrent leurs entrées. Tous les autres les perdirent, hors le très-peu de ceux qui restoient et qui les avoient du feu Roi. Je fus du nombre des supprimés, et M. le duc d'Orléans le souffrit. Je renvoyai mon brevet dès qu'il me fut redemandé, sans daigner m'en plaindre, ni en dire un mot au cardinal du Bois, ni à M. le duc d'Orléans, que j'aurois fort embarrassé. Les entrées, excepté ces deux, demeurèrent donc restreintes aux charges et à ce si peu d'autres qui les avoient du feu Roi. Celles des derrières furent abolies, en donnant les grandes à d'Antin, à d'O et à Chamarande. Le cardinal du Bois en inventa de familières, qui, du temps du feu Roi, n'étoient que pour Monseigneur et les princes ses fils, Monsieur et M. le duc d'Orléans, le duc du Maine et le comte de Toulouse. Du Bois les prit pour lui, et, pour faire moins crier, les étendit à tous les princes du sang, au duc du Maine, à ses deux fils et au comte de Toulouse. Elles donnèrent droit d'entrer à toute heure où étoit le Roi quand il ne travailloit pas. Les princes du sang s'en trouvèrent extrêmement flattés, eux qui n'avoient que celles de la chambre. Jamais le feu prince de Conti n'en avoit eu d'autres avec celles du cabinet; et avant que le coucher du Roi eût été retranché aux courtisans, j'ai vu bien des fois Monsieur le Prince assis au dehors de la porte du cabinet du Roi, entre le souper et le coucher, et assis qui pouvoit dans la même pièce que lui, en attendant le coucher du Roi, tandis qu'en sa présence Monsieur le Duc son fils, comme gendre du Roi, entroit dans le cabinet, et n'en sortoit qu'avec le Roi, quand il venoit se déshabiller pour son coucher. Ces entrées familières sont demeurées aux princes du sang et aux bâtards et bâtardeaux, et il ne sera pas facile désormais de les leur ôter par un roi qu'une familiarité si grande pourra facilement gêner et importuner beaucoup.

Tel fut le préparatif du rétablissement des bâtards et des enfants du duc du Maine dans tous les rangs, honneurs et distinctions dont ils jouissoient à la mort du Roi. C'est ce qui fut fait par une déclaration du Roi enregistrée au Parlement, qui n'excepta que le droit de succession à la couronne, le nom et le titre de princes du sang, qui leur fut de nouveau interdit, et le traversement du parquet, en sorte que d'ailleurs ils conservèrent en tout et partout l'extérieur de princes du sang, et en eurent aussi les mêmes entrées. C'étoit, ce semble, de quoi être plus que contents, après la dégradation qu'ils avoient, à tous égards, si justement essuyée. Ils ne le parurent point du tout, et Mme la duchesse d'Orléans encore moins qu'eux. Ils ne prétendoient à rien moins qu'aux trois points, qu'ils tâchèrent d'obtenir par toutes sortes d'efforts, et à un quatrième, qui étoit une extension illimitée à leur postérité. Du Bois, qui n'osa choquer les princes du sang en des points si sensibles, n'osa les accorder. Son but étoit de se mettre bien avec les uns et les autres, et de les tenir ennemis, pour les opposer et nager ainsi entre eux, appuyé selon l'occasion de ceux qui lui seroient les plus utiles, en faisant pencher la balance de leur côté. Nous fîmes nos protestations, dernière ressource des opprimés. Cet événement acheva de m'éloigner du cardinal et de M. le duc d'Orléans, auxquels, comme chose très-inutile, je ne pris pas la peine d'en dire une seule parole. Personne de nous ne visita les bâtards sur ce rétablissement si honteux et si fort à pure perte pour M. le duc d'Orléans, après tout ce qui s'étoit passé.

En même temps, le cardinal du Bois négocioit avec le P. d'Aubanton, non-seulement le retour des bonnes grâces du roi d'Espagne au maréchal de Berwick, mais l'agrément de Sa Majesté Catholique pour qu'il allât ambassadeur du Roi à Madrid. L'impossibilité du succès de cette entreprise, dont il ne m'avoit confié que la moitié, ne l'avoit pas rebuté, quoique je la lui eusse bien clairement exposée, tant il étoit pressé de se défaire de ce duc, dont l'estime, l'amitié, la familiarité pour lui de M. le duc d'Orléans lui étoit si importune, et duquel il ne se pouvoit délivrer autrement. A l'occasion de la négociation du futur mariage de Mlle de Beaujolois, il avoit promis une grosse abbaye à un frère que le P. d'Aubanton avoit à Paris. Cette abbaye ne venoit point, le cardinal en suspendoit le don pour hâter le jésuite d'obtenir du roi d'Espagne ce qu'il avoit si fort à cœur, et payoit, en attendant, son frère d'espérances les plus prochaines. La négociation ne fut pas longue; le P. d'Aubanton manda nettement au cardinal qu'il n'avoit pu y réussir, et qu'il n'avoit jamais trouvé dans le roi d'Espagne une inflexibilité si dure ni si arrêtée. Le cardinal entra en furie, dans le dépit de ne savoir plus comment pouvoir éloigner le duc de Berwick. Le frère du P. d'Aubanton se présenta à lui pour insister sur l'abbaye promise; le cardinal l'envoya très-salement promener, le traita comme un nègre, lui chanta pouille du P. d'Aubanton, lui déclara qu'il n'avoit plus d'abbaye à espérer, lui défendit d'oser jamais paroître devant lui, et rompit tout commerce avec le P. d'Aubanton pour tout le reste de sa vie. On peut juger de l'effet de cette sortie sur un jésuite accoutumé aux adorations des ministres des plus grandes puissances, et aux ménagements directs de ces mêmes puissances. On en verra bientôt les funestes effets.

Je n'ai point su par quelle heureuse fantaisie, car le cardinal du Bois n'étoit rien moins que noble et bienfaisant, il avoit pris en gré, du temps de la splendeur de Law, le vieux prince de Courtenay, qui n'avoit pas de quoi vivre. Il lui avoit procuré le payement de ses dettes, et plus de quarante mille livres de rente au delà. Il n'en jouit que quelques années; il mourut à quatre-vingt-trois ans, en ce temps-ci, et laissa ce bien à son fils unique, qu'il avoit eu de M. de Lamet; il avoit eu un aîné tué à vingt-deux ans, sans alliance, étant mousquetaire au siége de Mons, comme il a été dit ici ailleurs. M. de Courtenay, après douze ans de veuvage, se remaria, en 1688, à la fille de Besançon, qu'on appeloit M. du Plessis Besançon, lieutenant général et gouverneur d'Auxonne, laquelle étoit veuve de M. le Brun, président au grand conseil, dont il laissa une fille mariée au marquis de Beauffremont en 1712. On a vu ici ailleurs comment ce prince de Courtenay perdit la fortune que le cardinal Mazarin avoit résolu de lui faire, en lui donnant une de ses nièces en mariage, et le faisant déclarer prince du sang. On y a vu aussi ce qu'est devenu son fils, en qui toute cette maison de Courtenay s'est éteinte, vraiment et légitimement de la maison royale, sans en avoir jamais pu être reconnue, quoique elle n'en doutât pas, ni le feu Roi non plus.

Fort tôt après la formation des conseils d'État, des finances et des dépêches, le cardinal du Bois ôta le détail de l'infanterie, de la cavalerie et des dragons à M. le duc de Chartres, au comte d'Évreux et à Coigny, colonels généraux, et les rendit au département du secrétaire d'État de la guerre. Le comte de Toulouse retint encore quelque peu de temps celui de la marine; mais il le perdit enfin à très-peu de choses[1] près, comme les autres, et le vit passer au secrétaire d'État de la marine. Pour les Suisses et l'artillerie, tout fut rendu à cet égard à peu de chose près, au duc du Maine, comme il l'avoit du temps du feu Roi, mais en allant travailler chez le cardinal du Bois sur ces deux matières.

Maulevrier revint en ce temps-ci d'Espagne, et fut médiocrement reçu. Il s'en alla tôt après montrer sa Toison dans sa province. Je n'entendis point parler de lui ni lui de moi, et n'en avons pas ouï parler depuis. Qui lui auroit dit alors qu'il deviendroit maréchal de France, il en auroit été pour le moins aussi étonné que le monde le fut quand le bâton lui fut donné. Chavigny demeura en Espagne sans titre, mais chargé des affaires en attendant un ambassadeur.

Un autre Maulevrier, mais qui étoit Colbert, et petit-fils du maréchal de Tessé, épousa une fille du comte d'Estaing, et le comte de Peyre une fille de Gassion, petite-fille du garde des sceaux Armenonville.

La princesse de Piémont mourut en couche à Turin,

---

1. Il y a ici *choses*, au pluriel; trois lignes plus loin, le même mot est au singulier.

au bout d'un an de mariage. Elle n'avoit pas vingt ans, et étoit fort belle. Elle étoit Palatine-Sultzbach.

Le duc d'Aumont, chevalier de l'ordre, mourut le 6 avril d'apoplexie, à cinquante-six ans. Il en a été assez parlé ici, suffisamment ailleurs, pour n'avoir plus rien à en dire. Son fils avoit la survivance de sa charge et de son gouvernement. Beringhen, son beau-frère, ne le survécut pas d'un mois après une longue maladie. Il étoit premier écuyer du Roi, et chevalier de l'ordre, et avoit soixante et onze ans : homme d'honneur, de fort peu d'esprit, aimé et compté à la cour, et estimé, et fort bien avec le feu Roi. Son fils aîné avoit la survivance de sa charge et de son petit gouvernement.

La marquise d'Alègre, dont j'ai eu occasion de parler ici quelquefois, mourut à soixante-cinq ans ; dévote fort singulière, qui n'étoit pas sans esprit et sans vues. Elle avoit été belle, on s'en apercevoit encore. On a vu que ce fut elle qui me donna le premier éveil de toute la conspiration du duc et de la duchesse du Maine, sans rien nommer, dont son mari étoit tout du long, qui étoit fort bête et qui ne s'en doutoit pas.

Deux sœurs du duc de Noailles moururent à un mois l'une de l'autre ; Mᵐᵉ de Châteaurenaud à trente-quatre ans, et Mᵐᵉ de Coëtquen à quarant-deux ans. On n'avoit jamais fait grand cas de l'une ni de l'autre dans leur famille, ni dans celle de leurs maris, ni dans le monde.

Le fils aîné du duc de Lorraine mourut de la petite vérole, à dix-sept ans.

Le cardinal du Bois, que l'assemblée du clergé avoit élu son premier président, et qui en fut fort flatté, suivoit chaudement l'affaire de la Jonchère, pour perdre le Blanc, qu'il y fit impliquer. Mᵐᵉ de Prie et Monsieur le Duc ne s'y épargnèrent pas. Ce trésorier avoit été mis à la Bastille et fort resserré, où il dit et fit à peu près ce qu'on voulut. Ainsi, toute l'affection, la confiance, tous les services publics et secrets que M. le duc d'Orléans avoit reçus de le Blanc ne purent tenir contre l'impétuosité de Monsieur le Duc et du cardinal du Bois. Le Blanc eut ordre de donner la démission de sa charge de secrétaire d'État et de s'en aller sur-le-champ à quinze ou vingt lieues de Paris, à Doux, terre de Tresnel, son gendre, et sur-le-champ Breteuil, intendant de Limoges, fut fait secrétaire d'État de la guerre en sa place.

Cet événement affligea tout le monde. Jamais le Blanc ne s'étoit méconnu. Il étoit poli jusque avec les moindres, respectueux où il le devoit et où ces Messieurs-là ne le sont guère, obligeant et serviable à tous, gracieux et payant de raison jusque dans ses refus, expéditif, diligent, clairvoyant, travailleur fort capable; connoissant bien tous les officiers et tous ceux qui étoient sous sa charge. On peut dire que ce fut un cri et un deuil public sans ménagement, quoique on sentît depuis quelque temps que la partie en étoit faite. Mais la surprise ne fut pas moins grande et générale de voir Breteuil en sa place, et être tiré pour cela d'une des dernières et des plus chétives intendances du royaume, dans un âge qui étoit encore fort peu avancé, sans avoir jamais vu ni ouï parler de troupes, de places ni de rien de ce qui appartient à la guerre, qui n'avoit jamais eu ni travail ni application, et qui étoit de ces petits-maîtres étourdis de robe qui ne s'occupoit que de son plaisir. La cause longtemps secrète d'une telle fortune fut précisément le hasard de sa petite intendance.

Le cardinal du Bois étoit marié depuis longues années, par conséquent fort obscurément. Il paya bien sa femme pour se taire quand il eut des bénéfices; mais quand il pointa au grand, il s'en trouva fort embarrassé. Sa bassesse ne lui laissoit que les élévations ecclésiastiques, et il étoit toujours dans les transes que sa femme ne l'y fît échouer. Son mariage s'étoit fait dans le Limousin, et célébré dans une paroisse de village. Nommé à l'archevêché de Cambray, il prit le parti d'en faire la confidence à Breteuil, et de le conjurer de n'oublier rien pour enlever les preuves de son mariage avec adresse et sans bruit.

Dans la posture où du Bois étoit déjà, Breteuil vit les cieux ouverts pour lui s'il pouvoit réussir à lui rendre un service si délicat et si important. Il avoit de l'esprit, et il sut s'en servir. Il s'en retourna diligemment à Limoges, et, tôt après, sous prétexte d'une légère tournée pour quelque affaire subite, il s'en alla, suivi de deux ou trois valets seulement, ajustant son voyage de façon qu'il tomba à une heure de nuit dans ce village où le mariage avoit été célébré, alla descendre chez le curé faute d'hôtellerie, lui demanda familièrement la passade comme un homme que la nuit avoit surpris, qui mouroit de faim et de soif et qui ne pouvoit aller plus loin. Le bon curé, transporté d'aise d'héberger Monsieur l'intendant, prépara à la hâte tout ce qu'il put trouver chez lui, et eut l'honneur de souper tête à tête avec lui, tandis que sa servante régala les deux valets, dont Breteuil se défit, ainsi que de la servante, pour demeurer seul avec le curé. Breteuil aimoit à boire et y étoit expert. Il fit semblant de trouver le souper bon et le vin encore meilleur. Le curé, charmé de son hôte, ne songea qu'à le réforcer[1], comme on dit dans les provinces[2] : le broc étoit sur la table ; ils s'en versoient tour à tour avec une familiarité qui transportoit le bon curé. Breteuil, qui avoit son projet, en vint à bout, et enivra le bonhomme à ne pouvoir se soutenir, ni voir, ni proférer un mot. Quand Breteuil l'eut en cet état, achevé de le bien noyer avec quelques nouvelles lampées, il profita de ce qu'il en avoit tiré dans le premier quart d'heure du souper. Il lui avoit demandé si ses registres étoient en bon ordre, et depuis quel temps, et sous prétexte de sûreté contre les voleurs, où il les tenoit et où il en gardoit les clefs, tellement que dès

1. *Reforcer*, solliciter, presser de prendre, d'user de quelque chose. (*Dictionnaire* de Furetière.)
2. Saint-Simon a écrit *province*, sans *s*.

que Breteuil se fut bien assuré que le curé ne pouvoit plus faire usage d'aucun de ses sens, il prit ses clefs, ouvrit l'armoire, en tira le registre des mariages qui contenoit l'année dont il avoit besoin, en détacha bien proprement la feuille qu'il cherchoit, et malheur aux autres mariages qui se trouvèrent sur la même feuille, la mit dans sa poche, et rétablit le registre où il l'avoit trouvé, referma l'armoire et remit les clefs où il les avoit prises. Il ne songea plus après ce coup qu'à attendre le crépuscule du matin pour s'en aller; laissa le bon curé cuvant profondément son vin, et donna quelques pistoles à la servante.

Il s'en alla de là à Brive, chez le notaire, dont il s'étoit bien informé, qui avoit l'étude et les papiers de celui qui avoit fait le contrat de mariage, s'y enferma avec lui, et de force et d'autorité se fit remettre la minute du contrat de mariage. Il manda ensuite la femme, des mains de qui l'abbé du Bois avoit su tirer l'expédition de leur contrat de mariage, la menaça des plus profonds cachots si elle osoit dire jamais une parole de son mariage, et lui promit monts et merveilles en se taisant. Il l'assura de plus que tout ce qu'elle pourroit dire et faire seroit en pure perte, parce qu'on avoit mis ordre à ce qu'elle ne pût rien prouver, et à se mettre en état, si elle osoit branler, de la faire condamner de calomnie et d'imposture, et de la faire raser et pourrir dans la prison d'un couvent. Breteuil remit les deux importantes pièces à du Bois, qui l'en récompensa de la charge de secrétaire d'État quelque temps après.

La femme n'osa souffler. Elle vint à Paris après la mort de son mari. On lui donna gros sur ce qu'il laissoit d'immense. Elle a vécu obscure, mais fort à son aise, et est morte à Paris plus de vingt ans après le cardinal du Bois, dont elle n'avoit point eu d'enfants. Du Bois, à qui le cardinal son frère avoit donné sa charge de secrétaire du cabinet du Roi, et la charge des ponts et chaussées qu'avoit le feu premier écuyer, et qui étoit bon et honnête homme, vécut toujours fort bien avec elle. Il étoit assez mauvais médecin de village dans son pays, lorsque son frère le fit venir à Paris quand il fut secrétaire d'État. Dans la suite, cette histoire a été sue, et n'a été désavouée ni contredite de personne.

CHAPITRE V.

Bâtards de Montbéliard. — Mezzabarba, légat *a latere* à la Chine, en arrive à Rome avec le corps du cardinal de Tournon, et le jésuite portugais Magalhaens; succès de son voyage et de son retour. — Le Roi à Meudon pour la convenance du cardinal du Bois, dont la santé commence visiblement à s'affoiblir. — Belle-Isle, Conches et Séchelles interrogés. — La Vrillière travaille à se faire duc et pair par une singulière intrigue. — Mort du marquis de Bedmard à Madrid. — Maréchal de Villars grand d'Espagne.

Ce fut dans ce temps-ci que le conseil aulique jugea à Vienne un procès dont je ne parle ici que par les efforts qui ont été faits vingt ans depuis pour revenir à cette affaire par la protection du Roi et par la jurisdiction du parlement de Paris. Le dernier duc de Montbéliard avoit passé sa vie avec un sérail, et n'avoit point laissé d'enfants légitimes. Entre autres bâtards, il en laissa de deux femmes différentes, nés pendant la vie de son épouse légitime. Mais il prétendit les avoir épousées avec la permission de son consistoire, et les fit considérer comme telles dans son petit État. Toutes les faussetés et toutes les friponneries les plus redoublées et les plus entortillées furent employées pour soutenir la validité de ces prétendus mariages, et pour rendre légitimes, par conséquent, les Sponeck, sortis de l'une, et les Lespérance, sortis de l'autre. Il fit mieux encore, car pour mettre ces bâtards d'accord, qui se disputoient le droit à l'héritage, il maria le frère et la sœur qu'il avoit eus de ces deux différentes maîtresses. Il donna sa prédilection à ces nouveaux mariés, leur assura, autant qu'il fut en lui, sa succession ; les fit reconnoître à Montbéliard comme les souverains futurs, et mourut bientôt après, leur laissant beaucoup d'argent comptant et de pierreries. Sponeck et sa femme se firent prêter serment et reconnoître souverains par leurs nouveaux sujets, et se mirent en possession de tout le petit État de Montbéliard. Le duc de Wurtemberg, à qui il revenoit faute d'héritier légitime, les y troubla, et s'adressa à l'Empereur. Le Sponeck soutint son prétendu droit, et les Lespérance intervinrent, prétendant exclure le Sponeck et être seuls légitimes héritiers.

Après bien des débats, les uns et les autres furent déclarés bâtards, avec défense de porter le nom et les armes de Wurtemberg et le titre de Montbéliard; les sujets de ce petit État déliés du serment qu'ils avoient prêté au Sponeck, obligés à le prêter au duc de Wurtemberg envoyé en possession de tout le Montbéliard; et les lettres écrites par les Sponeck à l'Empereur, renvoyées au Sponeck avec les armes de son cachet et sa signature biffées. Ils intriguèrent pour une révision, et y furent encore plus maltraités. Le voisinage de ce petit État de Montbéliard, qui confine à la Franche-Comté, leur fit implorer la protection du Roi pour s'y maintenir. Ils trouvèrent Mme de Carignan, qui disposoit fort alors de notre ministère, laquelle, pour de l'argent, entreprenoit tout ce qu'on lui proposoit. Elle les fit écouter, et, contre toute apparence de raison, renvoyer au parlement de Paris. Monsieur de Wurtemberg cria, on le laissa dire, et la poursuite et l'instruction ne s'en continuèrent pas moins. A la fin, l'Empereur se plaignit, et demanda de quel droit le Roi pouvoit prétendre se mêler des affaires domestiques de l'Empire, et quelle juridiction pouvoit avoir le parlement de Paris sur l'état d'un Allemand naturel, qui se prétendoit prince de l'Empire, et dont le procès avoit été jugé par le conseil aulique, tribunal de l'Empire, qui n'en connoissoit point de supérieur à soi, beaucoup moins un tribunal étranger à l'Empire, tel que le parlement de Paris.

On essaya d'amuser l'Empereur, mais il se fâcha si bien qu'on n'osa passer outre, et le Parlement cessa d'y travailler. La chute du garde des sceaux Chauvelin, et d'autres circonstances qui décréditèrent Mme de Carignan, fit dormir cette affaire. Sponeck et sa femme, prouvée aussi sa sœur, s'étoient faits catholiques pour s'acquérir les prêtres et les dévots; ils ne bougeoient de Saint-Sulpice, des jésuites et de tous les lieux de piété en faveur. C'étoient des saints, malgré l'inceste et le bien d'autrui qu'ils vouloient s'approprier comme que ce fût. Mais il falloit une grande protection pour remettre leur affaire en train. Ils la trouvèrent dans la maison de Rohan, qui avisa qu'en leur faisant gagner leur procès ils deviendroient conséquemment princes de la maison de Wurtemberg, et qu'ils se déferoient pour rien d'une de leurs filles en la mariant au fils de cet inceste, en lui obtenant ici le rang de prince étranger. Ils y mirent tout leur crédit, et parvinrent à leur faire accorder des commissaires. Tous ces manéges eurent beaucoup de haut et de bas; les commissaires travaillèrent.

Cependant le duc de Wurtemberg jeta les hauts cris, l'Empereur se fâcha de nouveau, l'affaire au fond et en la forme étoit insoutenable; on ne voulut pas se brouiller avec l'Empereur pour cette absurdité où le Roi n'avoit pas le plus petit intérêt d'État. Ils furent donc condamnés comme ils l'avoient été à Vienne, avec les mêmes clauses et défenses; et ils furent réduits à obtenir du duc de Wurtemberg, au desir des arrêts du conseil aulique, une légère subsistance comme à des bâtards qu'il faut nourrir, et eux et les Lespérance, et le Roi s'entremit auprès du duc de Wurtemberg pour leur faire donner quelques terres les plus proches de la Franche-Comté. La douleur des vaincus fut grande, et celle de leurs protecteurs. Le Sponeck se rompit bientôt le col en allant à Versailles, sa femme alla loger chez Mme de Carignan, et jusqu'à l'heure que j'écris, a l'audace, malgré tant d'arrêts, de porter tout publiquement le nom de princesse de Montbéliard, les armes de Wurtemberg pleines à son carrosse, et se montre ainsi effrontément partout, avec deux tétons gros comme des timbales, et qui, avec sa dévotion, sont médiocrement couverts. Elle n'a qu'un fils, qui ne pouvant s'accommoder d'un état si bizarre et si différent de celui qu'il avoit prétendu, s'est retiré dans une communauté. J'ai poussé ce récit fort au delà des bornes de ces *Mémoires*, pour montrer quel bon pays est la France à tous les escrocs, les aventuriers et les fripons, et jusqu'à quels excès, l'impudence y triomphe.

En voici une autre d'une espèce différente. Le feu Pape, irrité de la désobéissance des jésuites de la Chine, des souffrances et de la mort du cardinal de Tournon, qu'il y avoit envoyé son légat *a latere*, y avoit envoyé de nouveau, avec le même caractère et les mêmes pouvoirs, le prélat Mezzabarba, orné du titre de patriarche d'Alexandrie. Il alla de Rome à Lisbonne pour y prendre les ordres et les recommandations du roi de Portugal, pour ne pas dire son attache, sous la protection duquel les jésuites travailloient dans ces missions des extrémités de l'Orient. Il fit voile de Lisbonne pour Macao, où il fut retenu longtemps avec de grands respects avant de pouvoir passer à Canton. De Canton, il voulut aller à Pékin, mais il fallut auparavant s'expliquer avec les jésuites, qui étoient les maîtres de la permission de l'empereur de la Chine, et qui ne la lui voulurent procurer qu'à bon escient. Il différa tant qu'il put à s'expliquer, mais il eut affaire à des gens qui en savoient autant que lui en finesses, et qui pouvoient tout, et lui rien que par eux. Après bien des ruses employées d'une part pour cacher, de l'autre pour découvrir, les jésuites en soupçonnèrent assez pour lui fermer tous les passages.

Mezzabarba avoit tout pouvoir; mais pour faire exécuter à la lettre les décrets et les bulles qui condamnoient la conduite des jésuites sur les rits chinois, et pour prendre toutes les plus juridiques informations sur ce qui s'étoit passé entre eux et le cardinal de Tournon jusqu'à sa mort inclusivement. Ce n'étoit pas là le compte des jésuites. Ils n'avoient garde de laisser porter une telle lumière sur leur conduite avec le précédent légat, encore moins sur la prison où ils l'avoient enfermé à Canton à son retour de Pékin, et infiniment moins sur sa mort. Mezzabarba, en attendant la permission de l'empereur de la Chine pour se rendre à Pékin, voulut commencer à s'informer de ces derniers faits, et de quelle façon les jésuites se conduisoient à l'égard des rites [1] chinois depuis les condamnations de Rome. Il n'alla pas loin là-dessus sans être arrêté. La soumission apparente et les difficultés de rendre à ces brefs l'obéissance desirée furent d'abord employées, puis les négociations tentées pour empêcher le légat de continuer ses informations, et pour le porter à céder à des nécessités locales inconnues à Rome, et qui ne pouvoient permettre l'exécution des bulles et des décrets qui les condamnoient. Les promesses de faciliter son voyage à la cour de l'Empereur, et d'y être traité avec les plus grandes distinctions, furent déployées. On lui fit sentir que le succès de ce voyage, et le voyage même étoit entre leurs mains. Mais rien de ce qui étoit proposé au légat n'étoit entre les siennes. Il n'avoit de pouvoir que pour les faire obéir, et il avoit les mains liées sur toute espèce de composition et de suspension. Il en fallut enfin venir à cet aveu. Les jésuites, hors de toute espérance [2] de retourner cette légation suivant leurs vues, essayèrent d'un autre moyen. Ce fut de resserrer le légat et de l'effrayer. Ce moyen eut un plein effet.

Le patriarche, se voyant au même lieu où le cardinal de Tournon avoit cruellement péri entre les mains des mêmes qui lui en montroient de près la perspective, lâcha pied, et pour sauver sa vie et assurer son retour

1. L'orthographe de Saint-Simon, onze lignes plus haut et tome XVIII, p 341, est *rit*
2. Il y a *toute* au singulier, et *espérances* au pluriel.

en Europe, consentit, non-seulement à n'exécuter aucun
des ordres dont il étoit chargé, et dont l'exécution, qu'il
vit absolument impossible, faisoit tout l'objet de sa légation, mais encore d'accorder, contre ses ordres exprès,
par conséquent sans pouvoir, un décret qui suspendit
toute exécution de ceux de Rome, jusqu'à ce que le
saint-siège eût été informé de nouveau. De là, les jésuites
prirent occasion d'envoyer avec lui à Rome le P. Magalhaens, jésuite portugais, pour faire au Pape des représentations nouvelles, en même temps pour être le surveillant du légat depuis Canton jusqu'à Rome. A ces
conditions les jésuites permirent au légat d'embarquer
avec lui le corps du cardinal de Tournon, et de se sauver ainsi de leurs mains sans avoir passé Canton, et sans
y avoir eu, lors même de sa plus grande liberté, qu'une
liberté fort veillée et fort contrainte. Il débarqua à Lisbonne, où après être demeuré quelque temps, il arriva
en celui-ci à Rome avec le jésuite Magalhaens et le corps
du cardinal de Tournon, qui fut déposé à la Propagande.
Mezzabarba y rendit compte de son voyage, et eut plusieurs longues audiences du Pape, où il exposa l'impossibilité qu'il avoit rencontrée à son voyage au delà de
Canton, premier port de la Chine à notre égard, et à
réduire les jésuites à aucune obéissance. Il expliqua ce
que, dans le resserrement où ils l'avoient tenu, il avoit
pu apprendre de leur conduite, du sort du cardinal
de Tournon, enfin du triste état des missions dans la
Chine; il ajouta le récit de ses souffrances, de ses
frayeurs; et il expliqua comment, en s'opiniâtrant à
l'exécution de ses ordres, il n'y auroit rien avancé que
de causer l'éclat d'une désobéissance nouvelle, et à soi
la perte entière de sa liberté, et vraisemblablement de
sa vie, comme il étoit arrivé au cardinal de Tournon;
qu'il n'avoit pu échapper et se procurer son retour pour
informer le Pape de l'état des choses qu'en achetant
cette grâce par la prévarication dont il s'avouoit coupable, mais à laquelle il avoit été forcé par la crainte

de ce qui étoit sous ses yeux, et de donner directement contre ses ordres une bulle de suspension de l'exécution des précédentes, jusqu'à ce que le saint-siége, plus amplement informé, expliquât ce qu'il lui plairoit de décider.

Ce récit, en faveur duquel les faits parloient, embarrassa et fâcha fort le Pape. La désobéissance et la violence ne pouvoient pas être plus formelles. Il n'y avoit point de distinction à alléguer entre fait et droit, ni d'explication à demander comme sur la condition d'un amas de propositions *in globo* et d'un autre amas de qualifications indéterminées. Il n'y avoit pas lieu non plus de se récrier contre une condamnation sans avoir été entendus. La condamnation étoit claire, nette, tomboit sur des points fixes et précis, longuement soutenus par les jésuites, et juridiquement discutés par eux et avec eux à Rome. Ils avoient promis de se soumettre et de se conformer au jugement rendu. Ils n'en avoient rien fait, leur crédit les avoit fait écouter de nouveau, et de nouveau la tolérance dont il s'agissoit avoit été condamnée. Ils y étoient encore revenus sous prétexte qu'on n'entendoit point à Rome l'état véritable de la question, qui dépendoit de l'intelligence de la langue, des mœurs, de l'esprit, des idées et des usages du pays. C'est ce qui fit résoudre l'envoi de Tournon; et ce que Tournon y vit et y apprit, et ce qu'il tenta d'y faire, et qu'il y fit à la fin, empêcha son retour et son rapport, et celui de la plupart des ministres de sa légation.

Quelque bruit et quelque prodigieux scandale qui suivit de tels succès, les jésuites eurent encore le crédit d'éviter le châtiment, soumis, respectueux et répandant l'or à Rome dans la même mesure qu'ils en amassoient à la Chine et au Chili, au Paraguay et dans leurs principales missions, et à proportion de leur puissance et de leur audace à la Chine. Ce fut donc pour tirer les éclaircissements locaux qu'ils avoient bien su empêcher le cardinal de Tournon et la plupart des siens de rapporter en Europe, et finalement pour faire obéir le saint-siége, que Mezzabarba y fut envoyé. Il ne se put tirer d'un si dangereux pas qu'en la manière qu'on vient de voir, directement opposée à ses ordres. Mais que dire à un homme qui prouve un tel péril pour soi et une telle inutilité d'y exposer sa vie? Aussi ne sut-on qu'y répondre; mais la honte de le voir à Rome en témoigner l'impuissance, par le seul fait d'être revenu sans exécution, et forcé au contraire à suspendre tout ce qu'il étoit chargé de faire exécuter, rendit sa présence si pénible à supporter, qu'il ne lui en coûta pas seulement le chapeau promis pour le prix de son voyage, mais l'exil loin de Rome, où il vécut obscurément plusieurs années, et dans lequel il mourut.

Le Pape, la très-grande partie du sacré collége et de la cour romaine vouloit faire rendre les plus grands honneurs à la mémoire du cardinal de Tournon, et le peuple, soutenu de plusieurs cardinaux et de beaucoup de gens considérables, le vouloient faire déclarer martyr. Les jésuites en furent vivement touchés. Ils sentirent tout le poids du contre-coup qui tomberoit sur eux de ce qui se feroit en l'honneur du cardinal de Tournon. L'audace, poussée au dernier point de l'effronterie, leur en para l'affront. Ils insistèrent pour obtenir qu'après Mezzabarba, leur P. Magalhaens fut[1] écouté à son tour.

Peu occupés de défendre les rits chinois, les désobéissances et les violences des jésuites de la Chine devant la congrégation de la Propagande, dont ils n'espéroient rien, ils voulurent aller droit au Pape. Magalhaëns y défendit les siens comme il put. Il se flattoit peu de leur parer une condamnation nouvelle. Son grand but fut d'étouffer la mémoire du cardinal de Tournon et de sauver l'affront insigne des honneurs qu'on lui préparoit. Le Pape, gouverné par le cardinal Fabroni, leur créature et leur pensionnaire, qui les craignoit à la Chine, où ils

1. Ce verbe est bien à l'indicatif.

se moquoient de lui en toute sécurité, et qui s'en servoit si utilement en Europe, crut mettre tout à couvert en condamnant de nouveau les rites chinoises[1] et les jésuites, leurs protecteurs à la Chine, sous les plus grandes peines s'ils n'obéissoient pas enfin à ces dernières bulles, et sous les plus grandes menaces de s'en prendre au général et à la Société en Europe, aux dépens de la mémoire du cardinal de Tournon, qui fut enfin enterré dans l'église de la Propagande sans aucune pompe. C'étoit tout ce que les jésuites s'étoient proposé. Contents au dernier point de voir tomber par là toute information de ce qui s'étoit passé à la Chine, à l'égard de la légation et de la personne du légat, après tout le bruit qui s'en étoit fait à Rome, ils se tinrent quittes à bon marché de la nouvelle condamnation du Pape, moyennant que cette énorme affaire demeurât étouffée, que l'étrange succès de la légation de Mezzabarba restât tout court sans aucune suite, bien assurés qu'après de telles leçons données à ces deux légats *a latere*, il ne seroit pas facile de trouver personne qui se voulût charger de pareille commission, non pas même pour la pourpre, qui n'avoit fait qu'avancer la mort du cardinal de Tournon ; et qu'à l'égard des condamnations nouvelles, ils en seroient quittes pour des respects, des promesses d'obéissance et des soumissions à Rome. et n'en continueroient pas moins à la Chine à s'en moquer et à les mépriser, comme ils avoient fait jusqu'alors. C'est en effet comme ils se conduisirent fidèlement à Rome et à la Chine, sans que Rome ait voulu ou su depuis quel remède y apporter.

Mais ce qui est incroyable est la manière dont le P. Magalhaens s'y prit pour conduire l'affaire à cette issue. Ce fut de demander hardiment au Pape de retirer tous les brefs ou bulles et décrets, qui condamnoient les rites chinois et la conduite des jésuites à cet égard et à

1. Plus haut et plus loin, à plusieurs reprises, Saint-Simon a employé le mot *rite* au masculin.

l'égard de ces condamnations. Il falloit être jésuite pour hasarder une demande si impudente au Pape en personne, en présence du corps du cardinal de Tournon, et du légat Mezzabarba, et il ne falloit pas moins qu'être jésuite pour la faire impunément. Le Pape fut encore plus effrayé qu'indigné de cette audace. Il crut donc faire un grand coup de politique de les condamner de nouveau pour ne pas reculer devant ce jésuite, mais d'en adoucir le coup pour sa Compagnie en supprimant tout honneur à la mémoire du cardinal de Tournon, et se hâtant de le faire enterrer sans bruit dans l'église de la Propagande, où il étoit demeuré en dépôt, en attendant que les honneurs à rendre à sa mémoire et la pompe de ses obsèques eussent été résolus, qui furent sacrifiés aux jésuites, avec un scandale dont le Pape ne fut pas peu embarrassé.

L'onze juin, le Roi alla demeurer à Meudon. Le prétexte fut de nettoyer le château de Versailles, la raison fut la commodité du cardinal du Bois. Flatté au dernier point de présider à l'assemblée du clergé, il vouloit jouir quelquefois de cet honneur. Il desiroit aussi se trouver quelquefois aux assemblées de la compagnie des Indes ; Meudon le rapprochoit de Paris de plus que la moitié du chemin de Versailles, et lui épargnoit du pavé. Ses débauches lui avoient donné des incommodités habituelles et douloureuses que le mouvement du carrosse irritoit, et dont il se cachoit avec grand soin. Le Roi fit à Meudon une revue de sa maison où l'orgueil du premier ministre voulut se satisfaire ; il lui en coûta cher. Il monta à cheval pour y jouir mieux de son triomphe, il y souffrit cruellement, et rendit son mal si violent qu'il ne put s'empêcher d'y chercher du secours. Il vit des médecins et des chirurgiens les plus célèbres, dans le plus grand secret, qui en augurèrent tous fort mal, et par la réitération des visites et quelques indiscrétions la chose commença à transpirer. Il ne put continuer d'aller à Paris qu'une fois ou deux au plus, avec grande peine, et uniquement pour cacher son mal, qui ne lui donna presque plus de repos.

En quelque état que fût le cardinal du Bois, ses passions ne l'occupoient pas moins que si son âge et sa santé lui eussent promis encore quarante années de vie. Les soins de s'enrichir et de se perpétuer la souveraine et unique puissance le tourmentoient avec la même vivacité. Il poussoit donc l'affaire de la Jonchère à son gré, sous le prétexte de l'ardeur de Monsieur le Duc à perdre le Blanc et Belle-Isle; et Belle-Isle s'y trouva embarrassé par les dépositions de la Jonchère et de ses commis arrêtés avec lui. Conches, et Séchelles maître des requêtes, fort distingué dans son métier, ami intime de le Blanc et de Belle-Isle, y furent aussi compris. Ils furent tous trois obligés à comparoître devant les commissaires des malversations, puis devant la chambre de l'Arsenal. Ils y furent interrogés plusieurs fois. Belle-Isle y déclara qu'allant servir sous le maréchal de Berwick dans le Guipuscoa et dans la Navarre espagnole, il avoit donné ses billets de banque et ses actions à la Jonchère pour s'en servir, et lui rendre après en divers temps. Rien n'étoit moins répréhensible; on ne trouva rien de plus mal dans les deux autres. Cela piqua, mais ne fit qu'encourager la haine à chercher, à tâcher, à ne se point rebuter, et à les tenir cependant dans des filets, mais sans pouvoir encore aller plus loin ni les arrêter.

Une autre pratique s'étoit élevée depuis quelque temps dans les ténèbres, avec toute l'adresse et toute l'audace possible. La conduite de M. le duc d'Orléans persuadoit aisément qu'il n'y avoit rien, pour étrange que fût ce qu'on se proposoit, qui fût impossible avec la protection du cardinal du Bois, et rien encore, pour monstrueux qu'il fût, qu'on n'arrachât du premier ministre à la recommandation de l'Angleterre. Mme de la Vrillière, au bout de tant d'années de mariage, ne pouvoit se consoler ni s'accoutumer à être Mme de la Vrillière. Elle le faisoit sentir souvent à son mari. Il étoit glorieux autant et plus qu'il osoit l'être ; les fonctions que je lui avois procurées pendant la régence, qui l'y avoient rendu nécessaire à tout le monde, l'avoient achevé de gâter ; lui et sa femme n'imaginèrent rien moins que de se faire duc et pair ; et voici comme ils s'y prirent. La comtesse de Mailly, mère de Mme de la Vrillière, étoit Sainte-Hermine, et de Saintonge. Elle avoit originairement beaucoup de parents calvinistes qui s'étoient retirés en divers temps dans les États de la maison de Brunswick, où des alliances de plusieurs d'eux avec les Olbreuses, de même pays qu'eux ou fort voisins, leur avoient fait espérer, puis obtenir la protection de la duchesse de Zell, de laquelle il a été ici parlé ailleurs. Personne n'ignoroit le crédit qu'avoit eu la baronne de Platten sur l'électeur d'Hanovre, qui l'avoit fait[1] comtesse, et qu'elle en conservoit encore quelques restes, quoique depuis longtemps une autre maîtresse l'eût supplantée, que l'électeur avoit même attirée et élevée en dignité en Angleterre, depuis que lui-même y eut été prendre possession de la couronne de la Grande-Bretagne, à la mort de la reine Anne.

Schaub, ce Suisse dont ce prince s'étoit si longtemps servi à Vienne, ce drôle si intrigant, si rusé, si délié, si anglois, si autrichien, si ennemi de la France, si confident du ministère de Londres, que nous avons si souvent rencontré dans ce qui a été donné ici d'après M. de Torcy sur les affaires étrangères, ce Schaub étoit ici chargé du vrai secret entre le ministère anglois et le cardinal du Bois, sur lequel il avoit su usurper tout pouvoir. Aussi étoit-il fort cultivé dans notre cour. M. et Mme de la Vrillière l'avoient fort attiré chez eux par cette raison, et Schaub, qui étoit fort entrant, et avide d'écumer[2] partout où il pouvoit espérer quelque récolte, s'y étoit rendu extrêmement familier. Pour s'amuser ou autrement, il s'avisa de tourner autour de Mme de la Vrillière. Il la

1. *Fait*, sans accord, au manuscrit.
2. Voyez tome I, p. 200, tome VI, p. 38, tome XVI, p. 34, etc.

voyoit encore coquette au dernier point, et n'ignoroit pas qu'elle n'avoit jamais été cruelle. La dame s'en aperçut bientôt ; elle ne s'en offensa pas, et fit si bien qu'elle le rendit amoureux tout de bon ; car elle étoit encore jolie. Alors elle le jugea un instrument propre à la servir, et son mari et elle lui firent confidence de leurs vues et de leur besoin de la protection du roi d'Angleterre. Schaub, qui avoit les siennes, fut charmé d'une ouverture qui l'y conduisoit, et se mit à digérer le projet. Ils surent que la comtesse de Platten avoit une fille belle et bien faite, d'âge sortable pour leur fils, mais sans aucun bien, comme toutes les Allemandes, et dès lors ils ne songèrent plus qu'à ce mariage pour se procurer l'intercession du roi d'Angleterre, laquelle ne lui coûtant rien, il ne la refuseroit pas à son ancienne maîtresse pour l'établissement de sa fille. Les parents calvinistes de la comtesse de Mailly, retirés et depuis longtemps établis dans les États de la maison de Brunswick, se mirent en campagne pour faire la proposition de ce mariage ; ils furent écoutés. Mme de Platten se seroit bien gardée de prendre une fille de la Vrillière, qui auroit exclu son fils et sa postérité des chapitres protestants pour des siècles, comme des chapitres catholiques ; mais sa fille à donner au fils de la Vrillière n'avoit pas le même inconvénient.

L'affaire réglée donna lieu à Schaub de jouer son personnage. Il sonda le cardinal du Bois sur son attachement pour le roi d'Angleterre et pour ses ministres principaux. Il en reçut toutes les protestations d'un homme qui leur devoit son chapeau, par conséquent le premier ministère, auquel, sans le chapeau, il n'auroit pu atteindre, et qui l'avoit mis en état de recevoir une pension de quarante mille livres sterling de l'Angleterre, qui passoit par les mains de Schaub depuis qu'il étoit en France, et qui étoit depuis longtemps au fait des liaisons intimes, ou plutôt de la dépendance entière de du Bois du ministère anglois. Quand sa matière fut bien préparée, il lui parla du mariage, du crédit que la comtesse de Platten conservoit très-solide sur le roi d'Angleterre, sur ses liaisons intimes avec ses principaux ministres allemands et anglois, de l'embarras où se trouvoit la comtesse de Platten de donner sa fille à un homme qui, de l'état que ses pères avoient toujours exercé, quelque honorable et distingué qu'il fût en France, n'oseroit penser à sa fille s'il étoit Allemand ; que ce mariage toutefois convenoit extrêmement à M. le duc d'Orléans et à Son Éminence, parce que ce seroit un lien de plus avec le roi d'Angleterre et avec ses ministres, un moyen certain d'être toujours bien et sûrement informés de leurs intentions, et de les faire entrer dans celles de Son Altesse Royale et de Son Éminence ; qu'il croyoit rendre un service essentiel à l'un et à l'autre de ménager cette affaire ; mais qu'elle étoit désormais entre les mains de Son Éminence pour lever la seule difficulté qui l'arrêtoit, en rendant le fils de la Vrillière capable d'y prétendre, et en comblant d'aise et de reconnoissance la comtesse de Platten, et avec elle le roi d'Angleterre et ses ministres les plus confidents, en faisant pour la Vrillière la seule chose dont il fût susceptible, et que méritoient si fort les grands services rendus à l'État depuis si longtemps, par tant de grands ministres ses pères, ou de son même nom.

Du Bois, qui, par ce qu'il étoit né, et par la politique qu'il s'étoit faite et qu'il avoit inspirée de longue main à son maître, vouloit tout confondre et tout anéantir, prêta une oreille favorable à Schaub, et ne fut point effarouché de la proposition qu'il lui fit enfin de faire la Vrillière duc et pair. Il servoit l'Angleterre suivant son propre goût ; il s'en assuroit de plus en plus son énorme pension par une complaisance qui, bien loin de lui coûter, se trouvoit dans l'unisson de son goût et de sa politique. Il ne laissa pas, pour se mieux faire valoir, d'en représenter les difficultés à Schaub, mais en lui laissant la liberté de lui en parler, et l'espérance de pouvoir réussir.

Soit de concert avec le premier ministre, soit de pure hardiesse, tant à son égard même qu'à celui de M. le duc d'Orléans, Schaub revint à la charge et dit au cardinal qu'il ne s'étoit pas trompé lorsqu'il l'avoit assuré que cette affaire seroit extrêmement agréable au roi d'Angleterre et à ses plus confidents ministres, que jusqu'alors il n'avoit parlé à Son Éminence que de lui-même, mais qu'il venoit d'être chargé de lui recommander la chose au nom du roi d'Angleterre, qui la desiroit avec passion, et de la part de ses ministres qui lui demandoient cette grâce comme le gage de leur amitié, et qu'il avoit le même ordre du roi d'Angleterre, d'en parler de sa part à M. le duc d'Orléans. Le cardinal lui accorda toute liberté de le faire, et lui promit d'y préparer M. le duc d'Orléans et d'agir de son mieux auprès de lui pour lever, s'il pouvoit, les difficultés qui se rencontreroient. Pour le faire court, M. le duc d'Orléans trouva la proposition extrêmement ridicule; mais sans cesser de la trouver telle, il fut entraîné. La Vrillière, en conséquence, parla au cardinal du Bois, et de son aveu à M. le duc d'Orléans. Il en fut assez bien reçu, et si transporté de joie, lui et sa femme, que le secret transpira.

Le duc de Berwick en fut averti des premiers; il en parla à M. le duc d'Orléans avec toute la force et la dignité possible, et l'embarrassa étrangement. Il me vint trouver aussitôt après à Meudon, où la cour ne vint que quelque temps après, et m'apprit cette belle intrigue, le clou qu'il avoit tâché d'y mettre aussitôt, et m'exhorta à parler de mon côté à M. le duc d'Orléans.

Je ne me fis pas beaucoup prier sur une affaire de cette nature, et j'allai dès le lendemain à Versailles chez M. le duc d'Orléans. Il rougit et montra un embarras extrême au premier mot que je lui en dis. Je vis un homme entraîné dans la fange, qui en sentoit toute la puanteur, et qui n'osoit ni s'en montrer barbouillé ni s'en nettoyer, dans la soumission sous laquelle il commençoit secrètement à gémir. Je lui demandai où il avoit vu ou lu faire un duc et pair de robe ou de plume, et donner la plus haute récompense qui fût en la main de nos rois, et le

comble de ce à quoi pouvoit et devoit prétendre la plus
ancienne et la plus haute noblesse, à un greffier du Roi,
dont la famille en avoit toujours exercé la profession
depuis qu'elle s'étoit fait connoître pour la première fois
sous Henri IV, sans avoir jamais porté les armes, qui est
l'unique profession de la noblesse. Cet exorde me conduisit loin, et mit M. le duc d'Orléans aux abois. Il voulut
se défendre sur la vive intercession du roi d'Angleterre,
et sur la position où il étoit avec lui. Je lui répondis que
je ne pouvois présumer qu'il espérât me faire recevoir
cette raison comme sérieuse; qu'il connoissoit très-bien
Schaub, et que c'étoit lui-même qui m'avoit appris que
c'étoit un insigne fripon, un audacieux menteur, plein
d'esprit, d'adresse, de souplesses, singulièrement faux et
hardi à controuver tout ce qui lui faisoit besoin, et de
génie ennemi de la France; qu'étant tel par le portrait que
Son Altesse Royale m'en avoit souvent fait, j'étois fort
éloigné de penser que Son Altesse Royale crût sur une si
périlleuse parole que le roi d'Angleterre ni ses ministres
s'intéressassent à lui faire faire ce qui étoit sans aucun
exemple, pour mieux marier la fille d'une maîtresse
abandonnée depuis si longtemps, du crédit de laquelle
nous n'avions jamais ouï parler pendant huit ans de sa
régence, et qu'il avoit été question sans cesse de marier
et de s'aider du roi d'Angleterre; que par conséquent il
m'étoit clair qu'il étoit bien persuadé que le roi d'Angleterre ne prenoit pas la moindre part aux imagina-
tions de la Vrillière, ni pas un de ses ministres; que cet
intérêt, présenté par Schaub comme véritable et vif,
n'étoit que l'effet de son adresse et de son amour pour
Mme de la Vrillière, saisi par Son Altesse Royale pour
prétexte et pour excuse de ce qu'il voyoit énorme et sans
exemple, à quoi néanmoins il se laissoit entraîner.
J'ajoutai que, quand il seroit certain que l'intercession
de l'Angleterre seroit vraie et vive, je le suppliois de me
dire s'il étoit bon d'accoutumer les grandes puissances
étrangères à s'ingérer des grâces et de l'intérieur de la

cour; s'il ne prévoyoit pas quelle tentation il préparoit à la fidélité des ministres du Roi et de ses successeurs par l'exemple de la Vrillière; si lui-même oseroit hasarder de demander au roi d'Angleterre, pour un Anglois ou un Hanovrien, une pareille élévation dans sa cour, et s'il connoissoit aucun exemple semblable de puissance à puissance dans toute l'Europe, avec toutefois la seule exception d'occasions singulières, qui avoient quelquefois procuré la Jarretière à des François, mais des François qui n'étoient pas de l'état de la Vrillière, tels, par exemple, que l'amiral Chabot, le connétable Anne et le maréchal de Montmorency, son fils aîné, le maréchal de Saint-André, qui en naissance, en établissements, et par eux-mêmes étoient de fort grands personnages; et dans des temps postérieurs les ducs de Chevreuse-Lorraine et de la Valette, sans parler du duc de Lauzun, qui l'avoit eue dans Paris de la reconnoissance d'un roi détrôné; et de plus encore quelle comparaison, surtout en France, entre la Jarretière et la dignité de duc et pair? Je n'oubliai pas l'abus des grandesses françoises; mais je lui fis remarquer leur nouveauté, leur cause entre des rois, grand-père et petit-fils, ou neveu et oncle de même maison, et qui encore n'avoient jamais produit de ducs et pairs de France en Espagne, et l'échange de fort peu de colliers du Saint-Esprit contre beaucoup de colliers de la Toison d'or.

Ces raisons, qui prévenoient toute réplique, mirent M. le duc d'Orléans à non plus. Il se promenoit la tête basse dans son cabinet, et ne savoit que dire. Le projet étoit de cacher dans le plus profond secret cet ouvrage de ténèbres, et que personne n'en pût avoir le vent que par la déclaration de la Vrillière duc et pair. Berwick et moi le déconcertions, et M. le duc d'Orléans découvert, se voyoit incontinent exposé à la multitude des représentations, des demandes de la même grâce, sur un tel exemple, et qui ne se pourroient refuser, et en grand nombre, enfin au cri public, qu'il redoutoit toujours. Je continuai mes instances et mes raisonnements sur un si beau canevas, et je le quittai au bout d'une heure sans savoir ce qui en seroit. J'allai de là rendre au duc de Berwick ce que je venois de faire. Nous conclûmes de revenir sans cesse à la charge par nous et par d'autres, que lui, qui habitoit Versailles, se chargea de lui lâcher, et de rendre la chose publique pour exciter le cri public. Ce cri devint si grand et si universel qu'il arrêta le prince et le cardinal, et qu'il étourdit jusqu'à l'audace de la Vrillière et de sa femme, et jusqu'à l'impudence de Schaub.

Le public farcit cette ambition de ridicules, et ce ne fut pas ce qui contint le moins M. le duc d'Orléans. La figure de la Vrillière n'étoit pas commune, il étoit un peu gros et singulièrement petit; il étoit vif, et ses mouvements tenoient de la marionnette. Quoique on ne se fasse pas, et que ces défauts n'influent que sur le corps, ils donnèrent beau champ au ridicule. M. le prince de Conti alloit disant tout haut qu'il avoit envoyé prendre les mesures du petit fauteuil de polichinelle pour en faire faire un dessus pour la Vrillière quand il seroit duc et pair, et qu'il le viendroit voir. Enfin on en dit de toutes les façons.

Ce vacarme et ces dérisions arrêtèrent pour un temps. M. et Mme de la Vrillière, et Schaub lui-même, étoient déconcertés. Ils avoient bien prévu l'extrême danger d'être découverts plus tôt que par la déclaration même. Ce malheur arrivé, ils prirent le parti de laisser ralentir l'orage, de continuer après, de presser leur affaire sourdement, et de la faire déclarer quand on ne s'y attendroit plus. Ils y furent encore trompés. Tant de gens considérables avoient intérêt de la traverser, ou de s'en servir pour être élevés au même honneur, qu'ils furent éclairés de trop près. La Vrillière, peut-être informé de ce que j'avois dit à M. le duc d'Orléans, qui rendoit tout au cardinal du Bois, de qui Schaub pouvoit l'avoir su, me vint trouver à Meudon pour me demander en grâce de ne le point traverser auprès de M. le duc d'Orléans, et pour tâcher à me tenir de court, m'assura que non-seulement il en avoit parole de lui et du cardinal du Bois, mais que l'un et l'autre l'avoient donnée au roi d'Angleterre ; qu'ainsi c'étoit une affaire faite, qui n'attendoit plus qu'une prompte déclaration ; que ce qu'il me demandoit étoit donc moins la crainte de la retarder, puisque enfin ils s'étoient mis dans la nécessité de la finir, que pour n'avoir pas la douleur, après toute l'amitié que je lui avois témoignée toute ma vie, de me trouver opposé à son bonheur.

La vérité est que je me fusse passé bien volontiers de cette visite. Je ne me voulois pas brouiller avec un homme que j'avois si grandement obligé en tant de façons, parce que je lui avois des obligations précédentes, et qui me devoit tout ce qu'il étoit et tout ce qu'il prétendoit devenir ; je ne voulois ni m'engager, ni mentir, ni donner prise. Je battis donc la campagne sur l'ancienne amitié ; je lui avouai mon éloignement des érections nouvelles, qui toujours en amenoient d'autres, et augmentoient un nombre déjà trop grand ; que lui-même ne l'ignoroit pas, avec qui je m'en étois plaint souvent ; qu'à chose promise et à lui et au roi d'Angleterre, et qui n'attendoit plus que la déclaration, ce seroit peine perdue de travailler contre ; que de plus il étoit trop à portée de l'intérieur pour n'avoir pas remarqué que depuis longtemps je battois de plus en plus en retraite ; puis force propos polis, qui ne signifioient rien. Il fut content ou fit semblant de l'être, mais j'eus lieu de croire que ce fut le dernier, par ce qui arriva sept ou huit jours après à l'abbé de Saint-Simon, qui tout de suite vint me le conter à Meudon.

Il alla chez la Vrillière, à Versailles, lui parler d'une affaire. Après y avoir répondu honnêtement : « Voyez-vous, lui dit[-il] ce tiroir de mon bureau ? Il y a dedans la liste de tous ceux qui se sont opposés à mon affaire, et de tous ces beaux Messieurs qui en ont tenu de si jolis discours.

Elle se fera malgré eux et leurs dents, et sans que je m'en remue. Ce n'est plus mon affaire, c'est celle du roi d'Angleterre, qui l'a entreprise, qui en a la parole positive, qui prétend se la faire tenir. Nous verrons si on aimera mieux rompre avec lui et avoir la guerre. Si cela arrive, j'en serai fâché, mais je m'en lave les mains. Il faudra s'en prendre à ces Messieurs les opposants et autres beaux discoureurs, desquels tous j'ai la liste, que je n'oublierai jamais, et qui, je vous le promets, me le payeront tôt ou tard plus cher qu'au marché. » La menace étoit bien indiscrète, et *le plus cher qu'au marché* bien bourgeois; mais, pour en suivre le style, c'est que le hareng sent toujours la caque. L'abbé de Saint-Simon sourit, n'osant rire tout à fait, et lui applaudit sur ce qu'il falloit éviter la guerre avec l'Angleterre pour si peu de chose; qu'il ne croyoit pas qu'il pût y avoir de choix là-dessus, et se moqua doucement de lui, avec toutes les politesses, qui le laissèrent fort content. L'abbé de Saint-Simon ne fut pas le seul dépositaire de cette confidence.

La Vrillière crut faire taire le monde en persuadant que son affaire étoit sûre, et qu'il n'y craignoit plus d'oppositions. Il eut la folie [de] débiter la guerre comme inévitable avec l'Angleterre si on ne lui tenoit pas la parole qu'on avoit donnée à cette couronne sur ce qui le regardoit, et de s'excuser de se trouver la cause innocente de la guerre si elle s'embarquoit à son occasion sur une affaire dont il ne se mêloit plus, parce qu'elle n'étoit plus la sienne depuis qu'elle étoit devenue celle du roi d'Angleterre. Ces propos, qui sentoient par trop les petites-maisons, remirent dans les conversations de tout le monde son oncle paternel et son frère aîné, enfermés depuis longtemps, et lui donnèrent un grand ridicule. Le déchaînement public accrocha si bien son affaire qu'elle gagna le temps que la cour vint à Meudon, que la santé du cardinal le rendit presque invisible, même à Schaub, suspendit toute affaire. Cet état du cardinal aboutit promptement à la mort, et M. le duc d'Orléans, délivré d'avoir à compter avec lui, aima mieux compter avec le monde. Schaub et la Vrillière demeurèrent éconduits.

Le marquis de Bedmar, dont j'ai souvent parlé pendant mon ambassade d'Espagne, mourut à Madrid, à soixante et onze ans, laissant de soi une estime et un regret général. Il avoit servi toute sa vie en Flandres, où montant par tous les degrés, il y étoit devenu gouverneur général des Pays-Bas espagnols par intérim, en l'absence de l'électeur de Bavière, et gouverneur de Bruxelles, enfin général des armées des deux couronnes, en pleine égalité avec nos maréchaux de France généraux des armées de Flandres. Il s'y conduisit si bien qu'il en acquit l'affection du Roi, qui lui donna l'ordre du Saint-Esprit, lui procura la grandesse, puis la vice-royauté de Sicile. De retour en Espagne, il y fut ministre d'État et chef du conseil des ordres et du conseil de guerre, avec une grande considération. J'en ai donné ailleurs la maison, la famille, et le caractère. J'ai admiré cent fois en Espagne comment cet homme, si fait pour le grand monde, qui en avoit un si long usage, et qui, pendant tant d'années, avoit vécu si publiquement et si splendidement, avoit pu, de retour en Espagne, en reprendre la vie commune des seigneurs espagnols, manger seul son *puchero*[1], et achever sa vie dans une solitude presque continuelle, interrompue seulement par quelques visites plus de bienséance que de société, et par quelques fonctions.

On fut surpris en même temps d'apprendre que le maréchal de Villars étoit fait grand d'Espagne, sans l'avoir jamais servie que dans l'affaire de Cellamare et du duc du Maine, et sans qu'on ait jamais su comment il avoit obtenu cette grâce, que M. le duc d'Orléans lui permit d'accepter, parce qu'il permettoit tout. Le maréchal avoit essayé d'obtenir de la cour de Vienne, où il étoit fort connu pour y avoir été longtemps en deux fois envoyé

1. Voyez tome XVIII, p. 65 et note 1.

extraordinaire du feu Roi, un titre de prince de l'Empire ; mais il n'y put parvenir. Le maréchal vouloit toutes les dignités, tous les honneurs, toutes les richesses, et il en fut comblé sans en être rassasié ni ennobli.

CHAPITRE VI.

Mort de la duchesse d'Aumont Guiscard. — Mort et caractère de l'abbé Fleury. — Mort du duc d'Estrées. — Mort du comte de Saillant; marquis d'Alègre gouverneur des Trois-Évêchés. — Mort de la comtesse de Châtillon Voysin. — Mort de l'abbé de Camps. — Mort du P. d'Aubanton à Madrid ; le P. Bermudez confesseur du roi d'Espagne ; son caractère. — Mort du cardinal du Bois. — Ses richesses. — Ses obsèques. — Son esquisse. — Sa conduite à s'emparer de M. le duc d'Orléans. — Ses négociations à Hanovre et en Angleterre, et son énorme grandeur. — Sa négociation en Espagne ; cause de sa facilité. — Son gouvernement. — Ses folles incartades. — M. le duc d'Orléans fort soulagé par la mort du cardinal du Bois ; est fait premier ministre ; le Roi l'aimoit, et point du tout le cardinal du Bois.

Plusieurs personnes moururent en ce même temps :

La duchesse d'Aumont, fille unique et héritière de Guiscard, à trente-cinq ans, d'une longue maladie de poitrine, le 9 juillet ;

L'abbé Fleury, sous-précepteur des enfants de France, qui avoit été premier confesseur du Roi, célèbre par son *Catéchisme historique*, par d'autres ouvrages, surtout par son *Histoire de l'Eglise*, qu'il n'a pu conduire au delà du concile de Constance, et par les excellents discours qu'il a mis à la tête de chaque volume, en manière de préfaces, respectable par sa modestie, par sa retraite au milieu de la cour, par une piété sincère, éclairée, toujours soutenue, une douceur et une conversation charmante, et un désintéressement peu commun. Il n'avoit que le prieuré d'Argenteuil, près de Paris, et n'avoit jamais voulu plus d'un bénéfice, quoiqu'il eût fort peu d'ailleurs. Il avoit quatre-vingt-trois ans, avec la tête entière, et vivoit depuis longtemps dans la plus parfaite retraite;

Le duc d'Estrées, à quarante ans. Il étoit fils unique du dernier duc d'Estrées, et petit-fils du duc d'Estrées mort ambassadeur à Rome. C'étoit un homme qui avoit passé sa vie dans la plus basse et la plus honteuse crapule, et qui n'étoit pas sans esprit, mais sans aucun sentiment. et qui s'étoit ruiné. Il ne laissa point d'enfants de la fille du duc de Nevers qu'il avoit épousée, et sa dignité de duc et pair passa au maréchal d'Estrées, cousin germain de son père, fils des deux frères;

Le comte de Saillant, lieutenant général et lieutenant-colonel du régiment des gardes françoises, gouverneur et commandant des Trois-Évêchés. C'étoit un homme de qualité, fort brave et fort honnête homme, mais court à l'excès, que Harlay, intendant de Metz, avoit désolé tant qu'il y fut, et qui, pour s'en divertir, l'avoit fait tomber dans les panneaux les plus ridicules. Le marquis d'Alègre eut ce gouvernement des Trois-Évêchés, sans y aller commander;

La comtesse de Châtillon, dont le mari est depuis devenu duc et pair et tant d'autres choses. Elle n'avoit que trente et un ans. Elle étoit fille du feu chancelier Voysin, et ne laissa qu'une fille, qui [a] été depuis duchesse de Rohan-Chabot;

L'abbé de Camps, à quatre-vingt-trois ans, si connu par sa fortune et par sa littérature, dont il a été parlé ailleurs amplement ici;

Le P. d'Aubanton, confesseur du roi d'Espagne, au noviciat des jésuites de Madrid, où il fut enterré en grande pompe, et fort peu regretté. Il mourut le 7 août, à soixante-seize ans. L'incartade que lui fit le cardinal du Bois, qui a été racontée ici il n'y a pas longtemps, et sa cause, coûta cher à la France. Aubanton, jésuite françois, avoit toujours gardé de grandes mesures avec notre cour; mais outré contre le cardinal du Bois, il voulut le faire repentir de l'insulte qu'il en avoit si mal à propos reçue, et ne sut faire pis, se voyant mourir, que de persuader au roi d'Espagne de prendre pour confesseur le P. Bermudez, jésuite espagnol, qui fut nommé le lendemain de sa mort. Bermudez, Espagnol jusque dans les moelles, haïssoit la France et les François, étoit secrètement attaché à la maison d'Autriche et lié avec toute la cabale italienne; maître jésuite d'ailleurs, qui avoit été provincial de la province de Tolède, où est Madrid, de sorte qu'il ne se pouvoit faire un plus pernicieux choix pour les intérêts de la France, ainsi qu'il y parut depuis en toutes occasions. Il étoit un des plus ordinaires prédicateurs de la chapelle, où j'ai ouï très-souvent ses sermons sans en rien entendre, parce qu'ils étoient en espagnol; mais le ton, le geste, le débit me parurent d'un grand prédicateur. On prétendoit assez publiquement qu'il prêchoit de mot à mot les sermons du P. Bourdaloue traduits en espagnol. Il ne pouvoit mieux choisir; mais les siens étoient plus courts. Il y a eu tant d'occasions de parler ici du P. d'Aubanton que je ne crois pas avoir rien à y ajouter.

Le cardinal du Bois n'eut pas le plaisir d'apprendre sa mort. Il le suivit trois jours après à Versailles. Il avoit caché son mal tant qu'il avoit pu, mais sa cavalcade à la revue du Roi l'avoit aigri au point qu'il ne put plus le dissimuler à ceux de qui il pouvoit espérer du secours. Il n'oublia rien cependant pour le dissimuler au monde; il alloit tant qu'il pouvoit au conseil, faisoit avertir les ambassadeurs qu'il iroit à Paris, et n'y alloit point, et chez lui se rendoit invisible, et faisoit des sorties épouvantables à quiconque s'avisoit de lui vouloir dire quelque chose dans sa chaise à porteurs entre le vieux château et le château neuf, où il logeoit, ou en entrant ou sortant de sa chaise. Le samedi 7 août, il se trouva si mal que les chirurgiens et les médecins lui déclarèrent qu'il lui falloit faire une opération qui étoit très-urgente, sans laquelle il ne pouvoit espérer de vivre que fort peu de jours, parce que l'abcès, ayant crevé dans la vessie le jour qu'il avoit monté à cheval, y mettroit la gangrène[1], si elle n'y étoit déjà, par l'épanchement du pus, et lui dirent qu'il falloit le transporter sur-le-champ à Versailles pour lui faire cette opération. Le trouble de cette terrible annonce l'abattit si fort qu'il ne put être transporté en litière de tout [le] lendemain dimanche 8 ; mais le lundi 9, il le fut à cinq heures du matin.

Après l'avoir laissé un peu reposer, les médecins et les chirurgiens lui proposèrent de recevoir les sacrements et de lui faire l'opération aussitôt après. Cela ne fut pas reçu paisiblement ; il n'étoit presque point sorti de furie depuis le jour de la revue ; elle avoit encore augmenté le samedi sur l'annonce de l'opération. Néanmoins, quelque temps après, il envoya chercher un récollet de Versailles, avec qui il fut seul environ un quart d'heure. Un aussi grand homme de bien, et si préparé, n'en avoit pas besoin de davantage. C'est d'ailleurs le privilége des dernières confessions des premiers ministres. Comme on rentra dans sa chambre, on lui proposa de recevoir le viatique ; il s'écria que cela étoit bientôt dit, mais qu'il y avoit un cérémonial pour les cardinaux, qu'il ne savoit pas, et qu'il falloit envoyer le demander au cardinal de Bissy à Paris. Chacun se regarda et comprit qu'il vouloit tirer de longue[2] ; mais comme l'opération pressoit, ils la lui proposèrent sans attendre davantage. Il les envoya promener avec fureur, et n'en voulut plus ouïr parler.

La Faculté, qui voyoient[3] le danger imminent du moindre retardement, le mandèrent à M. le duc d'Orléans, à Meudon, qui sur-le-champ vint à Versailles dans la première voiture qu'il trouva sous sa main. Il exhorta le cardinal à l'opération, puis demanda à la Faculté s'il y avoit de la sûreté en la faisant. Les chirurgiens et les médecins répondirent qu'ils ne pouvoient rien assurer là-dessus, mais bien que le cardinal n'avoit pas deux

---

1. Saint-Simon écrit *cangrène*.
2. Voyez tome XII, p. 293 et note 2, tome XIV, p. 377, etc.
3. Il y a bien ici *voyoient*, et à la ligne suivante, *mandèrent*.

heures à vivre si on [ne] la lui faisoit tout à l'heure. M. le duc d'Orléans retourna au lit du malade, et le pria tant et si bien qu'il y consentit. L'opération se fit donc sur les cinq heures, en cinq minutes, par la Peyronie, premier chirurgien du Roi en survivance de Maréchal, qui étoit présent avec Chirac et quelques autres médecins et chirurgiens des plus célèbres. Le cardinal cria et tempêta étrangement; M. le duc d'Orléans rentra dans la chambre aussitôt après, où la Faculté ne lui dissimula pas qu'à la nature de la plaie et de ce qui en étoit sorti, le malade n'en avoit pas pour longtemps. En [effet[1]], il mourut précisément vingt-quatre heures après, le mardi 10 août, à cinq heures du soir, grinçant les dents contre ses chirurgiens et contre Chirac, auxquels[2] il n'avoit cessé de chanter pouilles.

On lui apporta pourtant l'extrême-onction : de communion, il ne s'en parla plus, ni d'aucun prêtre auprès de lui; et finit ainsi sa vie, dans le plus grand désespoir et dans la rage de la quitter. Aussi la fortune s'étoit-elle bien jouée de lui, se fit acheter chèrement et longuement par toutes sortes de peines, de soins, de projets, de menées, d'inquiétudes, de travaux et de tourments d'esprit, et se déploya enfin sur lui par des torrents précipités de grandeurs, de puissance, de richesses démesurées, pour ne l'en laisser jouir que quatre ans, dont je mets l'époque à sa charge de secrétaire d'État, et deux seulement si on la met à son cardinalat et à son premier ministère, pour lui tout arracher au plus riant et au plus complet de sa jouissance, à soixante-six ans. Il mourut donc maître absolu de son maître, et moins premier ministre qu'exerçant toute la plénitude et toute l'indépendance de toute la puissance et de toute l'autorité royale; surintendant des postes, cardinal, archevêque de Cambray, avec sept abbayes, dont il fut insatiable jusqu'à la fin, et avoit commencé des ouvertures pour s'emparer de celles de

1. Saint-Simon a sauté ce mot en passant d'une page à une autre.
2. *Auxquels* corrige *à qui*.

Cîteaux, de Prémontré, et des autres chefs d'ordre, et il fut avéré après qu'il recevoit une pension d'Angleterre de quarante mille livres sterling. J'ai eu la curiosité de rechercher son revenu, et j'ai cru curieux de mettre ici ce que j'en ai trouvé, en diminuant même celui des bénéfices, pour éviter toute enflure.

J'ai mis pareillement au rabais ce qu'il tiroit de ses appointements de premier ministre et des postes; je crois aussi qu'il avoit vingt mille [livres] du clergé comme cardinal, mais je n'ai pu le savoir avec certitude. Ce qu'il avoit eu et réalisé de Law étoit immense. Il s'en étoit fort servi à Rome pour son cardinalat; mais il lui en étoit resté un prodigieux argent comptant. Il avoit une extrême quantité de la plus belle vaisselle d'argent et de vermeil, et la plus admirablement travaillée ; des plus riches meubles, des plus rares bijoux de toutes sortes, des plus beaux et des plus rares attelages de tout pays, et des plus somptueux équipages. Sa table étoit exquise et superbe en tout, et il en faisoit fort bien les honneurs, quoique extrêmement sobre et par nature et par régime.

Sa place de précepteur de M. le duc d'Orléans lui avoit procuré l'abbaye de Nogent-sous-Coucy; le mariage de ce prince celle de Saint-Just; ses premiers voyages d'Hanovre et d'Angleterre celles d'Airvaux et de Bourgueil; les trois autres, sa toute-puissance.

Cambray.	120 000 livres.
Nogent-sous-Coucy.	10 000
Saint-Just.	10 000
Airvaux.	12 000
Bourgueil.	12 000
Bergues-Saint-Vinox.	60 000
Saint-Bertin.	80 000
Cercamp.	20 000
	324 000

Premier ministre.............	150 000
Les postes.............	100 000
	250 000
La pension d'Angleterre, à 24 livres la livre sterling.	960 000

Ainsi en

Bénéfices.............	324 000
Premier ministre.............	150 000
Postes.............	100 000
Pension d'Angleterre.....	960 000
	1 534 000

Quel monstre de fortune, et d'où parti! et comment si rapidement précipité! C'est bien littéralement à lui qu'on peut appliquer ce passage du psaume :

« .... J'ai passé, il n'étoit déjà plus, il n'en est rien resté; jusqu'à ses traces étoient effacées. »

Vidi impium superexaltatum et elevatum sicut cedros Libani;
Et transivi, et ecce non erat, et non est inventus locus ejus.
(*Psaume* XXXVI, versets 35 et 36.)

Le mercredi au soir, lendemain de sa mort, il fut porté de Versailles à Paris dans l'église du chapitre de Saint-Honoré, où il fut enterré quelques jours après. Les Académies dont il étoit lui firent faire chacun[1] un service où ils assistèrent, l'assemblée du clergé un autre comme à leur président; et en qualité de premier ministre, il y en eut un à Notre-Dame, où le cardinal de Noailles officia, et où les cours supérieures assistèrent. Il n'y eut point d'oraison funèbre à aucun; on n'osa l'hasarder[2]. Son frère,

---

1. Il y a bien ici *chacun*, et quatre mots plus loin, *ils*, au masculin.
2. Voyez tome IV, p. 174, tome V, p. 141, tome VI, p. 17, etc.

plus vieux que lui et honnête homme, qu'il avoit fait venir lorsqu'il fut secrétaire d'État, demeura avec la charge de secrétaire du cabinet qu'il avoit, et qu'il lui avoit donnée, et les ponts et chaussées, qu'il lui procura à la mort de Beringhen, premier écuyer, qui les avoit, et qui s'en étoit très-dignement acquitté. Ce du Bois, qui étoit fort modeste, trouva un immense héritage. Il n'avoit qu'un fils, chanoine de Saint-Honoré, qui n'avoit jamais voulu ni places ni bénéfices et qui vivoit très-saintement. Il ne voulut presque rien toucher de cette riche succession. Il en employa une partie à faire à son oncle une espèce de mausolée beau, mais modeste, plaqué contre la muraille, au bas de l'église où le cardinal est enterré, avec une inscription fort chrétienne, et distribua l'autre partie aux pauvres, dans la crainte qu'elle ne lui portât malédiction.

On a bien des exemples de prodigieuses fortunes, plusieurs même de gens de peu, mais il n'y en [a] aucun de personne si destituée de tout talent qui y porte et qui la soutienne que l'étoit le cardinal du Bois, si on en excepte la basse et obscure intrigue. Son esprit étoit fort ordinaire, son savoir des plus communs, sa capacité nulle, son extérieur d'un furet, mais de cuistre, son débit désagréable, par articles, toujours incertain, sa fausseté écrite sur son front, ses mœurs trop sans aucune mesure pour pouvoir être cachées : des fougues qui [ne] pouvoient passer que pour des accès de folie, sa tête incapable de contenir plus d'une affaire à la fois, et lui d'y en mettre ni d'en suivre aucune que pour son intérêt personnel : rien de sacré, nulle sorte de liaison respectée ; mépris déclaré de foi, de parole, d'honneur, de probité, de vérité : grande estime et pratique continuelle de se faire un jeu de toutes ces choses ; voluptueux autant qu'ambitieux ; voulant tout en tout genre, se comptant lui seul pour tout, et tout ce qui n'étoit point lui pour rien, et regardant comme la dernière démence de penser et d'agir autrement. Avec cela, doux, bas, souple, louangeur, admirateur, prenant toutes sortes de formes avec la plus grande facilité, et revêtant toutes sortes de personnages, et souvent contradictoires, pour arriver aux différents buts qu'il se proposoit, et néanmoins très-peu capable de séduire. Son raisonnement par élans, par bouffées, entortillé même involontairement, peu de sens et de justesse ; le désagrément le suivoit partout. Néanmoins des pointes de vivacité plaisantes quand il vouloit qu'elles ne fussent que cela, et des narrations amusantes, mais déparées par l'élocution, qui auroit été bonne sans ce bégayement dont sa fausseté lui avoit fait une habitude, par l'incertitude qu'il avoit toujours à répondre et à parler. Avec de tels défauts, il est peu concevable que le seul homme qu'il ait su séduire ait été M. le duc d'Orléans, qui avoit tant d'esprit, tant de justesse dans l'esprit, et qui saisissoit si promptement tout ce qui se pouvoit connoître des hommes. Il le gagna enfant, dans ses fonctions de précepteur ; il s'en empara jeune homme en favorisant son penchant pour la liberté, le faux bel air, l'entraînement à la débauche, le mépris de toute règle ; en lui gâtant par les beaux principes des libertins savants le cœur, l'esprit et la conduite, dont ce pauvre prince ne put jamais se délivrer, non plus que des sentiments contraires de la raison, de la vérité, de la conscience, qu'il prit toujours soin d'étouffer.

Du Bois, insinué de la sorte, n'eut d'étude plus chère que de se conserver bien par tous moyens avec son maître, à la faveur duquel tous ses avantages étoient attachés, qui n'alloient pas loin alors, mais tels qu'ils fussent, étoient bien considérables pour le valet du curé de Saint-Eustache, puis de Saint-Laurent. Il ne perdit donc jamais de vue son prince, dont il connoissoit tous les grands talents et tous les grands défauts qu'il avoit su mettre à profit, et qu'il y mettoit tous les jours, dont l'extrême foiblesse étoit le principal, et l'espérance la mieux fondée de du Bois. Ce fut aussi celle qui le soutint dans les divers délaissements qu'il éprouva, et dont[1] le plus fâcheux de tous fut à l'entrée de la régence, dont on a vu avec quel art il avoit su se rapprocher. C'étoit le seul talent où il fût maître, que celui de l'intrigue obscure avec toutes ses dépendances. Il séduisit son maître comme on l'a vu ici, par ces prestiges d'Angleterre qui firent tant de mal à l'État, et dont les suites lui en causent encore de si fâcheux. Il le força et tout de suite le lia à cet intérêt personnel, au cas de mort du Roi, de deux usurpateurs intéressés à se soutenir l'un l'autre, et M. le duc d'Orléans s'y laissa entraîner par le babil de Canillac, les profonds *sproposito*[2] du duc de Noailles, les insolences, les grands airs de Stairs, qui lui imposoient, et cela sans aucun desir de la couronne : c'est une vérité étrange que je ne puis trop répéter, parce que je l'ai parfaitement et continuellement reconnue; et je dis étrange, parce qu'il n'est pas moins vrai que si la couronne lui fût échue et sans aucun embarras, même pour la recueillir et la conserver, il s'en seroit trouvé chargé, empêtré, embarrassé, sans comparaison aucune, plus qu'il n'en auroit été satisfait.

De là, ce lien devenu nécessaire et intime entre lui et du Bois, quand celui-ci fut parvenu à aller la première fois en Hollande, ce qui ne fut pas sans peine, et qui le conduisit après à Hanovre, puis à Londres, et à devenir seul maître de toute la négociation, partie l'arrachant à la foiblesse de son maître, partie en l'infatuant qu'il ne s'y pouvoit servir de nul autre, parce que nul autre ne pouvoit être, comme lui, dépositaire du vrai nœud qui faisoit le fondement secret de la négociation, qui étoit, en cas de mort du Roi, ce soutien réciproque des deux usurpateurs, trop dangereux pour M. le duc d'Orléans à confier à qui que ce soit qu'à lui, qui toutefois devoit uniquement gouverner toute la négociation, sans égard à tout autre intérêt de l'État le plus marqué et le

---

1. Saint-Simon a écrit *dans*, pour *dont;* six mots plus loin, *fut* est en interligne.
2. Voyez tome VI, p. 78, note 1.

plus visible. Par là du Bois se mit en toute liberté de traiter à Londres pour lui-même en accordant tout ce qu'il plut aux Anglois, pour quoi il ne falloit pas grande habileté [1] en négociations. Aussi a-t-on vu plus d'un fois dans ce qui a été donné ici d'après Torcy sur les affaires étrangères, que M. le duc d'Orléans ne s'acommodoit pas toujours de ce que du Bois vouloit passer aux Anglois, que ceux-ci lui reprochoient que son maître étoit plus difficile que lui, et tacitement son peu de crédit, et lui faisoit [2] sentir la conséquence pour ce qu'il desiroit personnellement d'eux, de pouvoir davantage sur M. le duc d'Orléans et de l'amener à ce qui leur convenoit. De là ces lettres véhémentes dont M. le duc d'Orléans me parloit quelquefois, et auxquelles il ne pouvoit résister; de là son brusque retour d'Angleterre, sans ordre ni préparatif, pour emporter par sa présence ce que, pour cette fois, ses lettres n'avoient pu faire, et son prompt passage à Londres dès qu'il eut réussi à ce qu'il s'étoit proposé, en [3] aller triompher chez les ministres anglois, et leur montrer par l'essai d'un court voyage ce qu'ils pouvoient attendre de son ascendant sur le Régent lorsqu'il seroit à demeure à ses côtés, par conséquent combien il leur seroit nécessaire, et leur intérêt sensible de le satisfaire personnellement, de façon qu'ils pussent compter sur lui.

Voilà ce qui sans capacité aucune a conclu les traités que du Bois a faits avec les Anglois, si opposés à l'intérêt de la France et au bien de toute l'Europe, en particulier si préjudiciables à l'Espagne, et qui d'un même tour de main a fondé et précipité la monstrueuse grandeur de du Bois, qui, en revenant tout à fait d'Angleterre, culbuta les conseil pour culbuter le maréchal d'Huxelles et le conseils des affaires étrangères, et les mettre unique-

1. *Habilité*, au manuscrit, qui donne *habileté* trente-trois lignes plus loin, et de nouveau *habilité*, p. 143, ligne 22. Voyez tome X, p. 260 et note 1.
2. Ce verbe est bien au singulier.
3. Il y a ici un mot que nous n'avons pu lire, qui ressemble à *eux* ou à *être*.

ment dans sa main, sous le titre de secrétaire d'État. Outre la prétention d'un telle récompense de sa négociation, dont il sut faire valoir à son maître toute la délicatesse, l'habileté et le fruit qu'il en tiroit, tout nul qu'il fût, il lui persuada encore la nécessité de ne confier qu'à lui seul les affaires étrangères, pour entretenir et consolider l'intime confiance si nécessaire à conserver avec les Anglois, et leur ôter les entraves du maréchal d'Huxelles, de Canillac, de ce même conseil que du Bois vouloit déjà écarter, et que toutes les affaires ne passassent plus que par un seul canal agréable au ministère anglois, dont il ne pût prendre aucune défiance. De secrétaire d'État à tout le reste, le chemin fut rapide et aisé ; la guerre qu'il fit entreprendre contre l'Espagne sans la cause la plus légère, pour ruiner leur marine au desir des Anglois, et contre le plus sensible intérêt de la France et le plus personnel de M. le duc d'Orléans, fut le prix du chapeau, qui bientôt après le mena au premier ministère.

Que si après avoir développé comment, sans capacité aucune, du Bois s'est fait si grand par l'Angleterre, en lui sacrifiant la France, mais beaucoup plus l'Espagne, on s'étonne comment si promptement après il est venu à bout du double mariage, surtout avec les impressions personnelles prises en Espagne contre M. le duc d'Orléans, dès avant sa régence et depuis, ce point sera facile à démêler. Le roi d'Espagne, quelque prévenu qu'il fût contre M. le duc d'Orléans par ce [que] la princesse des Ursins lui imputa avant la mort du Roi, quelques blessures qu'il en eût reçues depuis la régence par le ministère de du Bois pour plaire aux Anglois, jamais homme ne fut attaché à sa maison et à sa nation originelle si intrinsèquement[1] ni si indissolublement que Philippe V. Cette passion, si vive en lui et toujours active, le rendoit infatigable à tout souffrir de la France

---

1. L'orthographe de Saint-Simon est *intrésequement*.

sans cesser de desirer avec la plus violente ardeur de se pouvoir lier et réunir indissolublement avec elle. C'est ce qui lui fit recevoir l'espérance qui lui fut montrée, puis aussitôt proposée, du mariage du Roi, comme le comble de ses vœux, à quelque condition que ce pût être, en sorte que celle du mariage actuel du prince des Asturies ne fut pas capable seulement de le refroidir. D'un autre côté, la reine qui avoit la même passion pour un établissement sûr et solide de son fils aîné en Italie, et par affection, et par vanité, et pour se retirer auprès de lui et éviter le sort des reines veuves d'Espagne, qui avoit toujours été le point de son horreur, sentirent tous deux qu'ils n'y pouvoient parvenir malgré l'Empereur, qu'il n'y avoit que le roi d'Angleterre, si parfaitement bien alors avec la cour de Vienne, qui pût parvenir à lui faire donner les mains à cet établissement, et que l'Espagne ne pouvoit espérer là-dessus aucun secours de l'Angleterre que par M. le duc d'Orléans, même par l'abbé du Bois, au point où ils étoient avec Georges et avec ses ministres. Ce ne fut donc pas merveilles si le double mariage fut conclu si facilement et si promptement, en quoi toute 'habileté de l'abbé du Bois ne fut que de l'imaginer et d'avoir la hardiesse de le proposer. C'est ce que je vis très-clairement en Espagne, et que l'esprit du roi d'Espagne n'avoit jamais été guéri sur M. le duc d'Orléans, ni sur son ministre, ni celui de la reine non plus, à travers toutes les mesures et les plus exactes réserves que, quelque soin qu'ils prissent, ils ne me purent épaissir ce voile plus que la consistance d'une gaze, et je sentis le même dans le marquis de Grimaldo. Telles furent les merveilles de la prétendue capacité de du Bois.

Il n'en montra pas davantage dans sa manière de gouverner quand il fut devenu le véritable maître. Toute son application tournée à ce que son maître, dont il connoissoit tout le glissant, ne lui échappât pas, s'épuisa à épier tous les moments de ce prince, ce qu'il faisoit, qui il voyoit, les temps qu'il donnoit à chacun, son humeur, son visage, ses propos à l'issue de chaque audience ou de chaque partie de plaisir; qui en étoit, quel propos et par qui tenus, et à combiner toutes ces choses; surtout à effrayer, à effaroucher pour empêcher qui que ce fût d'être assez hardi pour aller droit au prince, et à rompre toutes mesures à qui en avoit la témérité sans en avoir obtenu son congé et son aveu. Ce sont les espionnages qui occupoient toutes ses journées, sur lesquelles il régloit toutes ses démarches, et à tenir le monde, sans exception, de si court, que tout ne fût que dans sa main, affaires, grâces, jusques aux plus petites bagatelles, et à faire échouer tout ce qui osoit essayer de lui passer entre les doigts, et de ne le pas pardonner aux essayeurs, qu'il poursuivoit partout d'une façon implacable. Cette application et quelque écorce indispensable d'ordres à donner, ravissoient tout son temps, en sorte qu'il étoit devenu inabordable, hors quelques audiences publiques ou quelques autres aux ministres étrangers. Encore la plupart d'eux ne le pouvoient joindre, et se trouvoient réduits à l'attendre aux passages sur des escaliers, et en d'autres endroits par lesquels il déroboit son passage, où il ne s'attendoit pas à les rencontrer. Il jeta une fois dans le feu une quantité prodigieuse de paquets de lettres toutes fermées, et de toutes parts, puis s'écria d'aise qu'il se trouvoit alors à son courant. A sa mort il s'en trouva par milliers, tout cachetés.

Ainsi tout demeuroit en arrière, en toute genre, sans que personne, même des ministres étrangers, osât s'en plaindre à M. le duc d'Orléans, et sans que ce prince, tout livré à ses plaisirs, et toujours sur le chemin de Versailles à Paris, prît la peine d'y penser, bien satisfait de se trouver dans cette liberté, et ayant toujours suffisamment de bagatelles dans son portefeuille pour remplir son travail avec le Roi, qui n'étoit que de bons à lui faire mettre aux dépenses arrêtées, ou aux demandes des emplois ou des bénéfices vacants. Ainsi aucune affaire n'étoit presque décidée, et tout demeuroit et tomboit en chaos. Pour gouverner de la sorte il n'est pas besoin de capacité. Deux mots à chaque ministre chargé d'un département, et quelque légère attention à garnir les conseils devant le Roi des dépêches les moins importantes, brochant les autres seul avec M. le duc d'Orléans, puis, les laissant presque toutes en arrière, faisoient tout le travail du premier ministère, et l'espionnage, les avis de l'intérieur de M. le duc d'Orléans, les combinaisons de ces choses, les parades, les adresses, les batteries, faisoient et emportoient tout celui du premier ministre; ses emportements pleins d'injures et d'ordures, dont ni hommes ni femmes, de quelque rang et de quelque considération qu'ils fussent, ne mettoit personne à couvert[1], le délivroit d'une infinité d'audiences, parce qu'on aimoit mieux aller par des bricoles[2] subalternes, ou laisser périr ses affaires, que s'exposer à essuyer ces fureurs et ces affronts. On en a vu un échantillon vague par ce qui a été raconté ici de ce qui arriva en pleine et nombreuse audience d'ambassadeurs prélats, dames, et de toutes sortes de gens considérables, à l'officier que j'avois dépêché de Madrid avec le contrat de mariage du Roi.

Les folies publiques du cardinal du Bois, depuis surtout que, devenu le maître, il ne les contint plus, feroient un livre. Je n'en rapporterai que quelques-unes pour échantillon. La fougue lui faisoit faire quelquefois le tour entier et redoublé d'une chambre courant sur les tables et les chaises sans toucher du pied à terre, et M. le duc d'Orléans m'a dit plusieurs fois en avoir été souvent témoin en bien des occasions.

Le cardinal de Gesvres se vint plaindre à M. le duc d'Orléans de ce que le cardinal du Bois venoit de l'envoyer promener dans les termes les plus sales. On a

1. Nous reproduisons textuellement le manuscrit.
2. Voyez tome XI, p. 304 et note 1.

vu ailleurs qu'il en avoit usé de même avec la princesse de Montauban, et la réponse que M. le duc d'Orléans avoit faite à ses plaintes. La vérité est qu'elle ne méritoit pas mieux. L'étonnant fut qu'il dit de même à un homme des mœurs, de la gravité et de la dignité du cardinal de Gesvres, qu'il avoit toujours trouvé le cardinal du Bois de bon conseil, et qu'il croyoit qu'il feroit bien de suivre celui qu'il lui venoit de donner. C'étoit apparemment pour se défaire de pareilles plaintes après un tel exemple : et en effet on ne lui en porta plus depuis.

Mme de Cheverny, devenue veuve, s'étoit retirée quelque temps après aux Incurables. Sa place de gouvernante des filles de M. le duc d'Orléans avoit été donnée à Mme de Conflans. Un peu après le sacre, Mme la duchesse d'Orléans lui demanda si elle avoit été chez le cardinal du Bois là-dessus. Mme de Conflans répondit que non, et qu'elle ne voyoit pas pourquoi elle iroit, la place que Leurs Altesses Royales lui avoient donnée étant si éloignée d'avoir trait à aucune affaire. Mme la duchesse d'Orléans insista sur ce que le cardinal étoit à l'égard de M. le duc d'Orléans. Mme de Conflans se défendit, et finalement dit que c'étoit un fou qui insultoit tout le monde, et qu'elle ne vouloit pas s'y exposer. Elle avoit de l'esprit et du bec, et souverainement glorieuse, quoique fort polie. Mme la duchesse d'Orléans se mit à rire de sa frayeur, et lui dit que, n'ayant rien à lui demander ni à lui représenter, mais seulement à lui rendre compte de l'emploi que M. le duc d'Orléans lui avoit donné, c'étoit une politesse qui ne pouvoit que plaire au cardinal, et lui en attirer de sa part, bien loin d'avoir rien de désagréable à en craindre, et finit par lui dire que cela convenoit et qu'elle vouloit qu'elle y allât.

La voilà donc partie, car c'étoit à Versailles, au sortir de dîner, et arrivée dans un grand cabinet, où il y avoit huit ou dix personnes qui attendoient à parler au cardinal, qui étoit auprès de sa cheminée avec une femme qu'il galvaudoit[1]. La peur en prit à Mme de Conflans, qui étoit petite et qui en rapetissa encore. Toutefois, elle s'approcha comme cette femme se retiroit. Le cardinal, la voyant s'avancer, lui demanda vivement ce qu'elle lui vouloit. « Monseigneur, dit-elle. — Ho ! Monseigneur, Monseigneur, interrompit le cardinal ; cela ne se peut pas, Madame. — Mais, Monseigneur, reprit-elle. — De par tous les diables, je vous le dis encore, interrompit de nouveau le cardinal, quand je vous dis que cela ne se peut pas, c'est que cela ne se peut pas. — Monseigneur, » voulut encore dire Mme de Conflans pour expliquer qu'elle ne demandoit rien ; mais à ce mot le cardinal lui saisit les deux pointes des épaules, la revire, la pousse du poing par le dos, et : « Allez à tous les diables, dit-il, et me laissez en repos. » Elle pensa tomber toute plate, et s'enfuit en furie, pleurant à chaudes larmes, et arrive en cet état chez Mme la duchesse d'Orléans, à qui, à travers ses sanglots, elle conte son aventure.

On étoit si accoutumé aux incartades du cardinal, et celle-là fut trouvée si singulière et si plaisante que le récit en causa des éclats de rire qui achevèrent d'outrer la pauvre Conflans, qui jura bien que de sa vie elle ne remettroit le pied chez cet extravagant.

Le jour de Pâques d'après qu'il fut cardinal, il s'éveille sur les huit heures et sonne à rompre ses sonnettes, et le voilà à blasphémer horriblement après ses gens, à vomir mille ordures et mille injures, et à crier à pleine tête de ce qu'ils ne l'avoient pas éveillé, qu'il vouloit dire la messe, qu'il ne savoit plus où en prendre le temps avec toutes les affaires qu'il avoit. Ce qu'il fit de mieux après une si belle préparation, ce fut de ne la dire pas, et je ne sais s'il l'a jamais dite depuis son sacre.

Il avoit pris pour secrétaire particulier un nommé Vénier, qu'il avoit défroqué de l'abbaye de Saint-Germain

---

1. *Galvauder*, maltraiter de paroles.

des Prés, où il étoit frère convers, et en faisoit les affaires depuis vingt ans avec beaucoup d'esprit et d'intelligence. Il s'étoit fait promptement aux façons du cardinal, et s'étoit mis sur le pied de lui dire tout ce qu'il lui plaisoit. Un matin qu'il étoit avec le cardinal, il demanda quelque chose qui ne se trouva pas sous la main. Le voilà à jurer, à blasphémer, à crier à pleine tête contre ses commis, et que s'il n'en avoit pas assez, il en prendroit vingt, trente, cinquante, cent, et à faire un vacarme épouvantable. Vénier l'écoutoit tranquillement; le cardinal l'interpella, si cela n'étoit pas une chose horrible, d'être si mal servi, à la dépense qu'il y faisoit, et à s'emporter tout de nouveau, et à le presser de répondre. « Monseigneur, lui dit Vénier, prenez un seul commis de plus, et lui donnez pour emploi unique de jurer et de tempêter pour vous, et tout ira bien, vous aurez beaucoup de temps de reste, et vous vous trouverez bien servi. » Le cardinal se mit à rire et s'apaisa.

Il mangeoit tout les soirs un poulet pour tout souper et seul. Je ne sais par quelle méprise ce poulet fut oublié un soir par ses gens. Comme il fut près de se coucher, il s'avisa de son poulet, sonna, cria, tempêta après ses gens, qui accoururent et qui l'écoutèrent froidement. Le voilà à crier de plus belle après son poulet et après ses gens de le servir si tard. Il fut bien étonné qu'ils lui répondirent tranquillement qu'il avoit mangé son poulet, mais que, s'il lui plaisoit, ils en alloient faire mettre un autre à la broche. « Comment? dit-il, j'ai mangé mon poulet? » L'assertion hardie et froide de ses gens le persuada, et ils se moquèrent de lui. Je n'en dirai pas davantage, parce que, encore une fois, on en feroit un vrai volume. C'en est assez pour montrer quel étoit ce monstrueux personnage, dont la mort soulagea grands et petits, et en vérité toute l'Europe, enfin jusque son frère même, qu'il traitoit comme un nègre. Il voulut une fois chasser son écuyer pour lui avoir prêté un de ses carrosses pour aller quelque part dans Paris.

Le plus soulagé de tous fut M. le duc d'Orléans. Il gémissoit en secret depuis assez longtemps sous le poids d'une domination si dure, et sous les chaînes qu'il s'étoit forgées. Non-seulement il ne pouvoit plus disposer ni décider de rien, mais il exposoit inutilement au cardinal ce qu'il desiroit qui fût sur grandes et petites choses. Il lui en falloit passer sur toutes par la volonté du cardinal, qui entroit en furie, en reproches, et le pouilloit[1] comme un particulier, quand il lui arrivoit de le trop contredire. Le pauvre prince sentoit aussi l'abandon où il s'étoit livré, et par cet abandon, la puissance du cardinal et l'éclipse de la sienne. Il le craignoit, il lui étoit devenu insupportable, il mouroit d'envie de s'en débarrasser ; cela se montroit en mille choses, mais il n'osoit, il ne savoit comment s'y prendre, et isolé et sans cesse épié comme il l'étoit, il n'avoit personne avec qui s'en ouvrir tout à fait, et le cardinal bien averti, en redoubloit ses frasques pour retenir par la frayeur ce que ses artifices avoient usurpé, et qu'il n'espéroit plus de se conserver par une autre voie.

Dès qu'il fut mort, M. le duc d'Orléans retourna à Meudon apprendre au Roi cette nouvelle, qui le pria aussitôt de se charger de toute la conduite des affaires, le déclara premier ministre, et en reçut son serment le lendemain, dont la patente tôt expédiée fut vérifiée au Parlement. Cette déclaration si prompte, sur laquelle M. le duc d'Orléans n'avoit rien préparé, fut l'effet de la crainte qu'eut l'évêque de Fréjus de voir un particulier premier ministre. Le Roi aimoit M. le duc d'Orléans, comme on l'a déjà dit, par le respect qu'il en recevoit, et par sa manière de travailler avec lui, qui sans danger d'être pris au mot, le laissoit toujours le maître des grâces sur le choix des personnes qu'il lui proposoit, et d'ailleurs de ne l'ennuyer jamais, ni de contraindre ses amusements par les heures de ce travail. Quelques soins,

---

1. Voyez tome II, p. 225, tome IV, p. 461, etc.

quelques souplesses que le cardinal du Bois eût employées pour gagner l'esprit du Roi et l'apprivoiser avec lui, jamais il n'en avoit pu venir à bout, et on remarquoit, même sans avoir de trop bons yeux, une répugnance du Roi pour lui plus que très-sensible. Le cardinal en étoit désolé, mais redoubloit de jambes dans l'espérance de réussir à la fin. Mais, outre l'air peu naturel et le désagrément inséparable de ses manières les plus occupées à plaire, il avoit deux ennemis auprès du Roi, bien attentifs à l'éloigner de prendre avec ce jeune prince, le maréchal de Villeroy, tant qu'il y fut, mais bien plus dangereusement le Fréjus, qui ne pouvoit haïr le cardinal que d'ambition, bien résolu de le culbuter si M. le duc d'Orléans venoit à manquer, pour n'être ni primé, encore moins dominé par un particulier, n'avoit garde de ne le pas ruiner journellement dans l'esprit du Roi, en s'y établissant lui-même de plus en plus.

CHAPITRE VII.

Mort du premier président de Mesmes. — Je retrouve et revois M. le duc d'Orléans comme auparavant. — Compagnie d'Ostende. — Mort de la Houssaye; sa place de chancelier de M. le duc d'Orléans donnée à Argenson, et les postes à Morville. — Le mariage du prince et de la princesse des Asturies consommé. — Mariage des deux fils du duc de Bouillon avec la seconde fille du prince Jacques Sobieski, par la mort de l'aîné; succès de ce mariage. — Inondation funeste à Madrid, et incendie en même moment. — Nocé, Canillac et le duc de Noailles rappelés; le premier bien dédommagé. — Translation de l'évêque-duc de Laon à Cambray; sa cause; Laon donné à la Fare, évêque de Viviers, au pieux refus de Belsunce, évêque de Marseille; quel étoit ce nouvel évêque de Laon. — Mort et caractère de Besons, archevêque de Rouen; Rouen donné à Tressan, évêque de Nantes; Besançon à l'abbé de Monaco; Luçon à l'abbé de Bussy, etc.; Madame de Chelles écrit fortement à M. le duc d'Orléans sur ses choix aux prélatures. — Mort du prince de Croy; absurdité de cette nouvelle chimère de princerie. — Mort de la duchesse d'Aumont Brouilly. — Mort du jeune duc d'Aumont; sa dépouille. — Triste et volontaire état de la santé de M. le duc d'Orléans. — J'avertis l'évêque de Fréjus de l'état de M. le duc d'Orléans, et l'exhorte à prendre ses mesures en conséquence; fausseté et politique de ce prélat, qui veut se rendre le maître de tout à l'ombre d'un prince du sang, premier ministre de nom et d'écorce. — Mort de la Chaise, capitaine de la porte; Torcy obtient cette charge pour son fils; secondes charges de la cour proie des enfants des ministres. — Mort de Livry. — Mort du grand-duc de Toscane; sa famille, son caractère. — Mort de l'électeur de Cologne. — Mort et caractère de la maréchale de Chamilly. — Mort de Mme de Montsoreau.

Un plus corrompu, s'il se peut, que le cardinal du Bois le suivit douze ou treize jours après : ce fut le premier président de Mesmes, qui, déjà fort appesanti par quelques légères apoplexies, en eut une qui l'emporta en moins de vingt-quatre heures, à soixante et un ans, sans que, pendant ce peu de temps, on en eût pu tirer le moindre signe de vie. Je dis plus corrompu que du Bois par ses profondes et insignes noirceurs, et parce que, né dans un état honorable et riche, il n'avoit pas eu besoin de se bâtir une fortune comme du Bois, qui étoit de la lie du peuple, non que ce pût être une excuse à celui-ci, mais une tentation de moins à l'autre, qui n'avoit qu'à jouir de ce qu'il étoit, avec honneur. J'ai eu tant d'occasions de parler et de faire connoître ce magistrat également détestable et méprisable, que je crois pouvoir me dispenser d'en salir davantage ce papier. On a vu ailleurs pourquoi et comment on m'avoit enfin forcé à me raccommoder avec lui, après ce beau mariage du duc de Lorges avec sa fille, dont il eut tout lieu de se bien repentir, comme il l'avoua souvent lui-même. J'étois paisiblement à la Ferté en bonne compagnie depuis près de deux mois, sans en avoir voulu partir sur les courriers que Belle-Isle et d'autres encore m'avoient dépêchés sur la mort du cardinal du Bois, pour me presser de revenir. La vanité et l'avidité d'avoir une pension m'en fit dépêcher un autre à la mort du premier président par ses filles, pour me conjurer de revenir et de la demander à M. le duc d'Orléans.

Je cédai encore en cette occasion à la vertu et à la piété de Mme de Saint-Simon, qui voulut si absolument que je ne leur refusasse pas cet office, et je partis. Elle revint à Paris quelques jours après moi. La cour étoit retournée de Meudon à Versailles le 13 août, il y avoit dix ou douze jours, et j'y trouvai M. le duc d'Orléans.

Dès qu'il me vit entrer dans son cabinet, il courut à moi, et me demanda avec empressement si je voulois l'abandonner. Je lui répondis que tant que son cardinal avoit vécu, je m'étois cru fort inutile auprès de lui ; et que j'en avois profité pour ma liberté et pour mon repos ; mais qu'à présent que cet obstacle à tout bien n'étoit plus, je serois toujours à son très-humble service. Il me fit promettre de vivre avec lui comme auparavant, et, sans entrer en rien sur le cardinal, se mit sur les affaires présentes, domestiques et étrangères, m'expliqua où il en étoit, et me conta l'émoi que prenoient l'Angleterre et la Hollande de la nouvelle compagnie d'Ostende, que l'Empereur formoit, qu'il vouloit maintenir et que ces deux puissances vouloient empêcher de s'établir par leur grand intérêt du commerce, enfin celui que la France y pouvoit trouver pour et contre, et ses vues de conduite dans cette affaire. Je le trouvai content, gai, et reprenant le travail avec plaisir. Quand nous eûmes bien causé du dehors, du dedans et du Roi, dont il étoit fort content, je lui parlai de la pension que les filles du premier président lui demandoient. Il se mit à rire et à se moquer d'elles, après l'argent immense qu'il avoit si souvent prodigué à leur père, ou qu'il lui avoit su escroquer, et à se moquer de moi d'être leur avocat en chose si absurde après tout ce qu'il y avoit eu entre moi et leur père, duquel il fit fort bien et en peu de mots l'oraison funèbre. J'avouerai franchement que je n'insistai pas beaucoup pour une chose que je trouvois aussi déplacée, et dont je ne me souciois point du tout. Je vécus donc de là en avant avec M. le duc d'Orléans comme j'avois toujours fait avant que le cardinal du Bois fût premier ministre, et lui avec toute son ancienne confiance. Il faut pourtant que je convienne que je ne cherchai pas à en faire beaucoup d'usage.

Il fit alors la très-légère perte de la Houssaye, son chancelier, qui avoit montré son ignorance dans la place de contrôleur général des finances qu'il avoit été obligé de quitter. Il avoit soixante et un ans. M. le duc d'Orléans prit à sa place le lieutenant de police, second fils du feu garde des sceaux d'Argenson. J'oubliois de marquer que les postes avoient été données à Morville, secrétaire d'État des affaires étrangères, avec une grande et juste diminution d'appointements.

On apprit en ce même temps que Leurs Majestés Catholiques avoient mis le prince et la princesse des Asturies ensemble, et que leur mariage avoit été consommé.

Le duc de Bouillon, fort occupé d'étayer de plus en plus sa princerie par des alliances étrangères, dont les siens s'étoient si bien trouvés, avisa d'en éblouir, ainsi que de ses grands établissements, le prince Jacq. Sobieski, fils aîné du célèbre roi de Pologne, qui vivoit retiré sur ses terres en Silésie, répandit beaucoup d'argent autour de lui, et fit si bien que le mariage de sa seconde fille fut conclu avec le prince de Turenne, fils aîné du duc de [Bouillon] et de la fille du feu duc de la Trémouille, sa première femme.

Ce mariage flattoit extrêmement le duc de Bouillon. Le grand-père de sa future belle fille avoit occupé longtemps le trône de Pologne, et en avoit illustré la couronne par ses grandes actions; sa femme étoit sœur de l'impératrice, épouse de l'empereur Léopold, et mère des empereurs Joseph et Charles, et sœur aussi de la reine douairière d'Espagne, de la feue reine de Portugal, des électeurs de Mayence et Palatin, et de la duchesse de Parme mère de la reine seconde femme du roi d'Espagne. Enfin, la fille aînée du prince Jacq. Sobieski avoit épousé le roi d'Angleterre, retiré à Rome. Le mariage fut célébré par procureur, à Neuss, en Silésie, et en personne à Strasbourg, un mois après. Mais le prince de Turenne tomba malade presque aussitôt, et mourut douze jours après son mariage. Personne de la famille n'étoit allé à Strasbourg que son frère ; la mariée y étoit arrivée en fort léger équipage : on comptoit l'amener tout de suite à Paris, quand la maladie de son mari les arrêta. Dès que la nouvelle en vint, le duc de Bouillon pensa aussitôt au mariage de son second fils, si elle devenoit veuve, et à tout événement dépêcha le comte d'Évreux à Strasbourg pour lui persuader de continuer son voyage, dans l'espérance de gagner son consentement. Ils y réussirent, et la gardèrent tantôt chez eux à Pontoise, tantôt dans un couvent du lieu, et n'en laissèrent approcher personne qui la pût imprudemment détromper des grandeurs qu'elle croyoit aller épouser. Ils négocièrent en Silésie pour avoir le consentement, puis à Rome pour la dispense, où il n'est question que du plus ou du moins d'argent, qu'on n'avoit pas dessein d'épargner. Enfin, le mariage se fit en avril 1724, fort en particulier, à cause du récent veuvage.

Quand elle commença à voir le monde et à être présentée à la cour, elle fut étrangement surprise de s'y trouver comme toutes les autres duchesses et princesses assises, et de ne primer nulle part avec toute la distinction dont on l'avoit persuadée, en sorte qu'il lui échappa plus d'une fois qu'elle avoit compté épouser un souverain, et qu'il se trouvoit que son mari et son beau-père n'étoient que deux bourgeois du quai Malaquais. Ce fut bien pis quand elle vit le Roi marié. Je n'en dirai pas davantage. Ces regrets, qu'elle ne cachoit pas, joints à d'autres mécontentements, en donnèrent beaucoup aux Bouillons. Le mariage ne fut pas heureux. La princesse, qui ne put s'accoutumer à l'unisson avec nos duchesses et princesses, encore moins à vivre avec les autres, comme il falloit qu'elle s'y assujettît, se rendit solitaire et obscure. Elle eut des enfants, et après plusieurs années, ne pouvant plus tenir dans une situation si forcée, elle obtint aisément d'aller faire un voyage en Silésie pour ménager son père et ses intérêts auprès de lui. Son mari ne demandoit pas mieux que d'en être honnêtement défait. Il ne la pressa point de revenir, et au bout de peu d'années elle mourut en Silésie, au grand soulagement de M. de Bouillon, qui ne laissa pas d'en recueillir assez gros pour ses enfants.

Ce fut en ce temps-ci qu'arriva cette subite inondation à Madrid, proche du Buen-Retiro, où la duchesse de la Mirandole fut noyée dans son oratoire, où le prince Pio et quelques autres périrent, et dont le duc de la Mirandole, le duc de Liria, l'abbé Grimaldo et l'ambassadeur de Venise se sauvèrent avec des peines infinies, tandis que la superbe maison du duc et de la duchesse d'Ossone, magnifiquement meublée, brûloit dans le haut de la ville, sans qu'on pût en arrêter l'incendie faute d'eau. Je me suis étendu ailleurs ici par avance sur cet étrange et funeste événement, ce qui m'empêchera d'en rien répéter ici.

Nocé, qui avoit été rapproché dans son exil, fut rappelé. M. le duc d'Orléans, qui l'avoit toujours aimé et qui ne l'avoit éloigné que malgré lui, l'en dédommagea par un présent de cinquante mille livres en argent, et deux mille écus de pension. Canillac revint bientôt après, et enfin le duc de Noailles. On fit beaucoup de contes de ses amusements pendant qu'il fut dans ses terres, et de l'édification qu'il avoit voulu donner à ses peuples, en chantant avec eux au lutrin et en y portant chape, et aux processions. On voit ainsi que ce n'est pas sans raison qu'on l'appeloit *omnis homo.*

M. le duc d'Orléans donna plusieurs grands bénéfices. L'évêque-duc de Laon, et qui en avoit fait la fonction au sacre, n'avoit pu se faire recevoir pair de France au Parlement. Sa mère étoit la comédienne Florence, et M. le duc d'Orléans ne l'avoit point reconnu. Ce fut l'obstacle qu'on ne put vaincre, parce qu'il faut dire qui on est, et le prouver. Dans cet embarras, il fut transféré, avec conservation du rang et honneurs d'évêque-duc de Laon. Il ne perdit pas au change, puisqu'il eut l'archevêché de Cambray. Son successeur à Laon surprit et scandalisa étrangement : ce fut le frère de la Fare, qui ne lui ressembloit en rien. C'étoit un misérable déshonoré par ses débauches et par son escroquerie, que personne ne vouloit voir ni regarder, et que M. le duc d'Orléans, qui me l'a dit lui-même, chassa du Palais-Royal pour avoir volé cinquante pistoles qu'il envoyoit, par lui, à Mme de Polignac. Je la nomme, parce que sa vie a été si publique que je ne crois pas manquer à la charité, à la discrétion, à la considération de son nom.

Ce bon ecclésiastique fut une fois chassé des Tuileries à coups de pied, depuis le milieu de la grande allée jusque hors la porte du Pont-Royal, par les mousquetaires et d'autres jeunes gens qui s'y attroupèrent, avec des [clameurs[1]] épouvantables, répétées par la foule des laquais amassés à la porte. Enfin, et c'est un fait qui fut très-public, les deux capitaines des mousquetaires leur défendirent à l'ordre de le voir. Pour sortir d'un état si pitoyable, ce rebut du monde fit le converti, frappa à plusieurs portes pour être ordonné prêtre sans y pouvoir réussir, à ce que me conta lors Rochebonne, évêque-comte de Noyon, qui fut un de ceux qui le refusèrent, malgré une prétendue retraite qu'il fit dans un bénéfice qu'il avoit dans Noyon. Enfin il trouva un prélat plus traitable par la conformité de conduite. J'aurois horreur de le nommer et de dire avec quel scandale il l'ordonna contre toutes les règles de l'Église. Incontinent après, il se jeta au cardinal de Bissy et à Languet, évêque de Soissons, à qui tout étoit bon moyennant le fanatisme de la constitution, qui le rendit digne d'être grand vicaire de Soissons, où il se signala en ce genre à mériter toute leur protection. Avec ce secours et celui des jésuites, il trafiqua l'évêché de Viviers avec Ratabon, qui y avoit passé du siége d'Ypres, et que l'épiscopat ennuyoit, malgré la non-résidence. Il lui donna deux abbayes qu'il avoit,

---

1. Saint-Simon a sauté un mot en passant d'une page à une autre.

avec un bon retour, et fut sacré évêque de Viviers, au scandale universel.

L'évêque de Marseille, Belsunce, qui s'étoit fait un si grand nom pendant la peste, étoit venu à Paris sur la maladie du duc de Lauzun, frère de sa mère, qui avoit toujours pris soin de lui et de ses frères. Il fut nommé à l'évêché de Laon avec un grand applaudissement. Allant un jour voir M. de Lauzun, qui s'étoit retiré dans le couvent des Petits-Augustins, j'arrivai par un côté du cloître à la porte de sa chambre, et ce prélat par un autre côté en même temps, qu'on appeloit déjà Monsieur de Laon. Je me rangeai pour le laisser passer devant moi. Il sourit en me regardant, et me poussant de la main : « Allez, Monsieur, me dit-il, ce n'est pas la peine; » et malgré moi me fit passer devant lui. A ce mot je compris qu'il n'accepteroit point Laon et qu'il demeureroit à Marseille; mais qu'il n'osoit refuser du vivant de son oncle, qui l'auroit dévoré, et qui n'avoit que peu de semaines à vivre. En effet, dès qu'il fut mort, il refusa Laon avec un attachement pour son premier siége qui n'étoit plus connu, mais qui lui fit un grand honneur. La Fare, évêque de Viviers, qui n'étoit pas pour être si délicat, fut mis à Laon à son refus, où on a vu depuis ce qu'il savoit faire. Il y est mort abhorré et banqueroutier, après avoir de gré ou de force escroqué tout son diocèse qu'il avoit d'ailleurs dévasté.

Rouen vaquoit par la mort de Besons, frère du maréchal, qui y avoit été transféré de Bordeaux, duquel j'ai eu occasion de parler ici plus d'une fois. C'étoit un homme fort sage, doux, mesuré, avec un air et une mine brutale et grossière, délié, qui savoit le monde et ses devoirs; fort instruit, fort décent, et le premier homme du clergé en capacité sur ses affaires temporelles; de l'esprit fait exprès pour le gouvernement des diocèses; aimé, respecté et amèrement regretté dans les trois qu'il avoit eus. Tressan, évêque de Nantes, premier aumônier de M. le duc d'Orléans, eut Rouen, et fut chargé des économats qu'avoit Besons; et l'abbé de Monaco, déjà vieux, eut Besançon, dont l'abbé de Mornay n'avoit pas eu le temps de jouir ni d'être sacré.

L'abbé de Bussy Rabutin eut Luçon, et plusieurs autres évêchés furent donnés et beaucoup d'abbayes. Celles de Bergues-Saint-Vinox et de Saint-Bertin à Saint-Omer furent rendues à des moines; du Bois ne les avoit eues que comme cardinal. M. le duc d'Orléans reçut une lettre de Madame de Chelles, sa fille, sur cette distribution, qui l'effraya, et qu'il lut et relut pourtant deux fois. Elle étoit admirable sur le choix des sujets et sur l'abus qu'il en faisoit, et le menaçoit de la colère de Dieu, qui l'en châtieroit promptement. Il en fut assez ému pour en parler, et même pour la laisser voir, mais je ne sais s'il en eût profité. Il n'en eut pas le temps.

Le fils aîné du feu comte de Solre mourut dans ses terres, en Flandres, où il s'étoit retiré depuis la mort de son père, et que sa femme l'avoit avisé de faire le prince. Il étoit lieutenant général et n'avoit que quarante-sept ans. J'ai parlé ailleurs de cette folie qui a passé à ses enfants, que le comte de Solre n'avoit jamais imaginée, qui ne prétendit jamais aucun rang, qui fut chevalier de l'ordre en 1688, parmi les gentilshommes, et dont j'ai vu toute ma vie la femme et la fille debout au souper et à la toilette, jusqu'à ce qu'elles s'en allèrent en Espagne, comme je l'ai raconté. Croy est une terre en Boulonnois qui a donné son nom à cette maison, que ses établissements en Flandres ont si fort illustrée. J'en ai parlé ici ailleurs.

La duchesse d'Aumont mourut à Passy, près Paris, 23 octobre, près de sept mois après son mari, quatre mois après sa belle-fille, huit jours avant son fils. Elle étoit fille d'Ant. de Brouilly, marquis de Piennes, chevalier des ordres du Roi, et sœur de l'épouse du marquis de Châtillon, premier gentilhomme de la chambre de Monsieur et chevalier des ordres du Roi. Elle fut aussi dame d'atour de Madame. C'étoient deux beautés fort différentes : toutes deux grandes et parfaitement bien faites ; intimement liées ensemble ; qui n'avoient point de frères, et toutes deux épousées par amour. La duchesses, d'Aumont s'étoit retirée et barricadée à Passy contre la petite vérole, dont Paris étoit plein. Elle ne l'évita pas, et en mourut.

Le duc d'Aumont, son fils, en mourut aussi, huit jours après elle, à trente-deux ans. Il étoit aimé et estimé dans le monde, très-bien fait, avec un beau visage, et fort bien avec les dames. Il ne laissa que deux fils enfants, dont le cadet mourut bientôt après. Je m'intéressai fort au partage de sa dépouille, pour le duc d'Humières, qui eut le gouvernement de Boulogne et Boulonnois, et son petit-neveu eut la charge de son père de premier gentilhomme de la chambre du Roi.

On m'avoit rendu tout le château neuf de Meudon, tout meublé, depuis le retour de la cour à Versailles, comme je l'avois avant qu'elle vînt à Meudon. Le duc et la duchesse d'Humières y étoient avec nous, et bonne compagnie. Le duc d'Humières voulut que je le menasse à Versailles remercier M. le duc d'Orléans le matin. Nous le trouvâmes qu'il alloit s'habiller, et qu'il étoit encore dans son caveau, dont il avoit fait sa garde-robe. Il y étoit sur sa chaise percée parmi ses valets et deux ou trois des ses premiers officiers. J'en fus effrayé. Je vis un homme la tête basse, d'un rouge pourpre, avec un air hébété, qui ne me vit seulement pas approcher. Ses gens le lui dirent. Il tourna la tête lentement vers moi sans presque la lever, et me demanda d'une langue épaisse ce qui m'amenoit. Je le lui dis. J'étois entré là pour le presser de venir dans le lieu où il s'habilloit, pour ne pas faire attendre le duc d'Humières ; mais je demeurai si étonné que je restai court. Je pris Simiane, premier gentilhomme de sa chambre, dans une fenêtre, à qui je témoignai ma surprise et ma crainte de l'état où je voyois M. le duc d'Orléans. Simiane me répondit qu'il étoit depuis fort longtemps ainsi les matins, qu'il n'y avoit ce jour-là rien d'extraordinaire en lui, et que je n'en étois surpris que parce que je ne le voyois jamais à ces heures-là; qu'il n'y paroîtroit plus tant quand il se seroit secoué en s'habillant. Il ne laissa pas d'y paroître encore beaucoup lorsqu'il vint s'habiller. Il reçut le remerciement du duc d'Humières d'un air étonné et pesant; et lui, qui étoit toujours gracieux et poli à tout le monde, et qui savoit si bien dire à propos et à point, à peine lui répondit-il; un moment après, nous nous retirâmes M. d'Humières et moi. Nous dînâmes chez le duc de Gesvres, qui le mena faire son remerciement au Roi.

Cet état de M. le duc d'Orléans me fit faire beaucoup de réflexions. Il y avoit fort longtemps que les secrétaires d'État m'avoient dit que, dans les premières heures des matinées, ils lui auroient fait passer tout ce qu'ils auroient voulu, et signer tout ce qu'il lui eût été de plus préjudiciable. C'étoit le fruit de ses soupers. Lui-même m'avoit dit plus d'une fois depuis un an, à l'occasion de ce qu'il me quittoit quelquefois, quand j'étois seul avec lui, que Chirac le purgeottoit sans cesse sans qu'il y parût, parce qu'il étoit si plein qu'il se mettoit à table tous les soirs sans faim et sans aucune envie de manger, quoique il ne prît rien les matins, et seulement une tasse de chocolat entre une et deux heures après midi, devant tout le monde, qui étoit le temps public de le voir. Je n'étois pas demeuré muet avec lui là-dessus, mais toute représentation étoit parfaitement inutile. Je savois de plus que Chirac lui avoit nettement déclaré que la continuation habituelle de ses soupers le conduiroit à une prompte apoplexie ou à une hydropisie de poitrine, parce que sa respiration s'engageoit dans des temps, sur quoi il s'étoit récrié contre ce dernier mal, qui étoit lent, suffocant, contraignant tout, montrant la mort; qu'il aimoit bien mieux l'apoplexie, qui surprenoit et qui tuoit tout d'un coup sans avoir le temps d'y penser.

Un autre homme, au lieu de se récrier sur le genre de mort dont il étoit promptement menacé, et d'en préférer un si terrible à un autre qui donne le temps de se reconnoître, eût songé à vivre et faire ce qu'il falloit pour cela par une vie sobre, saine et décente, qui, du tempérament qu'il étoit, lui auroit pu procurer une fort longue vie, et bien agréable dans la situation, très-vraisemblablement durable, dans laquelle il se trouvoit ; mais tel fut le double aveuglement de ce malheureux prince. Je vivois fort en liaison avec l'évêque de Fréjus, et puisque, avenant faute de M. le duc d'Orléans, il falloit avoir un maître autre que le Roi, en attendant qu'il pût ou voulût l'être, j'aimois mieux que ce fût ce prélat qu'aucun autre. J'allai donc le trouver, je lui dis ce que j'avois vu le matin de l'état de M. le duc d'Orléans ; je lui prédis que sa perte ne pouvoit être longtemps différée et qu'elle arriveroit subitement, sans aucun préalable qui l'annonçât ; que je conseillois donc au prélat de prendre ses arrangements et ses mesures avec le Roi, sans y perdre un moment, pour en remplir la place, et que cela lui étoit d'autant plus aisé qu'il ne doutoit pas de l'affection du Roi pour lui ; qu'il n'en avoit pour personne qui en approchât, et qu'il avoit journellement de longs tête-à-tête avec lui, qui lui offroient tous les moyens et toutes les facilités de s'assurer de la succession subite à la place de premier ministre dans l'instant même qu'elle deviendroit vacante. Je trouvai un homme très-reconnoissant en apparence de cet avis et de ce désir, mais modeste, mesuré, qui trouvoit la place au-dessus de son état et de sa portée.

Ce n'étoit pas la première fois que nos conversations avoient roulé là-dessus en général, mais c'étoit la première fois que je lui en parlois comme d'une chose instante. Il me dit qu'il y avoit bien pensé, et qu'il ne voyoit qu'un prince du sang qui pût être déclaré premier ministre sans envie, sans jalousie et sans faire crier le public ; qu'il ne voyoit que Monsieur le Duc à l'être. Je me récriai sur le danger d'un prince du sang qui fouleroit tout aux pieds, à qui personne ne pourroit résister,

et dont les entours mettroient tout au pillage; que le feu
Roi, si maître, si absolu, n'en avoit jamais voulu mettre
aucun dans le conseil pour ne les pas trop autoriser et
accroître. Et quelle comparaison d'être simplement dans
le conseil d'un roi qui gouvernoit, et qui étoit si jaloux
de gouverner et d'être le maître, ou d'être premier
ministre sous un roi enfant, sans expérience, qui n'avoit
encore de sa majorité que le nom, sous lequel un premier
ministre prince du sang seroit pleinement roi! J'ajoutai
qu'il avoit eu loisir depuis la mort du Roi de voir avec
quelle avidité les princes du sang avoient pillé les finances,
avec quelle opiniâtreté ils avoient protégé Law et tout ce
qui favorisoit leur pillage, avec quelle audace ils s'étoient
en toutes manières accrus; que de là il pouvoit juger de
ce que seroit la gestion d'un prince du sang premier
ministre, et de Monsieur le Duc en particulier, qui joignoit
à ce que je venois de lui représenter une bêtise presque
stupide, une opiniâtreté indomptable, une fermeté
inflexible, un intérêt insatiable, et des entours aussi
intéressés que lui, et nombreux et éclairés, avec lesquels
toute la France et lui-même auroient à compter, ou
plutôt à subir toutes les volontés uniquement personnelles.
Fréjus écouta ces réflexions avec une paix profonde, et
les paya de l'aménité d'un sourire tranquille et doux. Il
ne me répondit à pas une des objections que je venois de
lui faire, que par me dire qu'il y avoit du vrai dans ce
que je venois de lui exposer, mais que Monsieur le Duc
avoit du bon, de la probité, de l'honneur, de l'amitié
pour lui; qu'il devoit le préférer par reconnoissance de
l'estime et de l'amitié que feu Monsieur le Duc lui avoit
toujours témoignée, et de l'entière confiance qu'il avoit
eue en lui à Dijon, où il tenoit les états, et où il l'avoit
retenu comme il y passoit pour le voir en revenant de
Languedoc; qu'au fond, de M. le duc d'Orléans à un
particulier, la chute étoit trop grande; qu'elle écraseroit
les épaules de tout particulier qui lui succéderoit, qui ne
résisteroit jamais à l'envie générale et à tout ce que lui

susciteroit la jalousie de chacun ; qu'un prince du sang, si fort hors de parité avec qui que ce fût, n'auroit rien de tout cela à démêler; que dans la conjoncture dont je lui parlois comme prochaine, il n'étoit pas possible de jeter les yeux que sur un prince du sang, et parmi eux sur Monsieur le Duc, qui étoit le seul d'âge et d'état à pouvoir remplir cette importante place; qu'au fond il n'étoit point connu du Roi et n'avoit nulle familiarité avec lui, quoique la place de surintendant de son éducation, qu'il avoit emblée[1] à M. du Maine, eût dû et pu lui procurer l'un et l'autre, qu'il auroit donc besoin de ceux qui étoient autour du Roi, et dans son goût et sa privance; qu'avec ce secours et les mesures que Monsieur le Duc seroit obligé d'avoir avec eux, tout iroit bien ; qu'enfin, plus il y pensoit et y avoit pensé, plus il se trouvoit convaincu qu'il n'y avoit que cela de praticable.

Ces derniers mots m'arrêtèrent tout court. Je lui dis qu'il étoit plus à portée de voir les choses de près et avec plus de lumière que personne; que je me contentois de l'avoir averti et de lui avoir représenté ce que je croyois mériter de l'être; que je ne pouvois sans regret lui voir laisser échapper la place de premier ministre pour lui-même ; mais qu'après tout je me rendois, quoique malgré mon sentiment et mon désir, à plus clairvoyant que moi. Il est aisé de juger de combien de propos de reconnoissance, d'amitié, de confiance cette conversation fut assaisonnée de sa part. Je m'en retournai à Meudon avec le duc d'Humières, bien persuadé que Fréjus n'étoit arrêté que par sa timidité; qu'il n'en étoit pas moins avide du souverain pouvoir ; que pour allier son ambition avec sa crainte de l'envie et de la jalousie, capables de le culbuter, ses réflexions l'avoient porté à les faire taire en mettant un prince du sang dans cette place, dans la satisfaction de trouver inepte de tous points le seul des

---

1. Voyez tome I, p. 46 et note 1, tome II, p. 215 et note 1, etc.

princes du sang par son âge et par son aînesse de Messieurs ses frères et de M. le prince de Conti, qui pût y être mis, qui ne seroit que le représentant et le plastron de premier ministre, tandis que lui-même, Fréjus, deviendroit le véritable premier ministre par sa situation avec le Roi, du cœur et de l'esprit duquel il se trouvoit le plein et l'unique possesseur, ce qui le rendroit si considérable et si nécessaire à Monsieur le Duc qu'il n'oseroit faire la moindre chose sans son attache, en sorte que sans envie, sans jalousie, conservant tout l'extérieur de modestie, tout en effet seroit entre ses mains. Heurter un projet si pourpensé[1], et un projet de cette nature, eût été se casser le nez contre un mur. Aussi enrayai-je tout court dès que je le sentis, et je me gardai bien de lui dire que Mme de Prie et les autres entours de Monsieur le Duc le feroient sûrement se mécompter, parce qu'ils voudroient bien sûrement gouverner et profiter, et qu'ils ne pourroient l'espérer qu'en faisant que Monsieur le Duc voulût gouverner avec indépendance, et par conséquent secouât très-promptement le joug que Fréjus s'attendoit de lui imposer. Je le dis dès le soir à Mme de Saint-Simon, pour qui je n'eus jamais de secret, et du grand sens de qui je me trouvai si bien toute ma vie : elle en jugea tout comme moi.

La Chaise, fils du frère du feu P. de la Chaise confesseur du feu Roi, et capitaine des gardes de la porte du Roi, mourut chez lui en Lyonnois...[2] Il ne laissa point de fils, et avoit un brevet de retenue. Torcy obtint la charge pour son fils. Il y avoit déjà longtemps que toutes les secondes charges de la cour étoient devenues le préciput des fils de ministres. Celle-ci est une des moindres, mais on tient par elle et on suit le Roi partout.

Le vieux Livry mourut aussi, mais il avoit obtenu de M. le duc d'Orléans la survivance de sa charge de premier

1. Voyez tome XI, p. 229 et note 1.
2. Ces trois points sont au manuscrit.

maître d'hôtel du Roi pour son fils. Livry père étoit un très-bon homme, familier avec le feu Roi, chez qui on jouoit toute la journée à des jeux de commerce. Il faisoit assez mauvaise chère et très-mal propre, et s'y enivroit souvent les soirs. Il est pourtant vrai qu'il ne buvoit jamais de vin pur, mais une carafe d'eau lui auroit bien duré une année. Il buvoit sa bouteille en se levant avec une croûte de pain, et a vécu quatre-vingts ans dans la santé la plus égale et la plus parfaite, et la tête comme il l'avoit eue toute sa vie. Il eût été bien étonné de voir son fils chevalier de l'ordre.

Le grand-duc mourut en trois ou quatre jours, le dernier octobre, à près de quatre-vingt-deux ans, et cinquante-quatre ans de règne, regretté dans ses États comme le père de son peuple, et dans toute l'Italie et à Rome, comme le plus habile politique, le plus honnête homme et le plus sensé souverain qui eût paru depuis longtemps en Europe, où il étoit généralement estimé, surtout en Italie et à Rome où il avoit beaucoup de crédit et de considération, et passa toujours pour un prince très-sage et très-politique. Il avoit épousé en 1661 une fille de Gaston, frère de Louis XIII, partie d'ici avec l'esprit de retour, qui vécut fort mal avec lui, et fort mal à propos, et qui après lui avoir donné deux fils et une fille, revint en France passer une vie méprisée et fort contrainte dans un couvent hors de Paris, suivant la stipulation du grand-duc, et de laquelle il a été parlé suffisamment ici. Son fils aîné étoit mort à quarante ans, en 1713, sans enfants de la sœur de Madame la Dauphine de Bavière, une fille veuve sans enfants de l'électeur palatin en 1716, et retirée à Florence, et J. Gaston qui lui succéda, qui avoit épousé la dernière princesse de l'ancien Saxe-Lauenbourg, brouillée avec lui, sans enfants, et retirée en Allemagne : prince dernier grand-duc de Toscane de la maison de Médicis, qui eut de l'esprit et des lettres, régna voyant à peine ses ministres, dans son lit ou dans sa robe de chambre, seul entre deux Turcs qui le servoient, toujours la nappe mise dans sa chambre, d'où il ne sortoit presque jamais, presque toujours ivre, et se souciant peu de ce qui arriveroit après lui.

L'électeur de Cologne, frère de l'électeur de Bavière, mourut à Bonn à cinquante-deux ans, le 12 novembre, quinze jours après le grand-duc. Il étoit archevêque de Cologne, évêque d'Hildesheim et de Liége. Il en a été souvent parlé ici. Il étoit frère de Madame la Dauphine de Bavière. Son neveu, fils de l'électeur de Bavière, évêque de Munster et de Paderborn, lui succéda à Liége et à Cologne, dont il étoit coadjuteur.

La maréchale de Chamilly mourut à Paris à soixante-sept ans, le 18 novembre. C'étoit une femme d'esprit, de grand sens, de grande piété, de vertu constante, extrêmement aimable, et faite pour le grand monde et pour la représentation, qui avoit eu la plus grande part à la fortune de son mari dont elle n'eut point d'enfants. Elle étoit fort de nos amies, et nous la regrettâmes fort. Elle en avoit beaucoup, et avoit toujours conservé beaucoup d'estime et de considération. Elle s'appeloit du Bouchet, étoit riche héritière et de naissance fort commune.

Le grand prévôt perdit aussi sa femme, qu'il n'avoit pas rendue heureuse, et qui méritoit un meilleur sort.

CHAPITRE VIII.

Mort du duc de Lauzun; sa maison, sa famille; raison de m'étendre sur lui. — Son caractère; sa rapide fortune. — Il manque l'artillerie par sa faute. — Son inconcevable hardiesse pour voir clair à son affaire. — Il insulte Mme de Montespan, puis le Roi même. — Belle action du Roi. — Lauzun, conduit à la Bastille, en sort peu de jours après capitaine des gardes du corps, de la charge du duc de Gesvres, qui est premier gentilhomme de la chambre en la place du comte du Lude, fait grand maître de l'artillerie à la place du duc Mazarin. — Aventures de Lauzun avec Mademoiselle, dont il manque follement le mariage public. — Il fait un cruel tour à Mme de Monaco, et un plus hardi au Roi et à elle. — Patente de général d'armée au comte de Lauzun, qui commande un fort gros corps de troupes en Flandres à la suite du Roi. — Le comte de Lauzun conduit à Pignerol ; sa charge donnée à M. de Luxembourg, et son gouvernement à M. de la Rochefoucauld. — Sa précaution pour se confesser, fort malade. — Il fait secrètement connoissance avec d'autres prisonniers ; ils trouvent moyen de se voir ; Lauzun entretient de sa fortune et de ses malheurs le surintendant Foucquet, prisonnier, qui lui croit la tête entièrement tournée, a grand'peine à l'en croire sur tous les témoignages d'autrui, et à la fin se brouillent pour toujours. — Sœurs du comte de Lauzun. — Caractère et deuil extrême de Mme de Nogent, toute sa vie, de son mari, imitée de deux autres veuves. — Mademoiselle achète bien cher la liberté de Lauzun, à leurs communs dépens, en enrichissant forcément le duc du Maine, qui, à son grand dépit, prend ses livrées et les transmet aux siens et à son frère. — Lauzun en liberté en Anjou et en Touraine. — Lauzun à Paris, sans approcher la cour de deux lieues, se jette dans le gros jeu, y gagne gros ; passe avec permission à Londres, où il est bien reçu, et n'est pas moins heureux. — Lauzun sauve la reine d'Angleterre et le prince de Galles ; rappelé à la cour avec ses anciennes distinctions ; obtient la Jarretière, est général des armées en Irlande, enfin duc vérifié, 1692. — Splendeur de la vie du duc de Lauzun, toujours outré de l'inutilité de tout ce qu'il emploie pour rentrer dans la confiance du Roi ; ses bassesses sous un extérieur de dignité ; son fol anniversaire de sa disgrâce ; son étrange singularité ; est craint, ménagé, nullement aimé, quoique fort noble et généreux. — Étrange désespoir du duc de Lauzun, inconsolable, à son âge, de n'être plus capitaine des gardes, et son terrible aveu ; réflexion. — Combien il étoit dangereux ; étoit reconnoissant et généreux. — Quelques-uns de ses bons mots à M. le duc d'Orléans. — Il ne peut s'empêcher de lâcher sur moi un dangereux trait. — Il tombe fort malade, et se moque plaisamment de son curé, de son cousin de la Force et de sa nièce de Biron. — Sa grande santé. — Ses brouilleries avec Mademoiselle ; leur étrange raccommodement à Eu ; ils se battent dans la suite, et se brouillent pour toujours. — Son humeur solitaire ; son incapacité d'écrire ce qu'il avoit vu, même de le raconter. — Sa dernière maladie ; sa mort courageuse et chrétienne. — Causes de prolixité sur le duc de Lauzun.

Le duc de Lauzun mourut le 19 novembre, à quatre-vingt-dix ans et six mois. L'union intime des deux sœurs que lui et moi avions épousées, et l'habitation continuelle de la cour, où même nous avions un pavillon fixé pour nous quatre à Marly tous les voyages, m'a fait vivre continuellement avec lui, et depuis la mort du Roi nous nous voyions presque tous les jours à Paris, et nous mangions continuellement ensemble chez moi et chez lui. Il a été un personnage si extraordinaire et si unique en tout genre, que c'est avec beaucoup de raison que la Bruyère a dit de lui dans ses *Caractères* qu'il n'étoit pas permis de rêver comme il a vécu[1]. A qui l'a vu de près, même dans sa vieillesse, ce mot semble avoir encore plus de justesse. C'est ce qui m'engage à m'étendre ici sur lui. Il étoit de la maison de Caumont, dont la branche des ducs de la Force a toujours passé pour l'aînée quoique celle de Lauzun le lui ait voulu disputer.

La mère de M. de Lauzun étoit fille du duc de la Force, fils du second maréchal-duc de la Force, et frère de la maréchale de Turenne, mais d'un autre lit; la maréchale étoit du premier lit d'une la Rochefaton, le duc de la Force étoit fils d'une Belsunce dont le duc de la Force étoit devenu amoureux, qu'il avoit épousée en secondes noces, et dont le frère avoit été son page.

Le comte de Lauzun, leur gendre, père du duc de Lauzun dont le père et le grand-père furent chevaliers de l'ordre en 1585 et en 1619, et avoient la compagnie des cent gentilshommes de la maison du Roi au bec de corbin, étoit cousin germain du premier maréchal duc de Gramont et du vieux comte de Gramont (duquel et de sa femme, morts peu d'années avant le feu Roi, il a été souvent parlé ici), parce que sa mère étoit leur tante paternelle. Le comte de Lauzun, père du duc, fut aussi capitaine des cent gentilshommes de la maison du Roi au bec de corbin, mourut en 1660, et avoit eu cinq fils et quatre filles. L'aîné mourut fort jeune, le second vécut obscur dans sa province jusqu'en 1677, sans alliance; le troisième fut Puyguilhem, depuis duc de Lauzun, cause de

---

1. « On ne rêve point comme il a vécu. » (*De la cour*, n° 96.)

tout ce détail; le quatrième languit obscur capitaine de galères, sans alliance, jusqu'en 1692; le dernier fut le chevalier de Lauzun, qui servit fort peu dans la gendarmerie, passa en Hongrie avec MM. les princes de Conti, s'y attacha quelque temps au service de l'Empereur en qualité d'officier général, s'en dégoûta bientôt, revint à Paris après un exil assez long; manière de philosophe bizarre, solitaire obscur, difficile à vivre avec de l'esprit et des connoissances, souvent mal avec son frère, qui lui donnoit de quoi vivre, souvent à la sollicitation de la duchesse de Lauzun. Il mourut à Paris sans alliance, en 1707, à soixante ans.

Le duc de Lauzun étoit un petit homme blondasse, bien fait dans sa taille, de physionomie haute, pleine d'esprit, qui imposoit, mais sans agrément dans le visage, à ce que j'ai ouï dire aux gens de son temps; plein d'ambition, de caprices, de fantaisies, jaloux de tout, voulant toujours passer le but, jamais content de rien, sans lettres, sans aucun ornement ni agrément dans l'esprit, naturellement chagrin, solitaire, sauvage; fort noble dans toutes ses façons, méchant et malin par nature, encore plus par jalousie et par ambition, toutefois bon ami quand il l'étoit, ce qui étoit rare, et bon parent, volontiers ennemi même des indifférents, et cruel aux défauts et à trouver et donner des ridicules; extrêmement brave et aussi dangereusement hardi; courtisan également insolent, moqueur, et bas jusqu'au valetage, et plein de recherches, d'industrie, d'intrigue, de bassesses pour arriver à ses fins, avec cela dangereux aux ministres, à la cour redouté de tous, et plein de traits cruels et pleins de sel qui n'épargnoient personne. Il vint à la cour sans aucun bien, cadet de Gascogne fort jeune, débarquer de sa province sous le nom de marquis de Puyguilhem. Le maréchal de Gramont, cousin germain de son père, le retira chez lui. Il étoit lors dans la première considération à la cour, dans la confidence de la Reine mère et du cardinal Mazarin, et avoit le régigiment des gardes et la survivance pour le comte de Guiche son fils aîné, qui, de son côté, étoit la fleur des braves et des dames, et des plus avant dans les bonnes grâces du Roi et de la comtesse de Soissons, nièce du cardinal, de chez laquelle le Roi ne bougeoit, et qui étoit la reine de la cour. Le comte de Guiche y introduisit le marquis de Puyguilhem, qui en fort peu de temps devint favori du Roi, qui lui donna son régiment de dragons en le créant, et bientôt après le fit maréchal de camp, et créa pour lui la charge de colonel général des dragons.

Le duc Mazarin, déjà retiré de la cour, en 1669, voulut se défaire de sa charge de grand maître de l'artillerie; Puyguilhem en eut le vent des premiers, il la demanda au Roi, qui la lui promit, mais sous le secret pour quelques jours. Le jour venu que le Roi lui avoit dit qu'il le déclareroit, Puyguilhem, qui avoit les entrées des premiers gentilshommes de la chambre, qu'on nomme aussi les grandes entrées, alla attendre la sortie du Roi du conseil des finances, dans une pièce où personne n'entroit pendant le conseil, entre celle où toute la cour attendoit et celle où le conseil se tenoit. Il y trouva Nyert, premier valet de chambre en quartier, qui lui demanda par quel hasard il y venoit; Puyguilhem, sûr de son affaire, crut se dévouer ce premier valet de chambre en lui faisant confidence de ce qui alloit se déclarer en sa faveur; Nyert lui en témoigna sa joie, puis tira sa montre, et vit qu'il auroit encore le temps d'aller exécuter, disoit-il, quelque chose de court et de pressé que le Roi lui avoit ordonné : il monte quatre à quatre un petit degré au haut duquel étoit le bureau où Louvois travailloit toute la journée, car à Saint-Germain les logements étoient fort petits et fort rares, et les ministres et presque toute la cour logeoient chacun chez soi, à la ville. Nyert entre dans le bureau de Louvois, et l'avertit qu'au sortir du conseil de finances, dont Louvois n'étoit point, Puyguilhem alloit être déclaré grand maître de l'artillerie, et lui conte ce qu'il venoit d'apprendre de lui-même, et où il l'avoit laissé.

Louvois haïssoit Puyguilhem, ami de Colbert, son émule, et il en craignoit la faveur et les hauteurs dans une charge qui avoit tant de rapports nécessaires avec son département de la guerre, et de laquelle il envahissoit les fonctions et l'autorité tant qu'il pouvoit, ce qu'il sentoit que Puyguilhem ne seroit ni d'humeur ni de faveur à souffrir. Il embrasse Nyert, le remercie, le renvoie au plus vite, prend quelque papier pour lui servir d'introduction, descend, et trouve Puyguilhem et Nyert dans cette pièce ci-devant dite. Nyert fait le surpris de voir arriver Louvois, et lui dit que le conseil n'est pas levé. *N'importe*, répondit Louvois, *je veux entrer, j'ai quelque chose de pressé à dire au Roi;* et tout de suite entre; le Roi, surpris de le voir, lui demande ce qui l'amène, se lève et va à lui. Louvois le tire dans l'embasure d'une fenêtre, lui dit qu'il sait qu'il va déclarer Puyguilhem grand maître de l'artillerie, qui l'attend à la sortie du conseil dans la pièce voisine, que Sa Majesté est pleinement maîtresse de ses grâces et de ses choix, mais qu'il a cru de son service de lui représenter l'incompatibilité qui est entre Puyguilhem et lui, ses caprices, ses hauteurs : qu'il voudra tout faire et tout changer dans l'artillerie; que cette charge a une si nécessaire connexion avec le département de la guerre, qu'il est impossible que le service s'y fasse parmi des entreprises et des fantaisies continuelles, et la mésintelligence déclarée entre le grand maître et le secrétaire d'État, dont le moindre inconvénient sera d'importuner Sa Majesté tous les jours de leurs querelles et de leurs réciproques prétentions, dont il faudra qu'elle soit juge à tous moments.

Le Roi se sentit extrêmement piqué de voir son secret su de celui à qui principalement il le vouloit cacher; répond à Louvois d'un air fort sérieux que cela n'est pas fait encore, le congédie et se va rasseoir au conseil. Un moment après qu'il fut levé, le Roi sort pour aller à la messe, voit Puyguilhem et passe sans lui rien dire. Puyguilhem fort étonné attend le reste de la journée, et voyant que la déclaration promise ne venoit point, en parle au Roi à son petit coucher. Le Roi lui répond que cela ne se peut encore, et qu'il verra : l'ambiguïté de la réponse et son ton sec alarment Puyguilhem; il avoit le vol des dames et le jargon de la galanterie : il va trouver Mme de Montespan, à qui il conte son inquiétude et qu'il conjure de la faire cesser. Elle lui promet merveilles, et l'amuse ainsi plusieurs jours.

Las de tout ce manége, et ne pouvant deviner d'où lui vient son mal, il prend une résolution incroyable si elle n'avoit été attestée de toute la cour d'alors. Il couchoit avec une femme de chambre favorite de Mme de Montespan, car tout lui étoit bon pour être averti et protégé; et vient à bout de la plus hasardeuse hardiesse dont on ait jamais ouï parler. Parmi tous ses amours, le Roi ne découcha jamais d'avec la Reine, souvent tard, mais sans y manquer, tellement que pour être plus à son aise, il se mettoit les après-dînées entre deux draps chez ses maîtresses. Puyguilhem se fit cacher par cette femme de chambre sous le lit dans lequel le Roi s'alloit mettre avec Mme de Montespan, et par leur conversation, y apprit l'obstacle que Louvois avoit mis à sa charge, la colère du Roi de ce que son secret avoit été éventé, sa résolution de ne lui point donner l'artillerie par ce dépit, et pour éviter les querelles et l'importunité continuelle d'avoir à les décider entre Puyguilhem et Louvois. Il y entendit tous les propos qui se tinrent de lui entre le Roi et sa maîtresse, et que celle-ci, qui lui avoit tant promis tous ses bons offices, lui en rendit tous les mauvais qu'elle put. Une toux, le moindre mouvement, le plus léger hasard pouvoit déceler ce téméraire, et alors que seroit-il devenu? Ce sont de ces choses dont le récit étouffe et épouvante tout à la fois.

Il fut plus heureux que sage, et ne fut point découvert.

Le Roi et sa maîtresse sortirent enfin de ce lit. Le Roi se rhabilla et s'en alla chez lui, Mme de Montespan se mit à sa toilette pour aller à la répétition d'un ballet où le Roi, la Reine et tout la cour devoit aller. La femme de chambre tira Puyguilhem de dessous ce lit, qui apparemment n'eut pas un moindre besoin d'aller se rajuster chez lui. De là il s'en revint se coller à la porte de la chambre de Mme de Montespan.

Lorsqu'elle en sortit pour aller à la répétition du ballet, il lui présenta la main, et lui demanda avec un air plein de douceur et de respect, s'il pouvoit se flatter qu'elle eût daigné se souvenir de lui auprès du Roi. Elle l'assura qu'elle n'y avoit pas manqué, et lui composa comme il lui plut tous les services qu'elle venoit de lui rendre. Par-ci par-là il l'interrompoit crédulement de questions pour la mieux enferrer, puis s'approchant de son oreille, il lui dit qu'elle étoit une menteuse, une friponne, une coquine, une p. à chien, et lui répéta mot pour mot toute la conversation du Roi et d'elle. Mme de Montespan en fut si troublée qu'elle n'eut pas la force de lui répondre un seul mot, et à peine de gagner le lieu où elle alloit, avec grande difficulté à surmonter et à cacher le tremblement de ses jambes et de tout son corps, en sorte qu'en arrivant dans le lieu de la répétition du ballet, elle s'évanouit. Toute la cour y étoit déjà. Le Roi, tout effrayé, vint à elle; on eut de la peine à la faire revenir. Le soir elle conta au Roi ce qui lui étoit arrivé, et ne doutoit pas que ce ne fût le diable qui eût sitôt et si précisément informé Puyguilhem de tout ce qu'ils avoient dit de lui dans ce lit. Le Roi fut extrêmement irrité de toutes les injures que Mme de Montespan en avoit essuyées, et fort en peine comment Puyguilhem avoit [pu] être si exactement et si subitement instruit.

Puyguilhem, de son côté, étoit furieux de manquer l'artillerie, de sorte que le Roi et lui se trouvoient dans une étrange contrainte ensemble. Cela ne put durer que quelques jours. Puyguilhem, avec ses grandes entrées, épia un tête-à-tête avec le Roi, et le saisit. Il lui parla de l'artillerie, et le somma audacieusement de sa parole. Le Roi lui répondit qu'il n'en étoit plus tenu, puisqu'il ne la lui avoit donnée que sous le secret, et qu'il y avoit manqué. Là-dessus Puyguilhem s'éloigne de quelques pas, tourne le dos au Roi, tire son épée, en casse la lame avec son pied, et s'écrie en fureur qu'il ne servira de sa vie un prince qui lui manque si vilainement de parole. Le Roi, transporté de colère, fit peut-être dans ce moment la plus belle action de sa vie. Il se tourne à l'instant, ouvre la fenêtre, jette sa canne dehors, dit qu'il seroit fâché d'avoir frappé un homme de qualité, et sort.

Le lendemain matin, Puyguilhem, qui n'avoit osé se montrer depuis, fut arrêté dans sa chambre et conduit à la Bastille. Il étoit ami intime de Guitry, favori du Roi, pour lequel il avoit créé la charge de grand maître de la garde-robe. Il osa parler au Roi en sa faveur, et tâcher de rappeler ce goût infini qu'il avoit pris pour lui. Il réussit à toucher le Roi d'avoir fait tourner la tête à Puyguilhem par le refus d'une aussi grande charge, sur laquelle il avoit cru devoir compter sur sa parole, tellement que le Roi voulut réparer ce refus. Il donna l'artillerie au comte du Lude, chevalier de l'ordre en 1661, qu'il aimoit fort par habitude et par la conformité du goût de la galanterie et de la chasse. Il étoit capitaine et gouverneur de Saint-Germain, et premier gentilhomme de la chambre. Il le fit duc non vérifié ou à brevet en 1675. La duchesse du Lude, dame d'honneur de Madame la Dauphine Savoie, étoit sa seconde femme et sa veuve sans enfants. Il vendit sa charge de premier gentilhomme de la chambre, pour payer l'artillerie, au duc de Gesvres, qui étoit capitaine des gardes du corps; et le Roi fit offrir cette dernière charge en dédommagement à Puyguilhem, dans la Bastille. Puyguilhem, voyant cet incroyable et prompt retour du Roi pour lui, reprit assez d'audace pour se flatter d'en tirer un plus grand parti, et refusa. Le Roi ne s'en rebuta point. Guitry alla prêcher son ami dans la Bastille, et obtint à grand'peine qu'il auroit la bonté d'accepter l'offre du Roi. Dès qu'il eut accepté, il sortit de la Bastille, alla saluer le Roi et prêter serment de sa nouvelle charge, et vendit les dragons.

Il avoit eu, dès 1665, le gouvernement de Berry, à la mort du maréchal de Clerembault. Je ne parle point ici de ses aventures avec Mademoiselle, qu'elle raconte elle-même si naïvement dans ses *Mémoires*, et l'extrême folie qu'il fit de différer son mariage avec elle, auquel le Roi avoit consenti, pour avoir de belles livrées et pour obtenir que le mariage fût célébré à la messe du Roi, ce qui donna le temps à Monsieur, poussé par Monsieur le Prince, d'aller tous deux faire des représentations au Roi, qui l'engagèrent à rétracter son consentement, ce qui rompit le mariage. Mademoiselle jeta feu et flammes; mais Puyguilhem, qui, depuis la mort de son père, avoit pris le nom de comte de Lauzun, en fit au Roi le grand sacrifice de bonne grâce, et plus sagement qu'il ne lui appartenoit. Il avoit eu la compagnie des cent gentilshommes de la maison du Roi au bec de corbin, qu'avoit son père, et venoit d'être fait lieutenant général.

Il étoit amoureux de Mme de Monaco, sœur du comte de Guiche, intime amie de Madame et dans toutes ses intrigues, tellement que, quoique ce fût chose sans exemple et qui n'en a pas eu depuis, elle obtint du Roi, avec qui elle étoit extrêmement bien, d'avoir, comme fille d'Angleterre, une surintendante comme la Reine, et que ce fût Mme de Monaco. Lauzun étoit fort jaloux et n'étoit pas content d'elle. Une après-dînée d'été qu'il étoit allé à Saint-Cloud, il trouva Madame et sa cour assises à terre sur le parquet, pour se rafraîchir, et Mme de Monaco à demi couchée, une main renversée par terre. Lauzun se met en galanterie avec les dames, et tourne si bien qu'il appuie son talon dans le creux de la main de Mme de Monaco, y fait la pirouette et s'en va. Mme de Monaco eut la force de ne point crier et de s'en taire. Peu après il fit bien pis. Il écuma[1] que le Roi avoit des passades avec elle, et l'heure où Bontemps la conduisoit enveloppée d'une cape, par un degré dérobé, sur le palier duquel étoit une porte de derrière des cabinets du Roi, et vis-à-vis, sur le même palier, un privé. Lauzun prévient l'heure et s'embusque dans le privé, le ferme en dedans d'un crochet, voit par le trou de la serrure le Roi qui ouvre sa porte et met la clef en dehors et la referme. Lauzun attend un peu, écoute à la porte, la ferme à double tour avec la clef, la tire et la jette dans le privé, où il s'enferme de nouveau. Quelque temps après arrive Bontemps et la dame, qui sont bien étonnés de ne point trouver la clef à la porte du cabinet. Bontemps frappe doucement plusieurs fois inutilement, enfin si fort que le Roi arrive. Bontemps lui dit qu'elle est là, et d'ouvrir, parce que la clef n'y est pas. Le Roi répond qu'il l'y a mise ; Bontemps la cherche à terre pendant que le Roi veut ouvrir avec le pêne, et il trouve la porte fermée à double tour. Les voilà tous trois bien étonnés et bien empêchés ; la conversation se fait à travers la porte comment ce contre-temps peut être arrivé ; le Roi s'épuise à vouloir forcer le pêne, et ouvrir malgré le double tour. A la fin, il fallut se donner le bonsoir à travers la porte, et Lauzun, qui les entendoit à n'en pas perdre un mot, et qui les voyoit de son privé par le trou de la serrure, bien enfermé au crochet comme quelqu'un qui seroit sur le privé, rioit bas de tout son cœur, et se moquoit d'eux avec délices.

En 1670, le Roi voulut faire un voyage triomphant avec les dames, sous prétexte d'aller visiter ses places de Flandres, accompagné d'un corps d'armée et de toutes les troupes de sa maison, tellement que l'alarme

1. Voyez tome I, p. 200, tome IV, p. 264, tome VI, p. 38, tome XVI, p. 34, etc.

en fut grande dans les Pays-Bas, que le Roi prit soin de rassurer. Il donna le commandement du total au comte de Lauzun, avec la patente de général d'armée. Il en fit les fonctions avec beaucoup d'intelligence, une galanterie et une magnificence extrême. Cet éclat et cette marque si distinguée de la faveur de Lauzun donna fort à penser à Louvois, que Lauzun ne ménageoit en aucune sorte. Ce ministre se joignit à Mme de Montespan, qui ne lui avoit pas pardonné la découverte qu'il avoit faite et les injures atroces qu'il lui avoit dites, et firent si bien tous deux qu'ils réveillèrent dans le Roi le souvenir de l'épée brisée, l'insolence d'avoir si peu après et encore dans la Bastille, refusé plusieurs jours la charge de capitaine des gardes du corps, le firent regarder comme un homme qui ne se connoissoit plus, qui avoit suborné Mademoiselle jusqu'à s'être vu si près de l'épouser, et s'en être fait assurer des biens immenses; enfin comme un homme très-dangereux par son audace, et qui s'étoit mis en tête de se dévouer les troupes par sa magnificence, ses services aux officiers, et par la manière dont il avoit vécu avec elles au voyage de Flandres, et s'en étoit fait adorer. Ils lui firent un crime d'être demeuré ami et en grande liaison avec la comtesse de Soissons, chassée de la cour et soupçonnée de crimes. Il faut bien qu'ils en aient donné quelqu'un à Lauzun que je n'ai pu apprendre par le traitement barbare qu'ils vinrent à bout de lui faire.

Ces menées durèrent toute l'année 1671, sans que Lauzun pût s'apercevoir de rien au visage du Roi ni à celui de Mme de Montespan, qui le traitoient avec la distinction et la familiarité ordinaire. Il se connoissoit fort en pierreries et à les faire bien monter, et Mme de Montespan l'y employoit souvent. Un soir du milieu de novembre 1671, qu'il arrivoit de Paris, où Mme de Montespan l'avoit envoyé le matin pour des pierreries, comme le comte de Lauzun ne faisoit que mettre pied à terre, et entrer dans sa chambre, le maréchal de Rochefort, capitaine des gardes en quartier, y entra presque au même moment et l'arrêta. Lauzun, dans la dernière surprise, voulut savoir pourquoi, voir le Roi ou Mme de Montespan, au moins leur écrire : tout lui fut refusé. Il fut conduit à la Bastille, et peu après à Pignerol, où il fut enfermé sous une basse voûte. Sa charge de capitaine des gardes du corps fut donnée à M. de Luxembourg, et le gouvernement de Berry au duc de la Rochefoucauld, qui, à la mort de Guitry au passage du Rhin, 12 juin 1672, fut grand maître de la garde-robe.

On peut juger de l'état d'un homme tel qu'étoit Lauzun, précipité en un clin d'œil de si haut dans un cachot du château de Pignerol, sans voir personne et sans imaginer pourquoi. Il s'y soutint pourtant assez longtemps, mais à fin il y tomba si malade qu'il fallut songer à se confesser. Je lui ai ouï conter qu'il craignit un prêtre supposé, qu'à cause de cela il voulut opiniâtrément un capucin, et que dès qu'il fut venu, il lui sauta à la barbe, et la tira tant qu'il put de tous côtés pour voir si elle n'étoit point postiche. Il fut quatre ou cinq ans dans ce cachot. Les prisonniers trouvent des industries que la nécessité apprend. Il y en avoit au-dessus de lui, et à côté aussi plus haut : ils trouvèrent moyen de lui parler. Ce commerce les conduisit à faire un trou bien caché pour s'entendre plus aisément, puis de l'accroître et de se visiter.

Le surintendant Foucquet étoit enfermé dans leur voisinage depuis décembre 1664, qu'il y avoit été conduit de la Bastille, où on l'avoit amené de Nantes, où le Roi étoit, et où il l'avoit fait arrêter le 5 septembre 1661, et mener à la Bastille. Il sut par ses voisins, qui avoient trouvé moyen aussi de le voir, que Lauzun étoit sous eux. Foucquet, qui ne recevoit aucune nouvelle[1], en espéra par lui, et eut grande envie de le voir. Il l'avoit

---

1. Il y a *aucune* au singulier, et *nouvelles* au pluriel.

laissé jeune homme, pointant à la cour par le maréchal de Gramont, bien reçu chez la comtesse de Soissons, d'où le Roi ne bougeoit, et le voyoit déjà de bon œil. Les prisonniers qui avoiént lié commerce avec lui firent tant qu'ils le persuadèrent de se laisser hisser par leur trou pour voir Foucquet chez eux, que Lauzun aussi étoit bien aise de voir. Les voilà donc ensemble, et Lauzun à conter sa fortune et ses malheurs à Foucquet. Le malheureux surintendant ouvroit les oreilles et de grands yeux quand il entendit dire à ce cadet de Gascogne, trop heureux d'être recueilli et hébergé chez le maréchal de Gramont, qu'il avoit été général des dragons, capitaine des gardes, et eu la patente et la fonction de général d'armée. Foucquet ne savoit plus où il en étoit, le crut fou, et qu'il lui racontoit ses visions, quand il lui expliqua comment il avoit manqué l'artillerie, et ce qui s'étoit passé après là-dessus; mais il ne douta plus de la folie arrivée à son comble, jusqu'à avoir peur de se trouver avec lui, quand il lui raconta son mariage consenti par le Roi avec Mademoiselle, comment rompu, et tous les biens qu'elle lui avoit assurés. Cela refroidit fort leur commerce, du côté de Foucquet, qui, lui croyant la cervelle totalement renversée, ne prenoit que pour des contes en l'air toutes les nouvelles que Lauzun lui disoit de tout ce qui s'étoit passé dans le monde depuis la prison de l'un jusqu'à la prison de l'autre.

Celle du malheureux surintendant fut un peu adoucie avant celle de Lauzun. Sa femme et quelques officiers du château de Pignerol eurent permission de le voir et de lui apprendre des nouvelles du monde. Une des premières choses qu'il leur dit fut de plaindre ce pauvre Puyguilhem, qu'il avoit laissé jeune et sur un assez bon pied à la cour pour son âge, à qui la cervelle avoit tourné, et dont on cachoit la folie dans cette même prison; mais quel fut son étonnement quand tous lui dirent et lui assurèrent la vérité des mêmes choses qu'il avoit sues de lui! Il n'en revenoit pas, et fut tenté de leur croire à tous la cervelle dérangée : il fallut du temps pour le persuader. A son tour Lauzun fut tiré du cachot, et eut une chambre, et bientôt après la même liberté qu'on avoit donnée à Foucquet, enfin de se voir tous deux tant qu'ils voulurent. Je n'ai jamais su ce qui en déplut à Lauzun ; mais il sortit de Pignerol son ennemi, et a fait depuis tout du pis qu'il a pu à Foucquet, et après sa mort, jusqu'à la sienne, à sa famille.

Le comte de Lauzun avoit quatre sœurs, qui toutes n'avoient rien. L'aînée fut fille d'honneur de la Reine mère, qui la fit épouser, en 1663, à Nogent, qui étoit Bautru, et capitaine de la porte, et maître de la garde-robe, tué au passage du Rhin, laissant un fils et des filles. La seconde épousa Belsunce, et passa sa vie avec lui dans leur province ; la troisième fut abbesse [de] Notre-Dame de Saintes, et la quatrième, du Ronceray, à Angers.

Mme de Nogent n'avoit ni moins d'esprit, ni guère moins d'intrigue que son frère, mais bien plus suivie et bien moins d'extraordinaire que lui, quoique elle en eût aussi sa part. Mais elle fut fort arrêtée par l'extrême douleur de la perte de son mari, dont elle porta tout le reste de sa vie le premier grand deuil de veuve, et en garda toutes les contraignantes bienséances. Ce fut la première qui s'en avisa. Mme de Vaubrun, sa belle-sœur, suivit son exemple. Elles avoient épousé les deux frères, et dans ces derniers temps Mme de Cavoye, de qui j'ai assez parlé ici. Malgré ce deuil, Mme de Nogent plaça l'argent des brevets de retenue de la dépouille de son frère, et des dragons qu'il avoit eus pour rien, régiment et charge de colonel général qu'il avoit vendus ; elle prit soin du reste de son bien, et en accumula si bien les revenus, et le fit si bien valoir pendant sa longue prison, qu'il en sortit extrêmement riche. Elle eut enfin la permission de le voir, et fit plusieurs voyages à Pignerol.

Mademoiselle étoit inconsolable de cette longue et dure

prison, et faisoit toutes les démarches possibles pour
délivrer le comte de Lauzun. Le Roi résolut enfin d'en
profiter pour le duc du Maine, et de la lui faire acheter
bien cher. Il lui en fit faire la proposition, qui n'alla pas
à moins qu'à assurer, après elle, au duc du Maine et à
sa postérié le comté d'Eu, le duché d'Aumale et la principauté de Dombes. Le don étoit énorme, tant par le prix
que par la dignité et l'étendue de ces trois morceaux.
Elle avoit de plus assuré les deux premiers à Lauzun,
avec le duché de Saint-Fargeau et la belle terre de Thiers
en Auvergne, lorsque leur mariage fut rompu, et il falloit
le faire renoncer à Eu et à Aumale, pour que Mademoiselle en pût disposer en faveur du duc du Maine.
Mademoiselle ne se pouvoit résoudre à passer sous ce
joug et à dépouiller Lauzun de bienfaits si considérables.
Elle fut priée jusqu'à la dernier importunité, enfin me-
nacée par les ministres, tantôt Louvois, tantôt Colbert,
duquel elle étoit plus contente, parce qu'il étoit bien de
tout temps avec Lauzun, et qu'il la manioit plus doucement que Louvois, son ennemi, qui étoit toujours réservé
à porter les plus dures paroles, et qui s'en acquittoit
encore plus durement. Elle sentoit sans cesse que le Roi
ne l'aimoit point, et qu'il ne lui avoit jamais pardonné le
voyage d'Orléans, qu'elle rassura dans sa révolte, moins
encore le canon de la Bastille, qu'elle fit tirer en sa
présence sur les troupes du Roi, et qui sauva Monsieur
le Prince et les siennes au combat du faubourg Saint-
Antoine. Elle comprit donc enfin que le Roi, éloigné
d'elle sans retour, et qui ne consentoit à la liberté de
Lauzun que par sa passion d'élever et d'enrichir ses
bâtards, ne cesseroit de la persécuter jusqu'à ce qu'elle
eût consenti, sans aucune espérance de rien rabattre;
y donna enfin les mains avec les plaintes et les larmes
les plus amères. Mais pour la validité de la chose, on
trouva qu'il falloit que Lauzun fût en liberté pour renoncer au don de Mademoiselle, tellement qu'on prit le
biais qu'il avoit besoin des eaux de Bourbon, et Mme de

Montespan aussi, pour qu'ils y pussent conférer ensemble sur cette affaire.

Lauzun y fut amené et gardé à Bourbon par un détachement de mousquetaires commandés par Maupertuis. Lauzun vit donc plusieurs fois Mme de Montespan chez elle à Bourbon. Mais il fut si indigné du grand dépouillement qu'elle lui donna pour condition de sa liberté, qu'après de longues disputes il n'en voulut plus ouïr parler, et fut reconduit à Pignerol comme il en avoit été ramené.

Cette fermeté n'étoit pas le compte du Roi pour son bâtard bien-aimé. Il envoya Mme de Nogent à Pignerol; après, Barin, ami de Lauzun, et qui se mêloit de toutes ses affaires, avec des menaces et des promesses, qui, avec grand'peine, obtinrent le consentement de Lauzun, qui firent résoudre à un second voyage de Bourbon de lui et de Mme de Montespan, sous le même prétexte des eaux. Il y fut conduit comme la première fois, et n'a jamais pardonné à Maupertuis la sévère pédanterie de son exactitude. Ce dernier voyage se fit dans l'automne de 1680. Lauzun y consentit à tout; Mme de Montespan revint triomphante. Maupertuis et ses mousquetaires prirent congé du comte de Lauzun à Bourbon, d'où il eut permission d'aller demeurer à Angers, et incontinent après cet exil fut élargi, en sorte qu'il eut la liberté de tout l'Anjou et la Touraine. La consommation de l'affaire fut différée au commencement de février 1681, pour lui donner un plus grand air de pleine liberté. Ainsi Lauzun n'eut de Mademoiselle que Saint-Fargeau et Thiers, après n'avoir tenu qu'à lui de l'épouser en se hâtant de le faire, et de succéder à la totalité de ses immenses biens. Le duc du Maine fut instruit à faire sa cour à Mademoiselle, qui le reçut toujours très-fraîchement, et qui lui vit prendre ses livrées avec grand dépit, comme une marque de sa reconnoissance, en effet pour s'en relever et honorer, car c'étoit celles de Gaston, que dans la suite le comte de Toulouse prit aussi, non par la même raison, mais sous prétexte de conformité avec son frère, et l'ont fait passer à leurs enfants.

Lauzun, à qui on avoit fait espérer un traitement plus doux, demeura quatre ans à se promener dans ces deux provinces, où il ne s'ennuyoit guère moins que Mademoiselle faisoit de son absence. Elle cria, se fâcha contre Mme de Montespan et contre son fils, se plaignit hautement qu'après l'avoir impitoyablement rançonnée on la trompoit encore en tenant Lauzun éloigné, et fit tant de bruit qu'enfin elle obtint son retour à Paris, et liberté entière, à condition de n'approcher pas plus près de deux lieues de tout le lieu où le Roi seroit. Il vint donc à Paris, où il vit assiduement sa bienfaitrice. L'ennui de cette sorte d'exil, pourtant si adouci, le jeta dans le gros jeu et il y fut extrêmement heureux; toujours beau et sûr joueur, et net en tout au possible, et il y gagna fort gros. Monsieur, qui faisoit quelquefois de petits séjours à Paris, et qui y jouoit gros jeu, lui permit de venir jouer avec lui au Palais-Royal, puis à Saint-Cloud, où il faisoit l'été de plus longs séjours. Lauzun passa ainsi plusieurs années, gagnant et prêtant beaucoup d'argent fort noblement; mais plus il se trouvoit près de la cour et parmi le grand monde, plus la défense d'en approcher lui étoit insupportable. Enfin, n'y pouvant plus tenir, il fit demander au Roi la permission d'aller se promener en Angleterre, où on jouoit beaucoup et fort gros. Il l'obtint, et il y porta beaucoup d'argent, qui le fit recevoir à bras ouverts à Londres, où il ne fut pas moins heureux qu'à Paris.

Jacques II y régnoit, qui le reçut avec distintion. La révolution s'y brassoit déjà. Elle éclata au bout de huit ou dix mois que Lauzun fut en Angleterre. Elle sembla faite exprès pour lui par le succès qui lui en revint et qui n'est ignoré de personne. Jacques II, ne sachant plus ce qu'il alloit devenir, trahi par ses favoris et ses ministres, abandonné de toute sa nation, le prince d'Orange maître des cœurs, des troupes et des flottes, et près d'entrer dans Londres, le malheureux monarque confia à Lauzun ce qu'il avoit de plus cher, la reine et le prince de Galles, qu'il passa heureusement à Calais. Cette princesse dépêcha aussitôt un coursier à Versailles, qui suivit de près celui que le duc de Charost, qui prit depuis le nom de duc de Béthune, gouverneur de Calais, et qui y étoit alors, avoit envoyé à l'instant de l'arrivée de la reine. Cette princesse, après les compliments, insinua dans sa lettre que, parmi la joie de se voir en sûreté sous protection du Roi, avec son fils, elle avoit la douleur de n'oser mener à ses pieds celui à qui elle devoit de l'avoir sauvée avec le prince de Galles. La réponse du Roi, après tout ce qu'il y mit de généreux et de galant, fut qu'il partageoit cette obligation avec elle, et qu'il avoit hâte de le lui témoigner en revoyant le comte de Lauzun et lui rendant ses bonnes grâces. En effet, lorsqu'elle le présenta au Roi dans la plaine de Saint-Germain, où le Roi avec la famille royale et toute sa cour vint au-devant d'elle, il traita Lauzun parfaitement bien, lui rendit là même les grandes entrées et lui promit un logement au château de Versailles, qu'il lui donna incontinent après; et de ce jour-là il en eut un à Marly tous les voyages, et à Fontainebleau, en sorte que jusqu'à la mort du Roi il ne quitta plus la cour. On peut juger quel fut le ravissement d'un courtisan aussi ambitieux, qu'un retour si éclatant et si unique ramenoit des abîmes et remettoit subitement à flot. Il eut aussi un logement dans le château de Saint-Germain, choisi pour le séjour de cette cour fugitive, où le roi Jacques II arriva bientôt après.

Lauzun y fit tout l'usage qu'un habile courtisan sait faire de l'une et l'autre cour, et de se procurer par celle d'Angleterre les occasions de parler souvent au Roi, et d'en recevoir des commissions. Enfin, il sut si bien s'en aider que le Roi lui permit de recevoir dans Notre-Dame, à Paris, l'ordre de la Jarretière des mains du roi d'Angleterre, le lui accorda à son second passage en Irlande pour général de son armée auxiliaire, et permit qu'il le fût en même temps de celle du roi d'Angleterre, qui la même campagne perdit l'Irlande avec la bataille de la Boyne, et revint en France avec le comte de Lauzun, pour lequel enfin il obtint des lettres de duc, qui furent vérifiées au Parlement en mai 1692. Quel miraculeux retour de fortune! Mais quelle fortune en comparaison du mariage public avec Mademoiselle, avec la donation de tous ses biens prodigieux, et le titre et la dignité actuelle de duc et pair de Montpensier! Quel monstrueux piédestal[1], et avec des enfants de ce mariage, quel vol n'eût pas pris Lauzun, et qui peut dire jusqu'où il seroit arrivé!

J'ai raconté ailleurs ses humeurs, ses insignes malices et ses rares singularités. Il jouit le reste de sa longue vie de ses privances avec le Roi, de ses distinctions à la cour, d'une grande considération, d'une abondance extrême, de la vie et du maintien d'un très-grand seigneur, et de l'agrément de tenir une des plus magnifiques maisons de la cour, et de la meilleure table soir et matin, la plus honorablement fréquentée, et à Paris de même après la mort du Roi. Tout cela ne le contentoit point. Il n'approchoit familièrement du Roi que par les dehors; il sentoit l'esprit et le cœur de ce monarque en garde contre lui, et dans un éloignement que tout son art et son application ne purent jamais rapprocher. C'est ce qui lui fit épouser ma belle-sœur, dans le projet de se remettre en commerce sérieux avec le Roi, à l'occasion de l'armée que M. le maréchal de Lorges commandoit en Allemagne, et ce qui le brouilla avec lui sitôt après avec éclat, quand il vit ses desseins échoués de ce côté-là. C'est ce qui lui fit faire le mariage du duc de Lorges avec la fille de Chamillart, pour se raccrocher par le crédit de ce ministre, sans y avoir pu réussir. C'est ce qui lui fit faire le voyage d'Aix-la-Chapelle, sous prétexte des eaux pour y lier et y prendre des connoissances qui le portas-

1. Voyez tome VIII, p. 317 et note 3, et tome X, p. 270 et note 1.

sent à des particuliers avec le Roi sur la paix, ce qui lui
fut encore inutile. C'est enfin ce qui le porta aux extravagances qu'il fit de prétendue jalousie du fils presque
enfant de Chamillart pour faire peur au père, et l'engager
à l'éloigner par l'ambassade pour traiter de la paix. Tout
lui manquant dans ses divers projets, il s'affligeoit sans
cesse, et se croyoit et se disoit dans une profonde disgrâce. Rien ne lui échappoit pour faire sa cour, avec un
fond de bassesse et un extérieur de dignité ; et il faisoit
tous les ans une sorte d'anniversaire de sa disgrâce par
quelque chose d'extraordinaire, dont l'humeur et la solitude étoit le fond, et souvent quelque extravagance le
fruit. Il en parloit lui-même, et disoit qu'il n'étoit pas
raisonnable au retour annuel de cette époque, plus forte
que lui. Il croyoit plaire au Roi par ce raffinement de
courtisan, sans s'apercevoir qu'il s'en faisoit moquer
de lui.

Il étoit extraordinaire en tout par nature, et se plaisoit
encore à l'affecter jusque dans le plus intérieur de son
domestique et de ses valets. Il contrefaisoit le sourd et
l'aveugle, pour mieux voir et entendre sans qu'on s'en
défiât, et se divertissoit à se moquer des sots, même des
plus élevés, en leur tenant des langages qui n'avoient
aucun sens. Ses manières étoient toutes mesurées, réservées, doucereuses, même respectueuses ; et de ce ton
bas et emmiellé il sortoit des traits perçants et accablants
par leur justesse, leur force ou leur ridicule, et cela en
deux ou trois mots, quelquefois d'un air de naïveté ou
de distraction, comme s'il n'y eût pas songé. Aussi étoit-il
redouté sans exception de tout le monde, et avec force
connoissances, il n'avoit que peu ou point d'amis,
quoique il en méritât par son ardeur à servir tant qu'il
pouvoit, et sa facilité à ouvrir sa bourse. Il aimoit à
recueillir les étrangers de quelque distinction, et faisoit
parfaitement les honneurs de la cour ; mais ce ver
rongeur d'ambition empoisonnoit sa vie. Il étoit très-bon
et très-secourable parent.

Nous avions fait le mariage de Mlle de Malause, petite-fille d'une sœur de M. le maréchal de Lorges, un an avant la mort du Roi, avec le comte de Poitiers, dernier de cette grande et illustre maison, fort riche en grandes terres en Franche-Comté, tous deux sans père ni mère. Il en fit la noce chez lui et les logea. Le comte de Poitiers mourut presque en même temps que le Roi, dont ce fut grand dommage, car il promettoit fort, et laissa sa femme grosse d'une fille, grande héritière, qui a depuis épousé le duc de Randan, fils aîné du duc de Lorges, et dont la conduite a fait honneur à la naissance. Dans l'été qui suivit la mort de Louis XIV, il y eut une revue de la maison du Roi, que M. le duc d'Orléans fit dans la plaine qui longe le bois de Boulogne. Passy y tient de l'autre côté, où M. de Lauzun avoit une jolie maison. Mme de Lauzun y étoit avec bonne compagnie, et j'y étois allé coucher la veille de cette revue. Mme de Poitiers mouroit d'envie de la voir, comme une jeune personne qui n'a rien vu encore, mais qui n'osoit se montrer dans ce premier deuil de veuve. Le comment fut agité dans la compagnie, et on trouva que Mme de Lauzun l'y pouvoit mener un peu enfoncée dans son carrosse, et cela fut conclu ainsi. Parmi la gaieté de cette partie, M. de Lauzun arriva de Paris, où il étoit allé le matin. On tourna un peu pour la lui dire. Dès qu'il l'apprit, le voilà en furie jusqu'à ne se posséder plus, à la rompre presque en écumant, et à dire à sa femme les choses les plus désobligeantes, avec les termes non-seulement les plus durs, mais les plus forts, les plus injurieux et les plus fous. Elle s'en prit doucement à ses yeux, Mme de Poitiers à pleurer aux sanglots, et toute la compagnie dans le plus grand embarras. La soirée parut une année, et le plus triste réfectoire un repas de gaieté en comparaison du souper. Il fut farouche au milieu du plus profond silence, chacun à peine et rarement disoit un mot à son voisin. Il quitta la table au fruit, à son ordinaire, et s'alla coucher. On voulut après se soulager, et en dire quelque chose; mais Mme de Lauzun arrêta tout poliment et sagement, et fit promptement donner des cartes pour détourner tout retour de propos.

Le lendemain, dès le matin, j'allai chez M. de Lauzun, pour lui dire très-fortement mon avis de la scène qu'il avoit faite la veille. Je n'en eus pas le temps : dès qu'il me vit entrer, il étendit les bras, et s'écria que je voyois un fou qui ne méritoit pas ma visite, mais les petites-maisons, fit le plus grand éloge de sa femme, qu'elle méritoit assurément; dit qu'il n'étoit pas digne de l'avoir, et qu'il devoit baiser tous les pas par où elle passoit; s'accabla de pouilles; puis, les larmes aux yeux, me dit qu'il étoit plus digne de pitié que de colère; qu'il falloit m'avouer toute sa honte et sa misère : qu'il avoit plus de quatre-vingts ans; qu'il n'avoit ni enfants ni suivants; qu'il avoit été capitaine des gardes; que, quand il le seroit encore, il seroit incapable d'en faire les fonctions; qu'il se le disoit sans cesse, et qu'avec tout cela il ne pouvoit se consoler de ne l'être plus, depuis tant d'années qu'il avoit perdu sa charge; qu'il n'en avoit jamais pu arracher le poignard de son cœur; que tout ce qui lui en rappeloit le souvenir le mettoit hors de lui-même, et que d'entendre dire que sa femme alloit mener Mme de Poitiers voir une revue des gardes du corps, où il n'étoit plus rien, lui avoit renversé la tête, et rendu[1] extravagant au point où je l'avois vu; qu'il n'osoit plus se montrer devant personne après ce trait de folie; qu'il s'alloit enfermer dans sa chambre, et qu'il se jetoit à mes pieds pour me conjurer d'aller trouver sa femme, et de tâcher d'obtenir qu'elle voulût avoir pitié d'un vieillard insensé, qui mouroit de douleur et de honte, et qu'elle daignât lui pardonner. Cet aveu si sincère et si douloureux à faire, me pénétra. Je ne cherchai plus qu'à le remettre et à le consoler. Le raccommodement ne fut pas difficile; nous le tirâmes de sa chambre, non sans peine, et il lui en parut

---

1. Et l'avait rendu.

visiblement une fort grande pendant plusieurs jours à se montrer, à ce qu'on me dit, car je m'en allai le soir, mes occupations, dans ce temps-là, me tenant de fort court.

J'ai réfléchi souvent, à cette occasion, sur l'extrême malheur de se laisser entraîner à l'ivresse du monde, et au formidable état d'un ambitieux que ni les richesses, ni le domestique le plus agréable, ni la dignité acquise, ni l'âge, ni l'impuissance corporelle, n'en peuvent déprendre, et qui, au lieu de jouir tranquillement de ce qu'il possède, et d'en sentir le bonheur, s'épuise en regrets et en amertumes inutiles et continuelles, et qui ne peut se représenter que, sans enfants et dans un âge qui l'approche si fort de sa fin, posséder ce qu'il regrette, quand même il pourroit l'exercer, seroit des liens trompeurs qui l'attacheroient à la vie, si prête à lui échapper, qui ne lui seroient bons que[à] lui augmenter les regrets cuisants de de la quitter. Mais on meurt comme [on] a vécu, et il est rare que cela arrive autrement. De quelle importance n'est-il donc pas de n'oublier rien pour tâcher de vivre pour savoir mourir au monde et à la fortune avant que l'un et l'autre et que la vie nous quittent, pour savoir vivre sans eux, et tâcher et espérer de bien mourir ! Cette folie de capitaine des gardes dominoit si cruellement le duc de Lauzun, qu'il s'habilloit souvent d'un habit bleu à galons d'argent, qui, sans oser être semblable à l'uniforme des capitaines des gardes du corps aux jours de revues ou de changement du guet, en approchoit tant qu'il pouvoit, mais bien plus de celui des capitaines des chasses des capitaineries royales, et l'auroit rendu ridicule si, à force de singularités et de ridicules, il n'y eût accoutumé le monde, qui le craignoit, et ne se fût rendu supérieur à tous les ridicules.

Avec toute sa politique et sa bassesse, il tomboit sur tout le monde, toujours par un mot asséné le plus perçant, toujours en toute douceur. Les ministres, les généraux d'armée, les gens heureux et leurs familles étoient les plus maltraités. Il avoit comme usurpé un droit de tout dire et de tout faire sans que qui que ce fût osât s'en fâcher. Les seuls Gramonts étoient exceptés. Il se souvenoit toujours de l'hospitalité et de la protection qu'il avoit trouvée chez eux au commencement de sa vie. Il les aimoit, il s'y intéressoit; il étoit en respect devant eux. Le vieux comte de Gramont en abusoit, et vengeoit la cour par les brocards qu'il lui lâchoit à tout propos, sans que le duc de Lauzun lui en rendît jamais aucun, ni s'en fâchât; mais il l'évitoit doucement volontiers. Il fit toujours beaucoup pour les enfants de ses sœurs. On a vu ici en son temps combien l'évêque de Marseille s'étoit signalé à la peste, et de ses biens et de sa personne. Quand elle fut tout à fait passée, M. de Lauzun demanda une abbaye pour lui à M. le duc d'Orléans. Il donna les bénéfices peu après, et oublia Monsieur de Marseille. M. de Lauzun voulut l'ignorer, et demanda à M. le duc d'Orléans s'il avoit eu la bonté de se souvenir de lui. Le Régent fut embarrassé. Le duc de Lauzun, comme pour lever l'embarras, lui dit d'un ton doux et respectueux : *Monsieur, il fera mieux une autre fois*, et avec ce sarcasme rendit le Régent muet, et s'en alla en souriant. Le mot courut fort, et M. le duc d'Orléans, honteux, répara son oubli par l'évêché de Laon, et sur le refus de Monsieur de Marseille de changer d'épouse, il lui donna une grosse abbaye, quoique M. de Lauzun fût mort.

Il empêcha une promotion de maréchaux de France par le ridicule qu'il y donna aux candidats qui la pressoient. Il dit au Régent, avec ce même ton respectueux et doux, qu'au cas qu'il fît, comme on le disoit, des maréchaux de France inutiles, il le supplioit de se souvenir qu'il étoit le plus ancien lieutenant général du royaume, et qu'il avoit eu l'honneur de commander des armées avec la patente de général. J'en ai rapporté ailleurs de fort salés. Il ne se pouvoit tenir là-dessus; l'envie et la jalousie y avoient la plus grande part, et comme ses bons mots étoient toujours fort justes et fort pointus, ils étoient fort répétés.

Nous vivions ensemble en commerce le plus continuel ; il m'avoit même rendu de vrais services, solides et d'amitié, de lui-même, et j'avois pour lui toutes sortes d'attentions et d'égards, et lui pour moi. Néanmoins je ne pus échapper à sa langue par un trait qui devoit me perdre, et je ne sais comment ni pourquoi il ne fit que glisser. Le Roi baissoit ; il le sentoit : il commençoit à songer pour après lui. Les rieurs n'étoient pas pour M. le duc d'Orléans : on voyoit pourtant sa grandeur s'approcher. Tous les yeux étoient sur lui et l'éclairoient avec malignité, par conséquent sur moi, qui depuis longtemps étois le seul homme de la cour qui lui fût demeuré attaché publiquement, et qu'on voyoit le seul dans toute sa confiance. M. de Lauzun vint pour dîner chez moi, et nous trouva à table. La compagnie qui s'y trouva lui déplut apparemment ; il s'en alla chez Torcy, avec qui alors je n'étois en nul commerce, qui étoit aussi à table avec beaucoup de gens opposés à M. le duc d'Orléans, Tallart entre autres et Tessé. « Monsieur, dit-il à Torcy avec cet air doux et timide qui lui étoit si familier, prenez pitié de moi, je viens de chercher à dîner avec M. de Saint-Simon ; je l'ai trouvé à table avec compagnie ; je me suis gardé de m'y mettre ; je n'ai pas voulu être le zeste[1] de la cabale, je m'en suis venu ici en chercher. » Les voilà tous à rire. Ce mot courut tout Versailles à l'instant ; Mme de Maintenon et M. du Maine le surent aussitôt, et toutefois on ne m'en fit pas le moindre semblant. M'en fâcher n'eût fait qu'y donner plus de cours : je pris la chose comme l'égratignure au sang d'un mauvais chat, et je ne laissai pas apercevoir à Lauzun que je le susse.

Trois ou quatre ans avant sa mort, il eut une maladie qui le mit à l'extrémité. Nous y étions tous fort assidus ;

---

1. L'orthographe de Saint-Simon est *zest*.

il ne voulut voir pas un de nous, que Mme de Saint-Simon une seule fois. Languet, curé de Saint-Sulpice, y venoit souvent, et perçoit quelquefois jusqu'à lui, qui lui tenoit des discours admirables. Un jour qu'il y étoit, le duc de la Force se glissa dans sa chambre; M. de Lauzun ne l'aimoit point du tout, et s'en moquoit souvent. Il le reçut assez bien, et continua d'entretenir tout haut le curé. Tout d'un coup il se tourne à lui, lui fait des compliments et des remerciements, lui dit qu'il n'a rien à lui donner de plus cher que sa bénédiction, tire son bras du lit, la prononce et la lui donne; tout de suite se tourne au duc de la Force, lui dit qu'il l'a toujours aimé et respecté comme l'aîné et le chef de sa maison, et qu'en cette qualité il lui demande sa bénédiction. Ces deux hommes demeurent confondus, et d'étonnement, sans proférer un mot. Le malade redouble ses instances; M. de la Force, revenu à soi, trouve la chose si plaisante qu'il lui donne sa bénédiction, et dans la crainte d'éclater, sort à l'instant et nous revient trouver dans la pièce joignante, mourant de rire et pouvant à peine nous raconter ce qui venoit de lui arriver. Un moment après le curé sortit aussi, l'air fort consterné, souriant tant qu'il pouvoit pour faire bonne mine. Le malade, qui le savoit ardent et adroit à tirer des gens pour le bâtiment de son église, avoit dit souvent qu'il ne seroit jamais de ses grues; il soupçonna ses assiduités d'intérêt, et se moqua de lui en ne lui donnant que sa bénédiction, qu'il devoit recevoir de lui, et du duc de la Force en même temps, en lui demandant persévéramment la sienne. Le curé, qui le sentit, en fut très-mortifié, et en homme d'esprit, il ne le revit pas moins, mais M. de Lauzun abrégeoit les visites, et ne voulut point entendre le françois.

Un autre jour qu'on le tenoit fort mal, Biron et sa femme, fille de Mme de Nogent, se hasardèrent d'entrer sur la pointe du pied, et se tinrent derrière ses rideaux, hors de sa vue; mais il les aperçut par la glace de la cheminée lorsqu'ils se persuadoient n'en pouvoir être ni vus ni entendus. Le malade aimoit assez Biron, mais point du tout sa femme, qui étoit pourtant sa nièce et sa principale héritière : il la croyoit fort intéressée, et toutes ses manières lui étoient insupportables. En cela il étoit comme tout le monde. Il fut choqué de cette entrée subreptice dans sa chambre, et comprit qu'impatiente de l'héritage, elle venoit pour tâcher de s'assurer par elle-même s'il mourroit bientôt. Il voulut l'en faire repentir, et s'en divertir d'autant. Le voilà donc qu'il se prend tout d'un coup à faire tout haut, comme se croyant tout seul, une oraison éjaculatoire, à demander pardon à Dieu de sa vie passée, à s'exprimer comme un homme bien persuadé de sa mort très-prochaine, et qui dit que dans la douleur où son impuissance le met de faire pénitence, il veut au moins se servir de tous les biens que Dieu lui a donnés pour en racheter ses péchés, et les léguer tous aux hôpitaux sans aucune réserve; que c'est l'unique voie que Dieu lui laisse ouverte pour faire son salut après une si longue vie passée sans y avoir jamais pensé comme il faut, et à remercier Dieu de cette unique ressource qu'il lui laisse, et qu'il embrasse de tout son cœur. Il accompagna cette prière et cette résolution d'un ton si touché, si persuadé, si déterminé, que Biron et sa femme ne doutèrent pas un instant qu'il n'allât exécuter ce dessein, et qu'ils ne fussent privés de toute la succession. Ils n'eurent pas envie d'épier là davantage, et vinrent, confondus, conter à la duchesse de Lauzun l'arrêt cruel qu'ils venoient d'entendre, et la conjurer d'y apporter quelque modération. Là-dessus, le malade envoye chercher des notaires, et voilà Mme de Biron éperdue. C'étoit bien le dessein du testateur de la rendre telle. Il fit attendre les notaires, puis les fit entrer, et dicta son testament, qui fut un coup de mort pour Mme de Biron. Néanmoins il différa de le signer, et se trouvant de mieux en mieux, ne le signa point. Il se divertit beaucoup de cette comédie, et ne put s'empêcher d'en rire

avec quelques-uns quand il fut rétabli. Malgré son âge et
une si grande maladie, il revint promptement en son
premier état sans qu'il y parût en aucune sorte.

C'étoit une santé de fer avec les dehors trompeurs de
la délicatesse. Il dînoit et soupoit à fond tous les jours,
faisoit très-grande chère et très-délicate, toujours avec
bonne compagnie soir et matin, mangeoit de tout, gras
et maigre, sans nulle sorte de choix que son goût, ni de
ménagement; prenoit du chocolat le matin, et avoit
toujours sur quelque table des fruits dans leur saison,
des pièces de four dans d'autres temps, de la bière, du
cidre, de la limonade, d'autres liqueurs pareilles, à la
glace, et allant et venant, en mangeoit et en buvoit toutes
les après-dînées, et exhortoit les autres à en faire autant ;
il sortoit de table le soir au fruit, et s'alloit coucher tout
de suite. Je me souviens qu'une fois entre bien d'autres,
il mangea chez moi, après cette maladie, tant de poisson,
de légumes et de toutes sortes de choses sans pouvoir
l'en empêcher, que nous envoyâmes le soir chez lui
savoir doucement s'il ne s'en étoit point fortement senti :
on le trouva à table qui mangeoit de bon appétit. La
galanterie lui dura fort longtemps; Mademoiselle en fut
jalouse : cela les brouilla à plusieurs reprises. J'ai ouï
dire à M*me* de Fontenilles, femme très-aimable, de beaucoup d'esprit, très-vraie et d'une singulière vertu, depuis
un très-grand nombre d'années, qu'étant à Eu avec Mademoiselle, M. de Lauzun y vint passer quelque temps,
et ne put s'empêcher d'y courir des filles; Mademoiselle
le sut, s'emporta, l'égratigna, le chassa de sa présence.
La comtesse de Fiesque fit le raccommodement : Mademoiselle parut au bout d'une galerie; il étoit à l'autre
bout, et il en fit toute la longueur sur ses genoux jusqu'aux pieds de Mademoiselle. Ces scènes, plus ou moins
fortes, recommencèrent souvent dans les suites. Il se
lassa d'être battu, et à son tour battit bel et bien Mademoiselle, et cela arriva plusieurs fois, tant qu'à la fin,
lassés l'un de l'autre, ils se brouillèrent une bonne fois

pour toutes, et ne se revirent jamais depuis ; il en avoit pourtant plusieurs portraits chez lui, et n'en parloit qu'avec beaucoup de respect. On ne doutoit pas qu'ils ne se fussent mariés en secret. A sa mort, il prit une livrée presque noire, avec des galons d'argent, qu'il changea en blancs, avec un peu de bleu quand l'or et l'argent fut défendu aux livrées.

Son humeur naturelle triste et difficile, augmentée par la prison et l'habitude de la solitude, l'avoit rendu solitaire et rêveur, en sorte qu'ayant chez lui la meilleure compagnie, il la laissoit avec Mme de Lauzun, et se retiroit tout seul des après-dînées entières, mais toujours plusieurs heures de suite, sans livre le plus souvent, car il ne lisoit que des choses de fantaisie, sans suite, et fort peu ; en sorte qu'il ne savoit rien que ce qu'il avoit vu, et jusqu'à la fin tout occupé de la cour et des nouvelles du monde. J'ai regretté mille fois son incapacité radicale d'écrire ce qu'il avoit vu et fait. C'eût été un trésor des plus curieuses anecdotes, mais il n'avoit nulle suite ni application. J'ai souvent essayé de tirer de lui quelques bribes. Autre misère. Il commençoit à raconter ; dans le récit, il se trouvoit d'abord des noms de gens qui avoient eu part à ce qu'il vouloit raconter. Il quittoit aussitôt l'objet principal du récit pour s'attacher à quelqu'une de ces personnes, et tôt après à une autre personne qui avoit rapport à cette première, puis à une troisième, et à la manière des romans, il enfiloit ainsi une douzaine d'histoires à la fois qui faisoient perdre terre, et se chassoient l'une l'autre, sans jamais en finir pas une, et avec cela le discours fort confus, de sorte qu'il n'étoit pas possible de rien apprendre de lui, ni d'en rien retenir. Du reste, sa conversation étoit toujours contrainte par l'humeur ou par la politique, et n'étoit plaisante que par sauts et par les traits malins qui en sortoient souvent. Peu de mois avant sa dernière maladie, c'est-à-dire à plus de quatre-vingt-dix ans, il dressoit encore des chevaux, et il fit cent passades au bois de

Boulogne, devant le Roi, qui alloit à la Muette[1], sur un poulain qu'il venoit de dresser, et qui à peine l'étoit encore, où il surprit les spectateurs par son adresse, sa fermeté et sa bonne grâce. On ne finiroit point à raconter de lui.

Sa dernière maladie se déclara sans prélude, presque en un moment, par le plus horrible de tous les maux, un cancer dans la bouche. Il le supporta jusqu'à la fin avec une fermeté et une patience incroyable, sans plainte, sans humeur, sans le moindre contre-temps, lui qui en étoit insupportable à lui-même. Quand il se vit un peu avancé dans son mal, il se retira dans un petit appartement qu'il avoit d'abord loué dans cette vue dans l'intérieur du couvent des Petits-Augustins, dans lequel on entroit de sa maison, pour y mourir en repos, inaccessible à Mme de Biron et à toute autre femme, excepté à la sienne, qui eut permission d'y entrer à toutes heures, suivie d'une de ses femmes.

Dans cette dernière retraite, le duc de Lauzun n'y donna accès qu'à ses neveux et à ses beaux-frères, et encore le moins et le plus courtement qu'il put. Il ne songea qu'à mettre à profit son état horrible, et à donner tout son temps aux pieux entretiens de son confesseur et de quelques religieux de la maison, à de bonnes lectures, et à tout ce qui pouvoit le mieux préparer à la mort. Quand nous le voyions, rien de malpropre, rien de lugubre, rien de souffrant: politesse, tranquillité, conversation peu animée, fort indifférente à ce qui se passoit dans le monde, en parlant peu et difficilement toutefois, pour parler de quelque chose, peu ou point de morale, encore moins de son état, et cette uniformité si courageuse et si paisible se soutint égale quatre mois durant, jusqu'à la fin ; mais les dix ou douze derniers jours, il ne voulut plus voir ni beaux-frères ni neveux ; et sa femme, il la renvoyoit promptement. Il reçut tous les

1. Voyez tome IV, p. 286, note 2.

sacrements avec beaucoup d'édification, et conserva sa tête entière jusqu'au dernier moment.

Le matin du jour dont il mourut la nuit suivante, il envoya chercher Biron, lui dit qu'il avoit fait pour lui tout ce que Mme de Lauzun avoit voulu; que, par son testament, il lui donnoit tous ses biens, excepté un legs assez médiocre à Castelmoron, fils de son autre sœur, et des récompenses à ses domestiques; que tout ce qu'il avoit fait pour lui depuis son mariage, et ce qu'il faisoit en mourant, Biron le devoit en entier à Mme de Lauzun; qu'il n'en devoit jamais oublier la reconnoissance; qu'il lui défendoit, par l'autorité d'oncle et de testateur, de lui faire jamais ni peine, ni trouble, ni obstacle, et d'avoir jamais aucun procès contre elle sur quoi que ce pût être : c'est Biron lui-même qui me le dit le lendemain, dans les mêmes termes que je les rapporte; lui dit adieu d'un ton ferme, et le congédia. Il défendit, avec raison, toute cérémonie; il fut enterré aux Petits-Augustins. Il n'avoit rien du Roi que cette ancienne compagnie des becs de corbin, qui fut supprimée deux jours après. Un mois avant sa mort il avoit envoyé chercher Dilon, chargé ici des affaires du roi Jacques, et officier général très-distingué, à qui il remit son collier de l'ordre de la Jarretière, et un Georges d'onyx entouré de parfaitement beaux et gros diamants, pour les renvoyer à ce prince.

Je m'aperçois enfin que j'ai été bien prolixe sur un homme, dont la singularité extraordinaire de sa vie et le commerce continuel que la proximité m'a donné avec lui m'a paru mériter de le faire connoître, d'autant qu'il n'a pas assez figuré dans les affaires générales pour en attendre rien des histoires qui paroîtront. Un autre sentiment a allongé mon récit. Je touche à un but que je crains d'atteindre, parce que mes desirs n'y peuvent s'accorder avec la vérité; ils sont ardents, par conséquent cuisants, parce que l'autre est terrible et ne laisse pas le moindre lieu à oser chercher à se la pallier; cette horreur d'y venir enfin m'a arrêté, m'a accroché où j'ai pu, m'a glacé. On entend bien qu'il s'agit de venir à la mort et au genre de mort de M. le duc d'Orléans, et quel récit épouvantable, surtout après un tel et si long attachement, puisqu'il a duré en moi pendant toute sa vie, et qu'il durera toute la mienne pour me pénétrer d'effroi et de douleur sur lui.

On frémit jusque dans les moelles par l'horreur du soupçon que Dieu l'exauça dans sa colère.

CHAPITRE IX.

Mort subite de M. le duc d'Orléans. — Diligence de la Vrillière à se capter Monsieur le Duc. — Le Roi affligé; Monsieur le Duc premier ministre. — Lourdise de M. le duc de Chartres. — Je vais au lever du Roi, et j'y prends un rendez-vous avec Monsieur le Duc. — Je vais parler à la duchesse Sforze, puis chez Mme la duchesse d'Orléans et chez M. le duc de Chartres; leur réception. — Conversation entre Monsieur le Duc et moi dans son cabinet tête à tête; je m'en retourne à Meudon. — Mme de Saint-Simon à Versailles pour voir le Roi, etc., sans y coucher; y reçoit la visite de l'évêque de Fréjus et de la Vrillière; entrevoit que le premier ne me désire pas à la cour, et que le dernier m'y craint; je me confirme dans la résolution de longtemps prise : nous allons à Paris nous y fixer. — Monseigneur et M. le duc d'Orléans morts au même âge. — Effet de la mort de M. le duc d'Orléans chez les étrangers, dans la cour, dans l'Église, dans le Parlement et toute la magistrature, dans les troupes, dans les marchands et le peuple. — Obsèques de M. le duc d'Orléans. — Visites du Roi. — Maréchal de Villars entre dans le conseil. — Indépendance du grand écuyer confirmée au premier écuyer. — Faute du grand écuyer par dépit, dont le grand maître de France profite. — Mécanique des comptes des diverses dépenses domestiques du Roi à passer à la chambre des comptes. — Mort de Beringhen, premier écuyer; fortune de son frère, qui obtient sa charge. — Nangis chevalier d'honneur de la future Reine; le maréchal de Tessé premier écuyer de la future Reine, avec la survivance pour son fils, et va ambassadeur en Espagne. — Mort de la maréchale d'Humières. — Comte de Toulouse déclare son mariage. — Novion fait premier président avec force grâces; sa famille, son caractère, sa démission, sa mort. — Crozat et Montargis vendent à regret leurs charges de l'ordre à Dodun et à Maurepas, dont le râpé est donné à d'Armenonville, garde des sceaux, et à Novion, premier président. — Conclusion : vérité; désappropriation; impartialité.

On a vu, il y a peu, qu'il[1] redoutoit une mort lente, qui s'annonçoit de loin, qui devient une grâce bien précieuse quand celle d'en savoir bien profiter y est ajoutée, et que la mort la plus subite fut celle qu'il préféroit ; hélas ! il l'obtint, et plus rapide encore que ne fut celle de feu Monsieur, dont la machine disputa plus longtemps. J'allai, le 2 décembre, de Meudon à Versailles, au sortir de table, chez M. le duc d'Orléans ; je fus trois quarts d'heures seul avec lui dans son cabinet, où je l'avois trouvé seul. Nous nous y promenâmes toujours parlant d'affaires, dont il alloit rendre compte au Roi ce jour-là même. Je ne trouvai nulle différence à son état ordinaire, épaissi et appesanti depuis quelque temps, mais l'esprit net et le raisonnement tel qu'il l'eut toujours. Je revins tout de suite à Meudon ; j'y causai en arrivant avec Mme de Saint-Simon quelque temps. La saison faisoit que nous y avions peu de monde, je la laissai dans son cabinet et je m'en allai dans le mien.

Au bout d'une heure au plus, j'entends des cris et un vacarme subit ; je sors, et je trouve Mme de Saint-Simon toute effrayée, qui m'amenoit un palefrenier du marquis de Ruffec, qui de Versailles me mandoit que M. le duc d'Orléans étoit en apoplexie. J'en fus vivement touché, mais nullement surpris : je m'y attendois, comme on a vu, depuis longtemps. Je petille après ma voiture, qui me fit attendre par l'éloignement du château neuf aux écuries ; je me jette dedans, et m'en vais tant que je puis. A la porte du parc, autre courrier du marquis de Ruffec qui m'arrête, et qui m'apprend que c'en est fait. Je demeurai là plus d'une demi-heure absorbé en douleur et en réflexions. A la fin je pris mon parti d'aller à

1. Le duc d'Orléans. Voyez la fin du chapitre précédent.

Versailles, où j'allai tout droit m'enfermer dans mon appartement. Nangis, qui vouloit être premier écuyer, aventure dont je parlerai après, m'avoit succédé chez M. le duc d'Orléans, et expédié en bref, le fut par Mme Falari, aventurière fort jolie, qui avoit épousé un autre aventurier, frère de la duchesse de Béthune. C'étoit une des maîtresses de ce malheureux prince. Son sac étoit fait pour aller travailler chez le Roi, et il causa près d'une heure avec elle en attendant celle du Roi. Comme elle étoit tout proche, assis près d'elle chacun dans un fauteuil, il se laissa tomber de côté sur elle, et oncques depuis n'eut pas le moindre rayon de connoissance, pas la plus légère apparence.

La Falari, effrayée au point qu'on peut imaginer, cria au secours de toute sa force, et redoubla ses cris. Voyant que personne ne répondoit, elle appuya comme elle put ce pauvre prince sur les deux bras contigus des deux fauteuils, courut dans le grand cabinet, dans la chambre, dans les antichambres, sans trouver qui que ce soit, enfin dans la cour et dans la galerie basse. C'étoit sur l'heure du travail avec le Roi, que les gens de M. le duc d'Orléans étoient sûrs que personne ne venoit chez lui, et qu'il n'avoit que faire d'eux parce qu'il montoit seul chez le Roi par le petit escalier de son caveau, c'est-à-dire de sa garde-robe, qui donnoit dans la dernière antichambre du Roi, où celui qui portoit son sac l'attendoit, et s'étoit à l'ordinaire rendu par le grand escalier et par la salle des gardes. Enfin la Falari amena du monde, mais point de secours, qu'elle envoya chercher par qui elle trouva sous sa main. Le hasard, ou pour mieux dire, la Providence avoit arrangé ce funeste événement à une heure où chacun étoit d'ordinaire allé à ses affaires ou en visite, de sorte qu'il s'écoula une bonne demi-heure avant qu'il vint[1] ni médecin ni chirurgien, et peu moins pour avoir des domestiques de M. le duc d'Orléans.

1. Ce verbe est bien à l'indicatif.

Sitôt que les gens du métier l'eurent envisagé, ils le jugèrent sans espérance. On l'étendit à la hâte sur le parquet, on l'y saigna; il ne donna pas le moindre signe de vie pour tout ce qu'on put lui faire. En un instant que les premiers furent avertis, chacun de toute espèce accourut; le grand et le petit cabinet étoient pleins de monde. En moins de deux heures tout fut fini, et peu à peu la solitude y fut aussi grande qu'avoit été la foule. Dès que le secours fut arrivé, la Falari se sauva, et gagna Paris au plus vite.

La Vrillière fut des premiers avertis de l'apoplexie. Il courut aussitôt l'apprendre au Roi et à l'évêque de Fréjus, puis à Monsieur le Duc, en courtisan qui sait profiter de tous les instants critiques; et dans la pensée que ce prince pourroit bien être premier ministre, comme il l'y avoit exhorté en l'avertissant, il se hâte de retourner chez lui et d'en dresser à tout hasard la patente sur celle de M. le duc d'Orléans. Averti de sa mort au moment même qu'elle arriva, il envoya le dire à Monsieur le Duc, et s'en alla chez le Roi, où le danger imminemment certain avoit amassé les gens de la cour les plus considérables.

Fréjus, dès la première nouvelle de l'apoplexie, avoit fait l'affaire de Monsieur le Duc avec le Roi, qu'il y avoit sans doute préparé d'avance sur l'état où on voyoit M. le duc d'Orléans, surtout depuis ce que je lui en avois dit, de sorte que Monsieur le Duc arrivant chez le Roi, au moment qu'il sut la mort, on fit entrer ce qu'il y avoit de plus distingué en petit nombre amassé à la porte du cabinet, où on remarqua le Roi fort triste et les yeux rouges et mouillés. A peine fut-on entré, et la porte fermée, que Fréjus dit tout haut au Roi que dans la grande perte qu'il faisoit de M. le duc d'Orléans, dont l'éloge ne fut que de deux mots, Sa Majesté ne pouvoit mieux faire que prier Monsieur le Duc là présent de vouloir bien se charger du poids de toutes les affaires, et d'accepter la place de premier ministre comme l'avoit

M. le duc d'Orléans. Le Roi, sans dire un mot, regarda Fréjus, et consentit d'un signe de tête, et tout aussitôt Monsieur le Duc fit son remerciement. La Vrillière, transporté d'aise de sa prompte politique, avoit en poche le serment de premier ministre copié sur celui de M. le duc d'Orléans, et proposa tout haut à Fréjus de le faire prêter sur-le-champ. Fréjus le dit au Roi comme chose convenable, et à l'instant Monsieur le Duc le prêta. Peu après Monsieur le Duc sortit; tout ce qui étoit dans le cabinet le suivit; la foule des pièces voisines augmenta sa suite, et dans un moment il ne fut plus parlé que de Monsieur le Duc.

M. le duc de Chartres étoit à Paris, débauché alors fort gauche, chez une fille de l'Opéra qu'il entretenoit. Il y reçut le courrier qui lui apprit l'apoplexie, et en chemin un autre qui lui apprit la mort. Il ne trouva à la descente de son carrosse nulle foule, mais les seuls ducs de Noailles et de Guiche, qui lui offrirent très-apertement leurs services et tout ce qui pouvoit dépendre d'eux. Il les reçut comme des importuns dont il avoit hâte de se défaire, se pressa de monter chez Madame sa mère, où il dit qu'il avoit rencontré deux hommes qui lui avoient voulu tendre un bon panneau, mais qu'il n'avoit pas donné dedans, et qu'il avoit bien su s'en défaire. Ce grand trait d'esprit, de jugement et de politique promit d'abord tout ce que ce prince a tenu depuis. On eut grand'peine à lui faire comprendre qu'il avoit fait une lourde sottise, il ne continua pas moins d'y retomber.

Pour moi, après avoir passé une cruelle nuit, j'allai au lever du Roi, non pour m'y montrer, mais pour y dire un mot à Monsieur le Duc plus sûrement et plus commodément, avec lequel j'étois resté en liaison continuelle depuis le lit de justice des Tuileries, quoique fort mécontent du consentement qu'il s'étoit laissé arracher pour le rétablissement des bâtards. Il se mettoit toujours au lever dans l'embrasure de la fenêtre du milieu, vis-à-vis de laquelle le Roi s'habilloit, et comme il étoit fort grand, on l'apercevoit aisément de derrière l'épaisse haie qui environnoit le lever. Elle étoit ce jour-là prodigieuse. Je fis signe à Monsieur le Duc de me venir parler, et à l'instant il perça la foule et vint à moi : je le menai dans l'autre embrasure de la fenêtre la plus proche du cabinet, et là je lui dis que je ne lui dissimulois point que j'étois mortellement affligé ; qu'en même temps j'espérois sans peine qu'il étoit bien persuadé que si le choix d'un premier ministre avoit pu m'être déféré, je n'en eusse pas fait un autre que celui qui avoit été fait, sur quoi il me fit mille amitiés. Je lui dis ensuite qu'il y avoit dans le sac que M. le duc d'Orléans devoit porter à son travail avec le Roi, lors du malheur de cette cruelle apoplexie, chose sur quoi il étoit nécessaire que je l'entretinsse présentement qu'il lui succédoit ; que je n'étois pas en état de supporter le monde ; que je le suppliois de m'envoyer avertir d'aller chez lui sitôt qu'il auroit un moment de libre, et de me faire entrer par la petite porte de son cabinet qui donnoit dans la galerie, pour m'éviter tout ce monde qui rempliroit son appartement. Il me le promit, et dans la journée, le plus gracieusement, et ajouta des excuses sur l'embarras du premier jour de son nouvel état, s'il ne me donnoit pas une heure certaine, et celle que je voudrois. Je connoissois ce cabinet et cette porte, parce que cet appartement avoit été celui de M⁽ᵐᵉ⁾ la duchesse de Berry, à son mariage, dans la galerie haute de l'aile neuve, et que le mien étoit tout proche, de plein pied, vis-à-vis l'escalier.

J'allai de là chez la duchesse Sforze, qui étoit demeurée toujours fort de mes amies, et fort en commerce avec moi, quoique je ne visse plus M⁽ᵐᵉ⁾ la duchesse d'Orléans depuis longtemps, comme il a été marqué ici en son lieu. Je lui dis que, dans le malheur qui venoit d'arriver, je me croyois obligé, par respect et attachement pour feu M. le duc d'Orléans, d'aller mêler ma douleur avec tout ce qui tenoit particulièrement à lui, officiers les plus principaux, même ses bâtards, quoique je ne connusse aucun d'eux ; qu'il me paroîtroit fort indécent d'en excepter Mme la duchesse d'Orléans ; qu'elle savoit la situation où j'étois avec cette princesse, que je n'avois nulle volonté d'en changer ; mais qu'en cette occasion si triste je croyois devoir rendre à la veuve de M. le duc d'Orléans le respect d'aller chez elle : qu'au demeurant, il m'étoit entièrement indifférent de la voir ou non, content d'avoir fait à cet égard ce que je croyois devoir faire ; qu'ainsi, je la suppliois d'aller savoir d'elle si elle vouloit me recevoir ou non, et, au premier cas, d'une façon convenable, également content du oui ou du non, parce que je le serois également de moi-même en l'un et l'autre cas. Elle m'assura que Mme la duchesse d'Orléans seroit fort satisfaite de me voir et de me bien recevoir, et qu'elle alloit sur-le-champ s'acquitter de ma commission. Comme Mme Sforze logeoit fort près de Mme la duchesse d'Orléans, j'attendis chez elle son retour. Elle me dit que Mme la duchesse d'Orléans seroit fort aise de me voir, et me recevroit de façon que j'en serois content. J'y allai donc sur-le-champ.

Je la trouvai au lit, avec peu de ses dames et de ses premiers officiers, et M. le duc de Chartres, avec toute la décence qui pouvoit suppléer à la douleur. Sitôt que j'approchai d'elle, elle me parla du malheur commun ; pas un mot de ce qui étoit entre elle et moi ; je l'avois stipulé ainsi. M. le duc de Chartres s'en alla chez lui ; la conversation traînante dura tout le moins que je pus. Je m'en allai chez M. de Chartres, logé dans l'appartement qu'occupoit Monsieur son père, avant qu'il fût régent. On me dit qu'il étoit enfermé. J'y retournai trois autres fois dans la même matinée. A la dernière, son premier valet de chambre en fut honteux, et l'alla avertir malgré moi. Il vint sur le pas de la porte de son cabinet, où il étoit avec je ne sais plus qui de fort commun : c'étoit la sorte de gens qu'il lui falloit. Je vis un homme tout empêtré, tout hérissé, point affligé, mais embarrassé à ne savoir

[1723] CONVERSATION ENTRE MONSIEUR LE DUC ET MOI. 205

où il en étoit. Je lui fis le compliment le plus fort, le plus net, le plus clair, le plus énergique, et à haute voix. Il me prit apparemment pour quelque tiercelet[1] des ducs de Guiche et de Noailles, et ne me fit pas l'honneur de me répondre un mot. J'attendis quelques moments, et voyant qu'il ne sortoit rien de ce simulacre, je fis la révérence et me retirai, sans qu'il fit[2] un seul pas pour me conduire, comme il le devoit faire tout du long [de] son appartement, et se rembucha[3] dans son cabinet. Il est vrai qu'en me retirant, je jetai les yeux sur la compagnie, à droite et à gauche, qui me parut fort surprise. Je m'en allai chez moi, fort ennuyé de courir le château.

Comme je sortois de table, un valet de chambre de Monsieur le Duc me vint dire qu'il m'attendoit, et me conduisit par la petite porte droit dans son cabinet. Il me reçut à la porte, la ferma, me tira un fauteuil et en prit un autre. Je l'instruisis de l'affaire dont je lui avois parlé le matin, et après l'avoir discutée, nous nous mîmes sur celle du jour. Il me dit qu'au sortir du lever du Roi, il avoit été chez M. le duc de Chartres, auquel, après les compliments de condoléances, il avoit offert tout ce qui pourroit dépendre de lui pour mériter son amitié, et lui témoigner son véritable attachement pour la mémoire de M. le duc d'Orléans; qu'à cela, M. de Chartres étant demeuré muet, il avoit redoublé de protestations et de desirs de lui complaire en toutes choses; qu'à la fin il étoit venu un monosyllabe sec de remerciement, et un air d'éconduite qui avoit fait prendre à Monsieur le Duc le parti de s'en aller. Je lui rendis ce qui m'étoit arrivé ce même matin avec le même prince, duquel nous nous fîmes nos complaintes l'un à l'autre. Monsieur le Duc me fit beaucoup d'amitiés et de politesses, et me demanda,

---
1. Voyez tome II, p. 222, un autre emploi figuré de ce mot.
2. Il y a bien *fît*, et non *fit*.
3. Rentra. C'est un terme de chasse pris au figuré. Voyez tome XI, p. 240 et note 1.

en m'en conviant, si je ne viendrois pas le voir un peu souvent. Je lui répondis qu'accablé d'affaires et de monde comme il alloit être, je me ferois un scrupule de l'importuner, et ceux qui auroient affaire à lui; que je me contenterois de m'y présenter quand j'aurois quelque chose à lui dire, et que, comme je n'étois pas accoutumé aux antichambres, je le suppliois d'ordonner à ses gens de l'avertir quand je paroîtrois chez lui, et lui de me faire entrer dans son cabinet au premier moment qu'il le pourroit, où je tâcherois de n'être ni long ni importun. Force amitiés, compliments, convis[1], etc.; tout cela dura près de trois quarts d'heures; et je m'enfuis à Meudon.

Mme de Saint-Simon alla le lendemain à Versailles faire sa cour au Roi sur cet événement, et voir Mme la duchesse d'Orléans et Monsieur son fils. Monsieur de Fréjus alla chez Mme de Saint-Simon dès qu'il la sut à Versailles, où elle ne coucha point. A travers toutes les belles choses qu'il lui dit de moi et sur moi, elle crut comprendre qu'il me sauroit plus volontiers à Paris qu'à Versailles. La Vrillière, qui la vint voir aussi, et qui avoit plus de peur de moi encore que le Fréjus, se cacha moins, par moins d'esprit et de tour, et scandalisa davantage Mme de Saint-Simon par son ingratitude après tout ce que j'avois fait pour lui. Ce petit compagnon comptoit avoir tonnelé[2] Monsieur le Duc par sa diligence à l'avertir et à le servir, et brusquer son duché tout de suite. Lorsqu'il m'en avoit parlé du temps de M. le duc d'Orléans, la généralité de mes réponses ne l'avoit pas mis à son aise à mon égard. Il vouloit jeter de la poudre aux yeux et tromper Monsieur le Duc par de faux exemples, dont il craignoit l'éclaircissement de ma part. Il ne m'en falloit pas tant pour me confirmer dans le parti que de longue main j'avois résolu de prendre sur l'inspection de l'état menaçant de M. le duc d'Orléans. Je m'en allai à Paris, bien

1. Voyez tome XI, p. 21 et note 1.
2. Voyez tome IV, p. 443, note 2.

résolu de ne paroître devant les nouveaux maîtres du royaume que dans les rares nécessités ou de bienséances indispensables, et pour des moments, avec la dignité d'un homme de ma sorte, et de celle de tout ce que j'avois personnellement été. Heureusement pour moi je n'avois jamais, dans aucun temps, perdu de vue le changement total de ma situation, et pour dire la vérité, la perte de M₅ʳ le duc de Bourgogne, et tout ce que je voyois dans le gouvernement m'avoit émoussé sur toute autre de même nature. Je m'étois vu enlever ce cher prince au même âge que mon père avoit perdu Louis XIII : c'est-à-dire, mon père, à trente-six ans, son roi de quarante et un; moi, à trente-sept, un prince qui n'avoit pas encore trente ans, prêt à monter sur le trône, et à ramener dans le monde la justice, l'ordre, la vérité; et depuis, un maître du royaume constitué à vivre un siècle, tel que nous étions lui et moi l'un à l'autre, et qui n'avoit pas six mois plus que moi. Tout m'avoit préparé à me survivre à moi-même, et j'avois tâché d'en profiter.

Monseigneur étoit mort à quarante-neuf ans et demi et M. le duc d'Orléans vécut deux mois moins. Je compare cette durée de vie si égale, à cause de la situation où on a vu ces deux princes à l'égard l'un de l'autre, jusqu'à la mort de Monseigneur. Tel est ce monde et son néant.

La mort de M. le duc d'Orléans fit un grand bruit au dedans et au dehors; mais les pays étrangers lui rendirent incomparablement plus de justice et le regrettèrent beaucoup plus que les François. Quoique les étrangers connussent sa foiblesse, et que les Anglois en eussent étrangement abusé, ils n'en étoient pas moins persuadés, par leur expérience, de l'étendue et de la justesse de son esprit, de la grandeur de son génie et de ses vues, de sa singulière pénétration, de la sagesse et de l'adresse de sa politique, de la fertilité de ses expédients et de ses ressources, de la dextérité de sa conduite dans tous les changements de circonstances et d'événements, de sa netteté à considérer les objets et à combiner toutes choses, de sa supériorité sur ses ministres et sur ceux que les diverses puissances lui envoyoient, du discernement exquis à démêler, à tourner les affaires, de sa savante aisance à répondre sur-le-champ à tout, quand il le vouloit. Tant de grandes et rares parties pour le gouvernement le leur faisoient[1] redouter et ménager, et le gracieux qu'il mettoit à tout, et qui savoit charmer jusqu'aux refus, le leur rendoit encore aimable. Ils estimoient de plus sa grande et naïve valeur. La courte lacune de l'enchantement par lequel ce malheureux du Bois avoit comme anéanti ce prince, n'avoit fait que le relever à leurs yeux par la comparaison de sa conduite quand elle étoit sienne, avec sa conduite quand elle n'en portoit que le nom et qu'elle n'étoit que celle de son ministre. Ils avoient vu, ce ministre mort, le prince reprendre le timon des affaires avec les mêmes talents qu'ils avoient admirés en lui auparavant ; et cette foiblesse, qui étoit son grand défaut, se laissoit beaucoup moins sentir au dehors qu'au dedans.

Le Roi, touché de son inaltérable respect, de ses attentions à lui plaire, de sa manière de lui parler, et de celle de son travail avec lui, le pleura et fut véritablement touché de sa perte, en sorte qu'il n'en a jamais parlé depuis, et cela est revenu souvent, qu'avec estime, affection et regret, tant la verité perce d'elle-même malgré tout l'art et toute l'assiduité des mensonges et de la plus atroce calomnie, dont j'aurai occasion de parler dans les Additions que je me propose de faire à ces *Mémoires*, si Dieu m'en permet le loisir. Monsieur le Duc, qui montoit si haut par cette perte, eut sur elle une contenance honnête et bienséante. Madame la Duchesse se contint fort convenablement ; les bâtards, qui ne gagnoient pas au change, ne purent se réjouir. Fréjus se tint à quatre. On le voyoit suer sous cette gêne, sa joie, ses espérances

---

1. *Faisoit*, au manuscrit.

muettes lui échapper à tous propos, toute sa contenance étinceler malgré lui.

La cour fut peu partagée, parce que le sens y est corrompu par les passions. Il s'y trouva des gens à yeux sains, qui le voyoient comme faisoient les étrangers, et qui continuellement témoins de l'agrément de son esprit, de la facilité de son accès, de cette patience et de cette douceur à écouter qui ne s'altéroit jamais, de cette bonté dont il savoit se parer d'une façon si naturelle, quoique quelquefois ce n'en fût que le masque, de ses traits plaisants à écarter et à éconduire sans jamais blesser, sentirent tout le poids de sa perte. D'autres, en plus grand nombre, en furent fâchés aussi, mais bien moins par regret que par la connoissance du caractère du successeur et de celui encore de ses entours. Mais le gros de la cour ne le regretta point du tout : les uns de cabales opposées, les autres indignés de l'indécence de sa vie et du jeu qu'il s'étoit fait de promettre sans tenir, force mécontents, quoique presque tous bien mal à propos, une foule d'ingrats dont le monde est plein, et qui dans les cours font de bien loin le plus grand nombre, ceux qui se croyoient en passe d'espérer plus du successeur pour leur fortune et leurs vues, enfin un monde d'amateurs stupides de nouveautés.

Dans l'Église, les béats et même les dévots se réjouirent de la délivrance du scandale de sa vie, et de la force que son exemple donnoit aux libertins, et les jansénistes et les constitutionnaires, d'ambition ou de sottise, s'accordèrent à s'en trouver tous consolés. Les premiers, séduits par des commencements pleins d'espérance, en avoient depuis éprouvé pis que du feu Roi ; les autres, pleins de rage qu'il ne leur eût pas tout permis, parce qu'ils vouloient tout exterminer, et anéantir une bonne fois et solidement les maximes et les libertés de l'Église gallicane, surtout les appels comme d'abus, établir la domination des évêques sans bornes, et revenir à leur ancien état de rendre la puissance épiscopale redoutable à tous jusques aux rois, exultoient de se voir délivrés d'un génie supérieur, qui se contentoit de leur sacrifier les personnes, mais qui les arrêtoit trop ferme sur le grand but qu'ils se proposoient, vers lequel tous leurs artifices n'avoient cessé de tendre, et ils espéroient tout d'un successeur qui ne les apercevroit pas, qu'ils étourdiroient[1] aisément, et avec qui ils seroient plus librement hardis.

Le Parlement, et comme lui tous les autres parlements, et toute la magistrature, qui, par être toujours assemblée, est si aisément animée du même esprit, n'avoit pu pardonner à M. le duc d'Orléans les coups d'autorité auxquels le Parlement lui-même l'avoit enfin forcé plus d'une fois d'avoir recours, par les démarches les plus hardies, que ses longs délais et sa trop lente patience avoit laissé porter à le dépouiller de toute autorité pour s'en revêtir lui-même. Quoique d'adresse, puis de hardiesse, le Parlement se fût soustrait à la plupart de l'effet de ces coups d'autorité, il n'étoit plus en état de suivre sa pointe, et par ce qui restoit nécessairement des bornes que le Régent y avoit mises, ce but si cher du Parlement lui étoit échappé. Sa joie obscure et ténébreuse ne se contraignit pas d'être délivré d'un gouvernement duquel après avoir arraché tant de choses, il ne se consoloit point de n'avoir pas tout emporté, et de n'avoir pu changer son état de simple cour de justice en celui du parlement d'Angleterre, mais en tenant la chambre haute sous le joug.

Le militaire, étouffé sans choix par des commissions de tous grades et par la prodigalité des croix de Saint-Louis, jetées à toutes mains, et trop souvent achetées des bureaux et des femmes, ainsi que les avancements en grades, étoit outré de l'économie extrême qui le réduisoit à la dernière misère, et de l'exacte sévérité d'une pédanterie qui le tenoit en un véritable esclavage. L'aug-

---

1. L'orthographe de Saint-Simon est *étourdieroient*.

mentation de la solde n'avoit pas fait la moindre impression¹ sur le soldat ni sur le cavalier, par l'extrême cherté des choses les plus communes et les plus indispensables à la vie, de manière que cette partie de l'État, si importante, si répandue, si nombreuse, plus que jamais tourmentée et réduite sous la servitude des bureaux et de tant d'autres gens ou méprisables ou peu estimables, ne put que se trouver soulagée par l'espérance du changement qui pourroit alléger son joug et donner plus de lieu à l'ordre du service et plus d'égards au mérite et aux services. Le corps de la marine, tombé comme en désuétude et dans l'oubli, ne pouvoit qu'être outré de cet anéantissement, et se réjouir de tout changement, quel qu'il pût être ; et tout ce qui s'appeloit gens de commerce, arrêtés tout court partout pour complaire aux Anglois, et gênés en tout par la compagnie des Indes, ne pouvoient être en de meilleures dispositions.

Enfin, le gros de Paris et des provinces, désespéré des cruelles opérations des finances et d'un perpétuel jeu de gobelets pour tirer tout l'argent, qui mettoit d'ailleurs toutes les fortunes en l'air et la confusion dans toutes les familles, outré de plus de la prodigieuse cherté où ces opérations avoient fait monter toutes choses, sans exception de pas une, tant de luxe que de première nécessité pour la vie, gémissoit depuis longtemps après une délivrance et un soulagement qu'il se figuroit aussi vainement que certainement par l'excès du besoin et l'excès du desir. Enfin, il n'est personne qui n'aime à pouvoir compter sur quelque chose, qui ne soit désolé des tours d'adresse et de passe-passe, et de tomber sans cesse, malgré toute prévoyance, dans des torquets² et dans d'inévitables panneaux ; de voir fondre son patrimoine ou sa fortune entre ses mains, sans trouver de protection dans son droit ni dans les lois, et de ne savoir plus comment vivre et soutenir sa famille.

1. On lit ici au manuscrit le mot *au*.
2. Voyez tome VI, p. 31 et note 1.

Une situation si forcée et si générale, nécessairement émanée de tant de faces contradictoires successivement données aux finances, dans la fausse idée de réparer la ruine et le chaos où elles s'étoient trouvées à la mort de Louis XIV, ne pouvoit faire regretter au public celui qu'il en regardoit comme l'auteur, comme ces enfants qui se prennent en pleurant au morceau de bois qu'un imprudent leur a fait tomber en passant sur le pied, qui jettent, de colère, ce bois de toute leur[1] force, comme la cause du mal qu'ils sentent, et qui ne font pas la moindre attention à ce passant qui en est la seule et véritable cause. C'est ce que j'avois bien prévu qui arriveroit sur l'arrangement, ou plutôt le dérangement de plus en plus des finances, et que je voulois ôter de dessus le compte de M. le duc d'Orléans par les états généraux que je lui avois proposés, qu'il avoit agréés, et dont le duc de Noailles rompit l'exécution à la mort du Roi, pour son intérêt personnel, comme on l'a vu en son lieu dans ces *Mémoires*, à la mort du Roi. La suite des années a peu à peu fait tomber les écailles de tant d'yeux, et a fait regretter M. le duc d'Orléans à tous avec les plus cuisants regrets; et lui ont à la fin rendu la justice qui lui avoit toujours été due.

Le lendemain de la mort de M. le duc d'Orléans, son corps fut porté de Versailles à Saint-Cloud, et le lendemain qu'il y fut les cérémonies y commencèrent. M. le comte de Charolois, avec le duc de Gesvres et le marquis de Beauveau, qui devoit porter la queue de son manteau, allèrent, dans un carrosse du Roi entouré de ses gardes, à Saint-Cloud. M. le comte de Charolois donna l'eau bénite, représentant le Roi, et fut reçu à la descente du carrosse et reconduit de même par M. le duc de Chartres, qui s'étoit fait accompagner par les deux fils du duc du Maine. Le cœur fut porté de Saint-Cloud au Val-de-Grâce par l'archevêque de Rouen, premier aumô-

1. Il y a *leurs*, avec le signe du pluriel.

nier du prince défunt, à la gauche duquel étoit M. le comte de Clermont, prince du sang, et le duc de Montmorency, fils du duc de Luxembourg, sur le devant, avec tous les accompagnements ordinaires. M. le prince de Conti accompagna le convoi avec le duc de Retz, fils du duc de Villeroy, qui se fit de Saint-Cloud à Saint-Denis, passant par dans Paris avec la plus grande pompe. Le chevalier de Biron, à qui son père avoit donné sa charge de premier écuyer de M. le duc d'Orléans, lorsqu'il fut fait duc et pair, y étoit à cheval, ainsi que le comte d'Estampes, capitaine des gardes ; tous les autres officiers principaux de la maison dans des carrosses. Les obsèques furent différées jusqu'au 12 février. M. le duc de Chartres, devenu duc d'Orléans, M. le comte de Clermont et M. le prince de Conti firent le grand deuil ; l'archevêque de Rouen officia en présence des cours supérieures, et Poncet, évêque d'Angers, fit l'oraison funèbre, qui ne répondit pas à la grandeur du sujet. Le Roi visita à Versailles Mme la duchesse d'Orléans, Madame la Duchesse, et fit le même honneur à M. le duc de Chartres. C'est le seul prince du sang qu'il ait visité. Il alla voir aussi Mme la princesse de Conti, Mlle de Chartres et Mme du Maine.

Deux jours après la mort de M. le duc d'Orléans, le maréchal de Villars entra dans le conseil d'État, et eut le gouvernement des forts et citadelle de Marseille, qu'avoit le feu premier écuyer.

Il me fait souvenir que j'ai dit plus haut que j'aurois à dire encore quelque chose sur cette charge. Nonobstant l'arrêt du conseil de régence, dont il a été parlé ici en son temps, qui l'avoit contradictoirement et nettement confirmé dans toutes les fonctions de sa charge, et dans l'indépendance entière de celle de grand écuyer, ce dernier n'avoit cessé de le tracasser tant qu'il avoit pu. Son fils, à sa mort, ayant succédé à sa charge, voulut se délivrer de cette continuelle importunité : le père étoit des amis de l'évêque de Fréjus, qui se piqua de le servir dans une affaire si juste. Beringhen présenta un mémoire au Roi, et un autre à M. le duc d'Orléans. Il fut communiqué au grand écuyer, qui y répondit, et qui fut de nouveau tondu en plein par un arrêt du conseil d'en haut, en présence du Roi et M. le duc d'Orléans. Le prince Ch. de Lorraine, grand écuyer, en fut si piqué que Beringhen lui ayant envoyé, comme de coutume, les comptes de la petite écurie à signer sur son arrêté, il dit qu'il ne savoit point signer ce qu'il ne voyoit point. On fit ce qu'on put pour lui faire entendre raison : l'opiniâtreté fut invincible. Enfin il falloit bien que ces comptes fussent signés, j'expliquerai cela tout à l'heure : au bout de cinq ou six mois de délai, Monsieur le Duc lui déclara que s'il persistoit dans son refus, lui les signeroit comme grand maître de la maison du Roi, et en effet les signa. Ainsi le grand écuyer perdit, par humeur, une des plus belles prérogatives de sa charge, ou se mit du moins en grand hasard de ne la recouvrer jamais. Voici donc en quoi consistoit la prétendue délicatesse du grand écuyer, inconnue jusqu'alors à tout autre et à lui-même, et la mécanique de ces signatures. Le grand maître de la maison du Roi, celui de l'artillerie, le grand écuyer et les premiers gentilshommes de la chambre, chacun dans son année, sont ordonnateurs des dépenses qui se font sous leurs charges, c'est-à-dire que sur leur signature qu'ils mettent aux arrêtés des comptes de ces dépenses, ils passent sans autre examen à la chambre des comptes, et les dépenses y sont allouées. Le grand maître de la garde-robe, le premier écuyer et le premier maître d'hôtel, pour la bouche[1] du Roi seulement, qui, du temps des Guises, fut rendue indépendante du grand maître de la maison du Roi, dont ils possédoient la charge, ces trois officiers règlent et arrêtent les comptes des dépenses qui se font sous leur charge, et les[2] signent ; mais comme la chambre des comptes ne reconnoît point leur signa-

1. Voyez tome II, p. 468, note 1.
2. Saint-Simon a écrit *la*, pour *les*.

ture, parce qu'ils ne sont pas ordonnateurs, il est d'usage que le grand maître de la garde-robe envoye les comptes de la garde-robe au premier gentilhomme de la chambre en année, qui est obligé de les signer sans examen aucun, et sans les voir, à la seule inspection de la signature du grand maître de la garde-robe, et il en est de même des comptes de la bouche entre le premier maître d'hôtel du Roi et le grand maître de sa maison, et entre le grand et le premier écuyer pour les comptes de la petite écurie.

Beringhen, premier écuyer, qui venoit d'achever de faire confirmer l'indépendance de sa charge, ne survécut pas de sept mois son père, à qui il y avoit succédé. Il mourut le 1er décembre, à quarante-trois ans, homme obscur au dernier point, timide, solitaire, embarrassé du monde, avec de l'esprit et de la lecture. Il ne laissa qu'une fille de la fille du feu marquis de Lavardin, ambassadeur à Rome autrefois. Il n'avoit qu'un frère, fort mal alors avec M. le duc d'Orléans, qui l'avoit même éloigné assez longtemps de Paris, à qui il avoit été assez fou pour lui disputer avantageusement une maîtresse, de sorte qu'il étoit entièrement hors d'espérance de la charge de son frère; la mort si prompte de ce prince la lui rendit. L'évêque de Fréjus lui fit donner la charge, et Monsieur le Duc, qui, par je ne sais quelle intrigue, y auroit voulu Nangis, lui donna prématurément la charge de chevalier d'honneur de la future Reine, et au maréchal de Tessé, qui s'ennuyoit beaucoup dans sa prétendue retraite, la charge de premier écuyer de la future Reine, qu'il avoit eue de la dernière Dauphine lors de son mariage, qu'il avoit traité, et en même temps la survivance pour son fils, en envoyant le père en ambassade en Espagne.

La maréchale d'Humières, fille de M. de la Châtre qui a laissé des Mémoires, mourut le même jour que M. le duc d'Orléans. Elle avoit été dame du palais de la Reine, et, à près de quatre-vingt-huit ans qu'elle avoit, ayant pendant cette longue vie joui toujours d'une santé parfaite de corps et d'esprit, on voyoit encore qu'elle avoit été fort belle. Elle mourut uniquement de vieillesse, s'étant couchée la veille en parfaite santé, allant et venant et sortant à son ordinaire. Elle se retira, peu après la mort du maréchal d'Humières, dans le dehors du couvent des Carmélites de la rue Saint-Jacques. C'est la première duchesse qui, par une dévotion mal entendue dans sa retraite, quitta la housse[1], et comme les sottises sont plus volontiers imitées en France qu'ailleurs, celle-là l'a été depuis par plusieurs autres, qui, à son exemple, ont en même temps conservé leurs armes à leurs carrosses avec les marques de leur dignité.

Le lendemain de la mort de M. le duc d'Orléans, le comte de Toulouse déclara son mariage avec la sœur du duc de Noailles, veuve avec deux fils du marquis de Gondrin, fils aîné du duc d'Antin. Elle avoit été dame du palais de la dernière Dauphine. Le monde, qui abonde en sots et en jaloux, ne lui vit pas prendre le rang de son nouvel état sans envie et sans murmure. Je n'ai pas lieu, comme on a vu ici plus d'une fois, d'aimer le duc de Noailles, et que je ne m'en suis jamais contraint à son égard; mais la vérité veut que je dise que, de la naissance que sont les Noailles, il n'y auroit pas à se récrier quand une Noailles auroit épousé un prince du sang. Au moins ne niera-t-on pas l'extrême différence d'une Noailles à une Seguier, que nous avons vue duchesse de Verneuil au mariage de Mgr le duc de Bourgogne, conviée à la noce par le Roi, y dîner à sa table au festin de la noce, et en possession de tout ce dont a joui la comtesse de Toulouse. Le bas emploi de capitaine des gardes du cardinal Mazarin, d'où le père du premier maréchal-duc de Noailles passa si étrangement à la charge de premier capitaine des gardes du corps, ce qui le fit duc et pair dans la suite, a trompé bien des gens

1. La housse était une draperie dont les princesses et les duchesses avaient le droit d'orner leurs carrosses.

qui ignorent que ce même Noailles, capitaine des gardes du cardinal Mazarin, étoit fils de la fille du vieux maréchal de Roquelaure, et que la sœur de son père avoit épousé le fils et frère des deux maréchaux de Biron, duquel mariage vient le maréchal-duc de Biron d'aujourd'hui; qu'en remontant jusqu'au delà de 1250, on leur trouve les meilleures alliances de leur province et des voisines, et que la terre et le château de Noailles dont ils tirent leur nom, ils les possèdent de temps immémorial.

Un fou succéda à un scélérat dans la place de premier président du parlement de Paris, par la faveur de Monsieur le Duc, qui aimoit fort les Gesvres, et qui crut se bien mettre avec le Parlement en choisissant Novion, le plus ancien des présidents à mortier, mais le plus contradictoire à la remplir. Il n'étoit ni injuste ni malhonnête homme, comme l'autre premier président de Novion, son grand-père, mais il ne savoit rien de son métier que la basse procédure, en laquelle, à la vérité, il excelloit comme le plus habile procureur. Mais par delà cette ténébreuse science, il ne falloit rien attendre de lui. C'étoit un homme obscur, solitaire, sauvage, plein d'humeurs et de caprices jusqu'à l'extravagance; incompatible avec qui que ce fût, désespéré lorsqu'il lui falloit voir quelqu'un, le fléau de sa famille et de quiconque avoit affaire à lui, enfin insupportable aux autres, et, de son aveu, très-souvent à lui-même. Il se montra tel dans une place où il avoit affaire avec la cour, avec sa Compagnie, avec le public, contre lequel il se barricadoit, en sorte qu'on n'en pouvoit approcher; et tandis qu'il s'enfermoit de la sorte, et que les plaideurs en gémissoient, souvent encore de ses brusqueries et de ses *sproposito*[1] quand ils pouvoient pénétrer jusqu'à lui, il s'en alloit prendre l'air, disoit-il, dans la maison qu'il occupoit avant d'être premier président, et causer avec un charron, son voisin,

---

1. Voyez tome VI, p. 78, note 1.

sur le pas de sa boutique, qui étoit, disoit-il, l'homme du meilleur sens du monde.

Un pauvre plaideur d'assez bas aloi, se désespérant un jour de n'en pouvoir aborder pour lui demander une audience, tournoit de tous côtés dans sa maison du Palais, ne sachant à qui s'adresser ni où donner de la tête. Il entra dans la basse cour[1], et vit un homme en veste qui regardoit panser les chevaux, qui lui demanda brusquement ce qu'il venoit faire là et ce qu'il demandoit. Le pauvre plaideur lui répondit bien humblement qu'il avoit un procès qui le désoloit, qu'il avoit grand intérêt de faire juger, mais que, quelque peine qu'il prît et quelque souvent qu'il se présentât, il ne pouvoit approcher de Monsieur le premier président, qui étoit d'une humeur si farouche et si fantasque, qu'il ne vouloit voir personne et ne se laissoit point aborder. Cet homme en veste lui demanda s'il avoit un placet pour sa cause, et de le lui donner, et qu'il verroit s'il le pourroit faire arriver jusqu'au premier président. Le pauvre plaideur lui tira son placet de sa poche, et le remercia bien de sa charité, mais en lui marquant son doute qu'il pût venir à bout de lui procurer audience d'un homme aussi étrange et aussi capricieux que ce premier président, et se retira. Quatre jours après il fut averti par son procureur que sa cause seroit appelée à deux jours de là, dont il fut bien agréablement surpris. Il alla donc à l'audience de la grand'chambre, avec son avocat, prêt à plaider. Mais quel fut son étonnement quand il reconnut son homme en veste assis en place et en robe de premier président! Il en pensa tomber à la renverse, et de frayeur de ce qu'il lui avoit [dit] de lui-même, pensant parler à quelque quidam. La fin de l'aventure fut qu'il gagna son procès tout de suite. Tel étoit Novion.

Il avoit épousé une Berthelot, tante de Mme de Prie, qui avoit bien eu autant de part que MM. de Gesvres à le

---

1. *Basse cour*, cour destinée aux écuries, aux équipages.

faire premier président. Il sentoit toute sa répugnance à se montrer dans les fonctions de cette charge ; mais, étant le doyen des présidents à mortier, il ne put souffrir qu'un autre que lui y montât. Lorsque Monsieur le Duc déclara, à la Chandeleur 1724, la grande promotion de l'ordre à faire à la Pentecôte suivante, Dodun, contrôleur général, et Maurepas, secrétaire d'État, qui tous deux avoient grande envie de porter l'ordre, renouvelèrent la difficulté qu'on avoit faite à l'occasion de la promotion du lendemain du sacre à Crozat et à Montargis, de leur y laisser exercer leurs charges de grand trésorier et de greffier de l'ordre ; mais M. le duc d'Orléans, qui leur avoit permis de les acheter, passa par-dessus, et leur y fit faire leurs fonctions. Monsieur le Duc fut plus accessible aux desirs[1] de deux hommes dont il s'accommodoit. Crozat et Montargis eurent ordre de vendre, le premier à Dodun, l'autre à Maurepas, et ce ne fut pas sans de grands combats que les deux vendeurs obtinrent la permission ordinaire de continuer à porter l'ordre. En même temps Monsieur le Duc donna le râpé[2] de grand trésorier à d'Armenonville, garde des sceaux, et celui de greffier au premier président de Novion, qui, tout aise qu'il fût de porter l'ordre, se trouva fort mécontent de payer le serment et d'avoir des croix et des rubans bleus à acheter, et le marqua avec beaucoup d'indécence.

Enfin, ne pouvant plus tenir à exercer ses fonctions de premier président, encore moins le public, qui avoit affaire à lui sans cesse, il s'en démit en décembre[3] 1724, après l'avoir seulement gardée un an, et s'en retourna ravi, et le public aussi d'en être délivré, à sa vie chérie de ne voir plus personne, n'ayant plus aucune charge, enfermé seul dans sa maison, et causant à son plaisir avec son voisin le charron, sur le pas de la

---

1. Il y a *au* au singulier, et *desirs* au pluriel.
2. Voyez tome III, p. 452 et 453.
3. Une main étrangère a corrigé au manuscrit *décembre* en *septembre*.

porte de sa boutique, et mourut en sa terre de Grignon, en septembre 1731, à soixante et onze ans, regretté de personne.

Il avoit perdu son fils unique dès 1720, qui avoit laissé un fils. Monsieur le Duc fit la grâce entière, et donna à cet enfant de quinze ans, la charge de président à mortier de son grand-père, en faisant celui-ci premier président, et la donna à exercer à Lamoignon de Blancmesnil, lors avocat général, jusqu'à ce que ce petit Novion fût en âge de la faire : abus fort étrange de ces *custodi-nos*[1] de charges de président à mortier, qui s'est introduit dans le Parlement, pour les conserver dans les familles.

Me voici enfin parvenu au terme jusqu'auquel je m'étois proposé de conduire ces *Mémoires*. Il n'y en peut avoir de bons que de parfaitement vrais, ni de vrais qu'écrits par qui a vu et manié lui-même les choses qu'il écrit, ou qui les tient de gens dignes de la plus grande foi, qui les ont vues et maniées ; et de plus, il faut que celui qui écrit aime la vérité jusqu'à lui sacrifier toutes choses. De ce dernier point, j'ose m'en rendre témoignage à moi-même, et me persuader qu'aucun de tout ce qui m'a connu n'en disconviendroit. C'est même cet amour de la vérité qui a le plus nui à ma fortune ; je l'ai senti souvent, mais j'ai préféré la vérité à tout, et je n'ai pu me ployer à aucun déguisement ; je puis dire encore que je l'ai chérie jusque contre moi-même. On s'apercevra aisément des duperies où je suis tombé, et quelquefois grossières, séduit par l'amitié ou par le bien de l'État, que j'ai sans cesse préféré à toute autre considération, sans réserve, et toujours à tout intérêt personnel ; comme entre bien d'autres occasions que j'ai négligé d'écrire, parce qu'elles ne regardoient que moi, sans connexion d'éclaircissement ou de curiosité sur les affaires ou le

1. Le *custodi-nos* était celui qui gardait un bénéfice pour le rendre à quelqu'un d'autre au bout d'un certain temps.

cours du monde, on peut voir que je persévérai à faire donner les finances au duc de Noailles, parce que je l'en crus, bien mal à propos, le plus capable, et le plus riche et le plus revêtu d'entre les seigneurs à qui on les pût donner, dans les premiers jours même de l'éclat de la profonde scélératesse qu'il venoit de commettre à mon égard. On le voit encore dans tout ce que je fis pour sauver le duc du Maine contre mes deux plus chers et plus vifs intérêts, parce que je croyois dangereux d'attaquer lui et le Parlement à la fois, et que le Parlement étoit lors l'affaire la plus pressée, qui ne se pouvoit différer. Je me contente de ces deux faits, sans m'arrêter à bien d'autres qui se trouvent répandus dans ces *Mémoires*, à mesure qu'ils sont arrivés, lorsqu'ils ont trait à la curiosité du cours des affaires ou des choses de la cour et du monde.

Reste à toucher l'impartialité, ce point si essentiel et tenu pour si difficile, je ne crains point de le dire, impossible à qui écrit ce qu'il a vu et manié. On est charmé des gens droits et vrais; on est irrité contre les fripons dont les cours fourmillent; on l'est encore plus contre ceux dont on a reçu du mal. Le stoïque est une belle et noble chimère. Je ne me pique donc pas d'impartialité, je le ferois vainement. On trouvera trop, dans ces *Mémoires*, que la louange et le blâme coulent de source à l'égard de ceux dont je suis affecté, et que l'un et l'autre est plus froid sur ceux qui me sont plus indifférents; mais néanmoins vif toujours pour la vertu, et contre les malhonnêtes gens, selon leurs degrés de vices ou de vertu. Toutefois, je me rendrai encore ce témoignage, et je me flatte que le tissu de ces *Mémoires* ne me le rendra pas moins, que j'ai été infiniment en garde contre mes affections et mes aversions, et encore plus contre celles-ci, pour ne parler des uns et des autres que la balance à la main, non-seulement ne rien outrer, mais ne rien grossir, m'oublier, me défier de moi comme d'un ennemi, rendre une exacte justice, et faire surnager à tout la vérité la plus pure. C'est en cette manière que je puis assurer que j'ai été entièrement impartial, et je crois qu'il n'y a point d'autre manière de l'être.

Pour ce qui est de l'exactitude et de la vérité de ce que je raconte, on voit par les *Mémoires* mêmes que presque tout est puisé de ce qui a passé par mes mains, et le reste, de ce que j'ai su par ceux qui avoient traité les choses que je rapporte. Je les nomme ; et leur nom ainsi que ma liaison intime avec eux est hors de tout soupçon. Ce que j'ai appris de moins sûr, je le marque ; et ce que j'ai ignoré, je n'ai pas honte de l'avouer. De cette façon les *Mémoires* sont de source, de la première main. Leur vérité, leur authenticité ne peut être révoquée en doute ; et je crois pouvoir dire qu'il n'y [en] a point eu jusqu'ici qui aient[1] compris plus de différentes matières, plus approfondies, plus détaillées, ni qui forment un groupe plus instructif ni plus curieux.

Comme je n'en verrai rien, peu m'importe. Mais si ces *Mémoires* voient jamais le jour, je ne doute pas qu'ils n'excitent une prodigieuse révolte. Chacun est attaché aux siens, à ses intérêts, à ses prétentions, à ses chimères, et rien de tout cela ne peut souffrir la moindre contradiction. On n'est ami de la vérité qu'autant qu'elle favorise, et elle favorise peu de toutes ces choses-là. Ceux dont on dit du bien n'en savent nul gré, la vérité l'exigeoit. Ceux, en bien plus grand nombre, dont on ne parle pas de même entrent d'autant plus en furie que ce mal est prouvé par les faits ; et comme au temps où j'ai écrit, surtout vers la fin, tout tournoit à la décadence, à la confusion, au chaos, qui depuis n'a fait que croître, et que ces *Mémoires* ne respirent qu'ordre, règle, vérité, principes certains, et montrant à découvert tout ce qui y est contraire, qui règne de plus en plus avec le plus ignorant, mais le plus entier empire, la convulsion doit donc être générale contre ce miroir de vérité. Aussi ne

---

1. *Ait*, au manuscrit.

sont-ils pas faits pour ces pestes des États, qui les empoisonnent et qui les font périr par leur démence, par leur intérêt, par toutes les voies qui en accélèrent la perte, mais pour ceux qui veulent être éclairés pour la prévenir, mais qui malheureusement sont soigneusement écartés par les accrédités et les puissants, qui ne redoutent rien plus que la lumière et que des gens qui ne sont susceptibles d'aucun intérêt que de ceux de la justice, de la vérité, de la raison, de la règle, de la sage politique, uniquement tendus au bien public.

Il me reste une observation à faire sur les conversations que j'ai eues avec bien des gens, sourtout avec Mgr le duc de Bourgogne, M. le duc d'Orléans, M. de Beauvillier, les ministres, le duc du Maine une fois, trois ou quatre avec le feu Roi, enfin avec Monsieur le Duc et beaucoup de gens considérables, et sur ce que j'ai opiné et les avis que j'ai pris, donnés ou disputés. Il y en a de tels, et en nombre, que je comprends qu'un lecteur qui ne m'aura point connu sera tenté de mettre au rang de ces discours factices que des historiens ont souvent prêtés du leur à des généraux d'armées, à des ambassadeurs, à des sénateurs, à des conjurés, pour orner leurs livres. Mais je puis protester, avec la même vérité qui jusqu'à présent a conduit ma plume, qu'il n'y a aucun de tous ces discours, que j'ai tenus et que je rapporte, qui ne soit exposé dans ces *Mémoires* avec la plus scrupuleuse vérité, ainsi que ceux qui m'ont été tenus; et que s'il y avoit quelque chose que je pusse me reprocher, [ce] seroit d'avoir plutôt affoibli que fortifié les miens dans le rapport que j'en ai fait ici, parce que la mémoire en peut oublier des traits, et qu'animé par les objets et par les choses, on parle plus vivement et avec plus de force qu'on ne rapporte après ce qu'on a dit. J'ajouterai, avec la même confiance que j'ai témoignée ci-dessus, que personne de tout ce qui m'a connu et vécu avec moi ne concevroit aucun soupçon sur la fidélité du récit que je fais de ces conversations, pour fortes qu'elles puissent être trouvées, et qu'il n'y en auroit aucun qui ne m'y reconnût trait pour trait.

Un défaut qui m'a toujours déplu, entre autres, dans les Mémoires, c'est qu'en les finissant le lecteur perd de vue les personnages principaux dont il y a été le plus parlé, dont la curiosité du reste de leur vie demeure altérée. On voudroit voir tout de suite ce qu'ils sont devenus, sans aller chercher ailleurs avec une peine que la paresse arrête, aux dépens de ce qu'on desireroit savoir. C'est ce que j'ai envie de prévenir ici, si Dieu m'en donne le temps. Ce ne sera pas avec la même exactitude que lorsque j'étois de tout. Quoique le cardinal Fleury ne m'ait rien caché de ce que j'avois envie de savoir des affaires étrangères, dont presque toujours il me parloit le premier, et aussi de quelques affaires de la cour, tout cela étoit si peu suivi de ma part et avec tant d'indifférence, et encore plus de moi avec les ministres ou d'autres gens instruits, interrompu encore de si vastes lacunes, que j'ai tout lieu de craindre que ce supplément ou suite de mes *Mémoires* ne soit fort languissant, mal éclairé, et fort différent de ce que j'ai écrit jusqu'ici ; mais au moins y verra-t-on ce que sont devenus les personnages qui ont paru dans les *Mémoires*, qui est tout ce que je me propose jusqu'à la mort du cardinal Fleury.

Dirois-je enfin un mot du style, de sa négligence, de répétitions trop prochaines[1] des mêmes mots, quelquefois de synonymes trop multipliés, surtout de l'obscurité qui naît souvent de la longueur des phrases, peut-être de quelques répétitions? J'ai senti ces défauts ; je n'ai pu les éviter, emporté toujours par la matière, et peu attentif à la manière de la rendre, sinon pour la bien expliquer. Je ne fus jamais un sujet académique, je n'ai pu me défaire d'écrire rapidement. De rendre mon style plus correct et plus agréable en le corrigeant, ce seroit refondre tout

---

1. Saint-Simon a écrit *prochaine*, au singulier.

l'ouvrage, et ce travail passeroit mes forces, il courroit risque d'être ingrat. Pour bien corriger ce qu'on a écrit il faut savoir bien écrire; on verra aisément ici que je n'ai pas dû m'en piquer. Je n'ai songé qu'à l'exactitude et à la vérité. J'ose dire que l'une et l'autre se trouvent étroitement dans mes *Mémoires*, qu'ils en sont la loi et l'âme, et que le style mérite en leur faveur une bénigne indulgence. Il en a d'autant plus besoin, que je ne puis le promettre meilleur pour la suite que je me propose.

FIN DES MÉMOIRES DE SAINT-SIMON.

LETTRES, MÉMOIRES

SUR DIVERS SUJETS,

REMARQUES, ETC.

Nous donnons à la suite des *Mémoires* ce que nous avons pu réunir de lettres et d'opuscules de Saint-Simon. Aux pièces déjà imprimées dans divers livres ou recueils périodiques, nous en avons joint un bon nombre d'autres jusqu'ici inédites, qui se trouvent dans des bibliothèques publiques ou dans des collections particulières. Nous remercions ceux qui nous ont aidés de leurs communications et de leurs renseignements, et nous nous faisons un plaisir et un devoir de les nommer dans la note initiale de chacun des documents qui suivent.

On remarquera, aux dates des 3 septembre 1715 et 10 janvier 1724, deux lettres de la duchesse de Saint-Simon. C'est, avec une apostille à la lettre du 2 mai 1732, tout ce que nous avons à donner d'elle. En revanche, nous avons trouvé beaucoup de lettres du père de notre auteur. Elles seront sans doute publiées dans la grande édition qui se prépare.

LETTRES, MÉMOIRES

SUR DIVERS SUJETS,

REMARQUES, ETC.

I

CÉRÉMONIES OBSERVÉES EN L'ÉGLISE DE L'ABBAYE ROYALE DE SAINT-DENIS EN FRANCE LE LUNDI 5ᵉ DU MOIS DE JUIN EN L'ANNÉE 1690, EN LA CÉLÉBRATION DU SERVICE SOLENNEL POUR LE REPOS DE L'AME DE TRÈS-HAUTE, TRÈS-PUISSANTE ET EXCELLENTE PRINCESSE MARIE-ANNE-VICTOIRE-CHRISTINE-JOSÈPHE-BÉNÉDICTINE-ROSALIE-PÉTRONILLE DE BAVIÈRE, DAUPHINE DE FRANCE, ET DE L'ENTERREMENT DU CORPS DE CETTE PRINCESSE. — RECUEILLI PAR M. LOUIS DE SAINT-SIMON, VIDAME DE CHARTRES, QUI Y FUT PRÉSENT [1].

Tout le monde sait comme l'église de l'abbaye royale de Saint-Denis en France des RR. PP. Bénédictins est faite, puisqu'elle est si célèbre par la sépulture des rois et princes de la maison royale de France qu'il n'y a aucun étranger qui vienne en ce royaume, bien moins

---

1. Copie prise sur l'original autographe par M. A. de Boislisle. — On voit par la date que Saint-Simon avait quinze ans lorsqu'il écrivit cette relation.

encore de naturels du pays, qui n'aille voir par curiosité ce monastère si fameux. Cependant, comme pour l'intelligence des cérémonies qui y furent faites pour le service et l'enterrement du corps de feu Madame la Dauphine, de glorieuse mémoire, il sera bon de dire quelque chose de la structure de cette magnifique église, je dirai donc que devant le portail il y a une place assez raisonnable, à peu près de figure triangulaire. On entre dans l'église par trois somptueuses portes, desquelles vous entrez comme dans une petite cour à peu près semblable (mais bien plus longue et plus large quoique de même figure) à celle par où on passe lorsqu'on entre dans l'église des RR. PP. Minimes de la place Royale de Paris. On rencontre ensuite trois grandes portes, qui vous conduisent dans une grande nef, qui, quoique sombre, n'en paroît que plus belle, étant fort propre à inspirer la dévotion. Il y a trois voûtes soutenues par deux rangs de gros piliers de pierres, et cela est assez semblable, quoique bien plus long et bien plus large, à l'église de la maison professe des RR. PP. Jésuites de la rue Saint-Antoine de Paris. Il y a trois portes du chœur vis-à-vis les trois portes de la nef par lesquelles on entre dans le chœur, et lorsqu'on y est, on trouve une muraille entre deux espèces de galeries à droite et à gauche, pour en séparer le chœur, où est le grand autel et les siéges des religieux, et de dedans lequel on descend dans la cave où reposent les corps de nos défunts rois d'immortelle mémoire. On entre dans le chœur par une porte vis-à-vis le grand autel, et par où la cérémonie entroit, et par deux portes dont chacune sort dans ces deux espèces de galeries, à peu près comme on voit dans le chœur de l'église de l'abbaye royale de Saint-Germain-des-Prés des RR. PP. Bénédictins de Paris. Au bout de chacune de ces deux galeries, lorsqu'on [n']entre point dans le chœur, on trouve un escalier d'une vingtaine de marches de pierres qui vous conduisent à une autre espèce de chœur que les religieux de cette abbaye nomment le chevet, et qui est bâti tout comme la nef; il y a un grand autel au milieu, et des chapelles à l'entour et derrière le grand autel.

Ce fut là où le corps de Madame la Dauphine fut placé, entre le grand autel du chœur et celui du chevet. Ce corps, embaumé, étoit dans un cercueil de bois doublé de taffetas blanc, et ce premier cercueil étoit emboîté dans un autre de plomb couvert d'un large et magnifique drap d'or et d'argent, avec une croix de moire d'argent dessus et les armes de la défunte accolées avec celles de Monseigneur son époux, avec une couronne de fleurs de lis couverte de quatre dauphins, dont les queues surmontées d'une fleur de lis faisoient la cime, et deux palmes pour supports étoient cousues aux quatre coins entre deux bras de la croix.

Cette princesse portoit à droite écartelé de quatre quartiers, aux premier et quatrième de France, qui est d'azur à trois fleurs de lis d'or, deux en haut et une en bas, aux second et troisième de Dauphiné, qui est d'or au dauphin d'azur, qui sont les armes de Monseigneur le Dauphin, et à gauche ses armes palatines, qui est : écartelé de quatre quartiers, aux premier et quatrième fuselé de travers d'argent et de sable, et aux second et troisième de sable au lion d'or.

Sur le poêle étoit, à l'endroit où étoit posée la tête de Madame la Dauphine, la couronne Dauphine comme je l'ai ci-dessus spécifiée, hors qu'elle étoit en relief d'or massif, et posée sur un carreau de velours noir, couverte d'un crêpe. Il y avoit des bancs couverts de drap noir, comme aussi le plancher du chœur du chevet, c'est-à-dire entre les piliers qui soutiennent la voûte, et dont l'architecture est semblable à la nef.

On disoit tous les matins continuellement des messes au grand autel du chevet, devant le corps, pour le repos de l'âme de la défunte, et il y avoit deux prie-dieu[1], aussi couverts de drap noir, du côté de la tête du

1. Voyez tome II, p. 398, note 1.

corps, où deux religieux prioient tour à tour jour et nuit, et deux gardes du corps du Roi, mousquet sur l'épaule, faisoient jour et nuit sentinelle des deux côtés du corps, du côté de l'escalier qui mène au chevet. Venons maintenant au service.

Le jour destiné pour le célébrer, le corps dans les mêmes cercueils et revêtu des mêmes ornements fut porté sans cérémonie du chevet dans le grand chœur de l'église, sur une estrade élevée de neuf marches, dessous un dôme soutenu de quatre côtés par deux colonnes de chaque côté, entre lesquelles il y avoit les figures gigantesques des quatre vertus cardinales, et le haut du dôme étoit illuminé de lampes. Au-dessus de ce dôme il y avoit un superbe pavillon attaché au haut de la voûte, d'où pendoient quatre grands morceaux de drap noir doublé d'hermine magnifiquement, rattachés au milieu des murailles du chœur. Tout étoit tendu de drap noir, avec deux lés de velours noir aux armes de la défunte jointes avec celles de Monseigneur son époux. Il y avoit à la hauteur de l'endroit où on chante l'épître, tout autour de l'église, des têtes et des ossements de morts en relief surmontés de cierges allumés, dont il y avoit une rangée mise dans de gros chandeliers d'argent massif sur chaque marche qui conduisoit à l'estrade où étoit le corps. En entrant dans le chœur de la galerie à droite, on trouvoit à main droite, qui est le côté de l'épître, le représentation du corps du défunt très-chrétien et très-pieux roi Louis XIIIe du nom, surnommé le Juste, grand-père de Monseigneur le Dauphin de triomphante mémoire. Cette représentation étoit sur une estrade élevée de trois marches, avec un poêle de drap noir avec une croix blanche dessus ; et les armes de France et de Navarre, jointes et accolées ensemble sous une même couronne de France, et entourées des colliers des ordres de Saint-Michel et du Saint-Esprit, étoient aux quatre coins du drap mortuaire. Il y avoit à la tête du cercueil trois carreaux de velours noir, où étoient la grande et la moyenne couronne, le sceptre et la main de justice, le tout couvert d'un crêpe. Au-dessus environ six pieds de haut étoit un dais de velours noir soutenu de quatre quenouilles. Il y avoit à ce dais une croix blanche et les armes aux quatre coins comme au poêle. Vis-à-vis de la représentation de ce monarque, on montoit trois marches qui traversoient le chœur. Il y avoit un espace d'environ dix ou douze pieds pour arriver au bas des marches du grand autel, qui étoit paré d'ornements noirs. Les marches pour monter à l'autel n'excédoient que de trois ou quatre pieds de chaque côté l'autel, de manière qu'il y avoit un assez grand espace de chaque côté depuis le bas de ces marches jusques aux murailles du chœur. Dans cet espace, du côté de l'épître, étoient rangés des pliants noirs pour environ une quarantaine de prélats, évêques et archevêques, sacrés et nommés. A la tête de ce clergé étoit Mre Maurice le Tellier, archevêque et duc de Reims, premier pair ecclésiastique, légat-né du saint siége apostolique, commandeur des ordres du Roi et maître de sa chapelle.

Les archevêques et évêques sacrés étoient en rochet et camail et bonnet carré, avec la croix d'or pendue au col avec un ruban noir, excepté l'archevêque, qui, quoique il n'eut aucune différence des autres à cause de sa duché-pairie, avoit néanmoins celle de commandeur de l'ordre, et en cette qualité avoit la croix du Saint-Esprit pendue au col avec un ruban de soie bleue-céleste[1]. Les prélats non sacrés étoient en soutane et manteau long avec le bonnet carré.

Vis-à-vis de ce clergé, du côté de l'évangile, étoient les prélats officiants avec les moines de l'abbaye qui les servoient en l'office divin et leurs aumôniers. Il y avoit un fauteuil avec un dais de velours noir pour M^{re}... Bossuet, évêque de Meaux, premier aumônier de la

1. Nous conservons l'orthographe de Saint-Simon.

défunte, et des siéges pour Messieurs les évêques de Mendes, servant de diacre, de Poitiers, servant de sous-diacre, de Laudève, de Glandèves et de   [1], étants en chape pour la plus grande solennité, et pour faire les aspersions et les encensements autour du corps de la défunte princesse, lesquelles cérémonies ne demandoient pas moins de prélats, comme nous le dirons en son lieu.

Entre les trois marches traversant le chœur et les siéges qui servent d'ordinaire aux religieux, et qui en cette occasion servirent à la maison royale et aux cours souveraines, étoit un grand espace. Du côté de l'épître, étoient des siéges pour les dames qui avoient des charges dans la maison de la défunte, ou elles-mêmes ou leurs maris, et pour les autres dames qualifiées qui se trouvèrent en cette superbe cérémonie. En ces places étoient Mme la duchesse d'Arpajon, dame d'honneur, Mme la maréchale de Rochefort, dame d'atour, Mme la marquise de Dangeau, femme du chevalier d'honneur, Mme la maréchale de Bellefonds, femme du premier écuyer, etc., toutes revêtues de mantes, avec cette différence que les princesses du sang, duchesses et autres princesses en avoient dont le crêpe étoit bien plus épais que celui des mantes des autres dames. Cette mante est un grand crêpe noir qui est tout d'une pièce, et s'attache à la coiffure, aux bras et à la ceinture, et traîne beaucoup. Derrière les siéges des dames en étoient d'autres pour les petits officiers de la maison de la défunte. Vis-à-vis de ces siéges étoient quatre semblables, pour les quatre chevaliers de l'ordre destinés à porter chacun un des coins du poêle lorsqu'on transporta le corps de dessus l'estrade dans le caveau; et derrière ces siéges étoient d'autres, pour les personnes de qualité assistant par curiosité à la cérémonie.

Il est bon de remarquer en passant qu'au-dessus des deux portes du chœur qui donnent dans les galeries dont on a parlé ci-devant étoient des échafauds pour les spectateurs

1. Ce blanc est au manuscrit.

de qualité qui, ne voulant être en bas, étoient plus commodément sur des bancs rangés en amphithéâtre sur ces échafauds ; et au-dessus de la grande porte du chœur qui regarde le grand autel, et par où la cérémonie entra, étoit pareil échafaud pour la musique du Roi.

Le tout ainsi disposé, arrivèrent sur les onze heures et un quart MM. les marquis de la Salle, de Beuvron, de Lavardin, et M. le comte de la Vauguyon, revêtus de leurs capuchons pointus, ayant une longue robe noire descendant jusques aux talons et ayant queue de trois pieds terminant en pointe. Ces seigneurs avoient autour de leur col par-dessus le chaperon lugubre, le collier de l'ordre du Saint-Esprit, et n'avoient nulle cravate ni linge blanc, et au bras portoient de longues et larges manches. Un peu avant qu'ils fussent entrés, on entendit le bruit des sonnettes des vingt-quatre jurés crieurs. Peu après l'arrivée desdits chevaliers de l'ordre, arrivèrent les huits hérauts et le roi d'armes, revêtus de leurs robes noires jusques aux talons, et par-dessus de leur tunique de velours noir fleurdelisé d'or, et ayant en main leur bâton fleurdelisé et entortillé d'un crêpe, lesquels s'assirent[1] aux quatre coins de l'estrade où reposoit le corps. Au milieu et vis-à-vis du grand autel étoit un siége entaillé dans les marches de l'estrade pour le premier écuyer, chargé du manteau à la royale de velours violet semé de fleurs de lis et de dauphins d'or et doublé d'hermine. Sur les onze heures et demie arrivèrent les dames de la maison et autres, et les seigneurs et bas officiers de la défunte. En ce même temps arriva le maréchal de Bellefonds, premier écuyer, faisant la charge de chevalier d'honneur pour et au lieu du marquis de Dangeau, lequel n'assista pas à la cérémonie ; et ce maréchal étoit revêtu du grand manteau, dont la queue traînoit beaucoup, et du collier de l'ordre du Saint-Esprit, dont il étoit gratifié ; et la charge et fonc-

---

1. Ce mot est écrit *s'asseirent*.

tion dudit sieur maréchal étoit remplie par le marquis de Montchevreuil, vêtu comme les susdits sieurs chevaliers de l'ordre en étant pareillement honoré.

Peu après, le susnommé seigneur archevêque-duc de Reims arriva, à la tête des autres archevêques et évêques sacrés et simplement nommés, vêtus comme nous l'avons dit, et prit la place au premier banc et la plus proche de la représentation du corps du feu roi Louis le Juste de triomphante mémoire, comme la plus honorable, que sa dignité d'archevêque premier duc et pair lui donnoit de plein droit, aussi bien que son ancienneté dans l'épiscopat, selon l'ordre de laquelle chaque évêque se plaça.

Toute l'assemblée étant placée et tous les cierges allumés, les clochettes des vingt-quatre jurés crieurs commencèrent à faire un grand bruit, et les doubles portes du bout du chœur vis-à-vis le grand autel au-dessous de la musique furent ouvertes; et alors Mgr le duc de Bourgogne entra, revêtu d'un grand manteau dont la queue avoit cinq pieds; Monsieur le suivit, et celle du sien en avoit quatre et demi; et M. le duc de Chartres suivoit, et avoit une queue de quatre pieds. Ces deux derniers princes avoient le collier de l'ordre. Mgr le duc de Bourgogne menoit Madame, Mademoiselle l'étoit par Monsieur, et Madame la grande duchesse de Toscane l'étoit par M. le duc de Chartres. Il est bon de dire ici que quand la personne morte est un prince, les princes à son service et enterrement prennent la droite et les princesses la gauche, et que lorsque c'est une princesse, comme dans cette cérémonie, les princesses prirent la droite et laissèrent la gauche aux princes.

J'avois oublié à remarquer qu'au commencement des chaises dont les religieux se servent d'ordinaire, et où étoient pour lors les princesses, il y avoit une place destinée pour le sieur de Sainctot, maître des cérémonies, qui en l'absence du sieur Colbert, marquis de Blainville, grand maître des cérémonies, faisoit la fonction de sa charge, et étoit revêtu d'un chaperon comme les chevaliers de l'ordre, mais n'avoit pas le collier comme eux, n'étant pas leur confrère. J'oubliois pareillement à marquer qu'entre la représentation de Louis le Juste de triomphante mémoire et le commencement des places des dames et bas officiers de la maison de la défunte princesse étoient des siéges pour ses aumôniers, qui étoient revêtus de longues soutanes, de surplis par-dessus à manches étroites comme des aubes, et d'un long manteau noir par-dessus.

Avec les princes et princesses arrivèrent les cours souveraines, la Ville et l'Université, placées en cette manière : deux places derrière Madame la grande-duchesse étoit M^{re}... du Harlay, premier président du parlement de Paris ; derrière lui étoit M^{sr}... de Tresmes, duc de Gesvres, pair de France, chevalier des ordres du Roi, premier gentilhomme de la chambre, et gouverneur de Paris. On sera peut-être surpris de voir qu'un pair de France soit placé, dans une cérémonie aussi grande que l'est celle-ci, après un premier président, mais on doit considérer que ledit seigneur duc de Gesvres n'étoit pas pour lors en son rang de pair, mais en son rang de gouverneur de Paris, à cause de laquelle qualité il devoit se trouver à cette cérémonie, qui n'étant point cérémonie de la couronne, puisqu'il ne s'agissoit que des obsèques d'une dauphine et non d'un roi, l'intervention desdits seigneurs pairs n'étoit pas nécessaire, et n'avoient place que de simples spectateurs et inutiles à la cérémonie. C'est pourquoi ledit seigneur duc de Gesvres ne représentant que le gouverneur de Paris, et non un pair, en cette occasion, il n'étoit placé qu'après ledit sieur premier président, qui représentoit le chef du Parlement et étoit à la tête de cette Compagnie, et non un simple président à mortier. Après ce duc étoient le président de Nesmond et le doyen et sous-doyen de la grande chambre, l'étendue du lieu n'en pouvant contenir davantage de chaque Compagnie. Ensuite étoient les présidents et quelques conseillers du grand conseil, le sieur le Camus, président, et deux conseillers de la cour des aides. Aux bas siéges, au-dessous du sieur premier président du Parlement, étoit M`re`.... de la Briffe, naguère maître des requêtes et pour lors procureur général du Parlement, accompagné de M`re` de Lamoignon, second avocat général dudit Parlement, et M`re` Denis Talon, premier avocat général, n'y put assister, étant incommodé. Ensuite étoit le procureur général et les avocats généraux de la cour des aides, et ensuite étoit le sieur président de Fourcy, prévôt des marchands, à la tête du corps de la ville de Paris.

A gauche, à deux places de M. le duc de Chartres, étoit M`re`.... Nicolay, premier président de la chambre des comptes, avec un autre président de la même chambre et les doyens des maîtres et des auditeurs des comptes. Suivoit M`re`.... Cottignon, sieur de Chauvry, généalogiste de l'ordre du Saint-Esprit et premier président de la cour des monnoies, avec deux conseillers de ladite cour. Au bas siége, au-dessous du sieur Nicolay, l'avocat et le procureur général de la chambre des comptes étoient placés, et l'avocat et le procureur du Roi de la cour des monnoies l'étoient ensuite, après lesquels étoit l'Université de Paris, ayant son recteur à la tête.

Le tout ainsi rangé, ordonné et placé attendit un demi-quart d'heure, ensuite duquel les doubles portes du bout du chœur s'ouvrirent au bruit des clochettes des vingt-quatre jurés crieurs, et on vit entrer les acolites porte-encensoirs, porte-bougeoirs, diacres et sous-diacres, moines, chantres en chapes, moines aussi, et enfin les cinq prélats, savoir les trois portant chapes lugubres, le diacre et le sous-diacre ensuite, en tuniques lugubres, et enfin le célébrant, revêtu d'ornements et chasuble noire, tous en crosses et mitres blanches, suivis de leurs aumôniers tous en surplis, chaque évêque en ayant pour le moins deux ou trois.

Toute cette cérémonie, précédée de bedeaux, prit le chemin pour arriver à l'autel qui est à droite, c'est-à-dire entre l'estrade où reposoit le corps de la défunte princesse et les sièges des moines, où étoient pour lors les princesses, le Parlement, le grand conseil, la cour des aides et la Ville ; et les célébrants après avoir salué l'autel, le clergé non officiant, la représentation du corps du feu roi Louis LE JUSTE de triomphante mémoire, le corps de Madame la Dauphine, les princes et princesses, la messe commença d'être entonnée par la musique et célébrée par les officiants pontificalement.

Chacun sait assez comme se célèbre une messe de *requiem* pontificalement et en musique. C'est pourquoi il me suffira de décrire les révérences faites à l'offerte et autres cérémonies particulières aux obsèques et à cette pompe funèbre. C'est pourquoi, le temps de l'offerte étant venu, un fauteuil fut mis immédiatement au-dessus des deux marches traversantes le chœur, et des pliants pour les autres évêques, ayant tous la mitre en tête, et derrière eux, étant debout, les moines officiants et servants à la cérémonie et les aumôniers desdits prélats. Le roi d'armes, voyant les prélats placés, se détacha le premier, revêtu comme nous avons désigné, et sortant de sa place, avança jusques auprès des prélats, et fit une révérence de cérémonie à l'autel et aux célébrants, qui faisoient corps avec ledit autel. Révérence de cérémonie est croiser les deux pieds et les deux jambes, puis, sans baisser le corps ni la tête, plier les genoux comme font ordinairement les femmes ; mais les femmes reculent ou penchent un peu le corps en pliant les genoux, et cela ne se pratique point en matière de révérence de cérémonie, puisque, sans aucun mouvement du corps, les genoux ne font que plier fort bas, et le corps à proportion s'abaisse en demeurant droit. Ensuite ce roi d'armes la fit au clergé, s'étant tourné devers lui, en marchant trois pas fort gravement et doucement, puis en fit une semblable à la représentation du corps du feu roi Louis LE JUSTE de triomphante mémoire, puis au corps de feu Madame la Dauphine, puis aux princesses, puis aux princes, puis au Parlement, puis au duc de Gesvres et au grand conseil, puis à la chambre des comptes, puis à la cour des aides, puis à celle des monnoies, puis à la Ville et à l'Université, ensuite alla querir le sieur de Sainctot à sa place (lequel faisoit fonction de maître des cérémonies, le sieur Colbert marquis de Blainville étant à la guerre), et lui fit une semblable révérence, et tous deux ensemble firent celles ci-dessus, sans en oublier une seule, et dans le même rang qu'il a été dit, lesquelles étant finies, ils allèrent querir à sa place M{sr} le duc de Bourgogne et lui en firent une particulière, et tous quatre (ce prince étoit accompagné de M{sr}.... de Saint-Aignan duc de Beauvillier, pair de France, chevalier des ordres du Roi, premier gentilhomme de sa chambre, chef de son conseil, gouverneur du Havre de Grâce et de mondit seigneur duc de Bourgogne, lequel duc de Beauvillier étoit revêtu d'un collet et manteau fort traînant, ayant pardessus le collier de l'ordre), et tous quatre firent les mêmes révérences de cérémonie aux mêmes personnes et corps et au même rang qu'il est ci-dessus dit, lesquelles parachevées, M{sr} le duc de Bourgogne, accompagné seulement dudit seigneur son gouverneur, alla querir Madame à sa place et lui en fit une semblable, toute particulière pour elle, et cette princesse, ayant reçu un cierge de cire blanche allumé et rempli de quantité de demi-louis d'or des mains d'un de ses aumôniers, alla, menée par mondit seigneur duc de Bourgogne, accompagné seulement dudit seigneur duc son gouverneur, et étant arrivée aux pieds de l'évêque de Meaux, célébrant, après avoir fait avec M{sr} le duc de Bourgogne les mêmes révérences et au même rang que ci-dessus, elle se mit à genoux avec M{sr} le duc de Bourgogne sur un carreau de velours noir, préparé à cet effet aux pieds dudit sieur évêque célébrant, et cette princesse, ayant baisé la pierre de son anneau épiscopal, lui présenta son cierge, que ledit sieur évêque ayant reçu donna derrière lui à un de ses aumôniers.

Là-dessus il s'éleva une dispute entre les aumôniers

et les moines, voulant les uns et les autres[1] avoir l'argent attaché au cierge, et recevoir ledit cierge des mains de l'évêque de Meaux, et la dispute s'échauffa tellement que ces gens pensèrent se battre, et rompirent le cierge à deux ou trois endroits pour avoir l'argent y attaché, tellement que dans ce débat la mitre de l'évêque de Glandèves tourna dessus sa tête, et fût tombée si ce prélat n'y eût porté les mains. Cependant le différend fut apaisé, et réglé que l'aumônier recevroit tous les cierges d'offrande, et les livreroit ensuite et sur-le-champ aux moines, dont la communauté profiteroit desdits demi-louis d'or et de tout l'argent, comme aussi des cierges.

M⁰ʳ le duc de Bourgogne ayant reconduit Madame à sa place, après avoir fait avec elle toutes les mêmes révérences de cérémonie au même rang et aux mêmes personnes et corps qu'en la conduisant à l'offerte, en fit autant en son particulier, après l'avoir remenée à sa place, comme il avoit fait avant que de l'aller querir, et puis retourna à sa place.

Les mêmes cérémonies du roi d'armes et du grand maître des cérémonies se pratiquèrent, avec toutes les mêmes révérences de cérémonie au même rang, pour aller querir Monsieur, qui en fit autant seul en menant Mademoiselle sa fille, en la remenant, et en retournant seul en sa place, que M⁰ʳ le duc de Bourgogne avoit fait, comme aussi pour que le roi d'armes et le grand maître des cérémonies allassent, le premier seul, puis tous deux ensemble, querir M. le duc de Chartres, avec les mêmes cérémonies que pour les deux premiers princes. Et ce dernier en fit autant qu'eux en allant querir, menant et remenant Madame la grande duchesse de Toscane, et en s'en retournant à sa place, accompagné de Mʳᵉ.... de Claire marquis d'Arsy, chevalier des ordres du Roi et gouverneur de M. le duc de Chartres, lequel mar-

---

[1]. On lit ici une seconde fois le participe *voulant*.

quis étoit en collet, grand manteau traînant, et revêtu du collier de l'ordre du Saint-Esprit.

La cérémonie de l'offertoire parachevée, l'évêque de Mirepoix monta en chaire, ornée et parée de velours noir avec franges de soie noire et blanche, et le devant de velours noir avec une croix de moire d'argent cantonnée des écussons de la défunte princesse, ainsi que le ciel de ladite chaire, lequel prélat fit une oraison funèbre fort longue de Madame la Dauphine, et adressa la parole à Mgr le duc de Bourgogne, le traitant de Monseigneur. La chaire étoit placée contre la muraille gauche du chœur, y tenant; derrière, les chevaliers de l'ordre, à quelque distance plus proche de l'autel que le commencement des bancs occupés d'ordinaire par les religieux, et pour lors occupés (ce côté-là) par les princes, etc.

L'oraison funèbre finie, fut continuée la messe par le *Per omnia secula seculorum*, laquelle achevée sur les trois heures et demie après midi, les prélats officiants entrèrent dans la sacristie, pour changer d'ornements et prendre un bouillon qui les y attendoit. Il faut remarquer que la cérémonie de donner la sainte communion sous les deux espèces par le chalumeau d'or ne fut point pratiquée ici, comme elle l'est toujours dans les obsèques des personnes royales, à cause que les moines officiants, et même tous les prélats, hors le célébrant, avoient été obligés de prendre quelque chose avant la messe, qui dura trop longtemps pour être à jeun sans absolue nécessité.

Pendant que l'autel étoit vide, les sacristains et bedeaux transportèrent un fauteuil et des pliants, le tout de velours noir, auprès du mausolée, le dos tourné vers l'autel et la face vers ledit mausolée; ce que fait, les prélats, ornés de chapes de velours noir à chaperons blancs et de mitres blanches, sortirent de la sacristie par le coin de l'évangile de l'autel par où ils y étoient entrés, et après avoir fait les mêmes révérences qu'en entrant, s'allèrent seoir où les siéges étoient placés, et après avoir fait et récité plusieurs oraisons à l'assistance de la musique, l'évêque de Meaux se leva seul, et ayant fait les susdites révérences, fit trois fois le tour du mausolée en l'encensant et l'aspergeant d'eau bénite que ses aumôniers et moines servants lui présentoient, après quoi, ayant fait les révérences comme en se levant, il se rassit. Chaque prélat officiant observa les mêmes cérémonies également selon son rang, lesquelles furent ainsi trois fois de suite recommencées : ainsi chaque évêque officiant fit neuf fois le tour du mausolée à trois reprises.

Ensuite les prélats se rangèrent, et les chandeliers d'autour du corps en ayant été ôtés, quatre gardes du corps, ayant chacun une bandolière[1] de cuir revêtue de crêpe outre la bandolière ordinaire, accrochèrent avec les quatre coins d'un petit cercueil cube carré, où étoient les entrailles, couvert d'un poêle de velours noir avec une croix de moire d'argent cantonnée des écussons de la défunte, et le portèrent dans le caveau qui est sous la représentation du corps du feu roi Louis le Juste de triomphante mémoire. Là-dessus les quatre susdits chevaliers de l'ordre s'étant levés de leurs siéges, ayant fait les mêmes révérences que les princes et princesses avoient faites à l'offertoire, allèrent au mausolée, et étant montés les neuf marches, s'étant entre-salués, le marquis de Beuvron et le comte de la Vauguyon prirent les deux coins du poêle, le premier à droite, le second à gauche, et étant descendus autant de marches que la grandeur du poêle le pouvoit permettre, attendirent que les marquis de Lavardin et de la Salle en eussent fait autant, le premier à droite et le second à gauche, et que six gardes du corps accoutrés comme les quatre susdits, avec crêpes pendants de leur chapeau posé sur leur tête, eussent accroché le cercueil ; après quoi ils marchèrent processionnellement, le clergé officiant devant, la musique chantant.

1. Voyez tome IX, p. 438.

Le Père cellérier[1] de l'abbaye, autrement cellérier, étoit dans le caveau pour recevoir le corps. Pendant qu'on le descendoit, les quatre chevaliers de l'ordre tenants les quatre coins du poêle le tenoient étendu, en sorte que l'entrée du caveau en étoit bouchée et qu'on ne pouvoit voir ce qui s'y passoit. Lorsque le corps fut sur la dernière marche du caveau, on l'y posa, et le cercueil ne fut couvert d'aucun poêle, mais le plomb demeura nu et à découvert, et les chevaliers de l'ordre s'étant retirés avec le poêle de dessus l'entrée du caveau, le clergé prit cette place, et l'évêque célébrant, qui étoit Monsieur de Meaux, se mit debout vis-à-vis le haut des marches et en chantant des oraisons. On lui mit devant lui un mannequin d'osier rempli de terre, avec une pelle de bois, avec laquelle ayant trois fois (toujours chantant) jeté trois fois[2] de la terre sur le cercueil, le *De profundis* fut entonné par la musique, et les célébrants se retirèrent un peu vers l'autel, et le roi d'armes, accompagné des huit hérauts (qui étoient venus processionnellement avec le corps au caveau), se mit au coin du caveau, c'est-à-dire tout devant la représentation de LOUIS LE JUSTE, et le psaume fini, se mit à crier trois fois de suite ces mots : « Très-haute, très-puissante et excellente princesse Marie-Anne-Victoire-Christine-Josèphe-Bénédictine-Rosalie-Pétronille de Bavière, épouse de très-haut, très-puissant et excellent prince Louis Dauphin de France, fils de très-haut, très-puissant et *très*[3]-excellent prince LOUIS XIVᵉ du nom, roi de France et de Navarre, est morte. » Après avoir trois fois crié ces mots d'un ton assez haut, mais triste et lent, il appela ainsi les officiers d'un pareil ton : « M. le maréchal de Bellefonds, qui faites la charge de chevalier d'honneur de Madame la Dauphine, venez faire votre charge et jetez la couronne dauphine ; » lequel vêtu comme nous avons dit, et tenant sur ses deux mains un carreau de velours noir

---

1. Saint-Simon avait d'abord écrit *dépensier.*
2. Cette répétition est du fait de l'auteur.
3. Ce mot est souligné au manuscrit.

sur lequel étoit posée la couronne dauphine, couverte d'un crêpe comme elle étoit sur le cercueil, vint à petits pas très-lents, sans chapeau sous son bras et tête nue, et étant arrivé au bord du caveau, l'y jeta avec le carreau et le crêpe, puis s'en retourna; ladite couronne fut reçue sur les marches par le religieux cellérier, qui y étoit exprès. Ensuite fut pareillement crié par ledit roi d'armes : « Marquis de Montchevreuil, qui faites la charge de premier écuyer de Madame la Dauphine, venez faire votre charge et jetez son manteau à la royale; » lequel à l'instant, revêtu d'un chaperon et du grand collier de l'ordre dont il est honoré, partit de son siège entaillé dans les marches de l'estrade du mausolée, ayant ledit manteau, sans être ni plié ni étalé, sur ses bras, et arrivé très-lentement au bord du haut du caveau, l'y jeta, puis se retira. Il est à remarquer que le roi d'armes cria : « M. le maréchal de Bellefonds, » venez, et « Marquis de Montchevreuil, etc., » appelant le premier *Monsieur*, et le second non, parce que ledit seigneur de Bellefonds, étant maréchal de France, est officier de la couronne, et non ledit sieur de Montchevreuil.

Ce marquis ayant fait sa fonction, ledit roi d'armes cria pour la troisième et dernière fois : « Maîtres d'hôtel de Madame la Dauphine, venez faire vos charges et rompez et jetez vos bâtons; » lesquels vinrent, en manteaux jusques à terre et en collets, avec leurs bâtons en main brisés (faits en sorte que lorsqu'on y donne un certain tour ils se cassent en deux, et sont réservés pour ces lugubres cérémonies), lesquels arrivés au bord du caveau les brisèrent et les y jetèrent. Ces bâtons au reste sont assez gros et longs jusques à l'épaule; en trois ou quatre endroits il y a des cercles de vermeil, avec de pareilles fleurs de lis sur lesdits cercles, et sur le haut dudit bâton est posée perpendiculairement une double fleur de lis d'or ou de vermeil.

Lesquelles cérémonies achevées, toute l'assemblée sortit comme elle étoit entrée, et les prélats tant officiants qu'assistants, les princes, princesses, les cours souveraines et les corps de Ville et de l'Université, sans oublier le Châtelet, furent splendidement traités à souper dans le monastère, aux dépens du Roi, et le tout fut apprêté des mains des officiers de la bouche[1] de Sa Majesté et des plus fameux traiteurs de Paris. Toute cette assemblée se mit à table, chaque corps séparé ensemble dans une salle séparée, à six heures du soir, en sortant immédiatement de l'église; lequel repas fini, chacun se retira séparément chez soi dans son carrosse, comme il étoit venu.

II

A DESMARETZ[2].

De la Ferté, ce 15 juillet 1706.

C'est seulement pour vous dire, Monsieur, que notre poste de Brésoles ne va rien moins que comme nous l'avions projeté, et que si, de Paris ou d'ici, le moment que vous y serez, vous n'avez la bonté d'y mettre ordre, cela ira fort mal. C'est tout ce que j'aurai l'honneur de vous dire, et que je vous honore, Monsieur, très-cordialement.

Le duc de SAINT-SIMON.

Il n'y a point de faute des gens de Brésoles.

1. Voyez tome II, p. 468, note 1.
2. Archives nationales Copie communiquée par M. A. de Boislisle.

III

A LE REBOURS[1].

Ce vendredi, 1ᵉʳ [avril] 1707.

M. Douilly, persécuté par ses créanciers, Monsieur, me persécute pour que M. Chamillart ait la bonté de rapporter favorablement son affaire au Roi, et en effet, s'il n'a cette bonté incessamment, ce délai produira les mêmes inconvénients à ce pauvre homme qu'un refus. Ainsi je vous supplie de faire de votre mieux pour que ce soit au premier travail avec le Roi, et vous me ferez amitié véritable, et à lui charité importante.

M. Chamillart nous a bien voulu promettre nos quatre mille francs restants des blés de Blaye, argent comptant, pour voiturer Mᵐᵉ de Saint-Simon à Bourbon. Comme ses gens partent le lendemain des fêtes, et elle huit jours après, nous vous serons très-obligés de vouloir bien l'en faire souvenir, personne ne vous honorant, Monsieur, plus cordialement que je fais.

Le duc de SAINT-SIMON.

1. Archives nationales. Copie communiquée par M. A. de Boislisle. — A cette lettre est jointe la supplique de Douilly, maître des requêtes, à Saint-Simon; la note de le Rebours, qui y est annexée, et qui annonce un projet d'arrêt favorable pour le suppliant, est datée du 9 avril 1707, et, au dos, une autre annotation indique que l'arrêt fut expédié le 19 avril.

IV

A DESMARETZ[1].

De la Ferté, ce 26 janvier 1708.

Vous voilà donc encore une fois ondoyé, Monsieur, et il ne vous manque plus que le nom suprême. Je ne m'amuserai point à vous faire une belle lettre pour vous témoigner ma joie de l'un, et mon desir de tout ce qui peut vous arriver de plus grand et de plus satisfaisant, pourvu que ce ne soit aux dépens de personne. Il y a trop d'années et de diverses années que vous savez ce que je suis pour vous et que vous me connoissez bien, pour que je n'aie pas droit de recevoir vos compliments à vous-même sur ce qui vous peut arriver d'agréable, et la permission d'ajouter aux miens ce *pourvu* que je n'ai pu me refuser, et sur lequel je crois pouvoir hardiment compter, en ne m'appuyant même que sur vous. Que j'ai d'impatience de vous voir entrer au conseil le mercredi aussi bien que le mardi, de vous embrasser de tout mon cœur, de vous dérober quelques moments pour causer un peu avec vous, quelque rares qu'ils aillent de plus en plus devenir, et pour vous dire à mon aise que je dispute de joie et de souhaits avec votre propre famille, personne au monde ne vous honorant, Monsieur, et ne vous aimant, permettez-moi le mot, plus que je fais.

Le duc de SAINT-SIMON.

Trouvez bon que je fasse ici mille et mille très-humbles compliments à Mme Desmaretz.

[1]. Archives nationales. Copie communiquée par M. A. de Boislisle.

V

A DESMARETZ[1].

Ce mercredi [5 septembre 1708].

Vous êtes assez occupé, Monsieur, pour qu'il ne soit pas étrange que vous soyez souvent enfermé : hier au soir et aujourd'hui sur le midi, deux fois, je n'ai pu avoir l'honneur de vous voir. C'est ce qui m'oblige de vous importuner de ce mot, pour vous demander que notre nouvel intendant d'Alençon[2] sache par vous-même que vous avez la bonté de vous intéresser en moi, de vouloir mettre fin aux mauvais procédés du sieur Bonnel, qui nonobstant vos ordres et ce que lui dit M. des Forcs au milieu de Fontainebleau, continue à se moquer de moi et à garder mon procès, et d'avoir la bonté de me mander si vous avez obtenu de M. de Torcy la permission de courre la poste en breline[3] pour, Mme de Saint-Simon et moi, aller et venir de la Ferté, comme vous avez eu celle de vous en vouloir bien charger. Comme je m'en vais ce soir à Versailles et samedi à la Ferté, j'ai besoin de cette réponse pour m'arranger dessus.

Pardonnez-moi, s'il vous plaît, Monsieur, ces bagatelles. Vous savez à quel point je vous suis dévoué.

Le duc de SAINT-SIMON.

1. Archives nationales. Copie communiquée par M. A. de Boislisle. — En marge on lit cette annotation du premier commis : « Le 5 septembre, Mgr le marquis de Torcy m'a dit qu'il avoit donné l'ordre pour les chevaux de poste, et qu'il l'avoit dit à M. le duc de Saint-Simon. »
2. De Bouville fils.
3. Voyez tome VIII, p. 245, et tome XVII, p. 332 et 333.

VI

A DESMARETZ[1].

De la Ferté, ce 8 octobre 1708.

Le nommé Baron[2], messager de Mortagne, et bon et honnête homme, étant mort sans avoir payé de polette, sa famille a recours à moi, Monsieur, pour vous supplier de la traiter avec bonté par une taxe d'office modique. Je puis vous assurer qu'autant que des gens de cette sorte peuvent se distinguer en probité et à servir utilement et avec honneur le public, ceux-là le sont, et apparemment continueront de l'être en continuant cette sorte de négoce. Il y a tant d'années qu'ils nous servent ici avec fidélité et avec amitié, que je ne puis que je ne m'intéresse très-véritablement en eux, et que je ne joigne ma reconnoissance à la leur de la bonté que vous aurez pour eux. Je vous le demande donc de tout mon cœur, Monsieur, et de bien compter toujours sur mon dévouement très-véritable.

M. Desmaretz.

Le duc de SAINT-SIMON.

VII

A DESMARETZ[3].

Vous avez trouvé bon, Monsieur, que j'eusse l'honneur

1. Archives nationales. Copie communiquée par M. A. de Boislisle.
2. *Baron* ou *Burou*.
3. Archives nationales. Copie communiquée par M. A. de Boislisle.

de vous envoyer le placet ci-joint[1] pour un jeune homme auquel j'ai véritablement raison de m'intéresser, et que vous avez déjà eu la bonté d'employer à la Monnoie, où je puis vous répondre qu'on en a été parfaitement content. Permettez-moi de vous faire souvenir du sieur Béguin, fermier général de la Ferté, pour lequel vous m'avez fait la grâce de me promettre de faire quelque chose de véritablement bon dès qu'il y en aura occasion. J'en aurai une reconnoissance très-sensible, et je vous supplie, Monsieur, de compter parfaitement sur mon dévouement très-véritable.

Ce mardi matin [1708].

Le duc de Saint-Simon.

VIII

AU COMTÉ DE PONTCHARTRAIN[2].

De la Ferté, ce 19 avril 1709.

Je reçois, Monsieur, avec une très-sensible reconnoissance les plus que très-obligeantes marques de votre souvenir et amitié sur mon silence, mon voyage et mon absence présente. Pour le voyage, j'en gémis en soupirant après. Ainsi le goût et la raison sont mal d'accord, et je vous assure que vous avez trop de part à mes regrets pour que vous n'en ayez pas beaucoup en mes dépêches de ces pays lointains, lesquelles feront ma principale consolation dans une terre si étrangère. Pour mon

---

1. Un placet du sieur Béguin, fermier de Saint-Simon, qui sollicitait un intérêt dans divers traités d'affaires extraordinaires et une place de fermier général au prochain renouvellement du bail des fermes.
2. Bibliothèque nationale. Copie communiquée par M. A. de Boislisle et revue sur l'original.

silence d'ici, les mêmes raisons qui vous engagent à être bien aise de mon absence m'obligent à me taire plus clausément encore que de coutume, puisque rien n'est si semblable à la fable du Loup et de l'Agneau que ce qu'il vous plaît d'appeler tracasseries. En me fermant la bouche je tâche à me fermer le cœur, et à faire en sorte que le diable n'y gagne rien, ni ses amis non plus à mon retour, que je vous avoue que je crains et que j'éloigne le plus qu'il m'est possible, pour trouver au moins tout vieilli et tombé, et n'avoir affaire qu'à moi-même, en quoi il m'en restera encore assez. Vous voyez que je ne cherche pas à me cacher à vous, et que malgré ma bile et mon silence, je m'adoucis avec vous. Aussi, Monsieur, seroit-il difficile de vous aimer plus véritablement et plus tendrement que je fais.

S. S.

M. le comte de Pontchartrain.

IX

A DESMARETZ [1].

[Mars 1710.]

Monsieur Desmaretz a bien voulu faire la grâce à M. le duc de Saint-Simon de permettre, sur les raisons qu'il lui a représentées, que le sieur le Pelletier fils et lieutenant du bailli de sa terre de la Ferté, ne payât point la taxe des aisés sur son ordre; cet homme n'a plus été poursuivi durant quelque temps, après quoi, les menaces ont recommencé; un second ordre les a arrêtées, et pré-

1. Archives nationales. Copie communiquée par M. A. de Boislisle.

sentement qu'il y avoit lieu d'espérer de l'obéissance de ceux qui lèvent cette taxe qu'ils n'inquiéteroient plus le sieur le Pelletier, il vient de recevoir un commandement de payer neuf cents [livres] tout à l'heure, et, à faute de ce, de recevoir garnison chez lui. M. le duc de Saint-Simon supplie donc très-instamment de vouloir bien donner promptement ordre à cette violence, d'une manière à ce que sa grâce, dès longtemps accordée, ait son effet, et qu'il n'en soit plus importuné à l'avenir.

Il a fait la grâce à M. le duc de Saint-Simon de lui accorder un arrêt pour empêcher à l'avenir les vexations et les usurpations du sieur de Brétignières, subdélégué à Verneuil de l'intendance d'Alençon, sur la terre de la Ferté, et pour la mettre pleinement, comme de tout temps, et suivant les provisions des charges, dans le ressort du subdélégué de Senonches. Cet arrêt, au lieu d'avoir été remis à M. le duc de Saint-Simon, a été envoyé à Monsieur l'intendant d'Alençon depuis peu, et il n'est pas inutile de remarquer que c'est depuis que le sieur de Brétignières en a eu connoissance que le commandement de payer sous peine de garnison a été fait au lieutenant de la Ferté. M. le duc de Saint-Simon supplie donc très-instamment Monsieur Desmaretz d'achever de le tirer, lui et les siens, des pattes de ce Brétignières, et de faire mander à Monsieur l'intendant d'Alençon de vouloir bien envoyer cet arrêt à M. le duc de Saint-Simon, et de vouloir bien, suivant cet arrêt, ne se servir en rien du ministère de Brétignières, ni de ceux de Verneuil, pour l'exécution de ses ordres dans la terre ni sur les officiers de la Ferté[1].

1. En marge, Desmaretz et son commis ont écrit : « M. Clautrier. Écrire à M. de Bouville. Faire copie. Fait le 24 mars. »

X

[Mars 1710[1].]

M. le duc de Saint-Simon a fait délivrer dès le mois de juin 1709, au port de Rochefort, des bois à lui appartenants, provenants de la Vergne près Blaye, pour la construction des vaisseaux de Sa Majesté, de la valeur de neuf mille cinq cents livres.

Plus, au mois d'août de la même année, il en a fourni pour six mille deux cent vingt-sept livres, neuf sous.

Plus, au mois de mars 1710, il en a fourni pour cinq mille trois cent trente-huit livres, dix-huit sous, huit deniers.

Et au mois d'avril dernier, il en a encore fourni pour une somme considérable, que l'on décharge actuellement audit port de Rochefort.

Lesquels bois M. le duc de Saint-Simon a fait couper et façonner en bois de construction, et les a fait conduire de Rochefort à ses frais et dépens, pour quoi il a fait des avances très-considérables.

Et quoique, par le traité, il ait été convenu que ces bois seroient payés à fur et à mesure de la livraison, cependant M. le duc de Saint-Simon n'en a pu encore rien recevoir, le sieur de Vanolles, trésorier général de la marine, n'ayant voulu donner en payement que deux assignations du trésor royal sur M. Dodun, receveur général de Bordeaux, dont les copies sont ci-jointes, l'une de neuf mille cinq cents livres, qui est échue il y a longtemps, et l'autre de quatre mille cinq cent cinquante livres, payable au mois de juin, desquelles il ne peut être payé, M. Dodun disant qu'il n'a point de fonds.

M. le duc de Saint-Simon prie très-humblement M. Desmaretz d'avoir la bonté de lui faire payer de quelques-unes de ces assignations ; il lui en sera fort obligé.

1. Archives nationales. Copie communiquée par M. A. de Boislisle. — Cette note n'est point écrite de la main de Saint-Simon, mais elle a dû être dictée par lui. On reconnaît son écriture dans le mot *assignations* corrigeant à deux reprises le mot *rescriptions*. — Le premier commis, chargé des états de distribution, a écrit en marge : *Attendre*.

XI

[1710¹.]

M. le duc de Saint-Simon a été averti que le traitant chargé du recouvrement des droits d'enregistrement des titres de propriété des domaines du Roi aliénés vouloit donner une requête au conseil en interprétation de l'arrêt qui y a été rendu le 20 décembre dernier, qui décharge les tenanciers et censitaires du fief de Saint-Louis de la Rochelle, appartenant à M. le duc de Saint-Simon, du droit d'enregistrement des titres de propriété de ce qu'ils possèdent dans l'étendue dudit fief.

M. le duc de Saint-Simon supplie M. Desmaretz d'avoir la bonté, si ce traitant présente sa requête, d'ordonner qu'elle lui soit communiquée : il lui en sera fort obligé.

XII

AU COMTE DE PONTCHARTRAIN².

De la Ferté, ce 1ᵉʳ novembre 1711.

Il faut, Monsieur, de la patience partout, mais ici moins qu'ailleurs. Deux sangliers bien accompagnés, trois turbots, quantité de soles et de crabes³ excellents et d'huîtres m'ont tenu compagnie, au lieu de deux paresseux qui, par l'événement, ne se seroient pas trop

---

1. Archives nationales. Copie communiquée par M. A. de Boislisle. — Cette note n'est point autographe.
2. Bibliothèque nationale. Copie communiquée par M. A. de Boislisle et revue sur l'original.
3. Ici encore l'orthographe de Saint-Simon est *crables*. Voyez tome XII, p. 241 et note 1.

repentis d'être venus par le changement du temps; mais il étoit si horrible, que c'est pour leur poltronnerie une excuse légitime. Le comte de Chamilly a été plus hardi; aussi ne vient-il que de sa campagne, où il retourne, à dix lieues d'ici.

Puisque vous vous êtes séparé de M. des Granges, vous ne pouviez faire un meilleur ni un plus agréable choix pour le remplacer, ni pour succéder aussi à M. de la Chapelle. Je vous félicite, Monsieur, d'avoir si bon à prendre, et je vous rends mille très-humbles grâces de l'honneur de votre souvenir. J'attends demain Mme de Saint-Simon de bonne heure, qui est présentement à Pontchartrain.

S. S.

M. le comte de Pontchartrain.

XIII

AU COMTE DE PONTCHARTRAIN [1].

De la Ferté, ce 15 novembre 1711.

Quoique Mme de Saint-Simon soit encore ici, Monsieur, je ne laisse pas d'obéir à vos ordres, en répondant à votre lettre. Nos nouvelles ici, comme partout ailleurs, je crois, sont pluies et fanges énormes, misère sans fond et friponneries sans mesure. Tout cela n'est pas divertissant, et si peu, que je me hâte d'achever de planter, pour,

---

1. Bibliothèque nationale. Copie communiquée par M. A. de Boislisle et revue sur l'original. — Pontchartrain a annoté ainsi cette lettre : « Réponse. Amitié. Ne dit point précisément le temps de son retour. Mme la duchesse de Saint-Simon est arrivée ici en bonne santé. Je ne l'ai point encore vue. »

aussitôt après, me mettre en terrain sec à Versailles, et tâcher d'y faire chorus avec les autres de réjouissance anticipée, que je désire plus que nul autre voir bientôt réalisée par une bonne, ferme, solide et durable paix, et par les usages qui en doivent être faits si on veut la rendre consolante et utile. Puisque vous m'appelez campagnard, je vous réponds en campagnard, c'est-à-dire avec la franchise rustique, comme si j'ignorois que c'est pour le sanctuaire de la cour. De peur d'aller plus loin, je tranche court, en vous assurant que je suis autant à vous, Monsieur, qu'il m'est possible de vous l'exprimer.

S. S.

M. le comte de Pontchartrain.

XIV

AU COMTE DE PONTCHARTRAIN[1].

De la Ferté, ce 23 novembre 1711.

J'achève ici mes plans, Monsieur, et les ravauderies que le temps fâcheux de plus d'une sorte permet de se proposer, après quoi j'irai retrouver le séjour des dieux de ce monde à Marly, le 30, si on y va ce jour-là, sinon à Versailles, trois ou quatre jours plus tard. Voilà ma marche. Faites en sorte, s'il vous plaît, que je n'y trouve plus ni M. d'Huxelles ni abbé de Polignac, et que les voyages précédents soient ôtés des fastes de ce siècle.

Mme de Saint-Simon aura suppléé à ce que j'aurois pu faire auprès de vous en faveur de M. de Moyencour, qui

---

1. Bibliothèque nationale. Copie communiquée par M. A. de Boislisle et revue sur l'original.

se marie à la Martinique, et l'aura fait avec avantage, à ce que j'espère, pour votre protection immédiate et médiate. Trouvez bon que je vous en remercie très-humblement par avance, en vous assurant, Monsieur, de tout ce que je vous suis.

S. S.

M. le comte de Pontchartrain.

XV

A DESMARETZ [1].

De Paris, ce 9 mars 1712.

On ne peut être plus reconnoissant que je le suis, Monsieur, de l'attention obligeante que vous me voulez bien témoigner par l'honneur de vos lettres des 6 et 7 de ce mois, que j'ai reçues hier après midi et ce matin, avec la copie de l'arrêt que vous m'avez fait la grâce de m'accorder contre les entreprises du sieur Bretignières, et d'un extrait de lettre par laquelle je vois les ordres que vous avez eu la bonté de donner à l'égard du boucher de la Ferté, maintenant à couvert des vexations qui nous alloient priver de cette grande commodité. Recevez-en, s'il vous plaît, mes très-sincères remerciements, et les assurances aussi véritables que je suis parfaitement, Monsieur, votre très-humble et très-obéissant serviteur.

Le duc de Saint-Simon.

M. Desmaretz.

1. Copie prise sur l'original, appartenant à M. le baron F. de Schickler.

XVI

A DESMARETZ[1].

De la Ferté, ce 23 mars 1712.

Je croyois enfin être en sûreté sur mon boucher d'ici, Monsieur, et qu'après les derniers ordres précis que vous aviez eu la bonté de m'accorder là-dessus, et dont vous m'avez même fait la grâce de m'envoyer l'extrait de la réponse du traitant, pleine de soumission à ce que vous lui prescriviez, il ne feroit plus de poursuites par lui ni par ses sous-traitants. Cependant ils n'ont pas laissé de continuer, et de faire exécuter les meubles de ce boucher, nonobstant qu'il se défendît par la lettre que vous m'avez fait l'honneur de m'écrire, et l'extrait y joint dont je viens de parler, et n'ont voulu s'arrêter pour rien. Comme j'allois dîner aujourd'hui, sont arrivés trois huissiers chargés pour le nommé Clouet, intéressé dans cette affaire, et munis d'une légende de noms de gens à exécuter, signée de Monsieur l'intendant, dans laquelle ils ont fait mettre ce boucher par surprise, puisque M. Boileau ayant votre lettre susdite entre les mains, Monsieur l'intendant ne peut ignorer ce que vous m'avez fait la grâce de m'accorder là-dessus. J'ai mandé aux huissiers de me venir parler, qui l'ont fait honnêtement. J'ai pris la peine de leur expliquer tout le fait, et je leur ai dit que, les choses en cet état, je ne souffrirois pas qu'ils procédassent à la vente des meubles, qu'ils pouvoient dire à Clouet qu'il est un fripon, et s'assurer que j'en écrirois à Monsieur l'intendant et aurois l'honneur de vous en rendre compte. J'ai ajouté que s'ils avoient des contraintes à exercer dans le bourg sur d'autres gens,

---

[1]. Bibliothèque V. Cousin. Copie prise sur l'original.

ils les pouvoient exercer en toute liberté, parce que je n'ai point de défense de vous que pour ce boucher. Ils se sont retirés sans rien vendre du boucher et sans rien faire contre personne de la Ferté, parce qu'il n'y avoit du lieu que ce boucher sur leur liste.

J'ai cru, Monsieur, vous devoir cette information, et ne devoir pas demeurer la dupe de la friponnerie, de l'opiniâtreté et de la désobéissance d'un traitant que rien n'arrête. Permettez-moi de vous dire, puisque l'occasion s'en offre, que c'est de cette sorte de pillage à frais redoublés, sur des gens déchargés, mais qui n'ont pas la force de se défendre, que ces traitants s'enrichissent, et que les provinces sont désolées, et que comme il faut obéir aux édits et aux arrêts que vous rendez, et que qui y contreviendroit seroit avec raison rigoureusement puni, aussi est-il juste que ceux qui, de droit ou de grâce, sont par vous affranchis d'une taxe jouissent sans vexation de ce bénéfice, et que ceux qui, avec connoissance de leur affranchissement, ne laissent pas de les exécuter, etc., soient pareillement rigoureusement châtiés. Cela parle tellement de soi-même, pour la sûreté, le respect de vos ordres, et la justice, que je me retranche tout court à vous en supplier en cette occasion, qui mettoit ce boucher en chemise et à l'aumône, dont il est déjà bien proche par les vexations qu'il souffre depuis trois ans, et hors d'état d'en relever si le hasard ne m'eût fait trouver chez moi.

Bien des pardons, Monsieur, de vous importuner d'une si longue lettre, et si futile par proportion aux affaires qui vous occupent, mais par rapport aux miennes celle-ci en est une pour moi, qui suis plus parfaitement, Monsieur, que personne votre très-humble et très-obéissant serviteur.

Le duc de Saint-Simon.

M. Desmaretz.

XVII

A CHAMILLART [1].

Paris, ce 9 août 1713.

Il est vrai, Monsieur, que je suis très-occupé, puisque je n'ai pu trouver encore le temps d'avoir l'honneur et le plaisir de vous écrire, mais ce n'est rien moins que la cour. Il n'a fallu finir l'affaire de M. de Lausbespine et lui compter cinquante mille écus, ce qui n'est pas trop aisé ; mais enfin je suis sorti de ses griffes pour n'en jamais plus ouïr parler. En même temps, il m'a fallu courir après vingt juges et essuyer la lie de la plus fine et de la plus impudente chicane de MM. Nicolaï, de Seuil et Dorieux, qui s'étoient si bien accoutumés à se rouler sur mon argent, depuis vingt-huit ans qu'ils l'ont, qu'il n'est sorte d'infamie qu'ils n'aient mis en usage pour le garder. En fin finale, j'ai eu ce matin un arrêt diffinitif [2] à ce que dans six mois, pour tout délai, les bonnes gens me rendent gorge, et je vous promets bien de leur serrer le gavion comme il faut. Il faut que tous ces diables-là m'aient fait faire plus de cinquante lieues sur le chemin de Marly depuis qu'on y est. Nous y retournons demain harassés comme des chevaux de poste ; j'espère avoir maintenant le temps de respirer.

Fontainebleau, fixé le 30 pour durer vingt-sept jours, me fait encore enrager pour la Ferté, et le temps inouï qu'il fait achèveroit de me désespérer s'il n'amortissoit mon envie ordinaire d'aller chez moi. Je compte que ce

---

1. Cette lettre, tirée des archives du château de Courcelles-la-Suze, dans le Maine, appartenant à M. de Chamillart, marquis de la Suze, a déjà été publiée, l'an dernier, au Mans, par M. Henri Chardon, membre du conseil général de la Sarthe.
2. Voyez tome X, p. 108 et note 1.

sera à la fin de septembre, au hasard de l'arrière-saison, qui, au pis-aller, ne peut être plus fâcheuse que celle-ci. Comme il sera trop tard pour qu'au partir de chez moi M. d'Englesqueville vous trouvât chez vous, je vais lui écrire pour lui persuader d'y aller à temps de me venir trouver à la Ferté à mon arrivée. Il s'est si très-bien trouvé de son premier voyage que je ne doute pas qu'il ne fasse le deuxième avec bien du plaisir, pour peu que cela lui soit possible, car il bâtit maintenant chez lui fort et ferme. Je me représente votre grange ôtée avec un effet charmant, n'en déplaise aux mangeuses de muscat, que je salue en tout respect et affection, mais pour le coup, il faut qu'elles avouent que je suis moins gourmand qu'elles.

Vous êtes excellent de vous souvenir encore avec aise de notre aventure Listenique[1]. Premièrement, ces sortes d'égueulées qui ont un sexe et un nom m'étourdissent toujours, et puis vous saurez quelque jour pourquoi je fus si stupide. Je l'eusse été alors avec une maîtresse, jugez de ce que je pouvois être avec une si vilaine et si halbrenante femelle. Pour achever ma journée, il me fallut promener et nous tombâmes au fin milieu de la joyeuse troupe de Madame la Duchesse. Oh! riez-en tout votre saoul, car je vous vois d'ici en rire et que les épaules vous vont; je ne sais pas, moi, comment je n'en suis pas mort de dépit et de colère, car j'y rentre encore y pensant.

Après toutes ces folies que vous me permettez avec vous, je me réjouis de la grossesse de ma grande biche, car c'est une bonne chose que la paix de la maison et une autre bonne chose qu'un second fils, pourvu que son benoît père ne lui laisse pas plus de dents que de pain. Je suis comme vous en peine des chemins; faites-moi la grâce de me mander des nouvelles de son arrivée.

J'ai été à la noce dont vous me parlez, qui fut triste à

---

[1]. C'est-à-dire, sans doute, concernant la famille de Listenoi.

merveilles. Que votre souhait est chrétien et judicieux! *sed non bis in idem*, en bien comme en mal. Il a si fort voulu se remarier que le père et la mère ont mieux aimé en sauter le bâton pour régler tout eux-mêmes que le laisser faire après eux. Ce parti est si bon qu'il en est surprenant, et je pense qu'elle les régentera tous à merveilles.

De nouvelles, je n'en sais point d'ici; honorez-moi des vôtres et de celles de vos dames et de vos amusements, puisqu'il ne se peut rien ajouter, Monsieur, à mon entier dévouement pour vous.

Le duc de Saint-Simon.

XVIII

AU COMTE DE PONTCHARTRAIN [1].

De la Ferté, ce 12 novembre 1713.

Vous voulez donc, Monsieur, qu'un solitaire vous écrive; mais un solitaire ne peut guère dire que des choses tristes ou importunes. Pour faire ma charge, vous saurez que le pauvre petit frère Chanvier est mort d'apoplexie à Buonsolazzo, dont je m'assure que vous serez fâché, et Monsieur le chancelier aussi. Pour moi, je le suis véritablement. L'oisiveté, la graisse ni la bonne chère ne lui ont pas procuré ce genre de mort. Cependant c'est franche apoplexie. Voilà pour le triste; venons à l'importun. Ce

---

1. Bibliothèque nationale. Copie communiquée par M. A. de Boislisle et revue sur l'original. — Pontchartrain a écrit en haut de cette lettre : « Réponse. Amitié. Badiner. J'ai fait voir sa lettre à Monsieur le chancelier, qui est très-fâché, aussi bien que moi, de la mort du frère Janvier. Au surplus, sur le dernier article, le Roi n'en donne point cette année, et il nous en manque. »

sont quelques forçats pour le sieur de la Chesnais, capitaine au régiment d'Aunis au Quesnoy, pour lequel vous m'avez fait cette grâce déjà une ou deux fois. Peut-être est-ce trop souvent, peut-être est-ce trop tard. Si cela se peut, très-grand merci; sinon je n'entends pas vous rendre la vie dure ni vous pressurer, parce qu'outre la bienséance, les choses et leurs desirs ont leurs degrés. Si on est ennuyeux, au moins faut-il ne l'être guère. Pavanez-vous bien dans vos nombreuses pièces, en lieu où armoires sont salles et salons aux autres, et me tenez à vous, Monsieur, tout ce qui se peut. Cela est court, mais bon et vrai.

S. S.

M. le comte de Pontchartrain.

XIX

AU DUC D'ORLÉANS[1].

Paris, le 4 avril 1714.

Les limbes sont insupportables, et je n'y puis plus résister : quelque fâcheuse que vous soit la proposition d'écrire, un petit mot, Monseigneur, je vous en conjure. Cela ne m'arrive pas souvent. Où en est Votre Altesse Royale? a-t-elle parlé? a-t-elle ravalé? Si ravalé, est-ce sans retour et sans étouffer? si parlé, comment reçu? Qu'est-ce que c'est donc que les amendes honorables faites à d'Aubigny pour sa maîtresse et pour Orry individuellement par le Berwick, jadis si roide, et chez le petit

---

1. Cabinet de M. Feuillet de Conches. Copie revue sur l'original. M. A. Baschet a publié cette lettre et la réponse qui suit dans son livre sur Saint-Simon, p. 386-390.

pot à miel, et l'audience si caressante dudit Aubigny dans le cabinet du Roi ? Comment cela se lie-t-il avec le vrai motif de l'envoi de cet Anglois ? Et puis, autre contraste, tout cela demeure court. Ni troupes, ni ambassadeur. M. de Brancas ne revient plus ; on crie, on est mécontent d'Espagne, et sous le nom générique on fait tomber la colère sur un zéro sans existence et sur une nation étrangère dans son propre pays, pour détourner tout de sur les seuls coupables. Qu'est-ce que tout cela ? Ne profiteriez-vous point d'une réelle conjoncture pour mettre le doigt sur la lettre, et vous ôter du pied une épine qui vous pique sans cesse en attendant pis ? Mes ténèbres me font enrager ici, et je crains votre inaction dans des temps de crise où les instants sont précieux. Je ne sais combien durera mon exil de la cour et ma séparation du monde, qui me tient à l'écart de tout. J'attrape des faits secs et crus à travers les fentes des portes, et j'en demeure là en petillant. Ainsi donc un mot, qui pourtant ne soit pas monosyllabe. Le porteur ne sait point ce dont il est question, mais je suis assez libre avec lui pour le prier de rendre ce mot à Votre Altesse Royale et de se charger de sa réponse, avec laquelle je la supplie de me renvoyer cette épître avec la liberté qu'elle me permet. C'en seroit trop prendre de vous supplier de faire ma cour à Mme la duchesse d'Orléans, et d'en appeler à elle si vous ne tirez point quelque parti de tout ceci. En voilà assez pour un importun, qui veut qu'on parle et qui desire qu'on écrive : deux choses qu'on n'aime guère, l'une indispensable en politique, l'autre charité, Monseigneur, que mérite un ténébreux serviteur aussi respectueusement attaché et dévoué que je le suis à Votre Altesse Royale.

XX

RÉPONSE DU DUC D'ORLÉANS A SAINT-SIMON[1].

Versailles, ce jeudi au soir, 5 avril.

Vos limbes, Monsieur, me sont plus nuisibles qu'à vous, car outre le plaisir de vous voir, vous m'avez bien fait faute pour être informé de bien des choses que j'ai eu grand'peine d'arracher à demi. Quant à moi, j'avois parlé dès le jour que vous partîtes. On[2] me reçut plus froidement que la première fois, mais pourtant bien. On me dit que le Barwick[3] ne trouveroit pas les choses bien disposées pour ce que je demandois; je répondis qu'il n'y avoit d'opposition que dans la personne qui en mettoit à toutes les volontés de celui par le seul crédit duquel elle se soutenoit. La conversation fut plus longue, mais toujours ne paroissant pas content de ladite dame. Le Barwick, à qui je parlai le même jour, me parut bien disposé, hors sur le principal article, à savoir l'expulsion totale, résolu pourtant de faire ici toutes les questions importantes, et que de lui-même il avoit rangées par écrit tout comme j'aurois pu faire. Quant à l'audience du Roi et à l'entrevue chez le *pot à miel*, je crois que la cabale avantageuse a menti sur l'un et sur l'autre, mais non pas totalement. J'étois à celle du Roi, Pontchartrain étoit l'introducteur; présenté Torcy, elle fut courte. Le Barwick m'a dit sur la sienne que don Louis faisoit la charge de bon valet, blâmant ce qu'il ne pouvoit excuser. Ce dernier courrier a tout changé sans que j'en aie pu démêler la vraie cause; seulement le Barwick m'a dit qu'il n'étoit pas juste que tous les efforts fussent de ce côté-ci et rien de l'autre. C'est sur ce point important et cette circonstance, peut-être bonne, peut-être non, que je me suis désolé de ne vous point avoir pour raisonner et vous envoyer un peu aux nouvelles; mais comme Mme d'Orléans (à qui j'ai lu votre lettre), ni moi, ne craignons point la rougeole, si vous vouliez bien vous transporter dimanche jusqu'à Saint-Cloud, nous irons tous deux seuls, et

---

1. Cabinet de M. Feuillet de Conches. Copie revue sur l'original.
2. Le Roi.
3. Le maréchal de Berwick.

nous pourrons raisonner avec vous, chose très-nécessaire. Je serai à Saint-Cloud entre 4 et 5, et peut-être en pourrons-nous savoir davantage.

A M. le duc de Saint-Simon, mon cousin.

XXI

AU ROI[1].

CHOSES CONCERNANT LE VOYAGE DU CARDINAL DEL GIUDICE À PARIS ET LE PROJET DE CELUI DU DUC DE BERWICK À MADRID. 1714[2].

Sire,

Je ne puis cacher plus longtemps à Votre Majesté mes inquiétudes sur le voyage bizarre et si inopiné du cardinal del Giudice dans le même temps qu'il se peut dire que votre ambassadeur est chassé honteusement de Madrid, et qu'on vous a refusé d'y recevoir celui que Votre Majesté avoit résolu d'y envoyer. Il est public dans votre cour que cette résolution si subite a été prise sur les avis de la cabale d'ici de Mme des Ursins, justement alarmée de sa dernière démarche après tant d'autres si étranges à l'égard de Votre Majesté, à l'égard de la paix et à l'égard des Espagnols, qu'elle achève de désespérer depuis la mort de la Reine.

Tant de choses mises ensemble ont fait vivement

---

1. Cabinet de M. Feuillet de Conches. Copie communiquée par M. Amédée Lefèvre-Pontalis et revue sur l'original. M. A. Baschet a publié ce mémoire et le suivant dans son livre sur Saint-Simon, p. 396-418. C'est pour le duc d'Orléans que Saint-Simon les a écrits ainsi que notre n° XXIV.
2. Ce titre est sur une petite bande de papier jointe au mémoire.

sentir à ses amis d'ici que Votre Majesté cesseroit enfin de laisser croire aux Espagnols qu'elle la protége, et que sa ruine suivroit nécessairement de là, et qu'il n'y avoit qu'une démarche également prompte, hardie et éclatante qui la pût tirer d'un si grand danger en donnant à Votre Majesté tout l'extérieur du respect par l'envoi *d'un personnage* dont le caractère le fera écouter et considérer, et une satisfaction apparente en abandonnant Orry, tandis que ce respect même est bien affoibli, puisqu'ils vous envoient ce cardinal sans que vous en sachiez rien et aussitôt après vous avoir refusé M. de Berwick, et qu'en abandonnant Orry, ils vous font un sacrifice également vil et nécessaire pour conserver celle à qui des Orris ne manqueront jamais, et qui n'ayant jamais cessé de s'opposer à toutes vos volontés depuis que Votre Majesté l'a affermie dans l'autorité pleine dont elle a joui, ne changera pas sans doute de conduite dans un temps où, ceci sauvé, elle en aura moins besoin que jamais.

C'est elle, Sire, qui enseigne au roi d'Espagne l'ingratitude envers Votre Majesté, et qui lui ôte jusqu'aux mouvements de la nature par la captivité où elle le retient, c'est elle qui, à l'exception de deux, dont l'un lui a obéi aveuglément et l'autre en obtint, en arrivant, la grandesse, s'est brouillée avec tous ceux qu'à quelque titre que ce soit vous avez envoyés en Espagne, et dont l'art est tellement fatal à votre gloire, que toute l'Europe met sur le compte de Votre Majesté tout ce qui se passe en Espagne, comme elle l'a vu lors de la paix, que l'Espagne en gémit jusqu'à jeter des pierres aux François et s'arrête dès que votre ambassadeur parle publiquement en votre nom, ce qui lui devient un crime envers le gouvernement, et que tandis que Votre Majesté porte cette iniquité, elle éprouve au péril de son État et au manque de respect de sa personne, qui a mis, et plusieurs fois remis la couronne sur la tête de son petit-fils, et toute-puissance en main de Mme des Ursins, vous éprouvez, dis-je, qu'il n'est souverain ni particulier qui ait moins, non pas d'autorité, mais de crédit, en Espagne, que vous y en avez en toute espèce de choses.

Après cet intérêt si sensible de votre gloire, il y en a un autre qui me force à vous parler, non comme à mon souverain et à mon oncle, mais, s'il m'est permis de le dire, comme à mon père, qui m'a comblé de biens, et de qui les biens ne me sont agréables qu'autant que je les tiens de lui. Et plût à Dieu, Sire, qu'aux dépens de mes jours, votre personne sacrée fût immortelle comme votre nom glorieux. Mais Votre Majesté, ayant pensé à un avenir qui n'a rien de funeste que pour ceux qui le verront, est condescendue pour le bien et la nécessité de la paix d'accepter le parti des doubles renonciations qui excluent également et respectivement la branche d'Espagne en France et celles de Berry et d'Orléans de la couronne d'Espagne, à quoi le roi votre petit-fils s'est porté pendant le voyage de Mme des Ursins à Barrége, avec une franchise dont sa lettre à M. le duc de Berry fait foi. Cependant, Sire, ce n'est pas le compte de Mme des Ursins ni de la cabale, qui lui est ici si unie, et qui a la hardiesse de débiter que ce n'est pas aussi l'intention de Votre Majesté, avec tant d'art et de succès que chacun craint de paroître attaché à M. le duc de Berry et à moi, et que cette contagion passe de la cour dans les provinces et dans le reste de l'Europe. De plus, Sire, si les Espagnols, outrés au point qu'ils sont, et qu'il est peut-être de l'intérêt et des desseins de Mme des Ursins de continuer de pousser à bout, se portoient, dans des temps où ils n'auroient plus rien à craindre, à chasser un roi que leur fidélité si mal reconnue a retenu dans d'autres, Votre Majesté n'ignore pas qu'un droit acquis, quel qu'il soit, sur une couronne ne se pardonne jamais, et que par conséquent M. le duc de Berry et moi et nos enfants serions réduits à une condition bien déplorable. C'est assez en dire à Votre Majesté pour lui faire envisager tout et pour toucher un cœur aussi grand et aussi bon que le vôtre sur sa plus proche famille, qui n'avoit jamais imaginé rien d'approchant à l'événement des doubles renonciations, qui n'y est entrée qu'en sujets obéissants et en tout soumis à vos ordres, et qui certainement privés de l'Espagne par l'horreur du pays pour un gouvernement qu'il auroit secoué, se trouveroient exposés ici aux plus redoutables malheurs et aux plus inévitables, sans qu'il y eût de leur faute.

Le remède, Sire, est en vos mains puissantes, et conforme a l'équité, à la bonté de votre naturel, à la gloire de votre nom et à la justice que Votre Majesté se doit à elle-même, et aux Espagnols opprimés par une femme qui a persécuté tous ceux qui ont eu part au testament du feu roi d'Espagne, qui n'a souffert dans le conseil que le seul homme qui s'y soit opposé, qui n'a mis dans tous les emplois que des étrangers et nuls François, qui a changé en entier toute la constitution du gouvernement d'Espagne, qui tient votre petit-fils dans une captivité également honteuse et périlleuse, au milieu d'un très-petit nombre d'étrangers à elle, inaccessible à tout autre pour quoi que ce puisse être. Avec elle tombera sa cabale d'ici et les dangers sur les renonciations ; avec elle tombera la haine et le désespoir des Espagnols, qui, ravis de posséder leur roi et de revoir leur gouvernement entre leurs mains, ne se départiront jamais de la fidélité qui l'a deux fois conservé sur le trône ; avec elle tomberont tous les dangers deçà et delà les Pyrénées, et la crainte perpétuelle de ses cabales et d'un mariage dont M. le duc de Berry vous a représenté tous les inconvénients, qui sont infinis et que Votre Majesté a sentis à merveilles, mais qu'il est plus court de saper par les fondements que de se voir exposé sans cesse à lutter contre. Avec elle tombent toutes les difficultés du dedans et du dehors sur la paix, la honte de l'État qu'elle se vouloit faire donner, et les tracasseries perpétuelles d'affaires, de fortunes et d'intrigues de cour. Votre Majesté se justifie de la seule manière qui puisse lui convenir aux yeux de toute l'Europe, et se regagnera ainsi le cœur de toute l'Espagne délivrée par sa générosité, et bientôt après le roi, son petit-fils, rendu à soi-même.

Les moyens, Sire, sont aisés pour arriver à tant de fins si desirables : il n'y a qu'a être sourd à la sirène, ne point agir, et compter pour rien les souplesses de l'Italien le plus adroit et le plus rompu aux affaires de cour qui soit dans sa nation, dont sa fortune et celle de son frère sont de bons garants, puisqu'ils se sont élevés si tôt et si haut d'une naissance plus qu'obscure. L'archevêché de Tolède est le prix de son voyage, et il a ici de puissants soutiens : ainsi au fait de tout et conduit à souhait, ses efforts ne seront pas médiocres. Mais si Votre Majesté tient ferme à délivrer son petit-fils et l'Espagne, et à affranchir la France des malheurs qui la menacent, sa supériorité en tout genre déconcertera le cardinal et toute la cabale, et la délivrera pour jamais d'une fatale importunité, en déclarant que tant que Mme des Ursins et tous ses étrangers qui ne tiennent point à la monarchie d'Espagne ne seront pas éloignés, et Mme des Ursins en Italie, Votre Majesté ne se se mêlera de quoi que ce soit, et laissera faire les Catalans, en rappelant même ses sujets qui servent en Espagne. En faisant passer cette résolution à Madrid et en s'y tenant entièrement fermée, il faut que Mme des Ursins quitte la partie ou soit mise en pièces en Espagne, ce qu'elle n'hasardera[1] pas.

Si mon intérêt étoit différent de celui de la gloire et du repos de Votre Majesté, de l'intérêt si pressant de ses deux petits-fils, de celui des deux monarchies, je serois, Sire, plus réservé à vous parler; mais les choses venues au point où elles sont, je croirois manquer à la fidélité, à la reconnoissance et à toutes sortes de devoirs, si après avoir donné une si longue preuve de ma patience à l'égard de Mme des Ursins, je ne rompois le silence quand

---

1. Voyez tome IV, p. 174, tome V, p. 141, tome VI, p. 17, etc.

il s'agit de tout perdre pour la conserver, après une si ample expérience qu'il ne sert de rien de la laisser entièrement la maîtresse, sinon pour gâter entièrement tout, comme sans contradiction elle a fait depuis qu'elle n'a plus eu de contradicteurs.

Au nom de Dieu, Sire, que votre sang, que votre autorité, que votre gloire, que les monarchies qui vous sont commises vous soient plus considérables que M⁽ᵐᵉ⁾ des Ursins; il ne s'agit point de la perdre ni de la châtier selon ses mérites, il n'est question que de délivrer le monde de ses enchantements, et de l'envoyer jouir à Rome des trésors qu'elle a amassés, et l'empêcher par une plus longue administration de devenir le fléau de votre plus proche famille et la destruction de la France et de l'Espagne.

Pardonnez, Sire, à mon zèle encore plus qu'à mon intérêt, quelque pressant qu'il soit. Vous êtes le seul à qui je puisse et me veuille adresser, comme vous êtes le seul qui avez en main le remède, et qui seul êtes capable de rompre tous les filets qui de toutes parts vous sont tendus de loin et de près. Toute ma confiance dans Votre Majesté n'a jamais été trompée, et dans cette espérance, qui me fait tout attendre[1]....

XXII

AU ROI[2].

MÉMOIRE.

Des raisons très-pressantes m'obligent d'informer Votre Majesté de ce que j'apprends avec certitude depuis que

1. Après les points, Saint-Simon a ajouté : « écrit en 1714. »
2. Cabinet de M. Feuillet de Conches. Copie communiquée par M. Amédée Lefèvre-Pontalis et revue sur l'original.

j'ai eu l'honneur de lui écrire, et de lui parler de Mme des Ursins, dont les faits sont très-courtement éclairés par ce petit mémoire.

M. le cardinal del Giudice fait sonner fort haut qu'il a défense de me voir et s'en explique de manière à renouveler tout ce que Mme des Ursins fomente avec tant de soin dans l'esprit du monde pour me rendre odieux. Votre Majesté voit avec quelles instances je l'ai conjurée de faire éclaircir tout ce qui s'est présenté, et avec quelle affectation de mystère on ne cesse de se conduire en Espagne pour entretenir les idées qui conviennent à Mme des Ursins, et qu'elle fait maintenant soutenir dans leur décadence par un personnage dont le poids et la nouveauté rendra l'un et l'autre à ces choses, qui sans cela tomboient enfin d'elles-mêmes. Tout ce qui forme ici la cabale de Mme des Ursins et qui conduit le cardinal del Giudice, tient le même langage sur moi avec une liberté que sa présence leur donne lieu de pousser fort loin, et que le caractère ou les emplois de la plupart de ces gens fait recevoir avec considération ce qu'ils avancent, et surtout avec crainte de paroître n'être pas de leurs sentiments. Mais ce qui me touche le plus vivement, c'est l'opinion que la place de quelques-uns d'eux donne de l'uniformité de leurs pensées avec les vôtres, des apparences dont tout cela se couvre, et de l'impossibilité où je me trouve d'opposer aucune vérité à ces artifices, que l'on sème avec une autorité qui achève de me perdre.

Le cardinal compte de rester ici le plus qu'il pourra, et compte publiquement de faire le voyage de Fontainebleau. Marly le tient un peu séparé de tout ce qui n'est point la cabale de celle qui l'envoie ; Versailles sera peu suivi, et ne le mettra pas encore au fil de l'eau ; mais Fontainebleau le fera nager au milieu de la cour, où sa cabale le faisant valoir à l'appui de ce qu'il est, l'initiera dans tout, et mettra un homme aussi adroit, aussi fin et aussi rompu qu'il l'est, à portée d'agir immédiatement par lui-même, et de former les intrigues pour lesquelles il est venu.

Vous le dirai-je, Sire, et vous aimant et vous respectant aussi parfaitement que je fais, serai-je toujours forcé par l'oppression étrangère à vous dire des choses que je me cache à moi-même, qui puissent devenir possibles même aux temps les plus reculés? Le projet de Mme des Ursins pour ces temps qu'on ne peut envisager sans horreur est de laisser une régence à Madrid, et que le roi d'Espagne, avancé dès lors sur la frontière suivant les nouvelles de cette cabale, arrive en personne à Paris, pour y disputer à M. le duc de Berry ce qui lui devra appartenir alors. Depuis ce projet la reine est morte, et comme son nom et l'appui de sa maison n'étoient pas un petit objet, il ne faut pas moins qu'un cardinal aussi délié et aussi abandonné à Mme des Ursins, pour remettre les choses en ordre, s'informer de tout, prendre des mesures de toute espèce, en un mot, pour ne rien omettre de tout ce qui est possible pour l'exécution d'un tel projet. S'il s'exécute, Sire, où en sommes-nous, M. le duc de Berry et moi? que deviennent les renonciations, les traités, les serments? quel sera le sort de vos volontés sur vos enfants, sur votre famille, sur vos sujets? Et tout cela par l'ambition démesurée et sans exemple d'une femme qui ne se soucie de régner despotiquement en Espagne que pour se frayer un chemin de domination dans son pays, au mépris de toutes les lois divines et humaines. Ce n'est pas d'aujourd'hui que ces desseins me sont connus, et je suis demeuré dans le silence; mais comment se taire dans ces extrémités, et tandis que je vois avec quel concert, quelle suite et quel succès tout s'arrange, se prépare et se conduit pour une exécution certaine, parce que vous l'ignorez et que vous seul y pouvez apporter le remède.

Le plus prompt, Sire, c'est de vous défaire de ce dangereux cardinal, de délivrer votre cour de cet espion, et vos sujets d'un suborneur qui ne peut être autre chose.

Il n'est venu, disent ses émissaires, qui en cela se donnent pour répéter le langage qu'il vous a tenu, il n'est venu que pour vous demander vos ordres sur le gouvernement d'Espagne, et supplier Votre Majesté de lui permettre une explication de diverses choses avant que de donner ses ordres, qui seront les lois du roi son petit-fils. Cette explication sera bientôt faite et vos ordres donnés, ainsi tout prétexte de séjour épuisé ; après quoi le premier roi de l'Europe peut bien renvoyer le ministre d'un autre roi, quand cet autre roi est son petits-fils, couronné par lui plus d'une fois, qui cependant vient de chasser son ambassadeur et l'a traité avec opprobre par l'avis de ce même cardinal, et qui a refusé de recevoir le maréchal de Berwick, tandis qu'il envoie son ministre sans savoir si Votre Majesté, justement indignée, le voudra bien recevoir.

Deux mots, Sire, finiront ce mémoire ; mais qu'il me soit permis d'espérer que Votre Majesté les lira, et que la conduite de Mme des Ursins lui sera ainsi fidèlement retracée, depuis douze ans que par Votre Majesté seule elle est montée au point de fortune sous lequel je suis en état d'être accablé avec M. le duc de Berry et toute la France, si Votre Majesté ne daigne nous secourir, ou plutôt, si je l'ose dire, se secourir elle-même.

Mme des Ursins, tirée de Rome pour être mise auprès de la reine d'Espagne à son mariage, n'a jamais vu M. d'Harcourt en Espagne, et leur liaison ne s'est formée que de Join. M. de Marsin, qu'elle trouva à son arrivée en Catalogne, suivit le roi d'Espagne en Italie, et n'a eu ni le temps ni l'occasion d'avoir rien à démêler avec elle, sa fonction d'ambassadeur ayant fini sans retourner en Espagne.

Le P. d'Aubanton, choisi par Votre Majesté pour le confesseur du roi d'Espagne, a été sa première victime, pour s'être acquitté de vos ordres et proposé de votre part au roi votre petit-fils de ne communiquer pas tout ce qui se passoit de Votre Majesté à lui, à la reine, qui étoit un enfant, et à M™⁰ des Ursins. Elle ne se cacha point de ce sujet de sa disgrâce pour épouvanter tous ceux qui approchoient du roi d'Espagne, et le P. d'Aubanton fut chassé avec ignominie. Il faut pourtant que ce soit un homme d'un mérite peu ordinaire, puisqu'après cet affront il a été élevé sans contredit à la première place de sa nation dans sa compagnie, qui assurément ne se méprend pas en sujets.

M. le cardinal d'Estrées, choisi comme le meilleur et le plus ancien ami de cette dame, comment a-t il été traité? et M. l'abbé d'Estrées ensuite? jusque-là que Votre Majesté s'y crut intéressée, et que, malgré la reine, il fallut que M™⁰ des Ursins quittât l'Espagne. Elle le fit tout le plus tard qu'elle put, et n'eut garde de prendre le chemin d'Italie et un état de consistance. L'insolence n'ayant pas réussi, elle eut recours à tout le contraire, et triompha enfin, à force de soumissions, au delà de toutes ses espérances, tant pour elle que pour ses deux frères, en puissance, honneurs et argent.

Le premier des deux seuls hommes avec qui elle se soit accommodée fut le maréchal de Tessé, qui allant à Madrid de votre part, fit le crochet de Toulouse pour l'y voir en son exil, et en fut fait grand d'Espagne le soir même qu'il arriva à Madrid.

Le duc de Gramont, votre ambassadeur, n'a reçu que des affronts d'elle et de la reine. Elle l'apaisa en partant par une Toison, et depuis son retour, leur réunion n'a pas été difficile.

M. Amelot, convenu avec elle à condition de lui être en tout soumis, a si bien exécuté ses ordres, que c'est le second avec qui elle ne se soit pas brouillée, lui et le maréchal de Tessé les deux seuls.

M. de Berwick, qui paroît maintenant si modeste, et qui en a de modernes raisons, a été continuellement brouillé avec elle et outré contre tous ceux dont elle s'est servie, toutes les deux fois qu'il a été en Espagne.

M. le maréchal de Besons en a essuyé les contre-temps

les plus fâcheux, et n'en a tiré aucun secours pour votre service et pour vos troupes.

A l'égard de Puységur, d'Hasfeld, de Renaud, et d'autres gens de confiance sans caractère, ils ont tous été les objets de sa constante persécution.

M. de Vendôme n'a cessé d'être brouillé avec elle que lorsque par un intérêt commun d'autorité, auquel celui du traitement leur fit ouvrir les yeux, ils se réconcilièrent fort peu de temps avant sa mort.

Le duc de Noailles, que ses services et tant de raisons devoient lui rendre considérable, en a plus éprouvé qu'il n'en a dit en toutes les façons possibles, et les plus préjudiciables au service des deux couronnes.

De moi, Sire, je m'en tais, et que n'aurois-je pas à en dire? A l'égard de M. de Brancas, la chose est si récente et si étonnante d'un bout à l'autre, comme tout ce qui a suivi sur le refus de M. de Berwick et l'envoi de M. le cardinal del Giudice, qu'il est plus court de s'en taire et le laisser aux réflexions de Votre Majesté.

Voilà, Sire, de tant de gens de toute espèce, et portant tous en caractères différents la recommandation de votre nom et de vos affaires, deux hommes qui n'ont pas eu lieu de rien avec Mme des Ursins : deux, l'un payé d'avance, l'autre uniquement chargé de soumission, qui sont les deux seuls qui ont été bien avec elle; tous les autres, douze ou quatorze, ambassadeurs, généraux, confesseurs, gens de confiance, tous ont été maltraités jusqu'aux opprobres. Voyons maintenant les Espagnols.

De tous ceux qui composoient le conseil d'État du feu roi d'Espagne et qui ont fait faire ou fait accepter son testament en faveur du roi votre petits fils, aucun n'a échappé à Mme des Ursins.

Le cardinal Portocarrero fut réduit à quitter les conseils à force de mauvais traitements, et en est plutôt mort de douleur que de vieillesse, car il n'étoit pas extrêmement âgé. Votre Majesté peut se souvenir de tout ce qu'il fit pour le testament, et par le for de la conscience et par son autorité, et de tous ses autres services, tant le roi présent que pendant ses deux Régences.

Don Arias, le premier homme de la monarchie en capacité et par sa place, qui fut l'instrument principal du testament et de la junte ensuite, a été des premiers chassés ; son exil fut couvert de la prélature de Séville et pallié de la nomination au chapeau.

Rivas, qui eut tout le secret du testament et le minuta de sa main, a eu le même sort. Ces trois ont pourtant mis la couronne sur la tête au roi d'Espagne, et nul depuis leur disgrâce ne les a soupçonnés même de quoi que ce soit.

Le duc de Medina Sidonia, grand écuyer, et le comte de Benavente, sommelier du corps, du même conseil d'État, et d'un attachement inviolable et universellement reconnu, ont été exclus dès que Mme des Ursins a été la maîtresse, et l'extrême vieillesse du célèbre marquis de Mansera a été le prétexte du même traitement.

Le seul marquis de Frigillane y fut conservé, et y est encore. Ce fut aussi le seul de tout le conseil d'État qui s'opposa au testament, et qui le fit avec tant d'emportement qu'il mit l'épée à la main pendant ce débat pour charger les autres.

Le duc de Veraguas, rappelé de sa vice-royauté de Sardaigne[1] pour avoir été convaincu par un traité écrit de l'avoir voulu livrer, fut fait en arrivant conseiller d'État, et le marquis de la Jamaïque son fils, dont la friponnerie de blés a coûté la Catalogne et la Sardaigne, a eu aussitôt après une place au conseil d'État.

Ceux-ci sont les plus aisés à retenir d'une foule d'autres.

La duchesse de Bejar ayant été faite dame d'honneur lorsque Mme des Ursins vint en France, elle a persécuté à son retour cette maison avec tant d'étendue et de fureur

---

1. Sicile. (*Correction du duc d'Orléans.*)

que la dispersion y est générale, et que cette dame en est morte de douleur.

L'exil tout nouveau de don Pedro Ronquillo et de plusieurs autres suit de près le changement de plusieurs ministres, et Mme des Ursins ayant ôté toutes les dames et femmes espagnoles d'auprès de la reine, pour n'y mettre que des étrangères excepté des Françoises, vient d'en user de même auprès du roi depuis qu'il est veuf, tant pour les affaires que pour sa privance, et pour empêcher que personne n'en puisse approcher; voici les noms des courtisans, mis de sa main, qui ont ordre de se relever les uns les autres pour ne laisser jamais le roi en d'autres mains :

Le duc d'Havrec, Flamand, neveu par sa femme de Mme des Ursins, et colonel des gardes wallonnes ;

Le duc d'Atri, Napolitain ;

Le prince Pio, autre Italien, fait, depuis la mort de la reine, gouverneur de Madrid et de sa province, et commandant des armes qui s'y trouvent ;

Le prince de Robec, Flamand, qui vient d'épouser Mlle de Solre ;

Le marquis de Crevecœur, Italien, fils d'un légitimé de Savoie ;

Le prince de Cellamare, qui est aussi dans le ministère, et qui a accompagné ici le cardinal del Giudice, son oncle.

Le comte de Montijo, sans père ni mère, et qui a environ vingt ans, est le seul Espagnol admis, pour qu'on ne dise pas qu'il n'y en ait aucun ; mais les Espagnols, blessés au dernier point, l'ont obligé à s'en retirer.

La personne du roi ainsi gardée par tous étrangers, l'administration des affaires est également dérobée aux Espagnols et à lui.

Orry est le maître de tout, et le montre sans mesure. Ses ordres sont les seuls exécutés et respectés en affaires ; il attire par son insolence la haine la plus violente au gouvernement, et par sa nation tout retombe sur Votre

Majesté. Leur projet est de vous faire trouver bon qu'il demeure encore un an, parce que dans un an toutes les paix d'Espagne seront signées, et peut-être le roi d'Espagne remarié ; alors tranquilles dedans et dehors, ils auront moins besoin de Votre Majesté et se passeront de son attache pour leurs affaires, qu'Orry gouvernera sans plus se mettre en peine de votre permission. Si ce personnage n'étoit suffisamment connu à Votre Majesté, je m'y étendrois davantage.

Tous les autres qui se mêlent d'affaires ne sont que sous lui en effet. M. de Bergheick, lassé de n'avoir d'emploi que celui de revêtir Orry dans toutes ses démarches sans être consulté sur pas une, n'a pu souffrir davantage d'être le protecteur malgré lui de toutes les choses qu'il déteste, et revient, après avoir tout risqué pour obtenir la liberté de se retirer sans récompense et sans retour.

Le cardinal del Giudice, moins délicat, prête à Orry son nom et son manteau pour avoir part aux affaires et y mettre son neveu, et se souffriront ainsi tant qu'ils auront besoin du crédit et de l'autorité l'un de l'autre. Un grand inquisiteur et une manière de premier ministre de nom ou d'effet n'ont guère été étrangers en Espagne, bien moins étrangers plus sujets comme celui-ci[1] ; s'il ajoute Tolède au reste, quel traitement pour les Espagnols !

Le duc de Popoli est à la tête des armées, et y montre bien qu'il n'a jamais servi qu'un an ou deux capitaine de cavalerie, par le danger où il a mis quatre ou cinq fois les affaires en Catalogne. Mais il est Napolitain et favori, quant à présent, de Mme des Ursins, qui lui a donné un autre étranger pour conducteur, qui n'en sait pas plus que lui. Les emplois de guerre ne sont remplis que d'étrangers de toutes nations. Ce sont les seuls où elle souffre des François. Le régiment du prince des Asturies, elle l'a donné au marquis de Crevecœur, et la

---

1. Cela est un peu obscur. (*Note du duc d'Orléans.*)

charge de grand maître de l'artillerie au duc de Popoli.
C'est encore lui qu'elle se destine pour lieutenant auprès
des enfants du roi d'Espagne, à qui elle a donné pour
gouverneur un nommé Roncamonte[1], Espagnol à la
vérité, mais qu'elle tient de la main de M. de Vaudemont, dont il a été longtemps capitaine des gardes et qui
est dévoué à lui.

Que ne fourniroient pas ces détails après une chaîne
continuelle de choses de cet éclat, et que ne vous en pourroit-on pas dire, si on respectoit moins votre temps?
Telle est pourtant, Sire, cette femme qu'on dit toujours
qui fera si bien lorsqu'elle sera la maîtresse, et qui, depuis qu'elle l'est, fait détester le roi d'Espagne, l'expose à
une révolution par le désespoir des Espagnols, et la
France à en sentir tout le contre-coup, fait blasphémer votre
nom dans toute l'Europe, compte pour rien la prolonga-
tion de ses malheurs, la dignité des deux couronnes, ni
la parole des deux rois, qu'elle fait démentir, pour avoir
une souveraineté par la paix aux dépens de l'honneur du
roi d'Espagne, et machine sans cesse au milieu de votre
cour, où elle fait accroire, à force d'artifices, qu'il faut
bien compter avec elle, puisqu'il est impossible de la
déplacer.

Votre Majesté voit par le désespoir des Espagnols et
par ce qui est arrivé à M. de Brancas, avec quelle horreur ils subissent ce joug et avec quelle joie ils s'en ver-
roient délivrés. Votre seul nom la protége, et il n'y a qu'à
tenir bon à renvoyer le cardinal del Giudice et à refuser
tout secours et tout commerce au roi d'Espagne, jusqu'à
ce que Mme des Ursins soit effectivement abordée en Italie,
et vous verrez combien promptement elle succombera
sous sa propre foiblesse, au milieu des acclamations que
vous recevrez dans toute l'Espagne, où elle ne se soutient
qu'à l'ombre de Votre Majesté. Quiconque s'emparera
ensuite du roi d'Espagne craindra par cet exemple de

---

1. Don Fernando. (*Note du duc d'Orléans.*)

vous déplaire et d'irriter trop les Espagnols. Quoi qu'il en arrive, ce futur ministre a bien du chemin à faire pour résister douze ans durant à vos intérêts, à ceux du roi d'Espagne, et à toutes vos volontés, pour flétrir votre famille des crimes les plus noirs, pour préparer les avenirs les plus funestes et pour avoir l'adresse de vous faire paroître vous-même complice par toute l'Europe de tous ces desseins. C'est ce qu'a fait Mme des Ursins en attendant pis. Il y a douze ans, Sire, que vous en essayez avec une persévérance que rien ne rebute; essayez d'un abandon plus sûr, et Votre Majesté même sera surprise de la facilité du succès d'une chute qu'elle ne peut pas ne point desirer, puisque sa gloire ni sa maison ne peuvent avoir une plus dangereuse ni une plus ingrate ennemie, et comprendra à peine la séduction de ses artifices. Le plus grand de tous est de persuader qu'elle est invulnérable dans le temps même qu'elle montre toute sa foiblesse par l'envoi du cardinal del Giudice faire toutes ces soumissions les plus éloignées de son caractère, et où elle ne se porte que par l'extrémité de son besoin, qu'elle sent d'autant plus qu'elle le cache, et de joindre à cette adresse l'art de faire croire l'intelligence parfaite à toute l'Europe attentive à cette singulière démarche, et de charger par conséquent Votre Majesté de ses fautes de plus en plus, tandis que, pour troisième et principale fonction, le cardinal vient ici sonder chacun, et fortifier la cabale contre M. le duc de Berry pour le grand dessein que j'ai eu l'honneur de vous expliquer d'abord.

En voilà trop, Sire, de toutes les façons, pour vous montrer la nécessité pressante et la facilité de la justice que vous devez à vous-même et à toute l'Europe, d'une femme qui se croit tout permis par des attentats toujours croissants et toujours impunis. Rome et ses richesses immenses ne doivent pas sembler un grand châtiment. Mais quel qu'elle le trouve, j'espère que vos enfants et votre État, que votre gloire même, et si j'ose le dire, votre conscience, vous détermineront à un parti si facile et si périlleux à ne pas prendre ou à trop différer.

Et puis des compliments et des excuses.

XXIII

AU ROI [1].

15 juillet 1714.

Votre Majesté m'a ordonné de lui rendre compte d'une cabale qui est dans sa cour, dont j'ai déjà eu l'honneur de lui dire quelque chose, et l'exécution de ses ordres m'autorise à continuer, puisque je crois être présentement instruit de ce qui l'occupe.

M. le cardinal del Giudice ne croyoit pas trouver Votre Majesté dans une aussi heureuse santé que celle qu'il plaît à Dieu de lui donner, et cette surprise lui fait louer une maison à long terme, à ce qu'il pense. Son dessein étoit encore de faire anéantir la renonciation du roi d'Espagne, et n'ayant rien trouvé dans tout cela de ce qu'il espéroit, il rabat présentement à réussir dans un traité qui renversant celui des renonciations, mettroit Monsieur de Savoie sur le trône d'Espagne, donneroit la Sicile à l'Empereur, le Piémont, le Montferrat, etc., à Monsieur de Lorraine, et son État avec la Savoie à la France, dont la couronne seroit destinée au roi d'Espagne, si nous avions le malheur de perdre Monsieur le Dauphin. Voilà, Sire, le projet dans lequel le cardinal est assez bien aidé pour oser tout s'en promettre. Si cela

---

1. Cabinet de M. Feuillet de Conches. Copie communiquée par M. Amédée Lefèvre-Pontalis et revue sur l'original.

devenoit votre volonté, j'ai eu l'honneur de vous le dire et j'ai celui de vous le répéter, vous êtes le maitre à titre de roi, à titre de père, à titre de bienfaiteur, et j'en serois l'instrument moi-même, persuadé, Sire, que votre justice n'oublieroit pas que ma renonciation à l'Espagne n'est fondée que sur celle du roi d'Espagne à la France, dont par ce traité je perdrois tout sans aucun retour, et que votre bonté paternelle comprendroit aussi avec combien peu de sûreté moi et les miens resterions en France après le droit que les renonciations m'ont acquis d'une manière aussi solennelle que peu attendue et peu desirée de ma part.

XXIV

DE LA DUCHESSE DE SAINT-SIMON A DESMARETZ [1].

Ce 3 septembre [1715].

La peine que j'ai, Monsieur, à vous aller distraire de vos affaires, surtout dans un temps comme celui-ci, pour vous importuner des miennes, m'en cause une si grande, qu'il faut que je vous avoue qu'il faut être aussi pressée et ne savoir pas où prendre un sol pour vivre, pour m'obliger à vous demander la grâce de me faire payer les petites sommes portées par les trois mémoires ci-joints. C'est la nécessité qui me force. Vous me ferez un très-sensible plaisir, ne pouvant rien toucher de ce qui nous est dû. D'ailleurs je vous serai, Monsieur, très-sensiblement obligée, si vous voulez bien me faire savoir si je peux espérer que vous donnerez vos ordres, et de croire que personne ne vous honore plus parfaitement que

La duchesse de SAINT-SIMON.

1. Archives nationales. Copie communiquée par M. A. de Boislisle. L'original de cette lettre est ainsi annoté : « Faire réponse à Mme la duchesse de Saint-Simon qu'on n'y perdra pas de temps ; qu'elle ait la bonté de patienter quatre ou cinq jours.... — Répondu le 11 septembre 1715. »

XXV

DU RÉGENT AU CHANCELIER DE PONTCHARTRAIN[1].

A Paris, ce 6 novembre [1715].

Vous m'avez forcé, Monsieur, contre toutes mes résolutions, mais il ne m'est plus possible de n'y pas revenir. Épargnons-nous l'un à l'autre une conversation qui ne vous apprendroit rien que ce que vous êtes vous-même peiné de savoir il y a longtemps, et plus peiné encore que les choses soient telles. Mais pour vous montrer jusqu'au bout quelle est ma considération personnelle pour vous et mon amitié que rien ne peut ébranler, je veux bien donner à votre petit-fils dès à présent la charge de secrétaire d'État et passer sur sa tête le brevet de retenue de quatre cent mille livres. Je vous donnerai encore quelqu'un qui ne vous puisse être suspect pour exercer la charge jusqu'à ce qu'il ait vingt-cinq ans ou que le Roi l'ait dispensé avant cet âge. Ce quelqu'un sera M. de la Vrillière, votre ami, votre parent, et secrétaire d'État lui même, qui suffira aux deux charges, et qui par la sienne ne vous peut donner d'inquiétude sur celle de votre petit-fils. Voilà, Monsieur, tout l'effort de mon estime et de mon amitié pour vous, qui laisse votre famille avec la charge que vous y avez mise, qui établit bien votre petit-fils, et qui me délivre de ce qui ne se peut plus soutenir à cet égard. Ne m'en demandez pas davantage. Croyez même que je fais beaucoup. Je compte que la réponse de ce billet sera la démission de votre fils. Il sera moins désagréable que ce soit vous qui vous chargiez de tout cela avec lui, que si j'en donnois la commission à un autre. Dès que j'aurai la démission pure et simple, j'enverrai M. de la Vrillière vous porter les provisions de votre petit-fils. Je vous plains infiniment, mais je fais pour vous tout ce qui m'est possible, et que je n'aurois fait pour per-

---

1. Papiers de Maurepas ; archives de feu M. le marquis de Chabrillan. Cette lettre, publiée par M. A. de Boislisle dans l'*Annuaire-bulletin* de la Société de l'histoire de France, tome IX, 1872, p. 70 et 71, est écrite de la main du Régent ; mais c'est Saint-Simon qui l'avait faite (voyez les *Mémoires*, tome XII, p. 346-348). Comme le dit M. de Boislisle, « les termes en sont tellement conformes au sens donné par Saint-Simon, qu'on ne sauroit douter que celui-ci n'en ait été vraiment le rédacteur. »

sonne. Encore une fois, Monsieur, ne m'en demandez pas davantage, vous ne l'auriez pas, et je serois fâché de vous refuser et que vous m'aimassiez moins que je ne vous aime.

PHILIPPE D'ORLÉANS.

A M. le chancelier de Pontchartrain.

XXVI

AU DUC DE NOAILLES [1].

De Paris, ce 29 novembre 1716.

En arrivant chez moi, Monsieur, j'y ai trouvé M. le Blanc, qui a bien voulu se donner la peine de m'apporter l'original de la signification faite à M. d'Auneuil en opposition d'un arrêt rendu en présence du feu Roi au rapport de M. le Blanc, et une lettre que vous m'avez fait l'honneur de m'écrire en accompagnement de cet original, que vous avez fait retirer. J'ai celui de vous remercier de l'un et de l'autre, et d'être, Monsieur, avec les sentiments que je dois,

Votre très-humble et très-obéissant serviteur,
Le duc de SAINT-SIMON.

1. Bibliothèque nationale. Copie prise sur l'original. Cette lettre et la suivante ont été publiées par M. Chéruel dans son livre sur *Saint-Simon considéré comme historien de Louis XIV*, p. 531 et 532.

XXVII

AU DUC DE NOAILLES [1].

De la Ferté, ce 28 mars 1717.

Je viens de voir des gens pénétrés de vos bontés, Monsieur, et en même temps du silence qu'elles demandent. Ils m'ont chargé d'un remerciement pour vous, et de vous supplier d'importuner ou de soulager Son Altesse Royale, suivant que vous le jugerez à propos, de celui qu'ils lui font. L'un et l'autre sont ci-joints. Le sieur de Maubreuil, mon secrétaire, s'est présenté plusieurs fois pour recevoir vos ordres par le sieur Oron, ou par vous-même, sur la suite de cette affaire. Comme vous m'avez témoigné desirer quelqu'un de sûr pour cela, vous aurez donc agréable de le faire mander, quand il vous plaira, et de croire que je suis, Monsieur, avec les sentiments que je dois,

Votre très-humble et très-obéissant serviteur,
Le duc de Saint-Simon.

M. le duc de Noailles.

XXVIII

AU CARDINAL DE NOAILLES [2].

Ce 4 mai 1718.

Votre Éminence est sans doute informée que Son

1. Bibliothèque nationale. Copie prise sur l'original.
2. L'incendie de la bibliothèque du Louvre, en 1871, a détruit l'original de cette lettre et celui de la lettre suivante. M. Chéruel les avait déjà imprimées p. 540 et 541 de son livre, précédemment cité, sur Saint-Simon.

Altesse Royale nomma au conseil de lundi dernier cinq commissaires, dont elle voulut que je fusse l'un, sur l'affaire des bulles. Mon ignorance en cette matière m'oblige à recourir aux lumières que je crois les meilleures, parmi lesquelles j'ai grand besoin de celles de M. Petitpied, qui, après divers ordres par écrit, n'en a plus qu'un verbal de ne demeurer pas à Paris, et se tient à Asnières. Son Altesse Royale, à qui j'en viens tout présentement de parler, m'a donné un consentement très-facile à ce qu'il revienne tout à fait à Paris, pourvu que vous ne vous y opposassiez pas, et m'a appris que c'est vous qui avez desiré son éloignement. Je ne connois point ce docteur que sur la réputation de sa capacité singulière sur les matières dont j'ai malheureusement besoin, qui m'ont fait chercher à qui je pourrois m'en consulter. Son Altesse Royale m'a seulement dit qu'il n'a point signé le Formulaire. Mais je n'ai pas dessein de lui donner de bénéfice, et la demeure à Paris n'en est pas un. Dans le besoin que je me trouve avoir de lui, je serai très-sensiblement obligé à Votre Éminence si vous me voulez traiter en ce point aussi favorablement qu'a fait Son Altesse Royale, et être aussi persuadé que vous le devez être de tout mon respectueux et très-sincère attachement.

Le duc de SAINT-SIMON.

Son Éminence le cardinal de Noailles.

XXIX

AU CARDINAL DE NOAILLES [1].

Ce 5 mai 1718.

Mille très-humbles remerciements du consentement de

---

1. Voyez la note de la lettre précédente.

Votre Éminence au retour en pleine liberté de M. Petitpied. J'irai recevoir ce que vous me voudrez bien dire
sur ce docteur quand vous me l'ordonnerez, et vous rendre compte aussi de diverses choses qu'il est bon que
Votre Éminence n'ignore pas. Je demeure à elle avec
mon respect et mon attachement ordinaire et qui ne peut
changer.

Le duc de SAINT-SIMON.

XXX

A VALINCOUR [1].

Ce 3 décembre 1718.

Je vois, Monsieur, que quand on prend des Académies
on n'en peut trop prendre, ainsi que de l'amour, puisque
M. de la Force, non content de l'Académie françoise,
s'enrôle encore en celle des sciences. Il prétend néanmoins n'en avoir su le premier mot que lorsque tout fut
consommé, et que M. l'abbé Bignon le lui alla dire. Je
vous avoue que je suis piqué de vous voir manquer les
riens comme ces choses, et piqué véritablement.

On me fait beaucoup plus d'honneur que je n'en desire,
et on persiste à me refuser ce que j'ai toujours souhaité,
qui est de ne parler de moi ni en bien ni en mal : ce
dernier est triste, le premier n'est guère permanent, tous
deux souvent injustes. *Latere domi* devient de plus en
plus ma pratique, et à mon gré le souverain bien de ces
temps-ci. Il seroit complet s'il produisoit l'oubli des

---

1. *Isographie des hommes célèbres*, Paris, 1843, in-4°, tome IV. L'original
faisait partie de la collection de Mme la comtesse Boni de Castellane.

hommes, pourvu que ce ne fût pas de gens comme vous, Monsieur, dont je désirerai toujours sincèrement l'amitié, l'estime et le commerce, et que je tâcherai toujours aussi à mériter et à conserver.

M. de Valincour.   Le duc de Saint-Simon.

XXXI

De la Trappe, ce samedi premier juin 1720[1].

Vaut autant dater, mon cher duc, qu'être à la merci du courrier, et dater encore pour rendre raison de mon retardement. Il est près de neuf heures du soir ; il faut de toute nécessité que je passe à la Ferté, où est ma mère : il me faut trois heures d'ici là, et la messe auparavant, parce qu'il est demain dimanche ; une heure à la Ferté, huit heures de la Ferté à Meudon voir Mme de Saint-Simon, et de là à Paris, en sorte que je me propose d'y être demain à huit heures du soir. Cela est court et net, et une obéissance prompte aux ordres de Monsieur le Duc et à vos conseils.

Cette situation me paroît extrême, pour ne pas dire désespérée, et promet un enchaînement de tumultes tel que je le prévois il y a longtemps. Je remets les raisonnements et les étonnements à la vive voix, et je viens à mon fait.

Je pars sans réplique, parce que le cas est énorme, qu'il s'agit de *summa rerum*, que je suis dévoué à Monsieur le Duc depuis le lit de justice et ce qu'il nous y a procuré, et que je m'estimerai heureux toute ma vie de le lui témoigner par les plus sensibles effets et qui me

1. Copie prise sur l'original, appartenant à M. le baron F. de Schickler.

coûteront davantage. En voici un, non pour le faire valoir, mais pour que ni lui ni vous ne croyiez pas que j'accours avec présomption, et sans en sentir toute l'inutilité et tout le danger pour moi.

Inutilité, en ce que s'agissant de tirer ce déplorable prince des griffes du Parlement, à qui il n'en a rendu que pour lui tout arracher, il sera en garde contre moi sur cela plus que contre nul autre, qu'il y sera de ce que je viens, à son égard, de moi-même, et avec sa défiance ordinaire de ses seuls serviteurs, pour tirer sur le temps contre Canillac, etc., et le Parlement. Ainsi, non-seulement ce que je dirai ne fera rien, mais ma présence ainsi subite gâtera jusqu'à l'impression qu'il reçoit maintenant en mon absence.

Danger, en ce que toute la cabale, sur le même principe du Parlement, se tournera contre moi, et que si le hasard, les raisons, le désespoir d'une foiblesse tournée en rage fait faire quelque forte démarche, elle me sera imputée et à mon retour uniquement. Ce n'est plus, comme au lit de justice, un parti à détruire, comme ce coup-là l'avoit anéanti : Son Altesse Royale vient de le ressusciter, et de préparer auparavant toutes les pièces et les mesures nécessaires pour le soutenir très-formidable jusqu'au bout de la Régence et l'écraser pendant ou après. Nous voici à milord Strafford : je ne croyois rien dire de si semblable à ce pauvre prince en lui répétant sans cesse l'exemple du malheureux Charles Ier.

Bonsoir, mon duc : j'ai le poignard dans le cœur, mais le courage ne me manquera jamais pour ma patrie, pour Son Altesse Royale, pour Monsieur le Duc et pour mes amis. Rendez compte très-précis de ma lettre à ce prince, que je regarde comme l'unique ressource; assurez-le de mille respects, et que j'aie à mon arrivée de vos nouvelles et des siennes.

S. S.

Gardez-moi ma lettre pour me la rendre, et gardez-vous bien de venir à Meudon, pour ne rien marquer.

XXXII

DE VALINCOUR A SAINT-SIMON [1].

Saint-Cloud, 9 juin 1720.

Vous avez bien la mine, Monseigneur, d'avoir fait quelque tour de votre métier dans ce qui vient d'arriver à Monsieur le chancelier. Comme dans le payement qui lui fut fait il y a quelque temps, je sais bien que vous n'avez garde de vous en vanter; mais si je pouvois être à Paris, j'en verrois bien la vérité dans vos yeux malgré vous. Quoi qu'il en soit, il me semble que cet événement devroit rapprocher et réunir pour jamais deux personnes qui se conviennent si fort l'une à l'autre, par leur vertu, leurs manières de penser, et leurs sentiments pour le bien de l'État. Je souhaite que cela soit déjà fait, mais s'il restoit quelque chose à faire, je me tiendrois bien heureux d'y pouvoir contribuer. Je suis avec le profond respect que je dois,

Monseigneur,

Votre très-humble et très-obéissant serviteur,
DE VALINCOUR.

XXXIII

RÉPONSE DE SAINT-SIMON A VALINCOUR [2].

Paris, 11 juin 1720.

Bienheureux, Monsieur, qui n'a de part en rien, même

---

1. Cabinet de M. Feuillet de Conches. Copie communiquée par M. Amédée Lefèvre-Pontalis et revue sur l'original. Cette lettre a été publiée par M. A. Baschet dans son livre sur Saint-Simon, p. 422, note.
2. Cabinet de M. Feuillet de Conches, où il n'y a de cette lettre qu'une copie, mais de la main de Saint-Simon. Copie prise sur l'original. En tête Saint-Simon a écrit : « Rep. de Paris du 11 juin 1720 à la lettre de M. de Valincour de Saint-Cloud du 9 juin 1720. »

des meilleures choses, pour éviter les mauvaises. C'est ce qui me fait aimer ma situation particulière dans le malheur de la générale. J'étois paisible à la Ferté lorsque les cris publics se sont élevés, qui me faisoient trouver ma solitude encore plus aimable, lorsque Mme de Saint-Simon est tombée malade avec des accidents qui m'ont subitement rappelé. Elle est, Dieu merci, guérie, et j'ai été le témoin éloigné du reste de la scène, qui, j'ai grand'peur, n'en prépare bien d'autres, où j'espère parvenir sans peine à avoir aussi peu de part. J'en ai pris avec le public au retour d'un homme vénérable de tous points, mais que je tiens à plaindre d'être revenu dans des circonstances où il lui sera bien difficile de remplir ce que tous s'en promettent, et où il se trouvera tellement accablé d'affaires et tellement circonvenu de gens de toutes les sortes, qu'il ne pourra guère se dérober de moments, et que les plus empressés auront peine à percer jusqu'à lui. Jugez donc de ceux qui n'ont ni affaire ni empressement, et qui, pour tout objet, n'ont que celui de baisser la tête et de gagner les champs. Instruit et plein de bon esprit, comme vous l'êtes, je ne puis croire que vous me désapprouviez, non que je fusse indifférent à m'approcher d'un homme si estimable, si cela se pouvoit utilement; mais du côté des affaires, peut-on ne s'en pas tenir éloigné, et de celui de la douceur et de l'agrément de la vie, peut-on en espérer le loisir avec lui? Je ne laisse pas de vous être sensiblement obligé d'avoir pensé à moi dans une occasion où on ne pense que pour ceux qu'on aime et qu'on estime. Je desire sincèrement de vous l'un et l'autre, et je vous prie, Monsieur, bien instamment d'être persuadé que je chercherai toujours avec empressement à les mériter de vous.

Quand la santé de Mme de Saint-Simon nous permettra de retourner à Meudon, ne pourroit-on pas espérer de vous faire quelquefois changer de montagne?

XXXIV

15 juin 1720[1].

Il faudroit, Monsieur, une conversation avec vous, pour vous mettre au fait de ce que je sais sur l'abbé du Bois et le garde des sceaux, mais au moins vous aurez pu rendre compte jeudi de ce que je vous dis ce jour-là de mes deux dernières audiences. Monsieur le Régent me dit nettement que le garde des sceaux ne viendroit plus au conseil, que Son Altesse Royale et le garde des sceaux lui-même savoient bien que les ducs ne lui céderoient pas; ce néanmoins, je déclarai à Son Altesse Royale que quoique je complasse sur ce qu'elle me disoit, elle pouvoit compter que si le garde des sceaux se présentoit, eût-il même les sceaux, le chancelier présent, nous le précéderions, ou nous sortirions du conseil. Je ne crois donc pas qu'il y vienne, mais comme on ne peut compter sur rien, il ne seroit pas mal à propos que Monsieur le Duc en touchât un mot à Monsieur le Régent demain matin, assez légèrement pour ne le pas embarrasser sans plus de fondement, mais néanmoins de manière à le faire expliquer, et si, contre toute attente, il se trouvoit quelque chose de vrai, appuyer alors fortement contre et me le faire savoir à temps de préparer avant le conseil Messieurs les ducs à me suivre dans le discours fort et succinct que je ferois comme l'ancien, et à me suivre encore en sortant du conseil, ce qui embarrasseroit bien nos maréchaux-ducs de la cabale, qui n'oseroient ne nous pas suivre et qui ne s'attendroient pas à cette aventure. Mais encore une fois, autant qu'on peut croire quelque chose, je crois que le

1. Cabinet de M. Feuillet de Conches. Copie communiquée par M. Amédée Lefèvre-Pontalis et revue sur l'original. Cette lettre a été publiée en partie par M. A. Baschet, dans son livre sur Saint-Simon, p. 423-425.

garde des sceaux ne sera plus du conseil, surtout avec un mot de Monsieur le Duc demain matin, qui assurera tout.

J'ai vu l'abbé du Bois perdu l'autre semaine, et je l'ai su encore perdu au commencement de celle-ci. Vous savez la force et le peu de succès de mon audience de mercredi. J'ai su depuis qu'ils ont infatué Monsieur le Régent de faire peur à Monsieur le chancelier de Monsieur le garde des sceaux pour tenir l'un en bride et l'autre comme en réserve, et ce pauvre prince, à qui les fourbes imposent, a cru celle-ci excellente pour tenir ces deux hommes dans la vôtre. C'est ce qui retient le fils à la police avec un danger extrême, et ce qui seul a retenu dans le penchant l'abbé du Bois, comme un canal sûr vers le garde des sceaux. Je n'ai jamais mieux vu de mes yeux à quel point l'ancienne cour est maintenant liée au garde des sceaux et à l'abbé du Bois, et eux conséquemment aux bâtards, qui est l'angle qui les unit, et je sais sur cela des choses dont je ferai usage demain selon la mine que Son Altesse Royale me fera après ce qui se passa mercredi, et que je l'en verrai susceptible ; sinon, ce qui sera différé ne sera pas perdu. Le point des points est d'ôter l'abbé du Bois : avec lui périt le garde des sceaux, avec lui toutes les escabelles des bâtards et de la cabale de la vieille cour sont entièrement dérangées s'il est renvoyé, comme aussi il ne faut compter sur rien si cet homme demeure. On peut compter que le fort et le doux y seront employés de ma part sous toutes sortes de faces ; mais qui peut répondre de quoi que ce soit ?

Je ne crois point Monsieur le chancelier déterminé autant qu'il est absolument nécessaire contre les bâtards. C'est un point trop étendu à traiter par lettre, et je n'oserois aller chez vous, quoique, pour ce point seul, cela fût très-nécessaire. Je voudrois que Monsieur le Duc lui en fît parler par gens bien sûrs et à qui le chancelier se fiât, non comme informé de ceci, mais comme ayant cette matière tellement à cœur qu'il n'en peut être suffisamment assuré, et bien faire sentir, avec une force adoucie par beaucoup de politesse, que son amitié est solide, mais qu'elle est à ce prix, et que celui qui parleroit eût assez d'art pour ôter toute dureté de ce propos, et faire desirer l'amitié de Monsieur le Duc jusqu'au point desiré contre les bâtards.

Je vis hier longtemps Monsieur le chancelier. Je n'ai pas le temps de vous en dire davantage, au désespoir de votre indisposition. Renvoyez-moi ce billet, Monsieur, après en avoir fait usage.

S. S.

Je suis fort frappé, après avoir fermé ma lettre, de voir entrer l'abbé du Bois. Cela ne change rien entre nous, Monsieur. Il aura mauvais succès s'il fait mine de toucher quelque chose de la question.

Le duc de Saint-Simon.

XXXV

Samedi, 10 heures du soir [juin 1720][1].

Puisque nous sommes dans l'impossibilité de nous voir, Monsieur, voici en gros ce qu'il faut que vous sachiez et fassiez savoir, et qui demanderoit un bien autre détail.

Je sus hier que M. le comte de Toulouse étoit dans une inquiétude extrême sur des avis qu'il eut que M. Law alloit être secrétaire d'État de la marine. Il s'est si mal trouvé du contrôle général que je crus important de parer un emploi qui lui attireroit de nouveau le public, et

1. Cabinet de M. Feuillet de Conches. Copie communiquée par M. Amédée Lefèvre-Pontalis et revue sur l'original.

M. le comte de Toulouse à la tête. Je l'en fis avertir par
M. le Blanc. Il m'est venu dire qu'il n'y pensoit pas, et
me prier d'en parler positivement demain au conseil à
M. le comte de Toulouse, ce que je ferai, parce que celui
qui m'en vint parler le fit de son su; et quoique je me
compte hors de portée de donner de l'inquiétude en quoi
que ce soit à Monsieur le Duc, et singulièrement sur les
bâtards, je ne veux pourtant pas le laisser en la moindre
curiosité s'il me voit demain parler à M. le comte de Toulouse plus de suite qu'à l'ordinaire, et je crois important
pour Law d'ôter promptement cette crainte, qui ne peut
que lui nuire. M. Law m'a très-bien parlé sur les bâtards,
qui, je vous assure, ne dorment point, et sur le Parlement.

Son Altesse Royale a eu la bonté de raconter de point
en point à l'abbé du Bois tout ce que je lui ai dit, tant
pour l'empêcher d'aller à son sacre que pour le renvoyer
à Cambray. Il en est outré, et proteste belle vengeance. Il
va être cardinal, et sans doute premier ministre. Cet
avis certain, qui demande un grand secret, me fera fort
tâter le pavé, non que j'aie peur de l'abbé du Bois, mais
parce que je juge de là que je frapperois en l'air, et qu'il
faut attendre une situation d'esprit plus susceptible
d'impression contre lui. Il traite cela de cabale, d'où il est
clair que si Monsieur le Duc parle à Monsieur le Régent
contre lui, il lui fera aisément entendre qu'il y a une
intelligence fort grande entre Monsieur le Duc et moi, et
en fera naître des soupçons d'autant plus nuisibles que
le bruit du courrier est encore tout frais, et qu'on ne
peut savoir quel chemin a fait la découverte de M. de
Villeroy aux Tuileries. Il faut donc ici beaucoup de
ménagement et de prudence, et cependant ne rien oublier
de ce qu'elle permettra pour débusquer cet honnête
homme tandis qu'il est encore ébranlé; c'est ce qui ne se
peut qu'en saisissant les conjonctures de choses ou de
conversations à mesure qu'elles s'offriront, et tirant sur
le temps; mais comme Monsieur le Duc est celui de tous

qui se doit le plus ménager là-dessus, et qu'il faut que je me mesure, il seroit capital d'en lâcher d'autres pour tenir toujours Son Altesse Royale en haleine là-dessus, et ne pas laisser raffermir l'autre.

On doit compter que la haine de Law rallie les gens les plus ennemis, et que le centre de la cabale sont les bâtards. Rien ne prouve tant cela que leur désespoir commun du retour de Monsieur le chancelier et de l'éloignement de Monsieur le garde des sceaux, et leur intelligence à soutenir ces derniers. Les principaux sont les personnages de l'ancienne cour, à qui MM. d'Armenonville, de la Vrillière, l'archevêque de Cambray sont étroitement unis, et M. de Canillac plus avant que personne. De tout cela, outre une lutte continuelle, il ne peut que naître d'étranges choses, si on en laisse le temps, et choses également funestes à l'État, au Régent et à ceux qui lui sont attachés de bonne foi, et de bonne foi ne veulent que le bien du royaume. Je vous manderai demain comment mon audience se sera passée. Je crois que Son Altesse Royale m'évitera; mais s'il m'en donne, je ne puis me déterminer que sur-le-champ et sur lui-même à ce que je lui dirai.

Voici un contre-temps dont il faut vous avertir. Nos privés, ne vous en déplaise, sont pleins et crèvent, de manière qu'il nous en faut aller à Meudon lundi, quoique il fasse un temps très-peu propre à l'état de convalescence de Mme de Saint-Simon. Cela ne m'empêchera pas de me trouver à mes deux audiences accoutumées et au conseil, et de venir chez le duc de Chaulnes quand on voudra, s'il est nécessaire, en me le faisant mander. Cela me déplaît fort, mais ce qui me fâche davantage est le peu de fruit à espérer pour le bien, tandis que pour le mal tout va tête levée, à pas de géant.

J'avois du monde, et gens à prendre garde, lorsque je vous ai répondu tantôt avec une précipitation dont vous vous serez bien aperçu, qui ne m'a pas donné le temps de vous tout mander. Je vous prie de me renvoyer ceci après en avoir fait usage, et de me bien croire à vous, Monsieur, avec toute l'estime que vous méritez. S'il me vient quelque expédient ou quelque idée nouvelle, je vous la communiquerai. [Il s'y] faut conduire avec grande délicatesse.

XXXVI

Dimanche au soir [1720][1].

Je n'ai trouvé rien moins, Monsieur, que ce que j'avois cru ; mon audience, que je n'ai pas attendue un moment, a été mieux, s'il se peut, qu'à l'ordinaire, a été longue, moi montrant la vouloir abréger, et j'y ai reçu des marques de confiance. Cela est inconcevable et inalliable avec ce que je vous ai mandé, mais la chose est telle. J'en ai profité, en voici la substance. J'ai su de Son Altesse Royale, à propos d'un fait étranger qu'il m'a raconté, et où j'ai reconnu la vérité, la même chose m'ayant été contée hier par celui avec qui cela s'est passé tête à tête, j'ai su, dis-je, que Son Altesse Royale n'est rien moins que bien avec Mme la duchesse d'Orléans, qu'il est content de Madame la Duchesse, qu'il regarde Monsieur le Duc comme son ami, sincèrement uni à lui et dont il n'a nulle défiance. Ce point m'a fait grand plaisir, dont je n'ai pas fait semblant. J'ai représenté l'impossibilité des opérations méditées et du retour de la confiance, tant qu'on verra une cabale organisée, nombreuse, puissante, favorite par Monsieur de Cambray, dangereuse à Paris par le lieutenant de police et son père, dangereuse dans les provinces par les secrétaires d'État, qui les ont toutes dans

---

1. Cabinet de M. Feuillet de Conches. Copie communiquée par M. Amédée Lefèvre-Pontalis. Cette lettre a été publiée en partie par M. A. Baschet, dans son livre sur Saint-Simon, p. 425-429.

leurs départements ; l'étranger en force contre par le seul ministre des étrangers, l'union intime de tout cela à la cabale de la vieille cour et des bâtards, la grossière duperie de croire tenir le chancelier par le garde des sceaux, puisque tout magistrat est autant susceptible des sceaux que celui qui les a rendus, si on les ôtoit de nouveau à celui qui les a par nature. Tout cela a pris, au moins tout a été écouté attentivement, avec des interruptions de questions et de surprises qui m'ont bien laissé sentir qu'il ne m'écoutoit ni en insensible ni comme un importun. Il a été très-frappé de ce que je lui ai dit que M. de Canillac fut avant-hier deux heures enfermé chez M. de la Vrillière sans que Mᵐᵉ la maréchale de Lorges lui pût parler. Il y est revenu plusieurs fois, et cela lui a fort fait sentir la cabale, pourtant avec des dérisions de ces deux hommes et du garde des sceaux. Je supprime d'autres faits qui l'ont aussi frappé ; après quoi je lui ai dit que j'avois trop d'amitié pour lui pour ne lui pas faire un reproche, et je lui ai dit le fait de Monsieur de Cambray et ses menaces. Son embarras extrême a démenti sa négation, et je lui ai vu un dépit sur le visage qui n'ayant en rien changé la douceur et l'air d'amitié de la conversation, n'a pu être que contre l'archevêque d'avoir parlé. Je ne me suis ni fâché ni n'ai reçu sa négative. Je l'ai prié au moins de ne pas dire ceci de nouveau à l'archevêque, quoique je ne m'en souciasse guère, mais par honneur pour lui, et tout de suite, toujours en amitié, j'ai dit pis que mercredi et plus en détail, dans lequel il est entré de questions et de courts propos faisant à la chose, sans rien laisser voir contre l'archevêque, mais contestant ou convenant ou avouant simplement. J'ai voulu voir s'il me diroit quelque chose sur le petit conseil, et pour cela j'ai glissé qu'il n'en auroit jamais tant qu'il auroit Monsieur de Cambray. Il n'a pas répondu un mot, et comme nous nous promenions dans sa petite galerie, j'ai vu dans le miroir du bout qu'il rioit en baissant les yeux comme un homme qui se plaisoit à me laisser dire pour me surprendre, d'où je juge encore plus que par ce qu'il a dit ce matin à Monsieur le Duc qu'il en veut faire un. Content d'avoir vu sa mine et senti son silence, je n'ai fait que glisser là-dessus. Nonobstant quoi, je sais, sans pouvoir vous dire comment, parce que cela seroit trop long, que M. d'Antin n'en sera pas, au moins s'il le forme dans la disposition présente, mais hors lui je ne sais rien d'aucun'autre. Cela s'est passé dans le milieu du discours contre l'archevêque, dans lequel j'ai placé des choses qui me sont personnelles pour donner du poids, dont il est convenu et qui ont fait impression. De là, pour ne lui pas paroître toujours acharné sur la même chose, je lui ai parlé de sa mauvaise conduite auprès du Roi et peu à peu sur la mauvaise éducation du Roi, sur la fréquence et le danger de son habitude de frapper, et je lui ai proposé de mander Monsieur le Duc avec le maréchal de Villeroy et Monsieur de Fréjus pour leur en parler ensemble, ce qu'il n'a point rebuté, mais il y a moins pris qu'au reste ; aussi étoit-ce à la fin de trois quarts d'heure d'une conversation qui ne devoit pas l'avoir diverti. Elle a été de sa part lardée d'amitiés et de façons que je connois bien, qu'il prend quand il veut être avec moi et qu'il est bien aise que je m'ouvre avec lui. Voilà à peu près ce qu'il y a eu de plus important. J'en conclus que le pis de tout est de se rebuter, que puisqu'il me paroît sans méfiance de Monsieur le Duc, qu'il faut que Monsieur le Duc lui parle là-dessus et dans le sens du danger des opérations et de celui de la réunion des cabales, et qu'il l'ébranle par la hardiesse, l'affectation et l'étude que M. le prince de Conti étale à chaque conseil, en quoi il est sifflé par la cabale et poussé par son union avec les bâtards. Cela fera peur et conséquemment de l'impression. Il faut que Law parle fortement, témoigne être à bout par le discrédit et les obstacles que Monsieur de Cambray lui cause au dedans et au dehors, que lui et M. le Blanc épient toutes les occasions où la police et toutes ses appartenances peuvent être en faute, pour s'en plaindre, et de même de ce qui arrive dans les provinces par rapport aux secrétaires d'État. Il faut que Monsieur le Duc fasse sentir à Son Altesse Royale ce que c'est que n'avoir à Rome que ce Laffiteau, valet de Monsieur de Cambray, avec lequel on hasarde tout, comme cette insulte des armes du Roi et l'affaire de Saint-Dié, sûr que l'espérance du cardinalat fera tout passer à Monsieur de Cambray, au lieu que la seule présence d'un ambassadeur retiendroit la cour de Rome, ce que Monsieur de Cambray ne veut ni à Rome ni nulle part, pour être le maître de toute affaire et ne craindre pas que Son Altesse Royale y puisse que ce qui lui plaira. M. de la Force n'a pas assez d'accès pour y compter. Je viens d'instruire M. de Chaulnes pour demain, et je ferai en sorte d'encourager le chancelier à porter des bottes. Les meilleures viendront des découvertes de conciliabules et d'intrigues. M. des Faures y seroit important acteur en se plaignant d'être arrêté dans ses opérations, mais je ne puis m'en ouvrir encore à lui ; je le sonderai par gens sûrs et ses amis intimes. Voilà la réponse, je crois, qu'on attendoit de moi. S'il me vient quelque expédient ou quelque idée nouvelle, je vous la communiquerai. Cependant j'ai disposé un homme à tomber sur l'abbé du Bois, en qui Son Altesse Royale a confiance et contre lequel il ne peut être en garde là-dessus, la question est qu'il puisse approcher bientôt et en cadence. D'ailleurs je suis en une sorte de confiance avec M. Masseï, qui a toute celle du Pape. Le par où seroit trop long, et trop long le récit de ce que j'ai fait ce soir avec lui ; mais sans marquer aucune passion, je crois n'avoir rien dit d'inutile pour éloigner le cardinalat, et j'ai remarqué qu'il a fait grande attention à ce que j'ai dit. Je continuerai à le cultiver et à le tenir en haleine là-dessus ; mais avec un Italien il s'y faut conduire avec grande délicatesse. Ce que je vous ai dit sur Chelles est en mouvement ; je n'en sais point encore de nouvelles, sinon que l'alarme est forte, et l'intention et la résolution à souhait de ceux qui y sont puissants et que je mets en œuvre.

Le temps est si mauvais que malgré l'état de ce logis nous différerons d'aller à Meudon. Faites usage de ma lettre et me la renvoyez après. Mandez-moi aussi de vos nouvelles, Monsieur, dont je suis en peine, avec toute l'estime et l'amitié que vous méritez.

Le duc de SAINT-SIMON.

XXXVII

AU MARÉCHAL DE BERWICK[1].

[1720].

....A mon égard, croyez, Monsieur, que je vous dis vrai quand je vous assure que je serai celui de tous qui ferai le moins d'impression sur Son Altesse Royale : elle ne me craint en rien, et est trop accoutumée à moi. La facilité d'accès me donnera bien à la vérité plus qu'à un autre de lui bien expliquer mes raisons ; mais, encore une fois, avec elle il faut une autre protection que la bonté et les éclaircissements...

XXXVIII

POUR CHIFFRER, A M. LE CARDINAL GUALTERIO[2].

Paris, 4 juillet[3] 1721.

Nous avons eu ici une grande alarme depuis ma der-

1. Ce fragment de lettre au maréchal de Berwick a été publié par M. A. Baschet dans son livre sur Saint-Simon, p. 430 et 431.
2. Copie prise sur l'original communiqué par M. É. Charavay, qui vient de le publier dans la *Revue des documents historiques*, n° de janvier 1875. — Voyez notre tome IV, p. 301.
3. Saint-Simon a écrit *juillet* pour *août*. Voyez les lignes 4 et 5 de la

nière lettre à Votre Éminence, qui est, Dieu merci, entièrement calmée par la parfaite guérison du Roi. C'est par où je commence. La fièvre lui prit le matin du dernier juillet, s'étant trouvé légèrement incommodé quelques jours auparavant, mais cela ne parut presque pas. Le frisson du premier de ce mois fut de cinq heures, le chaud à proportion, et un redoublement dans la nuit. Le premier, il fut saigné au bras vers l'après-midi, après avoir été soulagé le matin d'un lavement que Monsieur de Fréjus lui proposa, et refusé quelques heures après un autre, qu'on croyoit nécessaire et que M. le maréchal de Villeroy lui proposa sans succès. La saignée le soulagea encore, mais vers sept heures du soir le redoublement vint si violent que sur les onze heures du soir il fut saigné du pied. Le soulagement fut aussitôt, et il fut gai une heure avec Monsieur de Fréjus, qu'il voulut absolument qu'il lui promît de se coucher. Monsieur le Duc et les grands officiers en fonction passèrent la nuit dans sa chambre. Il dormit jusqu'à quatre heures du matin, mais sa tête peu nette et son corps tout occupé et appesanti firent tout craindre. Il fut résolu qu'il prendroit deux verres de manne avec un grain d'émétique dans chacun, ce qui fut exécuté à huit heures et à neuf heures avec tant de succès pour l'évacuation, sans effort quoi [que] fort ample, que la fièvre baissa toujours, et empêcha le redoublement, de manière qu'après une excellente nuit il s'est trouvé ce matin gaillard et sans fièvre. Les médecins, qui s'attendoient qu'elle dureroit encore quelques jours, en sont surpris eux-mêmes, ce qui marque la bonté du tempérament du Roi, qui a été guéri dès qu'il a été vidé. On ne peut montrer plus d'esprit, de douceur et de tranquillité qu'il a fait en cette occasion, et sa prédilection unique pour Monsieur de Fréjus n'a jamais tant paru. Il sera purgé demain, et n'est que légèrement affoibli. Votre Éminence peut juger de l'inquiétude, et de la joie qui y suc-

lettre ; voyez aussi tome XVII, p. 259 et suivantes, et la note 1 de la page 259.

cède, à laquelle je ne doute pas qu'elle ne soit bien sensible.

Je me contenterai pour cet ordinaire de rendre mille grâces de la longue dépêche dont je ne fis que lui accuser la réception par ma dernière en attendant le premier ordinaire. J'aurai seulement l'honneur de lui dire que tout ce que Votre Éminence m'y marque me paroît entièrement convenir avec ce que j'ai eu l'honneur de lui mander. La question est du vouloir ou d'y pouvoir parvenir; mais la promotion de M. du Bois a fait ici un étrange cri public contre le Pape, et la lettre, pleine de louange pour le nouveau promu, de M. le cardinal de Rohan au Roi, n'a pas mieux réussi. J'attendois mieux du Pape qu'une telle précipitation. On assure qu'il accorde aussi la dispense de M. de Vendôme. Cette grâce trouvera moins d'applaudissement s'il se peut, parce qu'elle est sans prétexte comme sans cause, ainsi que celle de l'abbé de Coetlogon.

Je conjure Votre Éminence de bien méditer et repasser ce que j'ai eu l'honneur de lui mander en dernier lieu, que je lui recommande de toute mon affection, et d'être bien persuadée de tout mon attachement et de toute ma vénération pour elle. Mille très-humbles grâces de l'honneur de sa lettre du 15 juillet. Je lui souhaite une parfaite santé. Je vais aussi faire huit ou dix jours de remèdes.

XXXIX

DU PRÉTENDANT JACQUES-ÉDOUARD A SAINT-SIMON [1].

D'Albano, ce 14 octobre 1721.

Je vous fais mes compliments de bien bon cœur sur l'honorable et agréable emploi dont vous venez d'être revêtu; vous allez mettre la dernière main à ce qui doit servir plus que jamais une union que tous les honnêtes gens doivent souhaiter de voir durer à jamais. Vous jugerez aisément combien cet événement m'a causé de joie ; elle est sincère, mais je vous avoue qu'elle n'est pas entièrement désintéressée, non plus que la satisfaction que je ressens de votre mission. Je suis si persuadé de la sincérité de votre amitié, que je ne doute nullement que vous laissiez échapper les occasions de me la témoigner, et je rends trop de justice à votre pénétration et à vos lumières pour vous proposer rien en particulier à cet égard. Mais j'espère que des conjonctures pourront naître, qui vous faciliteront les moyens de me servir essentiellement. Vous devez connoître mieux que moi les dispositions de votre cour : elle ne paroit plus si éloignée qu'autrefois de mes intérêts, et l'alliance qu'elle vient de faire est une preuve manifeste qu'elle a changé de système. Celle où vous allez est certainement toute portée en ma faveur, de cœur et d'inclination, mais elle ne sauroit faire de certaines démarches sans s'être auparavant assurée d'un appui certain en cas de besoin. Vous y trouverez le duc d'Ormond, qui y est beaucoup considéré, et son attachement singulier à moi, sa probité reconnue et son mérite personnel vous doivent répondre pour lui qu'il n'abusera jamais d'aucune confiance que vous lui ferez, et vous pouvez certainement vous y fier en toute sûreté.

Je souhaite que vous trouviez dans ce voyage tous les agréments que vous pouvez desirer, et que vous ayez des occasions pour montrer avec éclat votre zèle pour les deux couronnes. Il me paroit qu'il ne manque plus qu'une seule chose pour rendre leur union assurée et

---

1. British Museum. Copie revue sur l'original. Cette lettre et la suivante ont été publiées par M. A. Baschet, dans son livre sur Saint-Simon, p. 439-444. Il sera question d'elles dans la lettre de Saint-Simon au cardinal Gualterio, du 20 janvier 1722.

durable, et c'est à quoi je suis bien sûr que vous travaillerez de bon cœur si vous y trouvez jour, car l'Angleterre gouvernée par des Allemands en sera toujours jalouse, mais étant une fois soumise à moi, elle y trouvera la gloire et la sûreté.

Soyez, je vous prie, persuadé que l'étendue de ma confiance et de mon amitié pour vous répond à la haute et juste estime que je conserve pour votre personne, et à l'envie que vous avez bien voulu témoigner de contribuer à l'avancement de mes intérêts, et que la gratitude dont je suis pénétré à votre égard n'aura jamais de fin.

JACQUES R.

A mon cousin le duc de Saint-Simon.

XL

DU PRÉTENDANT JACQUES-ÉDOUARD A SAINT-SIMON [1].

D'Albano, ce 20 octobre 1721.

Par la dernière poste de France, M. de Dillon m'a informé de ce qui s'étoit passé entre vous et lui, et je ferois tort aux sentiments que j'ai à votre égard si je différois de vous témoigner jusqu'à quel point j'en suis pénétré de reconnoissance. Mon estime pour votre mérite ne sauroit augmenter, mais votre conduite envers moi demande que j'agisse avec vous avec franchise et confiance, et c'est ce que je ferai dans cette lettre, bien persuadé que vous êtes aussi porté à en faire le meilleur usage qu'incapable d'en abuser.

Il me paroît que le grand obstacle à présent qui empêche la France et l'Espagne d'entrer ouvertement dans mes intérêts est leur nouvelle et étroite alliance avec l'Angleterre, qu'ils craignent d'irriter, ne voulant plus s'exposer à une nouvelle guerre, et il n'est pas à douter que le cardinal du Bois, outre les raisons particulières qu'il peut avoir pour soutenir cette alliance, ne soit fortement prévenu en sa faveur par des raisons politiques, soit bonnes soit mauvaises, de sorte qu'il n'est pas possible d'espérer qu'aucune des deux couronnes puisse rien

1. British Museum. Copie revue sur l'original. Voyez la note précédente

entreprendre pour moi, à moins qu'elles ne soient convaincues que l'intérêt de leurs États demande plutôt qu'elles s'attachent à moi qu'à l'électeur d'Hanovre ; et à moins que le cardinal du Bois revienne de ses anciens préjugés, ou qu'il trouve son compte à changer de conduite, on doit certainement faire peu de fond sur les paroles et les compliments de sa part. Il est donc principalement question de trouver les moyens de faire changer de sentiments et de système au Régent et au cardinal, et je ne croirai pas que cela fût du tout impossible si quelques personnes de poids et de considération s'unissoient à représenter au Régent le véritable intérêt de la nation, le peu de fond qu'il doit faire sur une alliance avec l'électeur d'Hanovre, et de quel appui et conséquence la mienne lui seroit si j'étois remis sur le trône de mes ancêtres. Comme vous êtes, je suis sûr, pleinement convaincu de ces vérités et des raisons qui les appuient, je ne vous fatiguerai pas en les déduisant ici en détail, mais je reviens à dire que si elles étoient représentées au Régent avec toute la force, toute la clarté et toute la franchise convenable, il ne me paroît pas qu'il y pût résister, et quand il verroit que plusieurs personnes qu'il estime et qui aiment véritablement leur patrie lui tiennent le même langage, il ouvrira certainement les yeux, et son ministre, quand même il ne seroit pas convaincu, n'oseroit plus soutenir des maximes si fortement opposées par d'autres plus aimés et respectés que lui. Voici mes idées générales. Pour venir aux détails qui vous regardent, tout ce que j'aurois à vous proposer, ce seroit de prendre les occasions les plus à propos pour insinuer au Régent et au cardinal vos sentiments sur le véritable intérêt de la nation par rapport à l'électeur ou à moi, mais sans jamais montrer trop d'attachement personnel pour moi, et si pendant votre séjour à Madrid vous pouviez faire entrer le P. d'Aubanton dans vos sentiments, lui faisant envisager mon rétablissement comme nécessaire pour maintenir l'union présente entre la France et l'Espagne, ce seroit à mon avis d'une très-bonne conséquence. Le duc d'Ormond lui a parlé quelquefois sur mon chapitre, mais ce qui viendra d'un ministre françois feroit tout une autre impression. Ce duc vous informera de ce qu'il doit proposer au roi d'Espagne en ma faveur, et ce que vous pourriez dire au confesseur facilitera beaucoup l'accord de ce que l'on doit demander au roi, et si il fait tant que d'y consentir et d'écrire ou d'envoyer par votre canal quelques propositions en ma faveur au Régent, je commencerai à espérer beaucoup pour l'avancement de mes intérêts. Vous voulez bien les avoir tant à cœur que je n'ai pu me dispenser de vous écrire aussi longuement et naïvement mes sentiments sur ces chefs; c'est à vous à en faire l'usage que vous croirez le plus convenable ; je ne prescris rien, mais me contentant de vous exposer le tout, je suis pleinement persuadé que vous en tirerez tout le bon et laisserez le mauvais, car mon éloignement et mon ignorance sur bien des matières de la politique présente peuvent faire que je me trompe en bien des choses. Je ne crains pas de l'être dans la haute idée que j'ai conçue de vous, ni dans la confiance entière que j'ai en votre amitié, à laquelle je réponds avec toute la sincérité de mon cœur.

JACQUES R.

A mon cousin le duc de Saint-Simon.

XLI

POUR CHIFFRER, A M. LE CARDINAL GUALTERIO[1].

De Willahalmanzo, près Lerma, 20 janvier 1722.

Je dois rendre compte à Votre Éminence de mon long silence et lui en demander pardon, quoique très-involontaire, et l'assurer en même temps que toutes ses lettres m'ont été fidèlement rendues soit par ce banquier, soit par Monsieur le nonce lui-même, ainsi que les deux lettres dont le roi d'Angleterre m'a honoré[2].

J'ai fait le voyage avec des fatigues et une précipitation extrême, et quatre courriers que je reçus du roi d'Espagne depuis Bayonne pour me presser d'arriver, dont le dernier fut à Burgos, m'obligèrent à aller de cette ville jusqu'à Madrid jour et nuit, et faute de mieux d'achever la course en poste à cheval. J'arrivai à minuit, et j'eus dès le lendemain matin le marquis de Grimaldo chez moi, qui est comme l'unique ministre, et l'honneur de saluer Leurs

1. Cabinet de M. Feuillet de Conches. Copie communiquée par M. Amédée Lefèvre-Pontalis et revue sur l'original. Cette lettre a été publiée en partie par M. A. Baschet, dans son livre sur Saint-Simon, p. 432-437.
2. Ce sont les deux lettres du Prétendant qui précèdent celle-ci.

Majestés Catholiques, dont je fus reçu avec les plus grands témoignages de bonté, dont jusqu'à cette heure elles n'ont cessé de me combler en tout de la manière la plus marquée, ainsi que toute leur cour, dont les plus grands et les plus distingués ont bien voulu s'empresser les premiers chez moi en l'honneur de mon emploi, et m'ont marqué toutes sortes de bontés personnelles. En sept jours de temps ce n'a été que fonctions tellement entassées les unes sur les autres, que je n'ai eu que les nuits pour écrire à la cour, sans un instant pour aucune autre lettre, au bout desquels la passion de la chasse fit partir Leurs Majestés Catholiques pour Lerma, où elles espéroient en trouver beaucoup ainsi que sur leur route. Je restai encore cinq jours après elles à Madrid, où les visites actives et passives ne me laissèrent pas plus de loisir, après lesquels je fus passer deux jours à voir l'Escurial, et de là ici, comptant me trouver le lendemain à Lerma, qui n'en est qu'à un très-petit quart de lieue, à la descente du carrosse du roi et de la reine d'Espagne, et accompagner deux jours après l'infante à sa première couchée, quoique je fusse arrivé ici épuisé de toutes ces fatigues au delà de tout ce que je puis exprimer, et plus encore d'inquiétude de mon fils aîné, que j'avois laissé assez malade à Burgos, et qui est retombé ici, dont, Dieu merci, il est à présent parfaitement rétabli. Je ne tardai pas à payer toutes ces peines de corps et d'esprit : dès la première nuit de mon arrivée, je me trouvai fort mal, et le lendemain la fièvre m'obligea d'envoyer faire mes excuses à Lerma. Aussitôt Sa Majesté le roi d'Espagne me fit la grâce de m'envoyer M. Higgins, son premier médecin. Je fus très-mal les trois premiers jours, et M. Higgins, soupçonnant la petite vérole, en informa le roi d'Espagne, qui la craint extrêmement, lequel ce nonobstant, ainsi que la reine, eut cette bonté si peu commune, et à laquelle je suis si redevable, de me renvoyer son premier médecin, quoique il y ait toute sa confiance et qu'il n'en eût point d'autres auprès de lui, avec ordre de ne me point

quitter, et cela sans que je l'eusse demandé. La petite
vérole parut de très-mauvaise qualité et dans une abondance étrange; mais les soins, la capacité et l'assiduité
de M. Higgins prévint tous les accidents et m'a remis
avec une promptitude et un bonheur extrême. C'est un
des premiers hommes de l'Europe pour son art et son
expérience, duquel d'ailleurs on ne peut dire trop de bien
pour son esprit, très-orné d'ailleurs et très-agréable, sa
piété, sa bonté et sa modestie. Il est infiniment attaché
au roi d'Angleterre et fort ami du duc d'Ormond, comme
vous le verrez dans ce que j'ai l'honneur d'écrire à ce
prince, que je joins ici. Je ne fais aujourd'hui qu'être
hors de ma quarantaine, et d'aller pour la première fois
à Lerma, où Leurs Majestés Catholiques ont eu la bonté
de me faire commander à plusieurs reprises d'aller, et
de me faire dire que, quel que fût mon visage, ils me
vouloient voir, et que je fusse présent et en fonction au
mariage. De tout cela, joint à l'accablement de tout ce qui
s'est accumulé dans ma secrétairerie pendant ma maladie,
et qu'il m'a fallu vider, Votre Éminence voit quelle a été
mon impossibilité de lui écrire et d'avoir l'honneur de
répondre au roi d'Angleterre, auquel je la supplie de le
vouloir bien représenter, ainsi que mon attention juste et
respectueuse pour la reine et le prince de Galles de différer après ma quarantaine quand il m'auroit été possible
plus tôt. Nous allons être maintenant en tourbillon de
noces et de ses accompagnements, dans la précipitation
du départ pour Madrid, aussi grande qu'elle a été pour
venir en ce lieu. J'y suivrai Leurs Majestés Catholiques
par respect et par reconnoissance. Mes fonctions étant
remplies et ayant mes lettres de recréance et carte
blanche pour partir d'ici même pour France, le lendemain du mariage, ou demeurer autant que je voudrai,
je compte de passer le mois prochain à Madrid et en
partir les derniers jours ou les premiers de mars pour
Paris, et d'être un mois sur cette route, c'est-à-dire pour
arriver à Pâques. D'ici à mon départ, rien de plus sûr

pour nos lettres que la voie de Monsieur le nonce, puisqu'il est ami de Votre Éminence, et encore plus dès qu'elle a la facilité du paquet du Pape. Cela ne passe point par France : ainsi on est en sûreté; mais, après mon retour, j'en suis bien en peine. J'enverrai bien d'ici un chiffre nouveau à Votre Éminence; mais elle peut compter qu'ils ont des déchiffreurs qui lisent comme dans un imprimé toute sorte de chiffres, hors de fort singuliers, que je n'ai ni ne connois, et que toutes les lettres qui peuvent donner de la curiosité sont ouvertes. D'avoir une adresse, on ne verra pas plus tôt des lettres de Rome à cette adresse qu'on les ouvrira. Ainsi il en faudroit plusieurs fois changer, ne pas s'en servir pour tout ce dont on pourroit s'en passer, en écrire cependant par la poste, pour ne pas donner curiosité de chercher par où nos lettres arrivent si on les apercevoit manquer souvent à la poste, où on est si acoutumé d'en voir. Je penserai fort à tout cela, et avant de partir d'Espagne, j'aurai l'honneur d'en rendre compte à Votre Éminence.

Je n'ai pas manqué d'envoyer à M. le chevalier D. Tobie du Bourgk la lettre que Votre Éminence m'a adressée pour lui, aussitôt que je l'eus reçue. Il vint hier ici dîner et passer toute la journée avec moi. Nous bûmes à la santé de Votre Éminence, et je ne manquai pas de lui [dire] en quels termes et avec combien de sentiment et de souvenir Votre Éminence me fait l'honneur de m'en parler. Il me paroît infiniment attaché à elle. C'est un excellent sens d'homme, plein de connoissances et des meilleures intentions, et par qui une multitude de choses et de gens importants ont passé; avec cela, ensablé et malheureux au dernier point. Votre Éminence peut compter que je le servirai en tout et partout avec tout l'empressement que j'aurai toujours pour l'exécution de ses ordres, et que j'aurai toujours pour des personnes aussi excellentes que l'est, à mon gré, celle de ce chevalier.

Je ne manquerai pas de tenter toute la bienveillance

que M. le marquis de Grimaldo me témoigne en faveur de Mme la princesse de Piombino, et je fais extraire pour cela, en forme de mémoire, les raisons contenues dans la lettre de Votre Éminence. Elle peut et doit compter que j'y ferai comme pour moi-même. Ces raisons-là sont, à mon gré, en saine politique, de la dernière évidence.

Je suis pénétré des bontés et de la confiance qu'il plaît au roi d'Angleterre me faire l'honneur de me témoigner par celui de ses deux dernières lettres, et de la plus ardente passion d'y répondre par les plus vrais services. Votre Éminence verra par ce que j'ai l'honneur de lui répondre, l'embarras où je suis là-dessus, et pour la manière et pour le fond infiniment plus grand que je n'ose le marquer à Sa Majesté Britannique. Pour la manière, si M. Dillon, qui lui a rendu compte, à ce qu'elle me marque, de la dernière conversation que j'ai eue avec lui en partant de Paris, l'a osé faire avec exactitude, et que ce compte ait été communiqué à Votre Éminence, Sa Majesté Britannique et Votre Éminence auront vu la précision de mes ordres sur ce qui la regarde, et combien je m'exposerois en les outre-passant. Je ne laisserai pas de le faire par l'expédient qu'elle verra dans ma lettre au roi d'Angleterre pour entretenir M. le duc d'Ormond, du résultat de quoi je rendrai compte à Votre Éminence et à Sa Majesté Britannique aussi, s'il est nécessaire. Mais de faire aucune démarche, je me perdrois inutilement pour la cause, et si le roi d'Espagne m'ordonnoit quelque chose là-dessus, l'exécution en seroit bien délicate. Ce qui m'a surpris au dernier point, c'est que Leurs Majestés Catholiques et les plus instruits de leur cour m'ont su jacobite longtemps avant mon arrivée, et comme tous leurs cœurs sont tournés de ce côté, je ne doute pas qu'ils ne s'ouvrent plus volontiers à moi qu'à aucun autre ministre de France, s'ils trouvent quelque chose à proposer. Pour le fond, l'autorité sans bornes de M. le cardinal du Bois, surtout en affaires étrangères, son goût, son attachement, son intérêt pécuniaire peut-être, ses préjugés, les voies dont il s'est servi pour entrer en quelque chose, puis pour cheminer à pas de géant, les traités premiers et derniers, tous récents, qui en ont été les fruits, et qui sont son ouvrage favori, tout cela le lie tellement à Londres, qu'il ne faut pas avoir la moindre notion de lui pour espérer de l'en détacher. Et à l'égard de Son Altesse Royale, je dirai d'ici à Votre Éminence ce que je n'oserois lui mander de France dans la crainte de l'ouverture des lettres, et ce que je ne lui ai jamais dit, c'est que ce qui le rend aussi hanovrien que son ministre, c'est que ce ministre, pour qui, au commencement la base de la fortune étoit la liaison de Londres avec son maître, a eu l'art de lui inculquer profondément que leurs droits et leurs intérêts étoient communs, et partant nécessités d'être intimement unis, et de s'assurer et protéger réciproquement. En vain ai-je représenté à M. le duc d'Orléans que le vrai roi d'Angleterre n'a jamais renoncé à la succession de cette couronne par la possession actuelle d'un autre trône comme le roi d'Espagne, et qu'il ne peut y avoir de parité, ni Son Altesse Royale en reconnoître du roi Georges à lui, le cas avenant en France, sans se faire un tort extrême et se traiter lui-même d'usurpateur, rien n'a pu lui ôter de la tête cet intérêt si pressant que celui de son ministre y avoit enfoncé si avant et par lequel il a cheminé si loin, tellement que voilà un double empêchement aux affaires du roi d'Angleterre, que nos derniers traités avec Georges achèvent de rendre impossibles maintenant. Tout attaché qu'est le chevalier D. Tobie du Bourgk à son roi légitime, son bon sens l'en fait convenir, encore qu'il ne sache pas le fond de notre cour à cet égard, de sorte que je ne vois qu'une union bien cimentée des deux couronnes qui puisse opérer en faveur du roi d'Angleterre, comme j'ai l'honneur de le lui mander, et c'est se tromper volontairement que d'espérer mieux et plus tôt. Je ne laisserai pas d'écouter et d'entendre de toute mon application M. le duc d'Ormond et

de me porter à un service qui m'est si cher, autant que
devoir et prudence me le peuvent permettre. Je conjure
Votre Éminence d'en vouloir répondre pour moi à Sa
Majesté Britannique, mais de garder pour elle seule cette
fatale parité avec Georges, si avant imprimée dans l'esprit
du Régent. Votre Éminence m'a fait beaucoup de grâce
de garder les lettres de la main du roi d'Angleterre pour
moi et de me les envoyer en chiffre. Il n'y a point à en
user autrement, à cause de la sûreté.

Il ne faut pas laisser ignorer à Votre Éminence ce qui
est arrivé sur cette frontière à l'échange de nos princesses. M. le prince de Rohan, qui en étoit chargé pour
nous, a prétendu avoir le titre d'Altesse avec ses suites
dans les instruments de l'échange. Le marquis de Santa-
Cruz, grand d'Espagne et majordome-major de la reine
d'Espagne, chargé d'ici de l'échange, ne l'a pas voulu
passer, tellement qu'ils ont dépêché aux deux cours et
suspendu l'échange. Au bout de deux jours, M. le prince
de Rohan s'est désisté de l'Altesse, mais il n'a voulu dans
les instruments ni titres ni qualités que son simple nom.
Le marquis de Santa-Cruz s'y est encore opposé, et finalement l'a emporté, en sorte que les titres et les traitements ont été employés réciproquement en parfaite égalité et uniformité, avec l'Excellence pour tous les deux.
La réponse d'ici est arrivée après la fin de la contestation,
et cette réponse prescrivoit au marquis de Santa-Cruz précisément tout ce qu'il a fait. Dans d'autres temps, je ne me
tairois pas d'une telle déconvenue sur un point qui m'est
si peu indifférent, mais j'ai cru que dans les termes où
Votre Éminence m'a mis, je devois retenir ma satisfaction
en moi-même et garder le silence. Je lui dirai même que
j'ai été très-aise que tout cela se soit passé dans un temps
où je ne pouvois entendre parler de rien, et où je ne puis
être soupçonné d'avoir eu aucune part à la chose, qui a
infiniment scandalisé cette cour-ci ; non que, par nos
conventions, je ne fusse en droit d'empêcher, si je l'avois
pu, l'effet de cette prétention, qui nous est si contraire,

sans violer la liaison et l'amitié que Votre Éminence a formée, mais j'aime encore mieux que le tout ait passé à côté de moi sans me toucher. Tout ce que Votre Éminence me fait la grâce de me mander de nouveau de M. le cardinal de Rohan sur la translation de M. de Saint-Simon dans l'ordre de Malte, et de sa part sur les choses de Rome qui ont trait à celles d'ici m'a engagé, dans les termes où Votre Éminence nous a mis, à lui écrire mes remerciements de l'un et de l'autre à Paris, où je le crois arrivé avant que ma lettre y soit. Pour le premier, il ne se peut rien ajouter à l'office qu'il fit au Pape même pour éviter la congrégation, mais la réponse du Pape me fait compter sur un bon succès, et prompt, que j'avoue à Votre Éminence que je desire démesurément. Je ne vois pas même de matière raisonnable à aucune difficulté dès que le grand maître, la langue de France et tout l'ordre y ont consenti, et l'ont écrit à Son Altesse Royale. Aussi je compte sur les bons offices de Votre Éminence, sur ceux que M. le cardinal de Rohan a faits, et sur la parole du Pape de le laisser faire et que tout iroit bien, et j'ose en conjurer très-instamment de nouveau Votre Éminence, et la supplier de vouloir bien témoigner à M. le cardinal Zondodari et à Monseigneur l'archevêque de Sienne combien je suis touché de reconnoissance pour Monsieur le grand maître, leur frère. Pour les deux choses de Rome qui ont trait ici, je me garderai bien d'y en parler le premier, et me contenterai de répondre, si on m'en dit quelque chose, suivant l'avis de Votre Éminence, et je le mande ainsi à M. le cardinal de Rohan. Rien n'est plus déraisonnable que le caprice du cardinal Acquaviva et sa mauvaise humeur sur le repas du cardinal d'Althan, ni plus péremptoire que la réponse de Votre Éminence à son billet. Je m'assure que la réflexion l'aura empêché de pousser plus loin cette rancune.

A l'égard de l'investiture de Naples, je crois qu'il n'est rien plus de l'intérêt du Pape que de la donner, pourvu que ce soit sans clauses extraordinaires, affectées et insolites telles que l'Empereur les propose. Mais je ne puis croire aussi que l'Empereur, qui a aussi l'intérêt de la recevoir que Votre Éminence explique si clairement, propose sérieusement de telles clauses, qui sont contre vérité et justice, contre les traités, tous tant qu'ils sont, à commencer par celui de Baden, et qui au fond sont des clauses qui font peu à Sa Majesté Impériale, puisque sa succession venant à s'ouvrir sans mâles, ce ne seroit pas l'insertion de ces clauses dans cette investiture qui règleroient[1] le sort de ce royaume, mais bien les conjonctures, la force des armes ou celle des traités. Mais je pense que ce qui retient en effet l'un de presser et l'autre d'accorder, ce sont des choses qui n'intéressent ni les successions futures ni la tranquillité de l'Europe, mais bien la sûreté et l'autorité de l'Empereur au royaume de Naples, et celle que le Pape s'y veut conserver à son préjudice par la collation des bénéfices, qu'en vérité je trouve l'Empereur, en l'état qu'il est en Italie, bien modéré de céder au Pape chez soi, et de se contenter de vouloir qu'ils ne puissent être conférés qu'à des nationaux. Il en est de même de la puissance monstrueuse du nonce de Naples, et peut-être des autres points que je n'entends pas, comme la fabrique de Saint-Pierre, etc.; et le Pape seroit bien mieux conseillé de céder des choses si intrinsèques à la souveraineté et à la sûreté de celui qui la possède que d'hasarder[2] qu'on se passe de son investiture, dont au fond l'Empereur, puissant comme il est, se pourra bien passer, et de s'exposer en outre à perdre encore ces autres points peu à peu, qui à la longue ne seront plus soutenables dès qu'il n'y aura plus d'investiture, et de n'espérer plus rien de Commachio. Mais, pour avoir tout, on perd quelquefois tout, et il trouvera qu'il n'a pas affaire à la France, à la France, dis-je, en caducité ou en enfance.

1. Ce verbe est bien au pluriel.
2. Voyez ci-dessus, p. 273 et note 1.

Pour ce qui est du tribunal de la monarchie de Sicile, véritablement l'affaire des pois chiches de l'évêque d'Agrigente, qui ont donné le branle à cette querelle, sont trop ridicules et trop impudents pour de telles suites, et je m'étonne que le Pape espère que l'Empereur, dans l'autorité sans contre-poids dont il est en Italie, se puisse accommoder d'avoir moins que les rois d'Espagne de sa maison, et que celui d'aujourd'hui même, tant qu'il a eu la Sicile, pour être réduit au petit pied que le roi de Sardaigne et de Sicile alors n'a jamais pu souffrir. Céder l'autrui à propos pour conserver le sien est un grand point de politique ; mais Rome s'est toujours si heureusement tirée de ses usurpations de toutes espèces, qu'elle n'a point d'oreilles pour entendre cette sage leçon, que j'ai peur enfin que l'Empereur ne lui apprenne plus fortement que quand il ne sera plus temps pour elle d'en profiter à son égard, et de s'attirer secours et protection, après s'être mise à raison, en montrant la violence et le dangereux agrandissement d'un prince si redoutable, d'abord en Italie et, par l'Italie, après à toute l'Europe.

Je ne puis exprimer à Votre Éminence le comble de mon étonnement quand j'ai appris que l'abbé Tancin étoit chargé des affaires à Rome au départ de M. le cardinal de Rohan. Son Altesse Royale m'avoit dit formellement, et d'elle-même, sans aucune insinuation de ma part, que Votre Éminence en seroit chargée en quittant la protection d'Angleterre : c'est ce que j'avois marqué à Votre Éminence énigmatiquement. J'avois compté là-dessus avec certitude, et j'en étois au comble de ma joie. Il y avoit encore quelque autre arrangement pour donner à Votre Éminence un archevêché riche, et qui ne nécessitât pas à grande résidence en France, pour donner couleur à quitter les affaires d'Angleterre pour celles de France, et plus de moyens à Votre Éminence. J'avoue que j'y avois entièrement compté, de la façon dont cela m'avoit été dit, et que ma surprise est extrême de voir tout

si changé en un instant, et un Tancin au lieu de cet ex-
jésuite, après avoir senti les infinis inconvénients de ces
misérables agents, au lieu de cardinaux et d'ambassadeurs, pour la première couronne sur le premier théâtre.
Je vois que le ministre ne se peut résoudre à servir[1]
de gens estimés, ayant bec et oncle[2], et subsistance
et existence indépendante de lui. Cela perd nos affaires
partout, et nos affaires perdues le perdront lui-même.
J'en serai fâché maintenant, car il n'est pas compréhen-
sible avec quelle franchise, quelle amitié et quelle chaleur
il s'est porté pour moi jusqu'à cette heure depuis notre
réconciliation, depuis les choses les plus importantes
jusqu'aux plus petits soins, et je serai à jamais ami sincère de sa personne. Cela fait tomber tout ce que Votre
Éminence m'a fait l'honneur de me mander touchant la
protection d'Angleterre. D'ailleurs il faut que Votre Éminence soit informée que l'abbé Tancin est un homme
perdu de toute réputation, et déshonoré en France à
n'être reçu nulle part à Paris. C'étoit le grand écrivain
des fadaises théologiques pour prouver combien l'agio-
tage étoit permis et utile ; ce fut lui qui reçut l'abjuration
de M. Law, après l'avoir instruit et converti comme Votre
Éminence peut croire, et qui a été jusqu'à la fin son
grand confident et le grand défenseur du système qui
nous a perdus et ruinés sans ressource ; sa probité et ses
mœurs également décriées ; et il partit pour Rome deux
jours après avoir perdu un procès infâme en simonie à
la grand'chambre du parlement de Paris, avec des huées
inouïes, et où les princes du sang et plusieurs pairs eurent la pauvreté d'aller, sans se soucier de sa partie,
exprès pour lui faire perdre sa cause. Et voilà le successeur à Rome de M. le cardinal de Rohan. Votre Éminence
s'en donnera de garde en tout et partout, s'il lui plaît, et
me gardera le secret entier de ce portrait très-fidèle. Je ne
doute pas qu'il n'en use avec elle comme a fait le Laffiteau,

1. Ne se peut résoudre à se servir. Le pronom sert pour les deux verbes.
2. Telle est ici l'orthographe de Saint-Simon.

c'est-à-dire une légère apparence et rien au delà ; et d'un tel homme ce n'est pas le pis qui puisse arriver. Je suis véritablement outré de colère d'une préférence si monstrueuse, si indigne et si préjudiciable aux affaires et à la réputation, et d'un prétexte si frivole que cette protection d'Angleterre. Dès que je serai à Paris, je ne me passerai point d'en parler à Son Altesse Royale et à M. le cardinal du Bois. Je verrai aussi M. le cardinal de Rohan, et selon qu'il se présentera avec moi, je verrai avec lui s'il n'y a aucun moyen d'envoyer ce Tancin prendre la discipline en quelque séminaire et de se servir de Votre Éminence comme il convient à la réputation et au bien de la couronne. A tout ce que Votre Éminence me témoigne de M. le cardinal de Rohan, à ce que M. le prince de Rohan a écrit à Monsieur son frère, et à la façon dont il me revient de toutes parts qu'il s'explique sur moi, j'ai tout lieu de croire qu'à mon retour nous éprouverons réciproquement amitié et confiance. Je n'y oublierai rien de ma part, pour être fidèle à Votre Éminence et pour avoir plus de moyens de la servir et de lui témoigner tout mon respect et tout mon attachement entier, tendre et inviolable.

XLII

POUR CHIFFRER, A M. LE CARDINAL GUALTERIO[1].

9 mars 1722.

Je reçois tout à la fois les trois lettres dont Votre Éminence m'honore, du dernier de janvier et 7 et 14 février,

1. Cabinet de M. Guizot. Copie prise sur l'original. Une main malhabile a gratté les deux mots : « Pour chiffrer, » et a imité à la fin de la lettre, d'une encre jaunie, la signature de Saint-Simon.

dont je lui rends mille très-humbles grâces. J'ai été effrayé et rassuré en même temps de l'accident arrivé à Sa Majesté Britannique, duquel pourtant je ne serai à mon aise qu'après la quarantaine passée. Je supplie Votre Éminence de vouloir bien témoigner là-dessus à Sa Majesté Britannique tout ce [que] mon respect et mon attachement pour elle peuvent ressentir.

La nomination à l'archevêché d'Otrante marque bien quel est le levain de l'Empereur contre l'Espagne, auquel je meurs de peur que nous ne donnions dans peu beau jeu, avec de cuisants repentirs. C'est une confidence que je ferai à Votre Éminence seule, parce que la voie du paquet du Pape est sûre, et dont la matière me fait trembler.

Il y a un an qu'il passe par la tête au duc de Parme de se faire payer des monts d'or de Ronciglione et Castro, dans l'impuissance de retirer ces duchés ni leur équivalent en terres, et pour cela que ce soit aux dépens du roi d'Espagne par un indult sur le clergé des Indes, et pour y parvenir de ce côté-ci, de faire passer l'infant D. Carlos entre ses mains, avec six mille hommes pour sa garde, au moyen de quoi il se croira à l'abri de toute contribution à l'Empereur et considérable en Italie. Peut-être fait-il espérer d'entrer pour quelque chose dans la solde de ces troupes sur les deniers de l'indult; c'est ce que je ne sais pas. Son projet est encore de mettre une garnison espagnole à Livourne. Chavigny m'a dit que M. le cardinal du Bois entre fort dans l'indult, mais que depuis dix mois qu'il lui écrit sur le tout, il n'a pu savoir ce qu'il pense sur le passage de D. Carlos, et qu'il ne lui répond ni sur cela ni sur Livourne. C'est ce qu'il dit. Cependant le voici venu pour l'indult, sans lettre de créance de France, mais seulement de Monsieur de Parme, et son arrivée est suivie de courriers de Parme sans nombre et d'un armement tambour battant, et tout payé d'avance, ici où on ne paye rien, de dix vaisseaux et de quelques galères avec d'autres bâtiments à Barcelone, avec une précipitation étrange. Pezz, ministre de la marine, veut faire courir que c'est de concert avec des Hollandois, qu'on attend pour s'y joindre, contre Tunis; mais ni le nombre de vaisseaux ni les galères ne le peuvent laisser penser. M. de Grimaldo, ministre principal d'ici, et qui a les affaires étrangères, et M. de Castellar, ministre de la guerre, prétendent ne rien savoir de ce projet, et y sont totalement contraires. Scotti, qui n'a nul crédit ici, et sur le point d'en sortir, prétend s'y raffermir par en entêter la reine, et en avoir la direction avec M. de Chavigny. A moi, on ne m'en écrit pas un mot, et je n'en crois pas M. de Maulevrier mieux informé, car Chavigny est l'homme du cœur et de confiance de M. le cardinal du Bois. Mais d'envoyer un enfant de six ans pour une succession qui a cinq têtes à passer devant lui, dont deux sont en liberté de se marier et en état d'avoir des enfants, savoir l'électrice palatine pour Toscane et le frère du duc de Parme, et deux autres peuvent perdre leurs femmes et se remarier, me paroît une chose dont on ne peut jamais attendre aucun avantage. Mais ce ne seroit rien si les inconvénients ne rendoient ce projet atteint et convaincu de la dernière folie ; car que faire en Italie d'un prince de ce rang sans un pouce de terre? qu'en faire trente ans durant, qu'il peut arriver qu'aucune des deux successions ne s'ouvrira à son profit? qu'en faire s'il ne les recueille jamais par les cas ci-dessus? qu'en faire parmi les princes d'Italie, les cardinaux, etc., pour avilir en sa personne les deux couronnes et sa naissance, ou lui susciter mille ennemis pour des points de cérémonial? Quelles divisions si sous son nom, comme il arrivera infailliblement, ceux qui seront près de lui, du pays, ou autres, s'y veulent mêler de quelque chose! quelle jalousie aux possesseurs et à leurs ministres, et combien d'apparence qu'avec le temps, le prince lui-même, ennuyé, vivra mal avec eux, et que ses sujets futurs seront las de lui, et n'en voudront point s'ils le peuvent! Mais pis que tout cela, division et plaintes, pour les subsides et à cent autres occasions, des deux couronnes l'une contre l'autre, et de la division au lieu d'union, qui sera bien fomentée du dehors, et même de l'intérieur italien de cette cour-ci. L'Empereur verra-t-il tranquillement ce passage? ne lui sera-ce point un prétexte d'armer pour protéger des fiefs et des feudataires de l'Empire? et lui qui s'est si fortement opposé aux garnisons suisses et neutres, en souffrira-t-il d'espagnoles? La chose entreprise, qui en aura le démenti? et si l'Empereur même y consentoit, n'aura-t-il pas dans la suite cent prétextes d'armer, et de faire à la suite ce qu'il n'auroit pas voulu faire au commencement pour s'arranger mieux? Aucun prince d'Italie oseroit-il branler devant lui? et si la chose tourne en guerre, comme il y [a[1]] cent à parier contre un, comme l'Empereur est plus grand et plus pécunieux en guerre qu'en paix, n'en fera-t-il pas une guerre d'Empire, puisqu'il s'agit de ses fiefs vrais ou prétendus? Nous n'avons rien fini avec lui ni en Flandres, ni sur le Rhin, ni pour les Évêchés, quand il avoit tout besoin de nous, au temps de l'affaire de Sicile. Ne réveillera-t-il pas ces querelles pour porter la guerre en l'un et l'autre pays? et où sont nos hommes, nos généraux et notre argent pour la soutenir? Monsieur de Savoie, qui, par la peste, a un beau prétexte de refuser tout passage, nous réduira à la voie de la mer, et mettra l'Angleterre en situation par là à se rendre maîtresse, et l'intérêt et l'inclination de Georges, tant comme prince d'Allemagne que pour ne pas augmenter la puissance d'Espagne, à qui il détient Gibraltar et le Port-Mahon, de favoriser l'Empereur en tout et partout. Enfin je ne vois en tout cela qu'un aveuglement et une folie démesurée et incroyable, qui se pourroit paraphraser bien plus amplement, et à la veille d'un congrès et d'une majorité, je me contente d'informer Votre Éminence de ce qui vient à ma connoissance, sur quoi elle fera ses judicieuses réflexions. L'amour de

[1] L'auteur a sauté ce mot en passant de la seconde à la troisième page de la lettre.

l'État m'a porté d'en écrire une longue dépêche à un ami intime de M. le cardinal du Bois, ne voulant pas lui écrire de ce dont il ne m'écrit point, et cet ami lui en pourra parler à fond. Enfin je tremble de ce que je vois, et je suis convaincu que Votre Éminence en tremblera de même, et il m'est évident que si j'étois un scélérat pensionnaire de l'Empereur, et en même temps ministre de France et d'Espagne, je ne pourrois pas former un autre projet. Votre Éminence voit bien, et moi aussi, par des bagatelles même qu'elle me mande, jusqu'à quel point Rome est esclave de l'Empereur, et quel poids elle seroit forcée de lui donner dans ces nouvelles affaires. Enfin Dieu sur tout.

Je commence aujourd'hui mes adieux; je vais prendre mon audience de congé. J'écrirai encore une fois d'ici à Votre Éminence, et je partirai la semaine prochaine, pour être dans le 12 avril à Paris. Je n'ai point encore imaginé de voie sûre pour notre commerce, tant M. le cardinal du Bois, qui est maître des postes, est bien servi et attentif; et quoique nous soyons vous et moi bien avec lui, et que nous n'ayons rien à nous écrire que pour le bien de l'État et de Son Altesse Royale, du Roi et de la patrie, il n'est pas sage de n'être pas sûr de ce qu'on s'écrit. Je penserai et m'informerai encore, pour vous en rendre compte au premier ordinaire.

Je n'ai point l'humeur de rien mander à Votre Éminence de ce qui vient de se passer à Paris, où amitié et dignité sont si fort compromises ensemble. Ce n'est point matière d'écriture; je n'en ai dit ni écrit un seul mot. Je me conjouis seulement de m'en trouver à trois cents lieues, et je supplie Votre Éminence de trouver bon que je ne l'excepte pas sur cela de la règle générale et étroite que je me suis prescrite. Elle sait combien je lui suis dévoué, et que mon respect et mon attachement ne sauroient croître pour elle.

XLIII

A LE PELLETIER DE LA HOUSSAYE[1].

Meudon, 6 octobre 1722.

En m'en allant à la Ferté pour quelque temps, je ne puis m'empêcher de vous recommander de toutes mes forces, Monsieur, les intérêts de M. le prince de Chimay, mon gendre, dont vous connoissez la naissance, les dignités et les services, et le mérite envers la France, dont l'état est violent par cette dernière raison, et par d'autres encore qui ne doivent guère moins toucher Son Altesse Royale, parce qu'elles sont de son fait patrimonial, quoique elle ait personnellement pour lui beaucoup de bonté ancienne. Trouvez bon que je vous glisse un mot du mémoire ci-joint dans cette lettre, et que je vous supplie de compter que je ressentirai parmi mes plus vives obligations les bontés que vous voudrez bien avoir pour ce qui regardera M. de Chimay. Vous m'avez mis en état, Monsieur, de vous parler avec confiance; j'en use donc en cette occasion si vraiment intéressante pour moi, qui vous honore avec tout le dévouement possible.

Le duc de Saint-Simon.

Monsieur le contrôleur général.

1. Copie prise sur l'original, appartenant à M. le marquis des Roys. — On lit cette annotation en haut de la lettre : « Le mémoire du sieur Girard renvoyé à Messieurs les fermiers généraux, le 10 octobre 1722. »

XLIV

AU CARDINAL GUALTERIO [1].

De Paris, le 10 janvier 1723.

Je suis extrêmement sensible aux bontés dont Votre Éminence m'honore sur la mort de M. le duc de Lauzun et sur la perte de Son Altesse Royale, qui en est une, pour moi, irréparable en tout genre. Le bon cœur de Votre Éminence, plus capable qu'un autre des effets d'une longue amitié et des motifs d'une vraie reconnoissance, sent bien ce que le mien doit souffrir, indépendamment des réflexions qui lui appartiennent moins qu'à l'esprit de cour et du monde. Si quelqu'une de ces dernières se pouvoit faire jour en moi à travers les premières, ce seroit pour m'affliger de ne pouvoir plus offrir à Votre Éminence qu'un attachement stérile et d'inutiles desirs. Tels qu'ils demeurent, ils seront toujours à Votre Éminence, qui en considérant moins l'usage que d'où ils partent, les recevra, j'espère, avec sa bonté accoutumée, que je ne cesserai point de mériter par mon respect fidèle et mon dévouement constant à Votre Éminence.

Le duc de Saint-Simon.

Ém. Card. Gualterio.

1. British Museum. Copie revue sur l'original. La plus grande partie de cette lettre a été publiée par M. A. Baschet, dans son livre sur Saint-Simon, p. 446 et 447.

XLV

AU CARDINAL GUALTERIO[1].

Je ne puis exprimer à Votre Éminence mes souhaits de toutes les années pour elle, ni mes très-humbles remerciements de ceux dont elle veut bien m'honorer au renouvellement de celle-ci. Il n'y a rien dont elle ne soit digne, il n'y a rien aussi d'heureux ni de glorieux que je ne lui desire d'un cœur qui ne peut former que des vœux pour Votre Éminence par les sentiments les plus tendres et les plus respectueux de la plus parfaite vénération pour elle.

Le duc de Saint-Simon.

Paris, 10 janvier 1724.

Ém. Card. Gualterio.

XLVI

DE LA DUCHESSE DE SAINT-SIMON AU CARDINAL GUALTERIO[2].

Monsieur,

C'est avec une reconnoissance que mes paroles ne peuvent exprimer que j'ai reçu de Votre Éminence les nouvelles marques de bonté qu'elle m'a fait l'honneur de me donner au commencement de cette année. Je la supplie d'être persuadée de la sincérité de mes vœux pour qu'elle vous soit parfaitement heureuse. Je me la trouverai infiniment si Votre Éminence me rend la justice de croire que de toutes les per-

1. British Museum. Copie revue sur l'original.
2. British Museum. Copie revue sur l'original.

sonnes qui l'honorent il n'y en a point qui ait une vénération et un attachement plus parfait ni qui soit plus parfaitement,
Monsieur,
De Votre Éminence
Votre très-humble et très-obéissante servante
La duchesse de SAINT-SIMON.

A Paris, ce 10 janvier [1724].

XLVII

A D'ARMENONVILLE[1].

Paris, 10 janvier 1728.

Vous avez vu, Monsieur, trois pages de mon mémoire ci-joint, et vous verrez, s'il vous plaît, par la quatrième que j'ai ajoutée, si j'ai bien éclairci ce que vous avez jugé qui méritoit de l'être. Vous aurez agréable aussi de voir, par la copie ci-jointe de ma lettre à M. le cardinal de Fleury, si j'ai bien exécuté ce que vous m'avez fait la grâce de me conseiller, et si ma lettre n'éclaircit pas encore mon mémoire. J'envoie l'un et l'autre à M. de Maurepas pour les rendre à Monsieur le cardinal à propos d'avoir le temps de les lui faire lire. Je n'ai osé lui mander que je vous en eusse parlé, et néanmoins je voudrois bien que vous pussiez savoir quand il aura vu Monsieur le cardinal là-dessus, pour vous mettre en état de faire en sorte que Monsieur le cardinal vous en parlât, et vous donner ainsi occasion à ce que j'attendrai toujours en toute confiance de l'honneur de votre amitié. J'y compte si fort que je ne vous demande rien et que je compte sur tout ce que vous pourrez faire. Quelque vivement que

1. Copie prise sur l'original, communiqué par M. É. Charavay.

cela me touche, ce n'est ni la première ni la plus solide obligation que je vous aurai, Monsieur, dont en vérité ma reconnoissance est bien parfaite.

Le duc de SAINT-SIMON.

Monsieur le garde des sceaux.

XLVIII

A CLAIREMBAULT [1].

Paris, 27 janvier 1728.

Il est constant, Monsieur, comme vous me l'avez dit, que M. de Villars ne fut point traité en duc en la promotion de la Chandeleur 1705, parce que ses lettres n'étoient pas vérifiées, et constant de même que deux ducs furent nommés parrains de MM. d'Harcourt duc, et d'Estrées grand d'Espagne, destinés à être présentés ensemble. Mais je vous prie de vous souvenir aussi que M. d'Harcourt ne fut reçu que le 8 mars suivant, parce qu'il tomba malade quelques jours avant la Chandeleur, et s'il m'en souvient bien, il fut reçu avec le marquis de Bedmar, qui passoit de Flandres en Sicile, et qui étoit nommé et portoit l'ordre il y avoit déjà du temps. Ainsi le maréchal d'Estrées fut présenté seul par deux ducs, l'absence de M. d'Harcourt ne l'empêcha point, et nul n'y trouva à redire. C'est donc un exemple pour moi, qui suis duc et pair et grand, d'être présenté seul par deux parrains ducs, à quoi je ne vois ni difficulté de droit ni difficulté de fait : il ne sagit point de marcher seul à la procession, mais d'être présenté seul par deux parrains ducs comme moi.

1. Bibliothèque nationale. Copie communiquée par M. A. de Boislisle et revue sur l'original.

Cela ne fait rien aux princes du sang, que je ne demande pas pour parrains; rien aux autres: seront-ils ducs pour être à côté d'un duc ou pour aider à le présenter ou pour être présentés avec lui? Cela ne fait rien à la longueur de la cérémonie, puisque deux présentations deux à deux ou deux présentations d'un, puis de trois, reviennent au même temps. Je ne vois donc contre moi que la confusion et le désordre, qui tend à tout anéantir, et à ne relever cependant aucun de ceux qui les procurent. Je vous prie de vouloir expliquer non-seulement le droit, dont on fait peu de compte, mais le fait du maréchal d'Estrées et de M. d'Harcourt à M. de Breteuil, et d'être bien persuadé, Monsieur, de tout ce que je vous suis pour toujours.

Le duc de SAINT-SIMON.

L'état de mon fils m'empêche d'aller chez vous et chez M. de Breteuil; je vous supplie de le lui dire.

M. de Clairembault.

XLIX

A LA MARÉCHALE DE NOAILLES [1].

Je n'ai pas oublié, Madame, que vous aimez qu'on vous écrive, et pour avoir cet honneur-là, je ne pense pas qu'il soit besoin d'une meilleure occasion qu'une pluie du ciel de cinquante mille livres de rente, qui partagent passablement un cadet. Je vous assure, Madame, que nous y prenons tous grand'part, et par vous toute votre famille, que

---

1. Bibliothèque nationale. Copie prise sur l'original. Cette lettre a déjà été imprimée dans le livre de M. F. Monnier sur le *Chancelier d'Aguesseau*, p. 495 et 496, et dans celui de M. Chéruel sur *Saint-Simon considéré comme historien de Louis XIV*, p. 139 et 140.

je soupçonne de n'avoir pas le même goût que vous pour les lettres. Mais, puisque vous en voulez, j'étendrai mon effronterie jusqu'à complimenter ici M. et Mme la maréchale d'Estrées, moins de la maison que du dépit qu'en ont les médecins, qui enrageoient bien de sa gloire en leur art, mais qui sont tout autrement sensibles à une belle maison qui en est le fruit. Au moins y verrons-nous au jour et en ordre ces cinquante mille volumes en ordre [1]. Je me borne à cet ornement pour Paris, et laisse aux dames à le presser d'y étaler le monde de curiosités de toute espèce qu'il préserve de l'air depuis si longtemps, et dont il oublie sans doute la meilleure partie. Mme de Saint-Simon entre, et se plaint que je ne vous parle pas assez, ni assez distinctement d'elle, et en vérité nous nous disons des choses si grossières de vous, par exemple, que nous vous aimons de tout notre cœur, que cela nous fait bien sentir le long temps qu'il y a que nous sommes au village, et le besoin que nous avons de reprendre un peu l'air et les manières de la ville. Je compte d'avoir l'honneur de vous y aller bientôt faire ma cour, et vous assurer du respect avec lequel je suis, Madame, votre très-humble et très-obéissant serviteur

Le duc de Saint-Simon.

La Ferté, 10 octobre 1729.

Mme la maréchale-duchesse de Noailles.

1. Cette répétition est du fait de Saint-Simon.

L

PROJET DE CONTINUATION DE L'*Histoire généalogique* DU P. ANSELME, DONNÉ PAR SAINT-SIMON A LA FIN DE L'ANNÉE 1731 [1].

La continuation de l'ouvrage du P. Anselme et de M. du Fourni est une chose si utile et si curieuse, que l'étendue de ce qu'elle comprend étend en même temps les vues et la curiosité, et fait desirer à tout ce qui a quelque goût en ce genre qu'elle soit poussée jusqu'où elle peut raisonnablement s'étendre sans prétendre à l'immensité.

Ce que cet ouvrage comprend éclaircit déjà tant de points d'histoire, de généalogies, et même de cour et de fortune, que peu d'augmentation y mettroit la dernière main, et avec d'autant moins de difficulté que la plupart des maisons et des familles qui y entreroient se trouveroient déjà traitées à fond dans les volumes du premier dessein, et que tout le travail ne tomberoit que sur la formation et le progrès des charges, et sur leur succession de main en main, ce qui donneroit un grand jour à tout ce qui s'entend sous les noms de cour et de fortune. Il seroit donc fort à desirer que les charges suivantes, qui ont presque toujours marqué ou fait la fortune et l'élévation de leurs possesseurs, pussent être données à la suite de ce que l'on prépare.

Telles sont celles de :

Capitaine des cent gentilshommes au bec de corbin de la maison du Roi, fort ancienne et privilégiée, de laquelle toutes les autres gardes des rois ont pris leur origine, et

---

1. Bibliothèque nationale. Cette pièce a été publiée par M. A. de Boislisle dans l'*Annuaire-bulletin* de la Société de l'histoire de France, 3 mars 1874, p. 89-92. Nous l'avons revue sur l'original.

d'y joindre celle que les dangers personnels d'Henri III lui fit dresser de quarante-cinq gentilshommes, et qui finit avec lui ;

Capitaine des gardes du corps, en observant la succession des capitaines dans chaque compagnie distinctement ;

Capitaine des gens d'armes de la garde ;

Capitaine des chevau-légers de la garde ;

Capitaine des deux compagnies des mousquetaires, ceux-ci très-récents ;

Capitaine des Cent Suisses de la garde, fort ancienne ;

Colonel ou meistre de camp du régiment des gardes françoises, deux divers titres suivant qu'il y a eu ou non des colonels généraux de l'infanterie. M. de Mastaing, capitaine au régiment des gardes, qui lit, retient, sait et ramasse, fourniroit tout cet article à souhait, sans avoir la peine de recourir ailleurs.

Il n'y a pas jusqu'au capitaine de la porte, c'est-à-dire des gardes de la porte, qui ne valût la peine d'y tenir place, moins par la considération de la charge, que parce qu'elle est de la garde du Roi, avec une fonction continuelle.

Colonel général des Suisses et Grisons, presque toujours grandement remplie, ainsi que la suivante ;

Colonel général de la cavalerie ;

Colonel général des carabins, de qui il est curieux de traiter ;

Colonel général des dragons, charge qui doit son origine à la faveur de M. de Lauzun, pour qui elle a été créée.

Voilà pour le militaire, auxquels il ne seroit pas indifférent de joindre les vice-amiraux, dont la plupart ont été considérables.

Pour le civil, les secrétaires d'État n'ayant jamais été que brochés dans ce qui a été publié d'eux, tant expressément qu'à l'occasion de leurs charges dans l'ordre du

Saint-Esprit, pour ceux qui en ont eu, les traiter à fond et par succession distincte dans chacune des quatre charges, seroit un ouvrage également curieux et important, et si la servitude ne permet pas toute la vérité nécessaire sur ceux qui existent, cet inconvénient, que la date de l'impression fera également sentir et excuser, n'est point à comparer avec l'avantage à tirer de cette foule de leurs prédécesseurs disparus les uns sur les autres, dont il est permis de parler en toute vérité. On doit en dire de même des ministres et des contrôleurs généraux des finances, dont il y en a si peu qui n'ont point été secrétaires d'État; et pour les contrôleurs généraux, se fixer à M. Colbert et à la suppression des surintendants des finances, parce qu'avant cela les contrôleurs généraux n'étoient rien. Ainsi donner les charges suivantes :

Secrétaires d'État;

Surintendant des finances;

Chef du conseil royal des finances, et ceux-ci ne sont que quatre, et tous quatre ducs et pairs;

Contrôleur général des finances, parmi lesquels M. Law ne seroit pas le moins curieux;

Ministre d'État;

Surintendant des postes;
Surintendant des bâtiments; } Et tous les autres noms inférieurs qui ont désigné ces mêmes emplois en chef;
Surintendant des fortifications;

Grand voyer de France : le célèbre duc de Sully l'a été, et d'autres seigneurs encore.

Un des plus curieux articles en tout sens, et qui manque véritablement à l'ouvrage qui se continue, est celui-ci :

Gouverneurs des rois;

Gouverneurs des fils de France;

Gouvernantes des enfants de France;

Auxquels il faudroit joindre le peu qu'il y a eu de surintendants à leur éducation, et les gouverneurs des collatéraux venus à la couronne, comme de Philippe de Valois, de Louis XII, de François Ier, d'Henri IV, et s'étendre sans scrupule sur tout cet article qui jetteroit tant de lumière sur une infinité de curiosités d'histoire, de cour, et de fortunes directes et indirectes.

Une autre charge fait regretter son oubli dans l'ouvrage qui s'achève, c'est celle de premier chambellan, possédée quelquefois par de si grands seigneurs, et qui, je crois, l'a été par le premier duc de Guise : elle a une fonction au sacre, distinction unique parmi tout ce qui n'est point pair ou officier de la couronne; c'est d'elle que sont nés les premiers gentilshommes de la chambre, et d'où est restée à celui qui se trouve en année la fonction au sacre qu'elle y avoit, en présence et avec le grand chambellan.

Ainsi donner les charges suivantes :
Premier chambellan;
Premier gentilhomme de la chambre, en observant distinctement la succession dans chacune des quatre charges;
Grand maître de la garde-robe;
Maître de la garde-robe, en observant distinctement la succession dans chacune des deux charges;
Premier écuyer, depuis M. de Liancourt, qui tira le premier cette charge de la dépendance du grand écuyer, et en fit une grande et belle charge d'une petite qu'elle étoit, et alors fort semblable à celle de premier écuyer de la grande écurie, qui existe encore.

Les suivantes :
Premier aumônier;
Premier maître d'hôtel;
Prévôt de l'hôtel;
Grand maréchal des logis;
Grand maître des cérémonies;
Maître de la chapelle;
Maître de l'oratoire;

Toutes, fort médiocres en elles-mêmes, ont, excepté la dernière, une fonction continuelle, et ont presque toujours été remplies par des personnes considérables, excepté quelques-unes de nos jours, comme il est arrivé à de bien plus grandes, et si celles-ci ne prêtent pas serment entre les mains du Roi, on y verra que la délicatesse en ce point est moderne, par la qualité de ceux qui ne les ont pas dédaignées.

Les troubles dont Paris a tant de fois été agité ont fait desirer encore une suite des

Gouverneurs de Paris,

Prévôts de Paris,

sans descendre plus bas ni se croire obligé par ce morceau de s'étendre à d'autres gouverneurs, dont la capitale et le séjour des rois fait une exception unique. Ces gouverneurs ont tous été gens fort considérables, et les prévôts aussi, excepté de nos jours.

Tout l'ouvrage seroit fermé d'une manière complète si on vouloit y ajouter les charges suivantes, qui ont leur curiosité et quelquefois leur importance :

Grand aumônier de la Reine ;

Premier aumônier de la Reine ;

Chevalier d'honneur de la Reine ;

Premier écuyer de la Reine ;

Surintendante de la maison de la Reine et en même temps de Madame (Henriette d'Angleterre), l'unique fille de France qui en ait eu ;

Dame d'honneur de la Reine ;

Dame d'atour de la Reine et des dauphines ; et de celles-ci le nombre est fort court.

Si cette augmentation se trouve du goût de l'auteur de l'ouvrage qui se donne peu à peu au public, c'est à lui à y donner l'ordre et l'arrangement qu'il trouvera le plus convenable.

LI

AU CARDINAL DE FLEURY[1].

Paris, 2 mai 1732.

J'ai une prière très-humble à faire à Votre Éminence et qui nous tient fort au cœur, à Mᵐᵉ de Saint-Simon et à moi. C'est une croix de Saint-Michel pour le sieur Rougier des Tourettes, lieutenant particulier, assesseur criminel et premier conseiller au présidial de la Rochelle, d'une famille fort ancienne et fort distinguée en ce genre-là, et qui a un frère fort avancé et en réputation dans la marine. M. l'abbé de Pompone, que j'ai consulté là-dessus avec les preuves, peut en rendre compte à Votre Éminence, et pour le mérite personnel et la considération qu'il mérite, tout ce qui est en première place à la Rochelle vous en rendra un compte avantageux. Avec cet énoncé véritable, j'attends cette grâce avec confiance aux bontés de Votre Éminence et tout l'attachement avec lequel je lui suis fidèlement dévoué.

Le duc DE SAINT-SIMON.

Permettez que j'ajoute à Votre Éminence que cette grâce que nous lui demandons, elle la vient d'accorder à trois personnes qui ne se piquent pas de noblesse et que le sieur Rougier fait ses preuves depuis quinze cent trente et un : elles sont chez M. l'abbé de Pompone. Je serai infiniment sensible à cette nouvelle bonté de Votre Éminence,

---

1. Copie prise sur l'original, communiquée par M. É. Charavay.

et je me flatte qu'elle ne doute pas de ma reconnoissance ni de mon tendre attachement.

La duchesse de SAINT-SIMON.

S. Ém. Card. de Fleury.

LII

AU COMTE DE BELLE-ISLE[1].

La Ferté, 5 octobre 1733.

C'est trop aussi, Monsieur, vous ménager : ni sur le plaisir de voir enfin la grande ouverture, ni sur la joie commune de vous voir marié avec Monsieur de Noyon, ni sur mes enfants, pas un mot que des amitiés pour notre maréchal. Je vous ai cru trop occupé, et je vous ai ménagé des minutes à mes dépens. Présentement que votre première grosse besogne doit être faite et que les premiers flots de passage doivent être écoulés, si[2] faut-il que je dise deux mots, et que vous ne me croyiez pas enfin de ces morts qui ne pensent plus aux vivants ni à leurs meilleurs amis. Je vous assure que j'ai pensé sans cesse à vous dès le commencement de tout ceci, et que je savoure avec plaisir que la scène se soit ouverte à l'instant que vous vous trouvez solidement en place d'en tirer tout le parti que vous méritez et dont vous êtes capable. Quoi qu'on dise et qu'on attende et qu'on projette delà les Alpes, il me paroît bien difficile que tout ceci vienne à rien de vos côtés. Je ne ferai pas le tort à notre amitié de vous rien dire sur mes enfants. Je me

---

1. Dépôt des archives du ministère de la guerre. Copie communiquée par M. l'abbé Verlaque.
2. Voyez tome X, p. 252 et note 1.

suis contenté de leur bien expliquer ce qu'elle est, ce que vous valez, le parti qu'ils se doivent proposer et efforcer d'en tirer pour leur instruction et leur conduite. Je leur en ai dit autant sur M. d'Hasfeld, sur ce que celui-ci devoit être ou peut différer à devenir, sur vous-même en son temps, et surtout que l'amitié pour les pères ne peut utilement servir aux enfants si eux-mêmes n'en profitent de manière à la mériter personnellement après les premières ouvertures sur le compte des pères. Mon fils m'écrit de Metz à me faire espérer qu'il a envie réelle de profiter de ce que je lui ai dit ; il me mande que vous avez bien voulu perdre une demi-heure avec lui, qu'il se flatte que vous avez été content de lui, qu'il [l'] a été infiniment de vous, et que malgré son froid et celui de M. d'Hasfeld, qu'il a lieu d'espérer qu'ils s'accommoderont bien l'un de l'autre. Quoique la partie soit parfaitement inégale, ces expressions naturelles m'ont fort plu, parce qu'elles marquent qu'il cherche et qu'il goûte l'instruction. De remerciements, je ne vous en ferai ni à l'un ni à l'autre, pas plus que de recommandations. L'amitié qui conserve soigneusement toute reconnoissance, qui l'accumule et qui s'y plaît, est au-dessus des soins et des compliments. Je n'écris pas même à M. d'Hasfeld, pour ne multiplier pas les mêmes choses. Vous êtes ensemble et de façon qu'en vous écrivant j'écris à tous deux, et vous ne m'oublierez avec Mme de Saint-Simon, qui vous dit à l'un et à l'autre tout ce que vous pouvez penser. Ce qui me plaît encore de la lettre de mon fils, c'est qu'il me mande combien vous réussissez parmi ce vaste militaire de toutes sortes, avec un goût sans intérêt dont je lui sais un gré infini. Je n'ai point de nouvelles de M. de Ruffec, ainsi je ne vous en dis rien.

Pour Monsieur de Noyon, quelle trouvaille réciproque, amis comme vous l'êtes, et pour moi quel repos d'esprit parmi toutes les affaires et les difficultés dont de telles places sont toujours contre-pesées, et après le prédécesseur auquel il succède! Je désire bien que vous puissiez faire quelque course à Paris cet hiver, et tenir avec vous un petit chapitre épiscopal avant qu'il aille à Metz, où vous saurez bien qu'il n'a été conduit que par la Providence.

Je reviens à mon fils, et vous prie, quand vous aurez quelques moments, de me mander librement, et de vous à moi seulement, ce que vous en avez vu et senti en cette courte passade : à trente-cinq ans, il n'en a que dix-huit pour un métier où il n'a pu ni voir ni apprendre; et aussi sur le marquis de Ruffec, que je ne doute pas qu'il ne vous ait vu et courtisé et M. d'Hasfeld, et aussi ce que celui-ci en pense.

Vous voyez, Monsieur, mon peu de ménagement et ma confiance. Cette dernière vous est connue il y a longtemps. Je regretterois amèrement l'inutilité dont elle vous est devenue, si vous n'étiez en état et au delà de marcher et d'arriver par vous-même. *Utinam et mox!* Je finirai par ce court latin.

S. S.

A M. le comte de Belle-Isle, à Metz.

LIII

AU COMTE DE BELLE-ISLE [1].

La Ferté, 7 octobre 1733.

Mon fils me comble en me mandant encore aujourd'hui les instructions que vous voulez bien lui donner, et je ne puis, mon cher et très-cher Belle-Isle, vous dire à quel point

---

1. Dépôt des archives du ministère de la guerre. Copie communiquée par M. l'abbé Verlaque.

je le suis. C'est tout ce que vous aurez de l'homme du monde qui vous aime le mieux. Je suis pénétré de votre amitié, je ne veux pas vous pénétrer d'importunité. Que pensez-vous que Mme de Saint-Simon soit pour vous? Mille choses pour elle et pour moi à votre exquise femelle. Tout ce que m'en mande mon fils me ravit pour elle et pour vous et ne me surprend pas.

S. S.

A M. le comte de Belle-Isle, à Metz.

LIV

AU COMTE DE BELLE-ISLE [1].

La Ferté, 19 octobre 1733.

Quand même vous ne le voudriez pas, mon cher Belle-Isle, pour cette fois vous serez encore importuné. Je me fie totalement à vous depuis bien des années, je compte sur ce que vous me mandez, et cela me ravit d'aise de mon fils et de reconnoissance et de sentiment de tout ce que vous avez fait pour lui comme pour le vôtre. La question est la mise en œuvre et Dieu sur tout. J'ai grand regret que l'autre n'ait pu être assez auprès de vous pour en profiter de même, mais à cette belle enfilade-ci ils vous passeront tous deux plus d'une fois par les mains. Ha! il y a trois et quatre ans! que la séance de votre cabinet m'a souvent depuis passé par la tête et par le cœur, et que ceci me la renouvelle! Le comble de ce que vous avez fait est l'importunité que vous avez bien voulu

1. Dépôt des archives du ministère de la guerre. Copie communiquée par M. l'abbé Verlaque.

prendre d'avoir commerce avec mon fils. Cela lui sera d'une utilité infinie pour ne se pas négliger et pour être doublement instruit. Quand il n'y auroit que mon trop plein, que je ne puis ni contenir ni écrire, si vous ne venez point cet hiver, vous me verrez à Metz, et si je n'y avois pas l'évêque, je pense encore que j'en sauterois le bâton. La longue paix vous a bien mis en arrière ; le poste où vous êtes en est un dédommagement. Les commencements en seront petits, mais ils ne peuvent être durables. On ne vous l'a pas donné tout à fait pour vos beaux yeux. Vous y faites et ferez voir qu'on ne s'est pas trompé : il sera donc du bien et de l'utile de vous donner lieu de faire mieux encore en vous donnant l'occasion. Ceux qui commanderont le desireront pour eux-mêmes, et cela fait, vous voilà coadjuteur. En attendant, je ne puis regretter que la Lorraine soit occupée par un autre, qu'un autre y commande et soit le premier plastron des cris, des plaintes, des cabales ; que vous n'y veniez qu'après toutes les rumeurs. En tout cela un septuagénaire isolé vous vaut mieux qu'un autre. Je suis ravi d'Hasfeld en Italie, où il n'est possible qu'il ne soit incessamment ce qu'il devroit être il y a longtemps. On ne le fera pas seul, cela éclaircira les lieutenants généraux, vous donnera des cadets, et vous avancera par la tête et par la queue.

Quand vous aurez des moments, je serai ravi d'en profiter ; mais je ne veux point vous surcharger : nous savons il y a longtemps à quoi nous en tenir ensemble sans les petits soins ; vous m'en témoignez d'autres qui, de plus en plus, me lient à vous, Monsieur, et Mme de Saint-Simon avec moi, et à la mort et à la vie. Quand vous m'écrirez, un mot de M. de Lévy je vous en prie, car j'en suis en peine et ne sais comment en être bien informé.

S. S.

A M. le comte de Belle-Isle, à Metz.

LV

AU DUC DE LUYNES[1].

Paris, ce 1ᵉʳ janvier de l'an 1734.

Je vous supplie, Monsieur, que l'almanach que je vous envoie ne soit remis qu'en mains sûres pour faire celui de cette année, et de me le renvoyer avec le nouveau dès qu'il sera fait. Les âges, pour être adaptés à cette année, ont besoin d'attention, et les divers totaux de correction, ainsi que les disparus et les parus de nouveau sur le siècle, qui ont pu m'échapper, surtout enfants.

Si votre ami Orri vous vouloit donner ce qui est en blanc aux princes et princesses du sang et bâtards, et l'y mettre à côté de chacun, ce seroit une suave affaire. Mais, comme cela se peut après coup, faites toujours copier, et me renvoyez; travaillez cependant à accrocher la curiosité, et puis nous ajouterons, quand nous l'aurons, la rareté.

Je vous félicite sur l'énormité des maigres, l'effrènement des fêtes, et la masse accablante que cela forme. Vous savez peut-être ce que dit l'Évangile sur la suffocation des lois de Dieu par les pratiques ajoutées des pharisiens, et ce que dit saint Paul sur l'ancienne loi, que la loi est le germe du péché. Si[2] est-ce que toutefois nous en tenons pour les deux tiers de l'année. Je vous y souhaite un estomac. Vous êtes, mon cher duc, trop saint, trop détaché, et trop rasé les soirs, pour oser vous souhaiter autre chose. Je vous envoie Rome si au net, que cet or-

---

1. Archives du château de Dampierre. Cette lettre et celles que nous donnons plus loin comme tirées des mêmes archives ont été publiées dans les *Mémoires du duc de Luynes sur la cour de Louis XV*, tome I, p. 448-458.
2. Voyez ci-dessus, p. 340.

nement de l'almanach mérite vos bontés pour moi, sur lesquelles je veux compter toutefois, mon cher duc, malgré mon indignité.

S. S.

Que le copiste, et vous-même en lui donnant Rome et l'almanach, mette bien ses lunettes, et se mette bien le tout au net dans la tête avant d'entreprendre de le mettre sur le papier, car ces vétilles sont horribles avec les moindres fautes.

LVI

A Mme MOL [1].

Paris, 28 mars 1734.

Vous me surprenez étrangement, Madame, par ce que vous m'assurez qui se répand sur M. du Gué. Je vous avoue que j'aurois besoin de le voir pour le croire. Tant de gens ont eu un accès facile chez lui dans le peu de temps qu'il a vécu depuis son dernier retour à Paris, que ce sont autant de témoignages certains qui démentiroient des fables aussi grossières. Je me souviendrai toujours avec un plaisir singulier, et en même temps avec toute l'amertume que cause sa perte à tout ce qui pense et sent quand on l'a connu, de la visite que je lui rendis quelque temps après son retour, où je le retrouvai dans toute l'étendue d'une assez longue conversation, de plus d'une heure et demie, mais que je trouvai courte, et dans

1. Cabinet de M. Feuillet de Conches. Copie communiquée par M. Amédée Lefèvre-Pontalis et revue sur l'original. Cette lettre a été publiée par M. A. Baschet, dans son livre sur Saint-Simon, p. 449 et 450, note.

toutes les parties de cette conversation, non-seulement
tel que je l'avois laissé autrefois pour le solide, mais tel
encore pour cette politesse, ce tour qui n'appartenoit qu'à
lui, cette gaieté si fine, mais si sage et si retenue qu'elle
se contentoit de se faire sentir, cette justesse et cette
clarté d'expression qui lui étoit propre, en un mot, ce
tour particulier qui l'a toujours distingué, soit en parlant, soit en écrivant, à ne s'y pouvoir méprendre. Je
regretterai toujours que mon voyage de la Ferté m'ait
privé de l'honneur et du plaisir qu'il me voulut bien promettre de si bonne grâce, de venir dîner chez moi à mon
retour avec une ou deux personnes de ses amis, et je
m'assure que si on ne vous a point trompée sur ce qui
vous est revenu qui se dit et s'écrit de son esprit dans ce
dernier séjour à Paris, ces calomnies, destituées des plus
légères apparences, ne trouveront partout que le mépris
et l'indignation qu'elles méritent. C'est à quoi il faut les
abandonner, si tant est qu'elles existent. Je regretterai
toute ma vie un si utile et si savant ouvrier, et un homme
aussi grand, aussi saint et aussi aimable que celui-là l'a
été jusqu'au dernier bout de sa course, et je serai ravi,
Madame, d'avoir des occasions de vous témoigner personnellement combien j'aimerai toujours ce qu'il a aimé,
et combien je vous suis parfaitement acquis.

Le duc de Saint-Simon.

Mme Mol.

LVII

A D'ORMESSON [1].

Paris, dernier avril 1738.

Je vous supplie, Monsieur, de vouloir bien lire et peser le mémoire ci-joint, et je m'assure que vous trouverez l'intérêt tout entier du Roi et du public au changement de route qui vous y est proposé, et que l'ancien usage, ou pour mieux dire erreur, ne vous reviendra pas. Quelque longue que soit la route de Paris à Bordeaux, neuf lieues de moins sont un objet, sans compter tous les autres que je ne répéterai pas du mémoire.

Je suis bien fâché, Monsieur, de ne vous pas rencontrer chez vous, et d'en rester à l'écriture pour vous témoigner combien parfaitement je vous honore.

Le duc de SAINT-SIMON.

M. d'Ormesson, conseiller d'État, intendant des finances.

LVIII

AU MARQUIS DE BRETEUIL [2].

La Ferté, 10 novembre 1740.

Je vous serai, Monsieur, extrèmement obligé de vou-

---

[1]. Nous avons eu communication de cette lettre lorsqu'elle faisait encore partie de la collection de M. Dufournel, vendue le 15 mars 1873. D'Ormesson l'a ainsi annotée : « M. Desmottes. Envoyer ce mémoire à M. de Tourny, par rapport au passage par Angoulême. » Une autre main a ajouté : « Limoges, n° 14. 1er mai 1738. »

[2]. Cette lettre faisait partie du cabinet de M. Boilly lorsque nous en avons eu communication. Elle figure au n° 424 de son catalogue.

loir bien proposer pour la très-mauvaise majorité du fort
de Médoc, qui est de mon gouvernement, le sieur de
Châtillon, capitaine au régiment d'Angoumois, frère du
sieur de Châtillon, capitaine au régiment de Bretagne, ce
que j'explique ainsi pour éviter confusion dans le même
nom. Monsieur le cardinal a toujours eu la bonté de porter le Roi à m'accorder, à l'exemple du feu Roi, ceux que
j'ai demandés pour remplir l'état-major de ce gouvernement. J'espère encore la même grâce sous vos auspices
par l'attachement avec lequel je suis, Monsieur, votre
très-humble et très-obéissant serviteur,

Le duc de SAINT-SIMON.

M. le marquis de Breteuil.

LIX

AU COMTE D'ARGENSON, MINISTRE DE LA GUERRE [1].

La Ferté, 11 avril 1745.

Je sens, Monsieur, quels doivent être les soins d'un
ministre chargé de tant de frontières importantes, de
tant d'armées, et à l'ouverture d'une campagne où le Roi
va marcher. Mais j'aurois aussi trop de reproches à me
faire si je ne vous avertissois pas que Blaye est absolument sans figure, sans vivres, sans magasins, sans pouvoir tirer un coup de canon, sans autre garnison que
quatre compagnies de milices non complètes, au point
qu'elles ne peuvent fournir les sentinelles ordinaires sur

---

1. Cette lettre, les deux suivantes, comprises sous le n° LX, et trois autres
que nous trouverons plus loin (n°ˢ LXV, LXVI et LXVIII), ont été publiées
par M. Ludovic Lalanne dans la *Correspondance littéraire* du 5 février 1857.
Elles lui avaient été communiquées par le marquis d'Argenson.

les remparts, et que la place n'est point à l'abri d'une escalade si quelques frégates angloises osoient l'entreprendre, ou les religionnaires, dont les assemblées sont très-nombreuses dans ces pays-là. Vous aurez donc pour agréable d'en peser l'importance, d'y donner les ordres que vous jugerez à propos ou possible, de vous souvenir au moins que je vous en ai averti, et surtout, Monsieur, qu'il ne se peut rien ajouter aux sentiments avec lesquels je suis votre très-humble et très-obéissant serviteur.

LX

AU COMTE D'ARGENSON, MINISTRE DE LA GUERRE [1].

Paris, le 12 mai 1745 [2].

Je vous embrasse d'ici, Monsieur, dans le transport de ma joie. Arriver et vaincre sans intervalle et à l'ouverture d'une campagne, quelle gloire, quel bonheur et quel champ ouvert! Je n'ai pas pu résister au plaisir de mêler ma joie à la vôtre ni à l'indiscrétion de la témoigner moi-même au Roi. Je vous adresse ici, à cachet volant, une lettre que j'ai l'honneur de lui écrire. Je me flatte que vous voudrez bien la lui présenter, et lui la recevoir en faveur de plus d'un siècle que l'on n'a vu roi de France gagner une bataille en personne. Pardonnez-moi, Monsieur, cette importunité, puisque personne n'est plus véritablement que moi votre, etc.

AU ROI.

Sire, Votre Majesté vient d'acquérir un comble de gloire

1. Voyez la note de la lettre précédente.
2. Le lendemain de la bataille de Fontenoy.

personnelle qui est l'unique qui ait manqué au grand règne du feu Roi, et d'y ajouter cet extrême bonheur d'avoir elle-même montré à Monseigneur le Dauphin, et dans un âge si tendre, le chemin de la victoire. Je suis, Sire, si transporté de joie que je ne puis m'empêcher de la répandre aux pieds de votre personne sacrée...

LXI

AU DUC DE LUYNES [1].

La Ferté, 18 avril 1746.

Ce que vous ne vous lassez point de me proposer, Monsieur, est de troquer de l'argent comptant contre des fiches ; encore des fiches peuvent-elles amuser un enfant, mais du travail pour des châteaux en Espagne, évidemment tel, et pour des gens qui en ont usé avec moi comme vous savez, et qui pour me faire dépit, et pis, se sont arraché le nez et les yeux à eux-mêmes, et en sont demeurés mutilés et défigurés au point où on les voit, et nous avec eux, qui en dernier lieu me demandent un éclaircissement, que je leur envoie sur-le-champ, et qui ne prennent pas seulement la peine de me remercier de la peine et de la promptitude, ni de me dire s'ils sont contents ou non de ce que j'ai envoyé, ni de ce qu'ils en ont fait, en vérité vous trouverez bon que j'emploie le loisir du peu de temps que me laisse mon âge à quelque chose de moins chimérique et de moins dégoûtant, et de n'en être pas moins persuadé, Monsieur, de ma déférence

---

1. Archives du château de Dampierre. Voyez ci-dessus, p. 345, note 1.

en choses praticables, de mon attachement et de mon respect.

S. S.

Notre curé, content de vous tous à merveilles, vint hier ici, et s'en retourne aujourd'hui pour s'en aller demain à Paris; il desire autant que vous aussi faire d'utile besogne.

LXII

AU COMTE D'ARGENSON[1].

Paris, 12 juin 1746.

Je ne puis, Monsieur, différer tous les remerciments que je vous dois de la bonté et de l'amitié avec laquelle vous avez bien voulu me répondre sur la lieutenance de Roi de Blaye vacante. La conjoncture du voyage et du retour du Roi et du vôtre ne me permet pas de vous importuner présentement. Je me contente aujourd'hui de vous demander pour remplir cet emploi M. de la Motte, lieutenant-colonel du régiment de Bourbonnois, et j'attendrai que vous soyez plus libre, pour vous porter le mémoire de ses services. Je crois ne pouvoir mieux suivre vos justes intentions qu'en vous proposant un officier de ce grade actuellement servant, et de ce mérite, très-particulièrement aimé et estimé du duc de Gramont, qui avoit eu longtemps ce régiment. Je finis par où j'ai commencé, c'est-à-dire par vous supplier d'être bien persuadé de ma très-vive reconnoissance, et de l'attachement pareil avec

1. Bibliothèque V. Cousin. Copie prise sur l'original.

lequel je suis, Monsieur, votre très-humble et très-obéissant serviteur.

Le duc de SAINT-SIMON.

M. le comte d'Argenson, ministre et secrétaire d'État de la guerre.

LXIII

AU DUC DE LUYNES[1].

La Ferté, 24 octobre 1746.

Vous trouverez ci-joint, Monsieur, un appendix, ou la quatrième et dernière partie du mémoire dont vous avez reçu les trois premières parties. Vous y trouverez des curiosités importantes au sujet, et de ces derniers temps, qui sont ignorés de l'incurie générale. Je suppose que vos espérances, que je ne puis avoir, vous conduiront au moins à faire tirer des auteurs de ces temps-là cette suite de pratiques, de trahisons, de révoltes, de cabales, de prise d'armes, d'amnistie, etc., dont la vie du maréchal de Bouillon et de ses deux fils n'est qu'un tissu continuel, depuis le premier mariage de ce maréchal jusqu'à la mort de son fils aîné, qui suivit de si près son échange. Celles des générations suivantes, trop récentes pour avoir été imprimées, comme l'ont été celles des deux premières, dans toutes les Histoires et Mémoires de leur temps, ont échappé à la même incurie et à l'ignorance extrême de ce temps-ci. C'est ce que j'ai cru nécessaire de remettre devant les yeux d'une manière qui porte ses preuves claires et une évidence entière. Ce que vous trouverez

1. Archives du château de Dampierre. Voyez ci-dessus, p. 345, note 1.

rapporté des articles à faire prononcer par le Parlèment, que Monsieur le chancelier d'aujourd'hui fit échouer, m'a passé par les mains au temps même, parce que les deux personnes que le Roi y employa n'avoient rien de caché pour moi. Tout le reste de cette quatrième partie a été public, et tout son contenu doit servir de suite à ce que vous ferez tirer des Histoires et des Mémoires sur le maréchal de Bouillon et ses deux fils.

Il me semble, Monsieur, que j'ai passé vos espérances de mon travail, non de bonté, mais d'étendue, et la mesure de la complaisance, dans la très-ferme persuasion où je suis que je n'ai écrit que pour la beurrière, et qu'il n'est aucun des intéressés qui veuille se donner la peine de le lire, beaucoup moins d'en faire usage. Tout le salaire que je vous en demande est un inaltérable secret sur l'auteur, et de brûler cette lettre comme les précédentes. Je ne voudrois pas tourner le pied pour pas un d'eux, après ce que j'en ai éprouvé, et à mon âge, à ma retraite, et sans postérité; beaucoup moins, pour de telles gens, me faire de proches de qui personnellement je n'ai qu'à me louer en tout et partout des ennemis irréconciliables, pour avoir écrit des vérités inutiles. Si donc, par impossible, j'entends quelqu'un, même des nôtres, me parler de ce mémoire, j'ignorerai qu'il en existe un, et je refuserai d'écouter ce qu'il chante, ni ce qu'on en peut et veut faire : vous pouvez compter là-dessus, et par ce que vous arrachez de moi tout ce que vous pouvez sur moi.

S. S.

Vous trouverez dans le P. Anselme, à l'article de M. de Bouillon, ce qui regarde l'opposition que firent les ducs à la qualité et de prince.

Vous devez avoir reçu trois paquets. Vous m'avez accusé la réception de deux; en voici un quatrième. Je vous supplie, Monsieur, que je sache si le tout vous sera parvenu; je continue d'envoyer celui-ci, comme j'ai fait les trois autres, à un homme à moi à Paris, pour le donner lui-même à un de vos gens qui se charge de vous le faire remettre.

LXIV

AU COMTE DE MAUREPAS[1].

La Ferté, 30 octobre 1746.

Je vous supplie, Monsieur, de vouloir bien jeter les yeux sur le mémoire ci-joint avec votre amitié accoutumée, me mander ce qu'il vous plaît qu'il soit fait en conséquence, et être bien persuadé, Monsieur, de l'attachement avec lequel je suis votre très-humble et très-obéissant serviteur.
Le duc de SAINT-SIMON.
M. le comte de Maurepas, ministre et secrétaire d'État.

LXV

AU COMTE D'ARGENSON, MINISTRE DE LA GUERRE[2].

Paris, le 2 novembre 1749.

Vous m'avez permis, Monsieur, de compter sur l'honneur de votre amitié ; vous avez bien voulu m'en donner

---

1. Copie prise sur l'original, appartenant à M. Amédée Lefèvre-Pontalis.
2. Voyez ci-dessus, p. 349, note 1.

des marques. Trouvez bon que je vous en demande une essentielle, et qui fera toute la consolation d'un homme qui a travaillé toute sa vie à l'établissement de sa maison et qui a la douleur de lui survivre. Les malheurs de ma famille me réduisent à une petite-fille, et à la marier avec un cadet de bonne maison, mais cadet sans rang. Je vous avoue que cela me pénètre d'autant plus qu'elle auroit épousé M. de Monaco s'il n'avoit pas la tête tournée de sa comédienne. Je vois ma petite-fille sans rang jusqu'à la mort de mon fils, qui est d'âge à lui faire attendre longtemps sa grandesse. Je desirerois donc passionnément obtenir un brevet de duc en faveur du mariage. La naissance des deux le comporte. Cela n'a point de succession. Oserois-je dire que j'ai passé ma vie en des emplois honorables, auxquels je n'ai point fait honte, ni par ma conduite depuis? Le mariage est sûr; cette grâce n'en est pas une condition. Vous êtes le seul à qui j'en ouvre mon cœur. Je vous en conjure donc, de vouloir représenter ces choses au Roi, et de les vouloir appuyer de votre crédit et de votre bien-dire. Ce me seroit une double satisfaction de devoir cette grâce au Roi, par votre entremise, et d'en avoir toute la vie la reconnoissance dans le cœur. Le Roi fait ses grâces à qui il lui plaît; mais je ne puis prendre sur moi l'humilité de ne m'en pas croire susceptible. J'attends donc, Monsieur, ce vrai service de vos bontés, en homme qui met toute sa confiance en celles du Roi, et qui est pour jamais, Monsieur, votre très-humble et très-obéissant serviteur.

LXVI

AU COMTE D'ARGENSON, MINISTRE DE LA GUERRE [1].

Paris, le 4 novembre 1749.

Je vous fais, Monsieur, mille remerciements de ce que vous avez bien voulu tenter et du terme obligeant de l'honneur de votre réponse. Je suis du vieux temps et point du nouveau. J'avois cru que demander et expédier étoient deux choses séparées, et qu'un courtisan, à plus forte raison un ministre, pouvoit demander une grâce pour quelqu'un, quoique l'expédition ne fût pas de son département. Je ne puis croire que cette seule raison ait causé le *silence négatif* à la proposition que vous avez bien voulu faire, et je suis très-persuadé que le canal que vous m'indiquez ne me rapporteroit qu'un refus exprimé. Ainsi je me tiens pour battu, ne me repentant point d'avoir agi en père de famille, et d'avoir tenté ce qui ne me peut paroître une demande déraisonnable en soi, ni qui fût au-dessus de ma portée. Je vous conjure donc que ma tentative demeure de vous à moi, et d'être bien persuadé de la reconnoissance et de l'attachement véritable avec lequel je suis, etc.

1. Voyez ci-dessus, p. 349, note 1.

LXVII

AU COMTE D'ARGENSON [1].

Paris, 27 février 1750.

Je reçus hier, Monsieur, votre réponse sur la demande que je vous avois faite il y a bien un an de la majorité du fort de Médoc pour le sieur Fremont, capitaine des postes de la citadelle de Blaye avec commission d'aide-major. Vous me permettrez de vous dire que c'est la première et la seule que j'aie reçue de vous là-dessus. Vous me faites l'honneur de me mander que le Roi ne veut point enfreindre la règle qu'il s'est faite de ne faire point monter les officiers des états-majors des places : il est d'autant plus juste de se soumettre à cette règle qu'on ne peut désavouer qu'elle ne soit très-bien fondée; ainsi, Monsieur, je me rabats à vous demander pour cette majorité du fort de Médoc le sieur d'Avrigny, qui sert avec distinction et des blessures depuis 1715, qui est chevalier de Saint-Louis et capitaine dans les grenadiers royaux. Je vous serai très-obligé de me l'accorder, et d'être persuadé qu'on ne peut être plus entièrement que je suis, Monsieur, votre très-humble et très-obéissant serviteur.

Le duc de SAINT-SIMON.

J'eus l'honneur de vous écrire il y a quinze jours sur des logements dans la citadelle de Blaye dont les ingénieurs prétendent s'emparer. Je me flatte en cette occasion de

1. Cette lettre a fait partie du cabinet de M. Gauthier-Lachapelle et figure à son catalogue. Elle appartient aujourd'hui à M. Halm, conservateur de la Bibliothèque royale de Munich, qui a bien voulu nous en envoyer une copie.

l'honneur de votre réponse en conformité de celle de votre équité et amitié [1].

M. le comte d'Argenson, ministre et secrétaire d'État.

LXVIII

AU COMTE D'ARGENSON, MINISTRE DE LA GUERRE [2].

Paris, le 9 mai 1750.

Je n'ai pas été en peine un moment du délai de l'honneur de votre réponse, et j'ai toujours compté que votre amitié, Monsieur, espéroit et attendoit un moment favorable. Il m'est clair maintenant qu'il ne s'en trouvera plus pour moi. J'ai cru, dans la situation où je suis, pouvoir faire rétablir ma pension de la régence, que je rendis quand j'en sortis, parce qu'alors je pouvois m'en passer, et je suis le seul qui ne l'ait pas conservée en nature, ou changée en une autre sorte de grâce. Monsieur le contrôleur général [3] m'a témoigné en cette occasion particulière l'humanité qu'il montre en général à tout le royaume; et j'ai été refusé, quoique pour cette fois j'aie lieu de croire que le Roi avoit envie de l'accorder.

Vous êtes, Monsieur, témoin de mes deux autres refus, et je ne crois pas que vous trouviez pas une de ces trois demandes ni déraisonnable, ni au delà de ma portée et de mes besoins.

Le Roi est le maître, à qui le plus profond respect est

---

1. Un trait de plume vertical traverse ce post-scriptum, mais il est d'une autre encre que l'écriture même de la lettre.
2. Voyez ci-dessus, p. 349, note 1.
3. Machault.

dû, et duquel les plaintes sont odieuses. Je m'en tiendrai à ne plus m'exposer au refus, et à compter sur une disgrâce que je n'ai point méritée, et dont on ne peut dire la cause, enfin à l'importuner de ma présence encore moins que je n'ai fait. Pour vous, Monsieur, soyez bien persuadé, s'il vous plaît, que le succès ne règle point ma reconnoissance, qu'elle est sincère et tendre pour vous, ainsi que l'attachement véritable avec lequel je suis, Monsieur, votre très-humble et très-obéissant serviteur.

LXIX

AU DUC DE LUYNES [1].

Paris, le jour de Noël 1752.

Dispensez-moi, Monsieur, d'un volume d'écriture pour expliquer ce qu'une courte conversation feroit. D'ailleurs tout ceci est mêlé de tant de ténèbres, d'entreprises et de tempêtes, qu'il seroit difficile à un vieux bourgeois de Paris tel que je suis d'y pénétrer. Elles me font seulement applaudir à ma bourgeoisie, sans avoir la présomption de porter mes considérations plus loin.

Pour MM. d'Elbœuf et de Brionne, je trouve qu'ils font fort bien, et que les ducs feroient très-follement de les y troubler. C'est précisément le cas de M. de Beauvillier et de M. de Saint-Aignan son frère. Je m'en tiens à vous présenter cet exemple récent, le détail de cette explication mèneroit trop loin par écrit.

On ne peut être à vous, Monsieur, avec un attache-

1. Archives du château de Dampierre. Voyez ci-dessus, p. 315, note 1.

ment plus sincère ni plus respectueux que j'y suis, ni plus entièrement votre très-humble et très-obéissant serviteur.

Le duc de Saint-Simon.

M. le duc de Luynes.

LXX

Il[1] est juste, Monsieur, de satisfaire votre curiosité sur ce qui s'est passé entre le saint abbé réformateur de l'abbaye de la Trappe et moi touchant le jansénisme. Vous y verrez des traits bien marqués de la Providence, et c'est ce qui m'engage à me dérober de mon temps pour vous en instruire, encore que, grâces à Dieu, les sentiments de ce grand homme ne puissent être équivoques, non plus que ceux de ses enfants, sur une matière si rebattue et si décidée par l'Église.

Mon ignorance, ma profession et mon état laïc m'ont toujours empêché de m'appliquer à ces questions. Mais il est vrai que ce que j'entendois dire de la plupart de ceux qui ont le plus paru dans ces disputes avec l'imputation janséniste, et ce que je voyois de mes yeux dans quelques-uns de ceux qu'on en accusoit, m'avoit donné une si haute idée de leur vertu, que j'eus peine à croire leur doctrine mauvaise, et que poussé par quelques-uns de mes plus intimes amis, je balançai longtemps à me lier étroitement de ce côté-là. J'étois retenu par l'ancienne impression de toute ma vie; mais cette impression s'affoiblissoit, et je demeurois flottant dans un combat pénible.

1. Archives du château de Dampierre. Voyez ci-dessus, p. 345, note 1. Il n'y a au château de Dampierre qu'une copie de cette lettre.

Je ne cachois rien à Monsieur l'abbé de la Trappe, et vous savez quelles ont été ses constantes bontés pour moi. Dans un voyage que je fis auprès de lui, je lui découvris ce qui se passoit en moi, et je le suppliai de m'éclaircir, de me décider, de me conduire.

Il me demanda le secret jusqu'à sa mort (par des raisons dignes de sa charité et de sa prudence), et puis il me dit.... Il me recommanda de me garder de me laisser prendre aux apparences extérieures.... il ajouta qu'il en avoit vu autrefois (des jansénistes)[1] qu'il avoit crus des saints, et qu'il avoit trouvé n'avoir que des dehors et être de très-grands pécheurs. Il s'étendit sur cela avec confiance pour mon instruction, quoique avec sa prudence et sa charité accoutumées, d'une manière à me laisser convaincu que ce qui m'avoit le plus touché n'en étoit que plus séducteur et plus périlleux; et c'est sur quoi je ne crois pas nécessaire de m'étendre ici. Il m'assura que le jansénisme étoit existant, condamné, opposé, rebelle, dangereux à l'Église et même à l'État, et me conjura de me souvenir toujours de cette conversation, et de bien rendre grâces à Dieu de n'avoir pas permis que je tombasse dans un si pernicieux écueil.

Il ajouta qu'il avoit été fort uni avec les principaux de ceux qui avoient passé pour jansénistes, et qu'il en avoit consulté plusieurs avant sa retraite, mais qu'il ne s'étoit point arrêté à ceux qui lui avoient paru l'être en effet.... qu'à l'égard de Monsieur d'Alet[2], ce grand évêque étoit très-éloigné, très-opposé même au jansénisme lorsqu'il fut le consulter jusque chez lui; que la veille qu'il en partit, ce prélat le mena s'asseoir au bord d'un torrent, où ils conférèrent quatre heures tête à tête sur le jansénisme, dont Monsieur d'Alet n'oublia rien pour le préserver; que tels étoient ses sentiments pour lors, et en grande connoissance de cause; qu'il s'étoit remué depuis

---

1. Nous reproduisons exactement la copie manuscrite. (Note de l'édition des *Mémoires du duc de Luynes*.)
2. Nicolas Pavillon.

bien des machines pour le faire changer, et qu'il ne pourroit assez s'étonner comment ces machines avoient pu réussir.

Il m'assura qu'il n'y avoit ni charité, ni paix, ni soumission parmi les vrais jansénistes, point de vérité, ni de bonne foi sur leur doctrine, beaucoup de dureté, de hauteur et de domination dans leur conduite; qu'il l'avoit expérimenté lui-même en quantité de choses; qu'il savoit de grands hommes de bien, et m'en nomma, qui s'étoient retirés d'avec eux par cette expérience; que lui-même leur en avoit détaché plusieurs, entre autres un célèbre qu'il me cita, desquels les uns avoient persévéré avec action de grâces, d'autres s'étoient laissé rattacher par des vues humaines, dont il en étoit mort dans le repentir, et d'autres étoient redevenus de grands pécheurs; que nombre de leurs plus considérables tenoient à eux par des liens de considération, de réputation, de figure; qu'il lui étoit passé tant de gens et tant de choses par les mains, et qu'il me pouvoit dire qu'il avoit été également instruit à fond, surpris et affligé même étrangement; que pour lui, il avoit constamment et de tout son cœur évité les contestations et les disputes, et qu'il n'avoit eu que celles dont il n'avoit pu se séparer sur les choses monastiques pour l'instruction de ses frères; que son état, son goût et son choix étoit le silence; que c'étoit ce qui l'avoit rendu si circonspect sur les matières appelées du temps; que ces matières étoient si jalouses que, pour peu qu'on laissât échapper quelque chose, l'un des partis au moins entreprenoit les gens et les forçoit d'entrer en lice; que cette crainte l'avoit toujours retenu d'y donner le moindre lieu, voyant la bonne cause si fortement appuyée et soutenue, sans que ceux-là qui, comme lui, n'étoient pas maîtres en Israël, eussent de nécessité de s'en ingérer, mais qu'il n'avoit pas voulu pour cela que ses sentiments pussent être incertains, et qu'on trouveroit après sa mort des écrits qui les marqueroient dans toute leur étendue, sur ces matières ; qu'il les avoit faits et conservés à ce dessein, et pour préserver de tout venin sa maison jusqu'après lui, si elle vouloit bien suivre sa doctrine, dont l'exposition nette et claire ne le pourroit plus commettre alors aux disputes et aux contestations, si préjudiciables à la charité quand on s'y expose sans une véritable nécessité et hors de l'ordre.

J'ai abrégé et omis beaucoup de choses, pour ne m'arrêter qu'au pur essentiel. Cette conversation m'a éloigné du jansénisme pour toute ma vie. Vous en allez voir un autre effet.

Vous savez sans doute ce qui se passa lors de la démission de l'abbé Gervais, et jusques à quel point la sainteté de Monsieur de la Trappe se surpassa dans cette occasion. Tout périssoit dans l'opinion du prétendu jansénisme de la Trappe. Plus certaines personnes la servoient, plus la prévention se fortifioit. J'étois le seul qui la pouvoit sauver en parlant de ce qui m'avoit été confié, et j'essayai inutilement de tout autre moyen ; cependant, après une longue et cruelle incertitude, je vis arriver le terme fatal, et je sus avec certitude que cette fausse idée, mais parvenue au point de conviction, produiroit le lendemain la destruction de la Trappe. A bout de toute autre ressource, j'estimai qu'ayant donné tout au secret jusque-là, je ne le devois pas garder pour causer un mal si grand et si irrémédiable, et que j'aurois à me reprocher toute ma vie de n'en avoir pas fait un grand usage, pour lequel la Providence avoit peut-être permis mes doutes, et qu'il m'eût été confié pour l'éclaircir. Il n'y avoit plus un moment à perdre. Je pris ma résolution ; elle me coûta des deux manières. Je l'exécutai, et Dieu la bénit.

J'étois infiniment ami de M. de ....; il étoit à ....[1] Je l'y fus trouver. Rien n'avoit pu le persuader, ni les autres gens dont il s'agissoit. Je lui confiai mon secret avec tout

---

1. Il faut combler ainsi cette double lacune : « de M. de Chartres ; il étoit à Saint-Cyr. » Voyez tome II, p. 128, et le livre de M. Chéruel sur *Saint-Simon considéré comme historien de Louis XIV*, p. 33 et 34.

ce que j'y pus mettre de condition pour qu'il servît sans se répandre. Il fut si aise et si surpris qu'il me fit répéter. Il me répondit du succès du lendemain. En effet, la Trappe fut sauvée. D. Jacques de la Cour fut abbé. Les suites, vous les savez, mais ce que vous avez vu n'est pas tout.

Au bout de quelques mois, M. de.... fut inquiet des papiers dont je lui avois parlé; il m'exposa sa crainte qu'ils ne se trouvassent plus à la mort de Monsieur de la Trappe, et son desir qu'il voulût consentir à l'en faire dès lors dépositaire, ou tel autre qu'il lui plairoit choisir.... J'avois déjà avoué à Monsieur de la Trappe l'infidélité que je lui avois faite, et que la nécessité et le succès m'avoient fait plus que pardonner par ses bontés pour moi. Je n'eus donc pas de peine d'aller jusqu'à la proposition du dépôt, qui ne fut pas d'abord goûtée; Monsieur de la Trappe y consentit enfin, mais toute cette affaire ne put se passer sans lettres. Dans ce temps-là, un de ces ignorants pénitents du parti dont Monsieur de la Trappe m'avoit voulu parler, m'avoit engagé d'écrire à la Trappe sur quelque chose dont j'eus réponse, dans laquelle on me marquoit par un postcrit tout à la fin qu'on achevoit la copie des papiers. Celui qui m'avoit prié d'écrire, avec qui j'étois depuis longtemps étroitement lié d'amitié, me parla de ce qu'il m'avoit demandé devant un tiers qui ne convenoit pas à ce propos. Je ne pensai qu'à lui fermer la bouche en lui donnant la réponse même. Il ne me la rendit point, et j'y pensai aussi peu qu'au postcrit. Ce postcrit la lui avoit fait garder. Il en fit des perquisitions à la Trappe, et il fut informé. Je m'aperçus aussitôt d'une froideur en lui, qui me surprit et m'affligea d'autant plus que je l'aimois avec une grande confiance. Je lui en parlai, et j'eus peine à en savoir la cause, qu'il m'apprit enfin en me représentant ce postcrit et me disant ce qu'il en avoit découvert. Son chagrin se déploya avec peu de mesure. L'amitié me rendit doux; je lui représentai tout ce qui s'étoit passé sur la démission de D. Gervais, sa propre douleur du danger extrême où il avoit vu la Trappe.... Il convint de tout, mais il me sut fort bien déclarer qu'il ignoroit par où j'avois sauvé la Trappe, et qu'il eût mieux valu la laisser détruire que de la sauver ainsi, non que le secret lâché lui répugnât, mais la révélation de la vérité que le secret renfermoit, et qui, après la mort de Monsieur de la Trappe, alloit rendre inutiles tous les soins infatigables que le parti s'étoit donnés sans cesse pour faire accroire que Monsieur de la Trappe en étoit, ou à tout le moins pour séparer d'une manière équivoque d'un homme si savant, si saint, si austère, si sublime, et dont le poids étoit si grand pour ou contre ces Messieurs. Le sentiment d'une telle perte l'emporta sur celui de l'amitié, de la vérité, de l'honneur d'une parole par moi donnée à M. de..., que j'alléguai en vain, enfin sur la conservation d'une maison telle que la Trappe, qu'il avoit lui-même toujours extrêmement aimée et respectée. Après une dure et longue plainte, il me proposa que nous en parlassions ensemble à un évêque fort ami de la Trappe. J'y consentis dans l'espérance que ce prélat lui feroit entendre quelque raison sur une parole formellement engagée de ma part, et à laquelle il vouloit m'obligèr de manquer.

Nous nous vîmes tous trois le lendemain pendant plus de quatre heures, et le surlendemain presque autant : ma surprise fut extrême de voir les tergiversations d'un évêque, et dans un homme sincère, austère, plein de bonnes œuvres, ce qui n'a point d'autre nom qu'emportement et fureur. Tout leur sembloit permis, juste, honnête, pourvu que les papiers demeurassent à la Trappe, et je vous laisse à penser si c'étoit en intention de les laisser paroître ou de les supprimer, et pour un cas semblable toutes les paroles étoient pour eux des riens.

Prières, tendresse, zèle, colère, rupture, menaces, jusqu'à abuser des confiances les plus anciennes et les plus intimes, tout fut employé à cent reprises, et reçu de ma part d'une manière qui ne pouvoit avoir d'autres sources, tant j'ose dire que je l'admire encore, que ma compassion d'un si aveugle égarement et mon respect tendre pour notre ancienne amitié et pour la sainteté éminente que j'avois toujours connue dans cet homme, qui eût été épouvanté d'en voir un autre dire et faire la moindre partie de ce qui se passoit dans ces scènes, qui finirent par une rupture dont les suites ne sont plus de ce sujet.

Ce qui en est, c'est le peu de droiture qui parut dans un homme d'ailleurs si vrai et si pénitent, sa tyrannie à l'égard d'un ami; en un mot le tout permis quand il s'agit de l'honneur d'un parti, pour ne pas dire d'une secte (car cet homme étoit incapable d'en être s'il eût pu la reconnoître telle), et d'empêcher la vérité quand elle lui est contraire d'être mise en sûreté et en évidence, vérité pourtant nettement sue de plusieurs, soupçonnée et entrevue de tous, par la lettre ancienne de Monsieur l'abbé de la Trappe à M. le maréchal de Bellefonds, et par la lettre nouvelle alors à M. l'abbé Nicaise, dont le parti s'émut avec tant d'aigreur pour un seul mot bien doux et bien simple, mais vérité dont il importoit si fort aux jansénistes d'étouffer un monument exprès et un témoignage authentique.

LXXI

Son[1] Altesse Royale a bien voulu, Monsieur, accorder au chevalier de Courtaumer le contenu au placet ci-joint, et n'y trouva point de difficulté. Je n'ai pu avoir l'honneur de la voir depuis pour, en conséquence, la supplier de mettre le *bon* dessus. Ayez agréable, je vous supplie, de la vouloir bien faire souvenir de cette grâce, de lui en

1. Copie prise sur l'original, communiqué par M. É. Charavay.

demander son ordre, et d'être persuadé, Monsieur, qu'on ne peut vous honorer plus parfaitement que je fais.

Le duc de SAINT-SIMON.

LXXII

MÉMOIRE DES PRÉROGATIVES QUE LES DUCS ONT PERDUES DEPUIS LA RÉGENCE DE SON ALTESSE ROYALE ET DE QUELQUES AUTRES QUI LEUR ONT ÉTÉ OTÉES SUR LA FIN DU RÈGNE DE LOUIS QUATORZE, QUI ANÉANTISSENT TOTALEMENT CETTE DIGNITÉ [1].

Cette régence se peut appeler la persécution des ducs, si déclarée et si ouverte qu'il n'est plus en la puissance de Son Altesse Royale de leur ajouter que deux injures : savoir le rétablissement de M. du Maine et de ses enfants et la préséance de MM. de Lorraine, à la promotion prochaine dans l'ordre du Saint-Esprit. On ne doute point de la dernière, dont on se consolera aisément en refusant l'ordre ; et quant à l'autre, personne n'ignore que la considération des ducs n'est rien moins que ce qui l'empêche.

Quelque fâcheux traitements que les ducs aient essuyés sous le dernier règne, pendant lequel ils se

---

1. Archives nationales. M. Boutaric a publié ce mémoire, d'après l'original, dans la *Revue des questions historiques*, n° du 1ᵉʳ octobre 1871, p. 538-542. M. Chéruel l'avait déjà donné, d'après une copie qui est à la Bibliothèque nationale, dans son livre sur *Saint-Simon considéré comme historien de Louis XIV*, p. 120-128 ; il y en a une autre à la bibliothèque de l'Institut. Nous avons corrigé notre texte sur l'autographe. Il n'y a pas lieu, croyons-nous, de relever les différences qu'offrent les deux copies : ce sont, pour la plupart, des fautes évidentes. — Au dos du dernier feuillet de l'original on lit ce titre, écrit d'une autre main que celle de Saint-Simon : « Mémoire de M. le duc de Saint-Simon présenté à Son Altesse Royale Mgʳ le duc d'Orléans, l'année du sacre. »

croyoient infiniment maltraités, jamais rien d'approchant à ce qui leur a été fait, soit pour le poids des choses destructives de leur dignité, soit pour la manière, peut-être encore pour le nombre à les considérer.

Promesse du bonnet, d'ôter le conseiller qui coupe les pairs, d'égaler les bancs hauts, d'ôter l'exclusion de la Tournelle faite aux pairs les derniers jours du règne du feu Roi, et réitérée à MM. de Saint-Simon, Luxembourg et Berwick, maréchal de Villars, dans l'entre-sol de Son Altesse Royale, le jour que sa régence seroit déclarée au Parlement.

Instance qu'ils s'en départissent ce jour-là, convenant de la parole et de l'exécuter, s'ils vouloient, et promesse, en ce cas, de l'exécuter ; mais s'ils vouloient s'en désister pour ce jour-là, si important pour Son Altesse Royale, promesse de la même exécution dans quinze jours. Cela se passa la veille du Parlement, dans la[1] même entre-sol, entre Son Altesse Royale et douze ou quinze pairs, qui y firent consentir les autres le lendemain, à cinq heures du matin, chez l'archevêque de Reims, et qui répondirent de la parole de Son Altesse Royale, dont il auroit été convenu avec elle, qu'elle seroit interpellée avant toutes choses au Parlement, et publiquement.

Manquement à cette parole avec tous les affronts et les indignités, qui firent après que le Parlement se crut en état de tout entreprendre contre Son Altesse Royale.

Procès criminel de M. de Richelieu ; discussion des droits des pairs à cet égard, en présence de Son Altesse Royale, qui resta convaincue de leur droit et des friponneries avérées au contraire ; parole de Son Altesse Royale aux pairs de les y maintenir : même succès que pour le bonnet.

Traitement de M. de Richelieu à la Bastille, et des ducs qui y alloient, égalé pour premier et unique exemple avec tous les gens de qualité.

1. Il y a bien *la*, et non *le*.

Plainte à Son Altesse Royale, et promesse avec pareil succès.

Excitation des gens de qualité contre les ducs, qui alla jusqu'à disputer les honneurs du Louvre, le tabouret, les housses et le reste. Mémoire et assemblées de la noblesse, qui ne furent arrêtées que lorsque Son Altesse Royale commença à y voir clair et à craindre pour elle-même.

Affaire de M. le duc de la Force, et sapement radical de la dignité, avec tous les manquements de parole et affronts imaginables.

Entrée et préséance des cardinaux au conseil, contre les paroles positives de Son Altesse Royale.

A cette occasion, excitation des gens de qualité contre les ducs renouvelée [1].

En conséquence, places prises et données aux femmes de qualité et à celles qui, sous le feu Roi, n'en ont jamais pu avoir les distinctions, comme de manger à table, d'entrer dans les carrosses, et rangées au bal du Roi, du Palais-Royal, au-dessus des duchesses, et Mme de Saint-Pierre, qui d'elle est fille de Farges, et dont le grand-père de son mari, M. de Saint-Pierre, ne s'est jamais assis à l'Isle Marie, chez la vieille duchesse de Ventadour.

Le feu Roi n'a jamais souffert tel mélange, et c'est la seule chose spécialement exprimée dans les lettres des ducs, que leur préséance en toute assemblée de noblesse. Personne n'a ignoré la sortie qu'il fit à sa table, à Marly, à Mme de Torcy [2], qu'il crut vouloir rester au-dessus d'une

---

1. En marge de cet article et au bas de la page étaient des observations qui ont été détruites en enlevant le papier avec des ciseaux. Des quelques mots sans suite qui se peuvent lire, on comprend que l'auteur des observations réfutait Saint-Simon. (*Note de M. Boutaric.*)

2. « Il est vrai que le feu Roi fit sortir Mme de Torcy de sa place, disant qu'elle ne devoit se mettre au-dessus de personne, et qu'elle étoit encore bien heureuse d'être à sa table à la dernière place. Cela ne paroît pas plus distingué pour les duchesses que pour les femmes de qualité, et malgré la considération que le feu Roi avoit pour ses ministres, personne n'ignoroit que le Roi haïssoit Mme de Torcy, parce qu'elle étoit janséniste et toujours parfumée, et il ne manquoit aucune occasion de marquer

duchesse arrivée après elle. Personne aussi n'a ignoré sa considération pour ses ministres et leur autorité sous son règne.

Enfin sacre, auquel nul duc ne sert comme tel. Point d'exemple qu'aucun pair n'ait servi de représentant; et si on s'appuye sur la déclaration de 1711, nul exemple, ni règlement qui exclue les ducs de présenter les honneurs.

Insulte par le sieur Dreux à ceux qui les portèrent aux obsèques du feu Roi ; mais on n'avoit pas encore inventé de les faire présenter par des maréchaux de France[1].

Nul exemple de mettre un duc, ni même un maréchal de France, à porter les honneurs de l'offrande. On y met M. de Tallart, qui est l'un et l'autre, pour le confondre avec trois chevaliers du Saint-Esprit. La malice en est visible. Sur le pied où on a mis la noblesse, s'il refuse, la noblesse se révolte et se récrie ; s'il accepte, le voilà mêlé avec elle dans la plus auguste cérémonie de l'État, et la plus affectée aux ducs.

Les ducs sont donc en sept ans tombés dans l'ignominie dernière, déchus de tout, sans distinction nulle part, réduits à s'abstenir de tout et à se cacher : en sorte qu'il est inutile de l'être, si ce n'est pour recevoir des affronts et avoir des disputes sur quoi que ce puisse être.

Tel est l'état où la régence a mis les ducs. Peuvent-ils en attendre quelque chose, ni ne se fier jamais qu'à des décisions bien exécutées, encore dans l'inquiétude continuelle d'une décision contraire, le lendemain, qui anéantira l'autre ?

Sur tous ces points, Son Altesse Royale est pleinement

---

l'aigreur que cela lui donnoit contre elle. » (*Note écrite à la marge de l'original.*) — Cette note et la suivante sont, comme celle que reproduit la première de notre page 374, de la même main que ce qui reste des observations dont parle M. Boutaric dans la note précédente.

1. « Le feu Roi a toujours pensé que les ducs et la noblesse ne faisoient qu'un, et il se moquoit souvent à rire, dans un cabinet, de leur prétention de faire corps à part, et il disoit, en riant de leur extravagance, que c'étoit un corps sans tête. » (*Note marginale.*)

informée du droit, de la justice, de la bienséance; on ajoutera, sans crainte, de son propre intérêt, pour les ducs. Elle l'a dit non-seulement à eux, mais en particulier à d'autres. Malgré cela, point de respect, point de soumission pareille à la leur. Cependant promesses nettes, précises, réitérées sur chaque point, toutes manquées avec insulte. Ces traitements n'attirent ni les cœurs ni la confiance, ni aucune espérance. Par violence on peut tout, mais comme les ducs n'ont plus rien à perdre et qu'ils ne se peuvent fier à aucune parole, ils se doivent bien garder d'ajouter la folie à leurs autres pertes, et d'accorder ce qui leur est même ravi à vive force et à ruse renforcée, par des tromperies dont ils ont autant d'exemples que d'événements.

Si Son Altesse Royale étoit capable de changer de volonté, il seroit étrange qu'elle n'eût pas autant de puissance pour le bien et pour la justice, que pour le mal et pour l'inique. Elle auroit lieu, en ce cas, de profiter de la réservation faite au Roi sur les questions du bonnet et des procès criminels des pairs, et de rendre là-dessus un édit ou déclaration; rien de plus simple et de plus entier que cette matière, et rien de plus facile, quand on le voudra d'une volonté ferme et assurée.

L'autre fait du sacre est encore plus aisé. Il n'y a qu'à avouer l'erreur, et s'en prendre à un Dreux, ennemi des ducs, sans savoir pourquoi, et la plus ignorante et stupide créature qui vive; mettre M. d'Uzès en premier pair représentant, quand ce ne seroit que l'indécence de voir un enfant ecclésiastique en remplir la fonction sans épée, qui est l'essence de l'être et du service d'un pair laïc, donner les honneurs à porter à trois ducs par ancienneté, au goût de Son Altesse Royale, et la fonction de grand maître à un autre moins ancien encore que ceux-là; inviter les autres et les faire seoir ensuite de ceux qui porteroient les honneurs, et de cette sorte tout est en sa place; et les maréchaux de France, qui n'ont jamais été que militaires, ne se peuvent plaindre de ne pas faire des fonctions qui ne leur ont jamais appartenu, et de ne déplacer pas les grands de l'État, dont ils ne peuvent s'empêcher de reconnoître la différence d'avec leur office. Ajouter enfin un chevalier du Saint-Esprit pour l'offrande, à la place de M. de Tallart, aux trois autres. Son Altesse Royale sait bien l'erreur de fait de l'imprimée[1] du sacre du feu Roi, qui au lieu de mettre M. de Saint-Simon, qui porta un des honneurs de l'offrande comme chevalier du Saint-Esprit, a mis le duc son frère, qui étoit alors gouverneur de Blaye.

Il ne sert de rien de contester place aux ducs qui ne servent point. C'est qu'en tous les autres sacres il manquoit des ducs en petit nombre absents, qui est un fait vérifié par l'histoire : évêques, chevaliers du Saint-Esprit, seigneurs, secrétaires d'État, gens du conseil, officiers du Roi, tout y a place. Les ducs ne sont-ils rien en France, et leur rang et leur état y doit-il être aboli ?

A l'égard des gens de qualité et de leurs prétentions nées depuis un jour, c'est à qui les a excités à les réprimer dans les occasions par droit, exemples et usage, tant de France que de tous les pays de l'Europe, qui ont leurs grands créés grands, des rangs, des distinctions et des préférences, sans lesquelles il n'y a plus de grands, de grâces ni d'ambition, de règles ni de mesures.

Pour venir ensuite à d'autres faits du feu Roi, il n'a ôté la cène que depuis la querelle de M. de Montausier contre les princes, qui l'ont perdue, ainsi que les ducs; on vit bien qu'au moins y étoient-ils égaux, et que la restitution aux grands de l'État n'en est pas difficile.

L'adoration de la croix, que les ducs ont eue privativement aux princes jusqu'aux dernières années du feu Roi, leur fut ôtée à la prière de Monsieur le Grand, parce que les princesses, qui quêtoient partout à Paris, se firent un rang de ne le point faire devant le Roi ; les duchesses,

---

1. Telle est bien l'orthographe de Saint-Simon.

qui enfin s'en aperçurent, le refusèrent. Le Roi se piqua, le fait lui fut expliqué; il commanda à Mlle d'Armagnac de quêter, et Monsieur le Grand en saisit la conjoncture. Cet article est encore de très-facile restitution, et ne tient qu'à la volonté[1].

Feu Monsieur le Duc, tout à la fin de sa vie, s'avisa de trouver mauvais de ne point servir à la communion du feu Roi avec Son Altesse Royale, et s'en dédommagea sur les ducs, contre qui il se fit donner le même avantage que les fils et petits-fils de France avoient sur lui en ce point.

Ceux à qui feu M. de Chevreuse a conté ce qui se passa en la dernière promotion du Saint-Esprit, en 1688, sont pleins de vie et d'honneur. On convient des statuts originaux en faveur des ducs sur les princes, et de leur exécution en la première promotion, de ce qui les fit altérer par la puissance de la Ligue, qu'en ce point l'altération n'a jamais eu lieu sous les deux Henris, des raisons que les deux Louis ont alléguées pour la suivre, et de la justice de faire jurer et observer au Roi d'aujourd'hui les statuts originaux. Les ducs en ont cent paroles, et encore tout récemment, sur lesquelles [ils[2]] comptent par l'exécution de tant d'autres ci-devant alléguées, dont aucune n'a été tenue[3]. On sait aussi que feu M. de Châteauneuf, greffier de l'ordre, en usa étrangement sur les prétentions que le Roi avoit plus que permises, et que ce fut lui encore qui, pour la première fois, fit ôter le carreau à ducs et à princes en recevant l'ordre, et conséquemment en ces cérémonies, tandis que jusqu'aux petits lieutenants du Roi en ont un en prêtant serment entre les mains de Sa Majesté.

1. Note au bas de la page : « Le fait de la quête n'est pas juste. M. le cardinal de Fleury a dit à Mademoiselle que les duchesses.... » Le reste a été enlevé avec des ciseaux.
2. Saint-Simon a écrit *y*, pour *ils*.
3. A la fin de la phrase, les mots : « dont aucune n'a été tenue. On sait aussi que... », sont à la marge, de la main de l'auteur, mais d'une autre encre. La phrase est obscure; nous la reproduisons exactement.

Les honneurs militaires retranchés aux ducs par M. de Louvois en même temps, qui les usurpa pour lui-même, eurent pour prétexte l'épargne de la poudre, [et peu à peu, de l'un à l'autre, ils les ont[1]] tous perdus dans les lieux par où ils passent. C'est ce que les grands d'Espagne ont tant de peine à digérer; mais ils s'accommoderont encore beaucoup moins de la préséance dans l'ordre, que le duc d'Ossonne aura à essuyer de MM. de Lorraine; et quand ce ne seroit pas en personne, au moins dans le catalogue des chevaliers, ce qui est tout un quant à la chose en soi.

Les mêmes grands sont infiniment blessés encore du chapeau aux audiences. Il est notoire que l'origine en vient d'un grand d'Espagne qui se couvrit de lui-même devant Henri IV se promenant à Monceaux, lequel en fut blessé, et commanda aussitôt aux seigneurs titrés qui se trouvèrent présents de se couvrir. Outre le prince de Condé, il ne s'y trouva que MM. de Mayenne et d'Épernon, d'où M. d'Épernon et M. de Candale l'ont gardé. Il ne l'est pas moins encore que les princes eurent ordre de se tenir découverts à l'audience du légat Chigi, dont le fauteuil excluoit les princes du sang, et qui devoit faire sa satisfaction de l'affaire des Corses en présence des ducs. Ceux-ci demandèrent à se couvrir ou en sortir pour faire tenir les autres découverts : ils essayèrent de ne s'y pas trouver, mais comme les comtes de Soissons et d'Harcourt devoient mener le légat à l'audience, ils furent forcés d'y rester par exprès commandement.

La friponnerie existante de la tapisserie de cette audience est démentie par l'histoire et par les registres, etc.

Rien ne plairoit donc tant à l'Espagne que de donner aux ducs en France, et conséquemment aux grands, ce

---

1. Ces quelques mots de texte placés entre crochets, et que nous rétablissons d'après la copie de la Bibliothèque nationale, ont été enlevés de l'autographe par le même coup de ciseaux qui a supprimé la fin de la note 1 de la page précédente.

que les uns et les autres ont en Espagne. Rien ne
seroit mieux placé, et il n'en coûte que la simple volonté.

De croire [que] rendre un point, sur trente qu'on a ravis
à des hommes de courage, puisse entrer pour dédommagement du reste, c'est s'abuser ; restituer les paroles, rétablir
les gens et leur rang, puisqu'il est juste et promis, leur
rendre ce qu'on leur a ôté, les dédommager de quelqu'autres choses équitables et faciles, perdues auparavant,
mais l'exécuter avant tout, c'est le moyen unique de
ramener les cœurs, les courages et la confiance.

LXXIII

DEUX MÉMOIRES REMIS AU RÉGENT POUR LE DÉTOURNER
DE FAIRE DES DUCS [1].

1°

Son Altesse Royale est suppliée de considérer le prodigieux nombre de grâces qu'elle a faites en tout genre
depuis sa régence, et la reconnoissance qu'elle peut
compter en recueillir :

L'humeur de la plupart des hommes, plus propres à
être attachés par l'espérance que par la reconnoissance ;

Le peu qu'elle a laissé de grâces à faire au Roi après
sa minorité, à qui on ne manquera pas de le faire trouver
bien mauvais, sans qu'il y ait beaucoup lieu de compter
alors sur la volonté ou le pouvoir de ceux qui en auront
profité ;

1. Extrait de la *Revue rétrospective*, tome II, 1834, p. 44-51. Tiré des archives du ministère des affaires étrangères.

En cas de malheur le plus sinistre, le peu qu'il reste de moyens de se faire des créatures dans les temps les plus critiques, et où les précédents bienfaits ne détermineront guère de ceux qui les ont reçus ;

Il ne se trouvera pas quatre survivances de considération, ni quatre brevets de retenue à donner ;

Les grades militaires, depuis les subalternes au-dessous de capitaine jusqu'à celui de lieutenant général, sont à l'infini ;

Il en est de même des pensions militaires et civiles et de l'ordre de Saint-Louis ;

Les places des conseils et les emplois principaux dans les provinces sont multipliés au point de ne pouvoir plus être augmentés ;

Le Roi, qui est en âge de communier, et par conséquent d'être sacré, fera nécessairement une promotion dans l'ordre du Saint-Esprit le lendemain de son sacre, de laquelle Son Altesse Royale disposera toute entière, et il est rare d'en avoir une si nombreuse, puisqu'il n'y a plus que deux commandeurs ecclésiastiques et vingt-cinq chevaliers, ce qui, compris les cinq grands officiers, donne six cordons ecclésiastiques et soixante-deux colliers à disposer dans l'usage le plus étroit. Or, les rangs qui ont droit d'en donner aux grandes promotions sont tous renfermés dans la plus étroite famille de Son Altesse Royale ; et parmi les ducs à faire chevaliers, il n'y en a que six ou sept, exactement comptés, qui, outre cette dignité, ne soient pas revêtus d'ailleurs d'emplois à avoir l'ordre. C'est encore un grand nombre de grâces à faire, et d'un genre de grâce qui touche fort, et qui, étant de nécessité, ne peut être susceptible d'être blâmée, ni mal interprétée auprès du Roi.

C'est en cette situation que Son Altesse Royale est pressée de faire des ducs.

Il y en a maintenant soixante-quatre, et si vous en exceptez ceux qui sont aussi ou grands d'Espagne ou jouissant du rang de princes étrangers, il en reste cinquante-quatre, bien qu'il n'y en ait que six par démission de leurs pères ;

De duchesses, il y en a cinquante-huit, et en diminuant celles qui ont rang de princesses étrangères, ou des rangs de grandesses, ou de duchés d'Angleterre, établies en France, il en reste cinquante et une ;

Des rangs d'hommes purement étrangers, trente-neuf ;

De tabourets purement étrangers, quarante-deux ;

} sans être ducs ni duchesses de France.

Tellement qu'en tout, rangs étrangers d'hommes quarante-neuf ; et de tabourets aussi quarante-neuf ; en sorte qu'il n'y a que cinq ducs plus que d'hommes qui ont des rangs étrangers, et deux duchesses seulement plus que de tabourets étrangers, ce qui sera dit en passant.

Joignant le tout ensemble, il se trouve cent trois hommes qui ont un rang, et cent tabourets actuellement en France.

2°

Son Altesse Royale s'étoit fermement déterminée à ne point faire de ducs, et par le grand nombre qu'il y en a, et par le grand nombre de ceux qui se mettroient sur les rangs pour l'être, et par le grand nombre de mécontents qui demeureroient frustrés de leur espérance et de leur desir, quelque grand nombre de ducs qu'elle pût faire.

Pour le grand nombre de ducs, il y en a actuellement cinquante-quatre, dont il n'y en a que six par démission de leurs pères, n'ayant qu'un duché, et cinquante et une duchesses, parmi lesquelles vingt douairières.

Outre ceux-là, il y en a onze qui jouissent en outre de différents rangs, et huit duchesses en même cas ;

Et de plus trente-sept hommes qui, sans être ducs, ont des rangs étrangers, et quarante-deux dames en même cas.

Ce qui fait qu'il y a en tout cent deux hommes distingués par leurs rangs, desquels il n'y a que six ducs de plus que de rangs étrangers, dont la plupart se multiplient par autant d'enfants mâles qui en naissent, et cent et un tabourets, dont un seul de duchesse plus que des autres. C'est ce que Son Altesse Royale verra d'un coup d'œil par la liste ci-jointe, qui comprend tout avec exactitude.

C'est encore à elle à considérer si un si prodigieux nombre de rangs qui, en hommes et en femmes, distinguent deux cent trois personnes de tout ce qui est en France, n'est pas bien plus que suffisant pour la décoration de la cour et de l'État, et pour faire une juste peine à tous ceux qui n'y sont pas compris et qui voient sans cesse tant de personnes distinguées, outre les maréchaux et les maréchales de France, qui à ce titre ont aussi leurs distinctions, ce qui grossit toujours ce nombre, ainsi que le chancelier, la chancelière et ceux qui ont eu les sceaux.

Par la liste des personnes parmi lesquelles Son Altesse Royale aura à faire choix pour remplir les soixante-deux colliers du Saint-Esprit actuellement vacants, elle verra le grand nombre de ceux qui ne se contenteront plus de cet honneur dès que la porte sera ouverte à un plus grand et plus solide, et concevra par cette réflexion quel nombre de mécontents elle fera, à quelles importunités elle se livrera, à quels inconvénients elle s'exposera, si elle cède à sa bonté et à sa facilité naturelle en faveur des raisons ou des empressements de quelques-uns, même en étendant ses grâces plus loin qu'elle ne le voudra elle-même, tant de la première fois que par la suite et par les suppléments, dont elle ne se garera point.

Je ne nommerai personne : il y en a dont la naissance et les autres qualités les élèvent à de justes espérances; il y en a dont le desir grossit de telles considérations au delà de leur mesure; il y en a enfin qui, destitués ou de naissance ou de mérite, s'en font un de leur hardiesse et de la facilité, un moyen de leur importunité, de leurs accès, de leur industrie à faire des comparaisons. Son Altesse Royale ne sera trompée en aucun : elle connoît la naissance, le mérite et les qualités; ses bontés ne l'ont pas empêchée de s'expliquer là-dessus à l'égard de quelques-uns, et elle ne peut espérer que le public estime qu'elle s'y soit méprise. En élever après de cette sorte, c'est à elle à peser ce que le monde en pensera et ce que les intéressés en sentiront.

Elle a vu à quel nombre les conseillers des conseils se sont augmentés, et que cette multiplication même, qui a fort affligé les membres des conseils, n'a fait que grossir le nombre des prétendants à y être admis et celui des mécontents de n'y avoir pas eu place.

Elle a vu arriver la même chose de ses différentes et nombreuses promotions d'officiers généraux, de colonels, et même jusqu'à des commissions de capitaines; point de promotion qui n'ait été suivie d'un supplément. L'une et l'autre en ont attiré de nouvelles pour satisfaire les cris et les plaintes, et ce qui a résulté, outre ce nombre excessif, c'est qu'en ce genre il reste plus de mécontents qu'il n'y en eut jamais. Ceux qui le sont ne trouvent plus parmi cette foule la distinction qui les avoit flattés, ceux qui ne le sont pas sont encore plus outrés de n'être pas même parvenus à être de cette foule, et s'estiment doublement malheureux d'en voir tant d'autres dans les grades, tandis qu'eux n'y sauroient atteindre, tout avilis qu'ils sont et peu capables de les satisfaire : dont il demeure un mécontentement, une douleur générale, et de ceux qui sont montés aux grades et de ceux qui n'ont pas été promus.

La même chose est encore arrivée dans l'ordre de Saint-Louis. Les prétentions ont multiplié les diverses expectatives; celles-ci ont fait augmenter les grandes croix et les cordons rouges, et le fait est que plus il y en a, plus il se présente de gens pour en obtenir au delà, tous avec des raisons plus ou moins bonnes, mais tous avec grand desir d'obtenir et un grand mécontentement de n'obtenir pas.

Nul ne se rend justice sur sa naissance ni sur ce qu'il vaut. Ceux-là mêmes qui se connoissent le mieux sur l'un et sur l'autre se gardent bien de le montrer. Chacun prétend donc, mais prétend bien plus haut et bien plus ferme dès qu'il en voit d'autres prétendre auxquels il seroit honteux de déférer préférence sur soi, et de l'un à l'autre cette façon de prétendre grossit à l'infini le nombre des prétendants. Si on n'avoit point fait de promotion, personne ne seroit mécontent; on en fait beaucoup, et encore plus de mécontents, et tel l'est de n'être pas lieutenant général, qui ne se seroit pas plaint d'être demeuré colonel, et qui eût regardé la brigade comme une fortune et un état de consistance, qui plus qui moins, ou par la chose en soi, ou par comparaison d'autres gens devenus lieutenants généraux.

Insensiblement je suis venu à montrer la quantité de grâces militaires que Son Altesse Royale a faites, et la quantité de membres de conseils qu'elle ne les peut plus multiplier. Il en est de même de pensions.

Mais les grâces civiles, charges, offices, emplois, gouvernements, survivances de toute nature, brevets de retenue sur tout ce qui est donné, sont montés au point que Son Altesse Royale n'en peut plus faire, parce que tout est déjà achevé.

C'est à quoi Son Altesse Royale est suppliée de faire une attention proportionnée à ce qui résulte de ce nombre si prodigieux de grâces en tout genre qu'elle a fait depuis sa régence, et sur la reconnoissance qu'elle compte en recueillir; sur l'humeur des hommes, plus propres à être attachés par l'espérance que par la reconnoissance, et à se remercier eux-mêmes, leurs qualités, leur industrie, de ce qu'ils ont obtenu, qu'à en savoir gré à qui le leur a donné, duquel souvent ils ne considèrent les présents que comme des choses dues ou à eux ou aux exemples des grâces pareilles; sur le peu ou point de grâces qu'elle a laissé à faire au Roi après sa minorité, à qui ceux qui en auroient voulu tirer ne manqueront pas, et beaucoup d'autres avec eux, de le faire trouver bien mauvais, sans qu'il y ait beaucoup lieu de compter alors sur la volonté ou le crédit de ceux qui auront profité de celles de Son Altesse Royale ; enfin, le malheur le plus sinistre arrivant, par le peu de moyens qu'il reste à Son Altesse Royale de se faire des créatures dans les temps les plus critiques, et où les précédents bienfaits, qui se confirment toujours quand on se veut donner, ne détermineront guère ceux qui les auront reçus de Son Altesse Royale, qui n'a pas maintenant quatre survivances de considération à donner.

LXXIV

EXTRAITS, ETC.
REMARQUES SUR LES SÉANCES AU PARLEMENT DES ROIS, PAIRS, ETC., FAITES SUR *LE CÉRÉMONIAL FRANÇOIS*[1].

P. 427 et 428. Trois sortes de séances des rois : lit de justice, assistance au conseil, assistance aux audiences ou plaidoyer.

---

1. Copie prise sur le manuscrit autographe, qui appartient à M. É. Charavay. Ce manuscrit est un cahier de douze pages in-folio, portant le chiffre 4 écrit de la main de Saint-Simon. — Voici le titre du livre sur lequel Saint-Simon a fait ses remarques, et aux pages duquel il renvoie : *Le Cérémonial françois*, tome second, contenant les cérémonies observées en France aux mariages et festins : naissances et baptêmes : majorités de rois : états généraux et particuliers : assemblées des notables : lits de justice : hommages, serments de fidélité : réceptions et entrevues : serments pour l'observation des traités : processions et *Te Deum*. Recueilli par Théodore Godefroy, conseiller du Roi en ses conseils; et mis en lumière par Denys Godefroy, avocat en Parlement, et historiographe du Roi. A Paris, chez Sébastien Cramoisy et Gabriel Cramoisy, 1649, in-folio.

Lit de justice jamais que pour la chose publique ; se tient au parlement de Paris d'ordinaire, qui est la cour des pairs, néanmoins où il plaît aux rois ; quelquefois où il n'y a point de cour de parlement ; nécessaire pour juger un pair ; indécis s'il l'est, pour juger un prince du sang (alors ils n'étoient pas pairs nés comme depuis Henri III).

Le Roi, les pairs et autres seigneurs qu'il plaît au Roi d'y mener sont aux hauts siéges, toute la magistrature aux bas siéges, en robes rouges, et le chancelier en la chaire du greffier. Au conseil nul n'y assiste qu'il n'ait droit de voix délibérative. Le Roi sied en chaire de parlement dans le parquet, non en son haut siége ; le chancelier et les présidents aux bas siéges ordinaires des présidents ; les pairs laïcs, princes du sang et autres en leurs bas siéges ordinaires ; les cardinaux et pairs ecclésiastiques vis-à-vis ; les conseillers vis-à-vis du Roi, et au second banc autour du parquet.

C'est-à-dire que le chancelier et les présidents sont derrière la chaire du Roi, qui a au banc de sa droite les pairs laïcs, et au banc de sa gauche les pairs ecclésiastiques, vis-à-vis les conseillers, qui ont le dos à la grand salle, et qui de leur excédant redoublent derrière eux-mêmes, et derrière les pairs ecclésiastiques hors du parquet, en autant de bancs qu'il en faut pour leur nombre ; d'où il se conclut que nul ne sied sur le banc des pairs, bien qu'il y eût place, comme il n'en peut manquer sur le banc des pairs ecclésiastiques.

Au plaidoyé, le Roi sied en son haut siége ; à sa gauche, le chancelier, les présidents, les cardinaux et les pairs ecclésiastiques ; à sa droite, les princes du sang, les pairs laïcs, les seigneurs que le Roi y mène. S'il reste place sur l'un ou l'autre banc, elle est remplie par des maîtres des requêtes ; à leur défaut, par des conseillers. Le reste se met aux bas siéges. C'est la seule séance du Roi où les magistrats peuvent seoir sur le banc des pairs quand il y a place de reste (dont en aucun cas les conseillers ne peuvent couper les pairs; ici les présidents précèdent, ce semble, en la séance les pairs ecclésiastiques, et cèdent pourtant la droite aux pairs laïcs; apparemment ils ont préféré, avec le chancelier, la gauche, pour n'être pas séparés du Roi par les fils de France qui sont à droit; car alors les princes du sang non pairs cédoient aux pairs. Cette séance est la seule où les magistrats soient en haut avec le Roi, et où les présidents précèdent des pairs le Roi présent. Je n'entends point que les cardinaux soient nommés avant les pairs ecclésiastiques comme seoyant devant eux, cela ne s'étant introduit que trèstard, et ne subsiste plus).

Lits de justice des 9, 10 et 11 mai 1369, à Paris, de Charles V, contre le prince de Galles duc de Guyenne, fils d'Édouard III roi d'Angleterre, p. 429 et 430 et 1.

L'archevêque de Reims nommé le premier des prélats et l'évêque de Noyon parmi eux (ce que je ne comprends point).

Lit de justice, à Paris, du 9 décembre 1378, de Charles V, contre Jean V de Montfort duc de Bretagne, p. 431, 2, 3 et 4.

Pairs convoqués, les présents et les absents marqués, et que ces derniers s'excusent. Pairs ecclésiastiques en leur ordre et rang, précèdent deux archevêques et tous les autres prélats; tous les pairs ecclésiastiques nommés devant le duc de Bourgogne présent (ce que je n'entends pas, car cela n'est pas mis à colonne renversée comme aux opinions).

Lit de justice, à Paris, du 2 mars 1386, de Charles VI, contre Charles II roi de Navarre, comme pair d'Évreux, p. 435 jusqu'à 40.

Duc de Bourgogne nommé doyen des pairs entre le roi d'Arménie et le duc de Touraine fils du roi. Pairs ecclésiastiques nommés ensuite, puis des seigneurs, après des évêques et autres prélats. Grande altercation, les pairs revendiquant la cause au Roi et seuls, menacent de se retirer si au moins lettre d'indemnité de leur droit ne leur est expédiée, comme elle avoit été accordée; est expédiée. Pairs présents et absents nommés. Pairs tous nommés avant le chancelier et les présidents, après[1] trois barons non pairs, et avant tous autres.

Lit de justice au château de Vendôme, du 10 octobre 1458, de Charles VII, contre Jean II duc d'Alençon, p. 441 jusqu'à 9.

Deux pairs seulement présents, dont le Roi est compté pour l'un, qui crée quatre pairs exprès pour ce jugement. Pairs convoqués et Messieurs du Parlement mandés. Pairs ecclésiastiques nommés dans les lettres patentes avant les présidents; assistent aux informations et à l'interrogatoire fait en présence du Roi et des autres pairs. Philippe Monsieur de Savoie le pénultième en la séance après des non-pairs. Le chancelier et les présidents aux bas siéges au-dessous des hauts siéges des pairs. Après lesdits présidents, et de suite avec eux, des officiers de la couronne, le marquis de Saluces après, puis des maîtres des requêtes, ensuite des seigneurs, enfin des conseillers. A la gauche du Roi, les pairs ecclésiastiques les premiers, mais l'ordre entre eux interverti (sans cardinalat ni rien, et je crois faute de copiste), puis de suite un archevêque et d'autres prélats. Au-dessous, aux bas siéges, comme de l'autre côté, etc. Huit observations en cette séance qui ne touchent guère les pairs, dernière page.

Lit de justice à Paris, du[2] février 1487, de Charles VIII, contre le duc d'Orléans, depuis Louis XII, et contre François II duc de Bretagne, prince du sang, p. 450 et 1.

Pairs convoqués et lesdits ajournés à comparoître devant eux. Philippe, père de Charles V, convoqué comme comte de Flandres, pair de France. Plusieurs pairs absents, leurs raisons. Prévôt de Paris, avec un conseiller et un huissier, sert de premier huissier, et appelle les pairs en séance. Aux hauts siéges à droit MM. d'A-

---

1. Devant *après*, sont biffés les mots : « et eux avant tous autres ».
2. Saint-Simon a laissé la date du jour en blanc; *le Cérémonial* ne la donne point.

lençon et de Beaujeu, deux des principaux ambassadeurs du Pape, venus en France pour affaires d'Église, le comte de Vendôme, le comte de Laval, un troisième ambassadeur du Pape, puis Louis d'Armagnac, comte de Guise, et Louis marquis de Luxembourg, parents maternels du Roi ; après, Antoine, bâtard de Bourgogne, qui s'y mit de son autorité, à qui on ordonna de descendre, puis y fut laissé pour ne faire cette honte à son âge et à l'ordre du Roi qu'il portoit; au-dessous, les conseillers laïcs, aux bas siéges, etc. ; à gauche, aux hauts siéges, les pairs ecclésiastiques, puis des archevêques et autres prélats, au-dessus desquels, après les pairs, voulurent seoir l'évêque de Paris et l'abbé de Saint-Denis, évêque de Lombez, comme membres nés du Parlement, mais n'eurent rang que d'évêques; aux bas siéges, au-dessous d'eux, les conseillers clercs, etc. Pairs nommés en cet acte protecteurs et gardiens de la couronne. Pairs défaillants appelés, etc. (pas un mot du chancelier ni des présidents).

Séance au parlement de Paris, du 15 février 1521, de François Ier, contre l'empereur Charles V, comme comte de Flandres et d'Artois, p. 452. Le Roi, le duc d'Alençon, le sieur de Saint-Paul, le chancelier, quatre présidents, évêque de Langres, le sieur de Guise, quatre maîtres des requêtes, les conseillers. Charles V ajourné, etc.

Séance au parlement de Paris, des 8 et 9 mars 1523, de François Ier, contre Charles II duc de Bourbon, p. 455.

Au conseil en la grand chambre, où étoient le Roi, Messeigneurs les ducs d'Alençon et de Vendôme, pairs de France laïcs créés, Messieurs les évêques de Langres et de Noyon, pairs de France clercs, Messire Antoine du Prat, chancelier, quatre présidents, cinq seigneurs, dont le grand maître, huit maîtres des requêtes, les conseillers (ici les pairs nommés avant le chancelier et les présidents). Excuses des pairs absents mandés. M. de Longueville deux fois nommé alors, après les pairs et avant le chancelier. Vues par la cour garnie d'aucuns pairs, princes gens du sang, le Roi présidant en icelle (pairs nommés les premiers).

Lit de justice au Parlement à Paris, du 24 juillet 1527, de François Ier, p. 463.

Pairs et grands seigneurs à droit, aux hauts siéges; à gauche, aux hauts siéges, le cardinal de Bourbon, évêque-duc de Laon, l'évêque de Langres, l'évêque-comte de Noyon, l'archevêque de Bourges, l'évêque de Lisieux; le chancelier et toute la magistrature aux bas siéges..... Les présidents, conseillers et autres officiers de la cour se sont mis à genoux, lesquels ledit seigneur (Roi) a incontinent fait lever; et ce fait, a dit le premier président, etc.

Lit de justice au parlement de Paris, des 26 et 7 juillet, de François Ier, pour le procès du connétable de Bourbon, p. 474.

Les baillis et sénéchaux d'épée y assistent en jugement, pour cette fois seulement. Le roi de Navarre et le duc de Vendôme, pairs, aux hauts siéges à droit, le comte de Saint-Paul, frère du duc de Vendôme, aux bas siéges du même côté; mais le nombre des pairs laïcs n'étant assez grand, et étant du sang du Roi, il le créa pair pour cet acte à l'instant, et le fit monter près de son frère, sans qu'après il se pût prétendre pair. Aux hauts siéges à gauche, les pairs ecclésiastiques, le chancelier et les présidents aux bas siéges ordinaires. Aux bas siéges, sous les pairs, étoient les ambassadeurs d'Angleterre et de Venise, les comtes de Guise et de Vaudemont, et le maréchal de Montmorency, grand maître. Aux bas siéges, sous les pairs ecclésiastiques, étoient l'archevêque de Bourges et autres prélats, etc. Derrière les bancs du parquet, étoient les maréchaux de France et autres seigneurs (la première fois que les seigneurs et les prélats aient été aux bas siéges, et d'autres tels seigneurs, hors le parquet). Avant l'arrivée du Roi, ordre par M. de la Châtre, capitaine des gardes, au Parlement, pour l'assistance des ambassadeurs, quoique non pairs, sans tirer à conséquence.

Lit de justice au parlement de Paris, du 16 décembre 1527, par François Ier, sur le traité de Madrid, p. 478.

Hauts siéges à droit, le duc de Vendôme, pair de France, le prince de Navarre, le comte de Saint-Paul, le duc d'Albanie, le duc de Longueville, le prince de la Roche-sur-Yon, et messire Louis de Clèves. Hauts siéges à gauche, le cardinal de Bourbon, évêque-duc de Laon, pair de France, le cardinal de Lorraine, évêque de Metz, le cardinal du Prat, chancelier (sa séance changée pour la première fois, apparemment à cause du cardinalat, mais le dernier, et lors il n'étoit pas question de principauté, même du sang, en ces actes, comme se voit du prince de la Roche-sur-Yon, à droit après M. de Longueville, simple duc non pair). Aux bas siéges des présidents, les quatre présidents, et après eux les premiers présidents de Toulouse et Rouen; au devant d'eux, assis plus bas, des présidents d'autres parlements. Aux bas siéges à droit, des officiers de la couronne et autres grands seigneurs, dont le grand écuyer le dernier. Vis-à-vis, aux bas siéges, les archevêques de Lyon, Bourges et Rouen, l'évêque de Paris et quatre autres. Au devant d'eux et plus bas, huit autres évêques, et y en ayant encore quatre autres, furent, pour n'y pouvoir tenir, placés au devant des chevaliers de l'ordre, et plus bas qu'eux. Au côté droit, au quatrième banc du parquet, les maîtres des requêtes, et au devant, plus bas, le prévôt des marchands et les échevins. Aux siéges du parquet, de côté et d'autre, les conseillers du Parlement et des autres parlements (or il se voit qu'en cette séance nul conseiller du Parlement ne demeura au dedans du parquet, mais tous, faute de place, dehors, tout autour); derrière eux, des courtisans. Présence de ceux qui ne sont du corps de la cour, sans tirer à conséquence. Tous prêtent serment du secret, et les gens du Roi y demeurent. Le Roi harangue sur le traité de Madrid. Le cardinal de Bourbon, évêque-duc de Laon, répond pour l'Église; le duc de Vendôme, pair, pour la noblesse; le premier président de Selve pour le tiers état. Le Roi ordonne que pour le résoudre sur ce fait, les cardinaux, prélats et gens d'Église opineront et s'assembleront à part, les princes et nobles à part, les parlements et gens de justice à part, et la ville de Paris à part.

Lit de justice du 20 décembre suivant, sur même matière, p. 490.

Même séance[1]. Les présidents, conseillers, etc., du parlement de Paris et des autres parlements se sont mis à genoux dès que le premier président de Selve du parlement de Paris a commencé à parler, lesquels incontinent le Roi a fait lever. Le prévôt des marchands et les échevins se sont aussi mis à genoux pour parler.

Lit de justice au parlement de Paris, du 15 janvier 1536, de François Ier, contre l'empereur Charles V, comme comte de Flandres et d'Artois.

Hauts siéges droite, le roi d'Écosse, gendre du Roi, Monseigneur le Dauphin, le roi de Navarre, pair, le duc de Vendôme, pair, le comte de Saint-Paul, le prince de la Roche-sur-Yon, le comte de Nevers, pair, Louis Monsieur de Nevers[2], le sieur de Châteaubriand, gouverneur de Bretagne, le prince de Melphe, et le fils du duc de Wurtemberg.

Hauts siéges gauche, le cardinal de Bourbon, évêque-duc de Laon, le cardinal de Lorraine, archevêque-duc de Reims, l'évêque-comte de Châlons, vêtu de son manteau de pair, de satin violet, les deux cardinaux en chape de cardinal, et l'archevêque de Milan (je n'entends rien en cette séance; le Dauphin après le roi d'Écosse, MM. de Saint-Paul et de la Roche-sur-Yon après, et avant des pairs;

---

1. Il y a après le mot *séance* un signe qui renvoie à cette note : « Charles de Luxembourg, comte de Brienne, Alberto, comte de Carpi, chevalier de l'ordre, y assistèrent. » — Cette addition, à la marge, entre guillemets, et les suivantes sont, sauf indication contraire, d'une autre main que celle de Saint-Simon et écrites d'une autre encre.

2. Les mots : « Louis M. de Nevers », sont écrits de la même encre et de la même main que les additions marginales, au-dessus de *M. de Nevers*, biffé.

tous ceux-là princes, et le sang royal sans préférence de principauté sur d'autres princes non pairs ; et le sieur de Châteaubriand, le seul non prince avant le fils du duc de Wurtemberg. Alors encore la pairie ne cédoit à rien. Comment le cardinal de Lorraine, archevêque de Reims, après celui de Bourbon, évêque-duc de Laon ? et qu'est-ce que le manteau de Monsieur de Châlons ? car l'habit de pair ecclésiastique qu'ils portent aujourd'hui au Parlement ne peut s'appeler un manteau). Aux bas siéges, le chancelier du Bourg, et les présidents en leurs places ordinaires à droit, sous les pairs laïcs, le grand maître de Montmorency avec son bâton, les chevaliers de l'ordre, capitaines des gardes, etc., vis-à-vis l'archevêque de Vienne et des prélats (pourquoi l'archevêque de Milan, si fort distingué d'eux ?), etc., de Mailly pour huissier, etc. Un marchepied pour le roi d'Écosse et le Dauphin ; la cour en robe rouge (ce registre appelle les présidents par leur nom sans *Monsieur* ni *Maître*). Lequel plaidoyé fini, ledit chancelier s'est relevé de son siége et retourné devers le Roi, et après est allé au conseil des deux côtés, où étoient les princes et pairs, puis aux présidents, et où il appartient, s'est rassis et prononcé l'arrêt. Les conseillers, en triple rang, aux deux barreaux (hors le parquet). L'archevêque de Milan étoit frère du duc de Ferrare. Le président Liset fit au Roi ses protestations pour les présidents, qui prétendoient la séance d'en haut des cardinaux. Procureur général parle et se lève ; et même se couvre après que le chancelier le lui a dit deux fois de la part du Roi (c'est qu'il parle pour le Roi contre l'Empereur, car nul magistrat ne parle couvert, hors le chancelier, officier de la couronne) ; et ledit procureur général plaidant, et nommant l'assistance, nomme les princes du sang et les pairs avant les présidents immédiatement. Le chancelier, après avoir parlé au Roi, prend l'avis des rois d'Écosse et de Navarre et de Monseigneur le Dauphin, puis des autres princes, pairs, chevaliers de l'ordre, étant du rang. Après, est allé aux cardinaux et évêque-comte de Châlons (ne parle point de l'archevêque de Milan), puis au duc de Guise, grand chambellan, puis descendu aux grand maître et amiral, après aux quatre présidents, après remonté au Roi, puis descendu et assis a prononcé l'arrêt (et ne parle d'avoir pris avis de nuls autres, ce qui est surprenant à l'égard des magistrats).

Lit de justice du 2 juillet 1549, au parlement de Paris, d'Henri II, pour l'administration de la justice, p. 518.

Hauts siéges droite, Louis Monsieur de Vendôme, le duc de Montpensier, pairs de France, le prince de la Roche-sur-Yon, son frère, princes du sang, les ducs de Guise, de Nevers et d'Aumale, pairs, le comte de Vaudemont, aîné de la branche de Guise, le connétable, M. de Saint-André, gouverneur de Lyonnois, et le maréchal de Saint-André son fils (ce maréchal de France au-dessous d'un gouverneur de province, quoique son fils, est très-remarquable). Hauts siéges gauche, les cardinaux de Vendôme, de Guise, archevêque-duc de Reims, de Châtillon, évêque-comte de Beauvais (princes du sang, de part et d'autre, au-dessus des pairs); le chancelier en sa place en bas, ainsi que les présidents en la leur, aux bas siéges, sous les pairs laïcs, les chevaliers de l'ordre vis-à-vis les conseillers, au devant d'eux[1] les conseillers du conseil privé, entre eux, sans préférence des prélats; au devant des chevaliers de l'ordre, les maîtres des requêtes à l'entrée du parquet, les capitaines des gardes, etc. Chancelier Olivier harangue, et rapporte que le Roi Jean défendit au Parlement de se mêler d'affaires d'État. Ensuite le premier président Liset parla, et, avant parler, lui et toute magistrature mit un genou en terre, nue tête[2], et après assez long propos, le chancelier est monté parler au Roi; puis, descendu, assis et couvert, a dit au premier président, de par le Roi, de s'asseoir. Alors tous se sont levés

---

1. Les mots *d'eux* sont écrits au-dessus de « des chevaliers de l'ordre », biffé.
2. Après *tête*, sont effacés les mots suivants : « et n'est point dit qu'ils cessassent d'être à genoux tant qu'il parla. »

de genoux et assis, et sont restés nues-têtes tant que le premier président, aussi découvert, a continué de parler. A ces harangues à huis clos n'y avoit que ceux aux hauts siéges et ceux du Parlement et du conseil privé. Après, le Roi voulant ouïr plaider à huis ouverts, le grand maître des cérémonies a amené en leurs places les évêques et chevaliers de l'ordre. La cause plaidée, le chancelier est allé au Roi et au conseil des deux côtés en haut, puis en bas aux présidents, où sont venus les conseillers du conseil privé sans y être appelés; puis, à cause de la peine, n'a demandé avis à nuls autres, est remonté au Roi, puis, remis en sa place, a prononcé l'arrêt.

Lit de justice au parlement de Paris, du 12 novembre 1551, d'Henri II, pour exhortation au Parlement de rendre bonne et brière justice, p. 531.

Hauts siéges droite, les ducs de Guise, pair, et de Montmorency, pair et connétable. Hauts siéges à gauche, les cardinaux de Guise, archevêque-duc de Reims, de Bourbon, évêque-duc de Laon, de Châtillon, évêque-comte de Beauvais, du Bellay et de Vendôme (ici Guise est avant Bourbon, que nous avons vu ailleurs avant lui; cela est à remarquer. Ici les pairs sont en leur ordre, que rien n'interrompt, pas même l'ancienneté de cardinal, qui ne sert pas aux princes du sang, Bellay étant avant Vendôme, tous deux non pairs et après les pairs). Les bas siéges comme au dernier lit de justice, excepté que faute de chevaliers de l'ordre, dont il n'y en avoit ici qu'un, les maîtres des requêtes étoient ensuite de lui sous les deux ducs. Le garde des sceaux Bertrand étoit en la place du chancelier. MM. de Guise et de Montmorency, connétable, ont prêté leur serment de pairs, puis sont montés aux hauts siéges (seuls de leur côté). Après, le premier président, un genou en terre et nue tête, ainsi que toute la magistrature, a harangué; et n'est point dit s'il s'est levé tant qu'il a parlé; puis l'avocat général. Après quoi, le garde des sceaux est monté au Roi, et sans parler à autre, s'est remis en place, et a prononcé, sur la remontrance pour les pauvres, que Sa Majesté y aviseroit. Après, le Roi est allé à la messe à la chapelle de la grand salle, et ont marché avant lui lesdits cardinaux, fors celui de Bourbon, qui est allé à côté dudit seigneur (à la marge y a comme prince du sang); et après suivoient lesdits ducs de Guise, Montmorency et maréchal de la Marck (qui servoit de chambellan), puis le garde des sceaux, présidents, conseillers et autres officiers de ladite cour; et après la messe est ledit seigneur retourné en sa cour, et s'est assis en l'ordre susdit; et y sont entrés les évêques n'étant du conseil de ladite cour (comment le garde des sceaux du Vair pouvoit-il disputer la préséance aux pairs avec cet exemple du garde des sceaux Bertrand, précédé même par un simple maréchal de France?).

Lit de justice au parlement de Paris, du 12 février 1551, d'Henri II, sur la guerre contre Charles V, p. 537[1].

Le connétable de Montmorency ayant à exposer le fait au Parlement, et le cardinal de Bourbon à parler au nom du clergé, et le premier président au nom du Parlement, tous trois mirent un genou en terre, découverts avant parler, le connétable seul, trois autres cardinaux avec le cardinal de Bourbon, et toute la magistrature avec le premier président. Le Roi commanda aussitôt aux deux premiers de se lever, couvrir et asseoir, mais au troisième de se lever seulement, et parla toujours debout et découvert (c'est la première fois qu'on a vu cette génuflexion à autres que tiers état). Hauts sièges droite, les ducs de Montpensier, Guise, Aumale, Montmorency, connétable, pairs, amiral d'Annebaut, gouverneur de Normandie, et de Châtillon, gouverneur de Paris et Ile de France. Hauts sièges gauche, les cardinaux de Lor-

---

1. La note suivante est écrite à la marge, sans signe de renvoi :
« Il est remarqué dans une autre relation que ce ne fut pas un lit de justice, mais une séance du Roi à la chambre du conseil. Le Parlement étoit en robes noires. »

raine, archevêque de Reims, Bourbon, évêque-duc de Laon, Châtillon, évêque-comte de Beauvais, et Vendôme (les pairs précèdent les princes du sang, et leur rang d'ancienneté de cardinal cède à la pairie, mais à droit Guise est après Montpensier, et si[1] je crois, étoit son ancien pair); les bas siéges remplis à l'ordinaire, les prélats, maîtres des requêtes et conseillers du conseil privé non préférés à leurs confrères non prélats. Le Roi ayant mandé, par le garde des sceaux Bertrand, qu'il n'entendoit seoir qu'au conseil et à huis clos, et que cependant amèneroit des gouverneurs de province et chevaliers de l'ordre, lui a été remontré ne se devoir; à quoi a répondu qu'étant pour choses de son État, non pour jugement, il leur vouloit donner entrée pour cette fois seulement, sans conséquence. Le duc d'Aumale, le Roi entré par la buvette et la lanterne, a prêté serment de pair, puis est monté aux hauts siéges.

Séance au parlement de Paris, en juin 1561, des princes du sang, pairs, cardinaux, connétable, chancelier, maréchaux, conseillers du conseil privé, et maîtres des requêtes, sur la modération des édits contre ceux de la R. P. R.[2] (l'énoncé de ce titre met les pairs après les princes du sang, et avant tous autres, ce qui est très-remarquable), p. 545.

Cejourd'hui, Michel de l'Hôpital, chevalier, chancelier de France (sans *Monsieur* ni *Maître*). Du côté des gens d'Église (à gauche du coin du Roi, aux hauts siéges, le Roi absent, ce qui est à noter), MM. les chancelier, présidents, cardinaux de Lorraine, de Châtillon et Guise (après les présidents); du côté des laïcs, les hauts siéges (à droit), le roi de Navarre, Messeigneurs le cardinal de Bourbon (prend sa place non avec les cardinaux, mais avec les princes du sang, dit la marge), le prince de Condé, le prince de la Roche-sur-Yon, princes du sang (non pairs, ces deux derniers au-dessus des autres pairs),

1. Voyez tome X, p. 252 et note 1.
2. De la religion prétendue réformée.

MM. les ducs de Guise, de Nivernois, de Montmorency, connétable, pairs, le maréchal de Saint-André, gouverneur de Lyonnois, etc., le maréchal de Montmorency, gouverneur de Paris et Ile de France, et l'évêque[1] de Paris; les seigneurs du Mortier, d'Avanson, évêque d'Amiens, et de Selve, conseillers du conseil privé, R. Bouette, conseiller laïc. Ès bas siéges, premiers et seconds barreaux, les maîtres des requêtes et conseillers (un conseiller plutôt qu'un maître des requêtes à la place de reste aux hauts siéges).

Le 25 juin au matin, continuée même séance. Et le cardinal de Tournon a été assis après les cardinaux de Lorraine et de Châtillon, combien qu'il fût doyen des cardinaux, parce que c'est la cour des pairs, et étoient ledit cardinal de Lorraine archevêque-duc de Reims et ledit cardinal de Châtillon évêque-comte de Beauvais. Même rang des pairs en opinant. Les présidents opinent après le roi de Navarre, et le chancelier le dernier (mais le Roi étoit absent).

Séance au parlement de Paris, du 17 mai 1563, de Charles IX, pour aliénation du domaine, p. 553 [2].

A droit aux hauts siéges, la Reine, Monseigneur frère du Roi, Mgr le prince de Navarre, le cardinal de Bourbon en chape de cardinal, le duc de Montpensier, pair, et le prince de la Roche-sur-Yon, son fils, tous princes du sang, MM. les ducs de Guise, son bâton de grand maître à la main, de Nivernois et comte d'Eu, pairs, et d'Étampes, le maréchal de Montmorency, gouverneur de Paris et Ile de France, MM. de Bourdillon, gouverneur de Savoie et Piémont, maréchal de France, et de Boissy, grand écuyer de France. A gauche, aux hauts siéges, MM. le cardinal de Guise en chape de cardinal, et l'évêque-comte de Noyon, pair (mais le cardinal de Guise l'étoit-il?), Ch. de

---

1. Les mots : « d'Amiens et de Selve, cons^{rs} », ont été biffés devant *de Paris*, pour être récrits plus loin.
2. À la marge, sans signe de renvoi : « Voyez la continuation de ces séances ailleurs. »

Lorraine en son lieu de grand chambellan, et le chancelier de l'Hôpital en sa place. Aux bas siéges, sous Monsieur de Noyon, les présidents (ce n'est pourtant pas lit de justice); le reste à l'ordinaire. Le Roi entré, MM. de Guise et de Nevers ont prêté serment de pairs, et sont montés aux hauts siéges. Le Roi a parlé, puis le chancelier, enfin le premier président, lui et toute la magistrature toujours debout et découverts; n'est point parlé du genou en terre (pour la première fois, dont je m'étonne).

Protestation solennelle en pleine séance, le Roi présent, dont acte en forme accordé à l'évêque-comte de Noyon, contre sa séance au-dessous du cardinal de Guise, non pair. Avocat général parle découvert. Le chancelier prend l'avis du Roi, à genoux seul, puis de la Reine et de Monseigneur ensemble, après des princes du sang pairs et seigneurs dés hauts siéges, ensuite des cardinal de Guise et évêque-comte de Noyon, enfin en bas aux présidents, etc.

Majorité de Charles IX à Rouen, 17 août 1563, en lit de justice au Parlement, p. 566.

Hauts siéges droite, la Reine, Mgr duc d'Orléans, prince de Navarre, cardinal de Bourbon, prince de Condé, duc de Montpensier, comte Dauphin et prince de la Roche-sur-Yon, princes du sang, ducs de Longueville et de Montmorency, connétable (mais M. de Longueville n'étoit pas pair, et cela constamment ne s'entend pas), sieurs de Brissac, de Montmorency, de Bourdillon, maréchaux, et de Boissy, grand écuyer. Hauts siéges à gauche, les cardinaux de Châtillon (évêque-comte de Beauvais) et de Guise, le chancelier, les présidents, etc. En bas, à l'ordinaire, les capitaines des gardes à l'entrée du parquet.

Lit de justice au parlement de Bordeaux, 11 avril 1564, pour exhorter à bonne justice et pour quelques procès de particuliers, p. 577.

Hauts siéges, la Reine, MM. d'Orléans, prince de

Navarre, cardinal de Bourbon, en rochet[1], prince de la Roche-sur-Yon, de Guise, le grand écuyer, de Sipierre, comme gouverneur d'Orléans et de Berry, et le comte de Candale, tous avec leur collier de l'ordre et leurs épées, et montés par les mêmes degrés que la Reine. Hauts siéges, à une brasse et demie du Roi, le cardinal de Guise, seul, en rochet. Les bas siéges à l'ordinaire. Le chancelier ayant à parler, a demandé permission pour les magistrats de s'asseoir et couvrir, ce qu'ils ont fait. Le premier président parle après, debout et découvert tout du long, ainsi que toute la magistrature (n'est point parlé du genou en terre); puis se plaident des causes, puis le chancelier prend les avis (et je copierai ceci tout au long, comme très-important).

La cause plaidée, le chancelier s'est levé de sa chaire, et avant que monter pour parler au Roi, a fait la révérence, puis étant monté avant que parler à Sa Majesté, a fait deux révérences, ayant la tête découverte, et aussi tous les présidents et conseillers de la cour. Ayant parlé au Roi, il est allé vers la reine mère et M. d'Orléans, étant toujours découvert, puis auxdits cardinal de Bourbon, prince de la Roche-sur-Yon et sieur de Guise ; après est allé à main gauche, et passant devant le Roi, a fait une grande révérence, puis s'est adressé au cardinal de Guise, auquel parlant ledit sieur chancelier s'est couvert[2] (puisqu'il le remarque, et encore aux autres, la même chose seroit remarquée du duc de Guise s'il lui eût parlé couvert). Après, repassant devant le Roi et la Reine, leur a fait une grande révérence, et s'est adressé au grand écuyer et au sieur de Sipierre, et a parlé à eux étant couvert (il ne parle point de suite au même côté, mais coupe après M. de Guise pour aller à la gauche au cardinal de Guise, et revient après à la droite[3] au grand

1. *En rochet* est au-dessus de la ligne.
2. « Endroit concluant pour notre bonnet. » — Cette note-ci, écrite en marge comme les précédentes, sans signe de renvoi, est de la main de Saint-Simon.
3. Ici et plus haut devant *gauche*, l'article *la* est ajouté en interligne.

écuyer; donc, M. de Guise préféré de rang au cardinal de Guise, nouvelle conviction qu'il lui a parlé découvert, et couvert aux autres, d'après lui, car le cardinal de Guise, comme nous avons vu, n'étoit pas pair), puis sans parler au comte de Candale (quelle exactitude de relation !), est repassé devant le Roi, et descendu par ledit degré, s'est adressé aux quatre présidents de la cour, et s'est découvert, comme ont fait lesdits présidents, et soudain se sont tous couverts (mais les autres d'auparavant se découvroient-ils ?); après est allé devers l'évêque de Valence, l'évêque de Limoges, l'abbé de la Casedieu, comme conseillers du conseil privé (il étoit donc couvert, puisqu'il se couvrit avec les présidents; ainsi, n'étant pas dit qu'il se découvrit pour ceux-ci, il est concluant qu'il resta couvert, ce que je remarque comme confirmant qu'étant découvert en parlant à M. d'Orléans, et n'étant pas marqué qu'il se couvrit en parlant aux cardinal de Bourbon et duc de Montpensier ni au duc de Guise, il est par ceci manifeste qu'il resta découvert en leur parlant, car il n'est pas douteux qu'outre qu'il est marqué qu'il parla couvert au cardinal de Guise incontinent après, comme il étoit couvert en quittant les présidents, il parla de même à ceux du conseil privé, puisqu'on ne peut pas présumer qu'il leur parloit autrement qu'au cardinal de Guise; or, comme il n'est point dit ici qu'il leur parla couvert, parce que le narrateur l'a laissé couvert venant à eux, il n'est point dit de même qu'il parla découvert au duc de Guise, parce que le narrateur l'a laissé découvert venant parler à lui; est encore à remarquer cette différence; il parle donc découvert aux pairs, couvert aux cardinaux, et pour les présidents, il se découvre en les abordant, mais se couvre en leur parlant, et à la vérité eux aussi. Je suis surpris qu'avec une telle exactitude le narrateur ait omis de marquer si les princes du sang et M. de Guise lui répondirent leurs avis découverts, dont je ne doute guère; *idem* du cardinal de Guise); plus aux maîtres des requêtes et présidents du grand conseil; après, de l'autre part, auxdits sieurs de Crussol et autres chevaliers de l'ordre susnommés, comme conseillers du conseil privé, ayant tous épées. Et ayant achevé, étant auprès de sa chaire, seroit retourné vers le Roi et fait une grande révérence, et s'est assis; et a prononcé, etc.

Le Roi absent, le chancelier seul au parlement de Bordeaux se met au banc des présidents, qui laissent une place vide entre lui et eux.

Lit de justice au parlement de Toulouse, février 1565, de Charles IX, pour exhortation de bien administrer la justice, p. 586.

Hauts siéges à droit, la Reine, le duc d'Orléans, le prince de Navarre, le cardinal de Bourbon, le prince de la Roche-sur-Yon, le connétable, les maréchaux de Bourdillon et de Damville, gouverneur de Languedoc, et de Sipierre, gouverneur du Roi. Hauts siéges à gauche, les cardinaux de Guise et d'Armagnac. Les bas siéges à l'ordinaire, etc. Le premier président haranguant, lui et toute la magistrature se met à genoux, et parle ainsi jusqu'à ce que le chancelier les fasse lever, de la part du Roi, et continue, tous debout et découverts. Aux opinions, est marqué le connétable après les cardinaux (je m'en étonne et y crois faute, car il étoit pair, et non les cardinaux. Nulle mention de couvert ni découvert, ni de nul détail), et après tous ceux des siéges hauts aux présidents, etc.

Lit de justice au parlement de Paris, du 4 juillet 1584, d'Henri III, pour édits bursaux et créations d'offices en ladite cour, p. 592.

Hauts siéges à droit, le cardinal de Bourbon, le marquis de Conti et le prince Dauphin, princes du sang, le duc de Guise, pair de France, le sieur de Villequier, gouverneur de Paris. Hauts siéges à gauche, le cardinal de Guise, archevêque-duc de Reims, le chancelier, présidents, et tous les bas siéges à l'ordinaire (*nota* que le chancelier qui étoit en sa place ordinaire, qui est celle du greffier, étoit le cardinal de Birague, et vêtu de sa chape de cardinal). Le Roi a parlé, puis le chancelier, enfin le premier président, et lors lui et toute la magistrature debout et nues têtes (n'est point parlé du genou en terre); avocat général de Thou parle à genoux. Le chancelier prend l'avis de tous ceux des hauts siéges avant que de le prendre des présidents (nulle mention de couvert ou découvert).

Lit de justice au parlement de Paris, du 7 mars 1583, d'Henri III, pour créations d'offices, p. 595.

Hauts siéges gauche, cardinal de Guise, archevêque-duc de Reims, N. Fumée, évêque-comte de Beauvais. Hauts siéges droite, le cardinal de Bourbon, le duc de Joyeuse, le duc d'Épernon, le duc de Retz, pairs, le sieur de Villequier, gouverneur de Paris et Ile de France; bas siéges, Monsieur le chancelier, cardinal de Birague en la place du greffier, les présidents, deux maîtres des requêtes (suivant cela, qui doivent avoir été sur le banc des présidents). Sur une selle, dans le parquet à gauche, l'archevêque de Lyon et d'autres conseillers au conseil privé; vis-à-vis de même, et parmi eux sans préférence, le sieur de Serre, gouverneur de Champagne (quoique gouverneur de province, non aux hauts siéges); *idem* du précédent lorsque le premier président a parlé, et de la façon du chancelier de prendre les avis de ceux des hauts siéges avant les présidents.

Lit de justice au parlement de Paris, du 21 mai 1597, d'Henri IV, pour publication d'édits, p. 600.

Hauts siéges à droit, le prince de Conti, le comte de Soissons, le connétable, le duc de Joyeuse (ce dernier remis en son rang après le connétable, malgré la clause de préséance des lettres de Joyeuse et d'Épernon); sur un premier siége du côté des conseillers clercs, l'archevêque de Bourges et autres du conseil privé de robe[1]. MM. les conseillers étoient aux siéges qui restoient, et des

1. *De robe* est en interligne, et de même, quatre et cinq lignes plus loin, les mots : « et les présidents » ; puis : « aux bas siéges ».

enquêtes aux barreaux, selon qu'il est accoutumé (ras ceux-là en bas); le duc du Maine, grand chambellan, et le chancelier de Cheverny et les présidents en leurs places ordinaires, aux bas siéges. Sur un autre siége, du côté des conseillers laïcs (c'est-à-dire en bas sous les pairs), les sieurs de Bellegarde, grand écuyer (nonobstant sa charge point aux hauts siéges, mais avec le conseil privé d'épée), d'Estrées, de Sancy, d'Alincourt, de Rosny, de Rohan, de Liancourt, de Listenay et de Chemerault (M. de Rohan, avec tout son éclat de Navarre, en rang d'ancienneté de conseiller au conseil privé, et après, le fils de M. de Villeroy, lors encore secrétaire d'État, lesquels secrétaires d'État étoient encore alors contenus). Hauts siéges à gauche, les cardinaux de Joyeuse et Gondi. Aux bas siéges du côté des conseillers laïcs, quatre maîtres des requêtes. Le premier président voulant parler, tous les présidents se sont mis à genoux, et ne se sont levés que par ordre du chancelier de la part du Roi; *idem*, les gens du Roi voulant parler, le chancelier a pris l'avis de tous ceux des hauts siéges, puis après des présidents (ainsi le grand écuyer n'a opiné qu'après eux, mais cette charge office de la couronne, tantôt aux hauts siéges et tantôt aux bas siéges, d'où seulement se conclut que les officiers de la couronne et les gouverneurs de province n'ont opiné devant les présidents que lorsqu'ils ont été aux hauts siéges, et après eux lorsqu'ils ont été aux bas siéges, comme il se voit ici du grand écuyer et s'est vu du sieur de Serres, gouverneur de Champagne, ci-devant).

Trois lits de justice du feu Roi, des 15 mai 1610 à Paris, 12 décembre 1614 à Paris, pour sa majorité, 10 décembre 1615 à Bordeaux, p. 602. Renvoyés à voir en cette page; les indiquer en d'autres auteurs, qu'il faut voir et extraire comme ceux-ci, p. 602.

Lit de justice du 10 décembre 1615, au parlement de Bordeaux, de Louis XIII (quoique indiqué ailleurs), p. 602.

Hauts siéges à gauche, personne que le sieur de Tresmes seul capitaine des gardes, toujours debout et découvert à six pieds du Roi, ayant son épée au côté et son bâton à la main. Hauts siéges à droit, à six ou sept pieds du Roi, la Reine ; à quatre pieds d'elle, le comte de Saint-Paul, duc et pair, monté par le degré du parquet du bout des siéges ; le duc d'Épernon, monté par le degré du barreau ; les maréchaux de Brissac et de Souvré à deux pieds du duc d'Épernon (cette distance est très-remarquable, et montre que le défaut de place l'a empêchée d'autres fois) ; le grand chambellan représenté par le duc d'Elbœuf, et le chancelier en leurs places ordinaires ; les présidents et le reste des bas siéges, à l'ordinaire, esdits bas siéges ; le baron de la Châtaigneraye, capitaine des gardes de la Reine, au-dessous d'elle, debout et découvert toujours, avec son épée et son bâton ; la princesse de Conti, qui précède sa mère, la duchesse douairière de Guise ; Mlle de Vendôme après la duchesse, et puis Mme de Guiercheville, première dame d'honneur de la Reine, en haut dans une tribune. Le Roi parle, et cependant tout ce qui est aux hauts siéges est assis et couvert, et tout ce qui est aux bas siéges debout et découvert ; ayant achevé, le chancelier lui demande que tous s'asseyent et se couvrent, ce qui s'exécute ; puis le chancelier a parlé assis et couvert. Après, le premier président et toute la magistrature à genoux, le Roi, pas le chancelier, les fit lever, et restèrent debout et nues têtes tant que le premier président parla. Ensuite fut plaidé à huis ouverts, et les gens du Roi plaidant d'abord à genoux, puis debout et nue tête. Le chancelier prenant les avis, toute magistrature cependant debout et découverte, a pris les avis des hauts siéges, et après des présidents, puis des autres[1]. (Cet

---

1. « Endroit important pour notre bonnet. » Cette note est de la main de Saint-Simon, sans signe de renvoi ; la suite est d'une autre encre et d'une autre main :« Dans une autre relation faite par M. de Marillac, alors maître des cérémonies et depuis garde des sceaux, cela est encore plus précis. Le

endroit est important, et est ainsi écrit :) « Ayant parlé au Roi, a fait une autre grande révérence, et est allé à la Reine mère; après avoir fait une révérence, a parlé la tête découverte; puis est allé prendre l'avis des comte de Saint-Paul, duc d'Épernon, de Brissac et de Souvré, maréchaux de France, lesquels se sont levés et découverts; et après, est revenu par le même chemin, et passant devant la Reine, a fait la révérence, puis une autre devant le Roi, et est descendu par les mêmes degrés prendre les avis des présidents, qui étoient assis et couverts (apparemment après[1] l'avis du Roi pris, puisqu'ils sont marqués debout lors), lesquels se sont levés et découverts, ledit seigneur chancelier parlant à eux étant aussi découvert, puis des conseillers du conseil de robe longue, puis des évêques et conseillers de robe courte, puis des maîtres des requêtes, puis des conseillers de la cour qui étoient placés aux deux bancs du clergé et de la noblesse. Ayant achevé, s'en est retourné en sa chaire, a fait une grande révérence au Roi et à la Reine mère, et s'étant remis, a prononcé l'arrêt qui s'ensuit. » (Il n'est marqué de nuls autres que de ceux des hauts siéges et des présidents que, le chancelier prenant leur avis, ils se sont levés et découverts : donc il a parlé découvert à ceux des hauts siéges comme aux présidents, et s'il est marqué qu'il est découvert parlant aux présidents, et que cela n'est point marqué pour ceux des hauts siéges, c'est que quittant la Reine découvert sans dire qu'il se couvrit après pour prendre tout de suite leurs avis, il est

---

chancelier ayant parlé au Roi, il fit la révérence, puis alla vers la Reine mère, à laquelle, après une révérence, il parla la tête découverte, puis au comte de Saint-Paul, duc d'Épernon, maréchaux de Brissac et de Souvré, lesquels se levèrent et découvrirent, *le chancelier étant aussi découvert*, et après avoir parlé à eux, il revint par le même chemin, et passant devant la Reine, fit la révérence, puis une autre devant le Roi, et descendit par les mêmes degrés, puis vint parler aux présidents, qui étoient assis et couverts, lesquels se levèrent et découvrirent, le chancelier étant aussi découvert, puis aux conseillers du conseil et autres, puis aux maîtres des requêtes, etc. »

1. Il y a *depuis* ou *après;* la lecture est douteuse : il y a surcharge.

entendu toujours découvert, et s'il est dit qu'il se découvrit pour les présidents, c'est que n'étant pas contigus à ceux-là comme ceux-là l'étoient à la Reine, le chancelier se couvrit en chemin, puisqu'il se découvrit pour leur parler. Et il n'est pas douteux que les conseillers, etc., ne se levassent et découvrissent lui venant à eux pour leurs avis, et si n'est pas marqué, par conséquent de ce qu'il n'est pas marqué pour ceux des bas siéges, hors les présidents, ni pour ceux des hauts siéges, c'est-à-dire que lui ne parla découvert qu'à ceux-là).

Lit de justice du 7 septembre 1616, au parlement de Paris, renvoyé à voir ailleurs, p. 608, et ce néanmoins mis même page, tiré de M. de Rhodes (lors étoit en charge le greffier Voysin).

Le comte de la Marck en la marche pour aller au Parlement à la tête de sa compagnie des cent-suisses, et ne prétend rien.

Le garde des sceaux, ne pouvant obtenir de déplacer le premier président en attendant le Roi, comme font les chanceliers, se met d'abord en la chaire du greffier, qui est sa place, ou du chancelier lorsque le Roi est arrivé.

Trois disputes des ducs et pairs avant la séance.

M. d'Elbœuf prétend, par la maison de Lorraine, précéder le comte de Saint-Paul, de la maison de Longueville, lequel obtient de ne s'y trouver point.

M. d'Elbœuf prétend précéder les autres pairs par même raison, et pour ce ne veut seoir en sa place de grand chambellan, mais les pairs s'y opposants, il obtient de ne se trouver point du tout en la séance.

M.[1] de Candale prétend le rang d'Halluyn, bien que tombé en quenouille; les pairs le lui disputant, il servit de grand chambellan.

Les cardinaux prétendant précéder les pairs ecclésiastiques, ils s'y opposèrent, et les cardinaux ne s'y trouvèrent point.

---

1. Après *M.* sont effacés les mots : « d'Halluyn prétend le rang ».

Renvoi des lits de justice du feu Roi au parlement de Paris, du 12 mars 1619, 18 février 1620 et 4 juillet même année, p. 609.

Lit de justice au parlement de Rouen, du 11 juillet 1620, outre le renvoi fait même page 609.

Les magistrats point nommés *Monsieur* ni *Maîtres*, le prince de Condé *Monseigneur*, les ducs d'Elbœuf et de Luynes *Messieurs* ensemble; puis est écrit :

« Sa Majesté étant montée en son trône royal et lit de justice, assise, s'est à l'instant couché à ses pieds le sieur d'Humières, premier gentilhomme de la chambre de Sa Majesté, faisant l'office de grand chambellan; et aux deux côtés des petits degrés par lesquels on monte aux hauts sièges étoient, à savoir à côté droit, le comte de Tresmes, capitaine des gardes, et de l'autre côté le sieur de la Vieuville (n'est point dit comment, et est à noter que la place des capitaines de gardes n'est point fixe et change à toutes les séances des rois aux parlements). Au côté droit, près Sa Majesté, étoient assis Monseigneur frère de Sa Majesté et Mgr le prince de Condé, sur un drap de veloux et à chacun un carreau de veloux violet à eux préparé (cela ne se fait point à Paris); et de suite (donc sans distance) étoient les ducs d'Elbœuf et de Luynes, colonel d'Ornano et comte de Schomberg (n'est point dit pourquoi ces deux-là; le premier étoit gouverneur de Monsieur, et, je crois, tous deux gouverneurs de province [1]); et du côté senestre, les cardinaux de la Rochefoucault et de Retz et l'archevêque de Rouen (pourquoi ce dernier? étoit-ce encore le frère naturel du Roi?). »

Le premier président allant parler, lui et toute la robe du

---

1. En marge, sans signe de renvoi : « Il est dit dans cette même relation qu'Ornano étoit lieutenant général de la province de Normandie. M. de Schomberg l'étoit aussi du Limosin. L'archevêque de Rouen, ayant séance au parlement de Rouen, comme l'évêque de Paris l'avoit à celui de Paris, celui de Grenoble au parlement de Grenoble, etc., a pu assister à ce lit de justice tenu à Rouen. »

Parlement se *prosterna* (terme bien remarquable) et mit à genoux, puis, commandés se lever, restèrent debout et découverts tant que le premier président parla (voilà le premier exemple de l'ordre interverti [1] des opinions, et bien remarquable, où il n'est point du tout de mention que le garde des sceaux se couvrît ni découvrît pour personne ni personne pour lui), d'abord au Roi, puis descendu, aux présidents, après, remonté à Monsieur et à Monsieur le Prince, puis à gauche aux cardinaux et archevêque de Rouen, après, à droit, aux ducs, colonel et comte de Schomberg, puis descendu, etc. (ainsi les présidents avant un fils de France héritier lors présomptif, les cardinaux et l'archevêque de Rouen avant les ducs d'Elbœuf et de Luynes).

Lit de justice au parlement de Bordeaux, 28 septembre 1620, p. 613.

Nul magistrat, pas même le garde des sceaux du Vair, nommé *Monsieur*, ni *Sieur*, ni *Messire*, ni *Maître;* le garde des sceaux sans différence du chancelier en rien [2].

Hauts siéges, à sept pieds du Roi, Monsieur son frère sur un carreau à clinquant d'or, à un pied de lui le prince de Condé, sur un plus petit carreau, sans clinquant (cela ne se fait point à Paris; à Rouen, outre cela, un drap de pied de velours); après (n'est point parlé de distance), les sieurs d'Elbœuf et de Luynes, ducs et pairs, de Praslin, de Saint-Géran, de Cadenet, d'Aubeterre, maréchaux de France, le comte de Schomberg et le colonel d'Ornano, chevaliers de l'ordre du Roi; et de l'autre côté, de la main gauche du Roi, étoient placés les cardinaux de Sourdis et de Retz, à trois pas du Roi, duc de Mayenne en son lieu de grand chambellan, le comte de Tresmes, avec son épée et bâton de capitaine des gardes, sur le plat pied des hauts siéges (sans dire où ni com-

---

1. Au-dessus des mots : « exemple de l'ordre interverti », on lit ce qui suit, écrit d'une autre encre et d'une autre main : « Cela avait commencé en 1610 ».
2. En marge, sans signe de renvoi : « Voyez un autre extrait ailleurs. »

ment), le garde des sceaux en sa place ordinaire, ainsi que le reste des bas siéges. Le Roi a dit un seul mot, pendant lequel tout, même aux hauts siéges, excepté Monsieur frère du Roi [1], a été debout et découvert; puis le garde des sceaux a demandé permission pour le Parlement (seulement) de s'asseoir et couvrir, et a parlé. Après, tout le Parlement s'est mis à genoux, puis, par ordre du Roi, relevé, et resté debout et découvert tant que le premier président a parlé.

Idem, après les gens du Roi, [le garde des sceaux est monté[2]] pour parler (autre singularité de rang d'avis), d'abord au Roi, puis descendu aux présidents, puis remonté aux cardinaux, après à Monsieur frère du Roi, puis Monsieur le Prince, puis des autres des hauts siéges marqués s'être levés et allés à lui, puis en bas au reste (rien sur couvert ou découvert qu'au Roi, et tout le Parlement nue tête et debout en même temps; est néanmoins à inférer qu'il fut découvert aux présidents et à tous ceux des hauts siéges[3]).

Lit de justice au parlement de Paris, du 3 avril 1621, de Louis XIII, p. 618.

Monsieur le Prince avec deux conseillers d'État de robe va à la cour des aides, est reçu au bas du degré par un président et trois conseillers, et reconduit de même; prend place au-dessous du premier président et au-dessus du second, les deux conseillers d'État au-dessus du doyen, et au refus qui lui est fait, prononce : « Nous ordonnons, etc., » sans dire *le Roi* ni *la cour*, et sans prendre avis.

LE ROI AU PARLEMENT.

A gauche, hauts siéges, le cardinal de Retz seul; hauts siéges, à droit, Monsieur frère du Roi, Monsieur le

---

1. « Excepté Monsieur frère du Roi » est en interligne; et de même, trois et quatre lignes plus loin : « par ordre du Roi, relevé ».
2. L'auteur a évidemment sauté quelques mots. Nous comblons cette lacune au moyen du livre qu'il analyse.
3. « A noter sur le bonnet. » (*Note de Saint-Simon.*)

Prince, les ducs de Guise, Uzès, Luxembourg, Montbazon, Lesdiguières, Chaulnes, M. de Candale premier gentilhomme de la chambre, servant de grand chambellan; le chancelier en sa place ordinaire, ainsi que tout le reste aux bas siéges; M. du Hallier, capitaine des gardes, au marchepied du Roi, entre lui et le cardinal de Retz, les sieurs de la Vieuville et de Tresmes, l'un au même marchepied, l'autre au passage entre le chancelier et le premier président, où se mettoit autrefois le prévôt de Paris (apparemment debout; n'est point dit comment). Le chancelier salue le Roi, Monsieur, Monsieur le Prince (n'est point dit les pairs, mais apparemment avec Monsieur le Prince), puis le cardinal de Retz, après les présidents, et avec eux tout le parquet, puis assis, couvert, et ayant fait signe aux présidents de se couvrir (n'est point dit aux autres gens de robe, ni s'ils se couvrirent), parla, etc. Lors les présidents se sont tous levés et découverts, et ayant fait trois révérences au Roi, si profondes qu'ils donnoient du genou en terre, et[1] faisant la dernière plus longue comme s'ils devoient demeurer à un genou tout à fait, le Roi les a aussitôt fait relever; étant tous debout et découverts, ledit premier président a fait sa harangue, *idem* à peu près des gens du Roi (autre forme bizarre d'opinion bonne à voir au livre même, trop longue à copier, mais avec toute son exactitude jusqu'à la bagatelle en cet endroit, ne dit ni ne laisse rien à recueillir sur le chancelier couvert ou découvert), au Roi, à Monsieur, à Monsieur le Prince, laisse M. de Guise, qui s'étoit levé et avancé, passe au cardinal de Retz, revient au duc de Guise, qui ne veut opiner après le cardinal, le laisse, va aux autres pairs, qui ne veulent pas opiner, dispute avec M. de Guise, reparle aux pairs, puis descend, etc. (est à noter qu'il prit avis des présidents avant d'aller à Monsieur, et que le livre dit que c'est contre l'ancienne coutume).

1. Devant *et* est biffé *et la 3*.

Monsieur le Prince va à la chambre des comptes avec deux conseillers d'État de robe, est reçu et conduit par deux de ladite chambre, prend place au-dessous du premier président et au-dessus du second, et les conseillers d'État après les présidents, vis-à-vis du doyen; et le reste fait comme à la cour des aides.

Renvois ailleurs des lits de justice de Louis XIII au parlement de Paris, des 18 mars 1622, 6 mars 1626, 28 juin 1627, 15 janvier 1629, p. 625, lequel dernier suit ici néanmoins.

Hauts[1] siéges à droit[2], ducs et pairs et maréchaux de France non nommés; hauts siéges à gauche, les cardinaux de Richelieu, Bérulle et la Valette. Le garde des sceaux de Marillac prit l'avis du Roi, puis des cardinaux, ducs et pairs et maréchaux, après des présidents, etc. (chose interrompue, à l'avantage des présidents, depuis plusieurs lits de justice).

Renvois des lits de justice de Louis XIII au parlement de Paris, des 13 août 1631 et 12 août 1632, qui se trouve pourtant en partie ici, p. 626.

Le Roi, à ses pieds le duc de Chevreuse, grand chambellan, puis le prévôt de Paris, M. de Tresmes, capitaine des gardes, en haut, debout avec son bâton (sans rien en dire plus).

Hauts siéges à droit, Monsieur le Prince et Monsieur le Comte, le maréchal de Chaulnes, duc et pair, les maréchaux de Châtillon et de Saint-Luc; hauts siéges à gauche, les cardinaux de Richelieu et de la Valette, M. le garde des sceaux de Châteauneuf en la place du chancelier, et les bas siéges à l'ordinaire[3]; la Reine et ses dames

---

1. Au-dessus de cette ligne, est effacé ce titre : « Séances au Pl. (au Parlement) sans le Roi »

2. « Les ducs d'Uzès, de Luxembourg, de Ventadour, de Montbazon, de Brissac et de Chaulnes, pairs de France, les maréchaux de Saint-Géran, de Bassompierre, de Schomberg et de Saint-Luc, et le marquis d'Effiat, surintendant des finances. » (*Note marginale.*)

3. « Sur des formes, dans le parquet, les secrétaires d'État. » Ces mots sont ajoutés à la suite, à droite et à gauche, d'une autre main, sans signe de renvoi.

à la lanterne. Les présidents, avant la venue du Roi, ne se veulent lever pour le garde des sceaux comme pour le chancelier et le font par ordre du Roi. Le premier président parlant, cela à l'ordinaire, les princes du sang et cardinaux s'approchent du Roi, pour dire leur avis avec lui au garde des sceaux (voilà la première fois que cela se fait), qui descend aux présidents, qui refusent d'opiner parce que les princes du sang et cardinaux l'ont fait avant eux, remonte aux ducs, puis descend, etc.

Renvois des lits de justice de Louis XIII, des 12 avril 1633, 18 janvier 1634, 20 décembre 1635, à quoi s'ajoute la relation suivante, p. 632, de M. de Sainctot.

M. de Sainctot, maître des cérémonies (en absence du grand maître, qui n'est nommé nulle part), avertit les ducs, les ducs dans la marche à colonne renversée, les derniers devant le Roi, les séances ordinaires (et rien plus).

Lit de justice au parlement de Paris, du 21 février 1641, dernier lit de justice du feu Roi omis.

Premier lit de justice au parlement de Paris, du Roi, 18 mai 1643, p. 635.

Le Roi, à ses pieds le duc de Chevreuse, grand chambellan, plus bas le prévôt de Paris, les huissiers à genoux, le chancelier Seguier en la place ordinaire du greffier. Hauts siéges à droit, à une place du Roi, la Reine mère, Monsieur Gaston, Monsieur le Prince, M. le prince de Conti, son fils, MM. les ducs de Vendôme, d'Uzès, de Ventadour, de Sully, de Lesdiguières, de la Rochefoucauld, de la Force, MM. les maréchaux de Vitry, d'Estrées, de Bassompierre, de Châtillon et de Guiche (nulle distance marquée ; M. de Vendôme au-dessus de M. d'Uzès paroît déplacé). Hauts siéges à gauche, l'évêque-comte de Beauvais ; l'archevêque de Paris sur le banc des conseillers ; conseillers d'État et maîtres des requêtes sur un banc dans le parquet ; *idem* Madame la Princesse, Mme de Longueville, Mlle de Vendôme ; les présiden s en leur banc ordinaire ; en bas, sur une forme, les secrétaires d'État ;

les gens du Roi en leur lieu ordinaire, etc. Le prince de Conti, prince du sang, a été de même avis, ensuite l'évêque de Beauvais, pair de France, et les autres princes, ducs, pairs et maréchaux de France. Ledit sieur chancelier ayant demandé les opinions à tous Messieurs du Parlement et à aucuns de Messieurs du conseil qui peuvent avoir voix délibérative en telles[1] occasions ; et ensuite à Messieurs les présidents, lesquels ont tous été de même avis (pas un mot sur le bonnet. Outre cette façon très-singulière de prendre les avis, les plus grands parlent les premiers, et tous ceux des hauts siéges en cet ordre, sinon que l'évêque de Beauvais parle le premier après les princes du sang, et avant M. de Vendôme, [qui] étoit placé au-dessus de M. d'Uzès : si comme pair, pourquoi M. de Vendôme avant M. d'Uzès ou après Monsieur de Beauvais ? et encore, pair ecclésiastique, pourquoi avant les pairs laïcs ? les bas siéges opinent à colonne renversée, mais après les hauts : ainsi Monsieur opine le premier et les présidents les derniers ; rien de plus singulier que cet ordre). Le prononcé nomme les princes du sang singulièrement, puis génériquement autres princes (il n'y avoit que MM. de Vendôme et de Chevreuse dont le rang d'opiner n'est pas marqué), prélats, pairs et officiers de la couronne (et nuls autres, ce qui est très-important à l'égard de la magistrature; à l'égard de prélats, apparemment à cause de Monsieur de Beauvais, est à remarquer l'absence du cardinal Mazarin, dès lors tout-puissant, mais qui, en cette naissance de son autorité, n'osa choquer la décision en faveur des pairs ecclésiastiques contre les cardinaux, qu'il changea depuis, et qui est revenue après lui en sa juste vigueur).

Autre relation du même, p. 642.

Le sieur de Rhodes, grand maître des cérémonies, qui avoit la veille prêté serment de sa charge, et Sainctot, mandé, avertirent les grands du royaume (expression

---

1. *Telles* est écrit au-dessus de *pareilles*, biffé.

notable). Plus bas que le grand chambellan, sur un petit banc, les quatre capitaines des gardes (c'est la première fois qu'ils y paroissent assis et présents tous quatre), tous les conseillers du Parlement en leurs séances ordinaires, hors des audiences en robes rouges (c'est-à-dire aucun dans le parquet ou ce qu'on nomme les bas siéges, mais ceux-là, grand chambellan comme ceux des enquêtes, hors et à l'entour). Dans le parquet d'en bas étoit un banc pour les princesses du sang et autres princesses ; derrière elles un banc pour les gouverneurs de provinces et chevaliers de l'ordre (voilà donc les gouverneurs de provinces en bas et les maréchaux de France en haut).

Séance du Roi en son parlement de Paris, 7 septembre 1645, p. 644.

Cependant le grand maître des cérémonies avertissoit les plus grands du royaume, comme faisoit aussi de son côté le sieur Sainctot, aide et frère du maître d'icelles ; les ducs, pairs, maréchaux et autres seigneurs et officiers du Roi (voilà un très-étrange endroit) ; Leurs Majestés étant accompagnées de plusieurs princes, ducs et pairs, maréchaux et autres grands du royaume (qu'est [ce] que cela?), les ducs, pairs et maréchaux de France s'étoient avancés pour prendre leur séance (ceci montre le défaut de la relation, car les maréchaux de France n'ont droit de séance que parce que le Roi les mène, c'est-à-dire lorsqu'il est lui-même en séance, et non auparavant, cela n'est pas contesté), les pairs et maréchaux menés en leurs séances par le même maître des cérémonies que les cardinaux. Hauts siéges droite, la Reine sur deux carreaux, Monsieur, Monsieur le Prince, les ducs de Guise, Uzès, Montbazon, Luynes, Lesdiguières, Brissac, Retz[1], la Rochefoucauld et Brezé, les maréchaux de Châtillon, d'Estrées, de Bassompierre, de la Meilleraye et de l'Hôpital. Hauts siéges à gauche, les cardinaux de Lyon, Bichi, Mazzarini (point de pairs ecclésiastiques). Aux pieds du Roi, le duc de Chevreuse.

1. Après *Retz*, il y a *et*, biffé.

grand chambellan. Auprès de Sa Majesté, la marquise de Senecey, sa gouvernante, les quatre capitaines des gardes, tous avec le bâton, et le sieur Beringhen, premier écuyer ; derrière la Reine, le sieur de Guitaut son capitaine des gardes (mais le comment n'est point dit, quoique curieux ; je ne vois pas pourquoi le premier écuyer); plus bas, le prévôt de Paris ; le chancelier et les présidents en leurs places ordinaires, en bas ; auprès d'eux, au milieu du parquet, des tabourets pour les princesses du sang ; vis-à-vis des présidents les quatre secrétaires d'État ; le conseil et maîtres des requêtes sur deux bancs, du côté des conseillers laïcs ; vis-à-vis, sous les pairs, quelques chevaliers de l'ordre, et le grand prévôt derrière les gouverneurs et lieutenants généraux de province (en tels cas le derrière est le banc plus[1] honorable que celui de devant, censé redoublé pour l'excédant); vers le milieu du parquet, sur des siéges, les dames et filles de la Reine ; les grand maître, maître-aide des cérémonies et officiers des gardes sur de petits bancs près du Roi, en haut (dont on ne voit pas l'espace); genou en terre marqué à l'ordinaire pour les présidents, etc. Princes du sang et cardinaux donnent avis en conseil autour du Roi ensemble. Est dit que le chancelier prit avis du reste sans rien expliquer. Les lanternes pleines de ministres étrangers et de dames.

Les lits de justice du Roi au parlement de Paris, des 15 janvier 1648 et 31 juillet même année, qui sont les deux derniers du *Cérémonial françois*, manquent au mien, détachés de reliure[2].

1. *Le* biffé après *plus*.
2. Les deux lits de justice des 15 janvier et 30 juillet 1648 sont au *Cérémonial françois*, tome II, p. 647-650 et p. 1046-1048.

LXXV

LA JOURNÉE DES DUPES[1].

Il y a bien des choses importantes, curieuses et très-particulières, arrivées pendant le séjour de la cour à Lyon, sur lesquelles on pourroit s'étendre, et qui préparèrent peu à peu l'événement qui va être présenté, auquel il faut venir sans s'arrêter aux préliminaires. Il suffira de dire qu'il n'y fut rien oublié pour perdre le cardinal de Richelieu, et que le Roi entretint la Reine d'espérances, sans aucune positive, la remettant à Paris pour prendre résolution sur une démarche aussi importante.

Soit que la Reine (c'est toujours Marie de Médicis dont on parle) comprît qu'elle n'emporteroit pas encore la disgrâce du cardinal, et qu'elle avoit encore besoin de temps et de nouveaux artifices pour y réussir; soit que, désespérant, elle se fût enfin résolue au raccommodement; soit qu'elle ne l'eût feint que pour faire un si grand éclat qu'il effraya et entraîna le Roi; ou que, sans tant de finesse, son humeur étrange l'eût seule entraînée sans dessein précédent, elle déclara au Roi, en arrivant à Paris, que, quelque mécontentement extrême qu'elle eût de l'ingratitude et de la conduite du cardinal de Richelieu et des siens à son égard, elle avoit enfin gagné sur elle de lui en faire un sacrifice et de les recevoir en ses bonnes grâces, puisqu'elle lui voyoit tant de répu-

---

1. Les deux pièces qui suivent ont été publiées par M. A. Cochut, dans la *Revue des deux mondes*, n° du 15 novembre 1834, et par M. Éd. Fournier, dans ses *Variétés historiques et littéraires*, tome IX, 1859, p. 309-335.

gnance à le renvoyer, et tant de peine à voir sa mère
s'exclure du conseil, à cause de la présence de ce ministre, avec qui elle ne feroit plus difficulté de s'y trouver
désormais, par amitié et par attachement pour lui,
Roi.

Cette déclaration fut reçue du Roi avec une grande joie,
et comme la chose qu'il desiroit le plus, et qu'il espéroit
le moins, et qui le délivroit de l'affreuse nécessité de
choisir entre sa mère et son ministre. La Reine poussa
la chose jusqu'à l'empressement, de sorte que le jour fut
pris au plus prochain (car on arrivoit encore de Lyon,
les uns après les autres), auquel jour le cardinal de Richelieu et sa nièce de Combalet, dame d'atour de la Reine,
viendroient à sa toilette, recevoir le pardon et le retour
de ses bonnes grâces. La toilette alors, et longtemps depuis, étoit une heure où il n'y avoit ni dames, ni courtisans; mais des personnes en très-petit nombre, favorisées de cette entrée, et ce fut par cette raison que ce
temps fut choisi; la Reine logeoit à Luxembourg, qu'elle
venoit d'achever, et le Roi, qui alloit et venoit à Versailles, s'étoit établi à l'hôtel des Ambassadeurs extraordinaires, rue de Tournon, pour être plus près d'elle.

Le jour venu de ce grand raccommodement, le Roi alla
à pied de chez lui chez la Reine. Il la trouva seule à sa
toilette, où il avoit été résolu que les plus privilégiés
n'entreroient pas ce jour-là : en sorte qu'il n'y eut que
trois femmes de chambre de la Reine, un garçon de la
chambre ou deux, et qui que ce soit d'hommes que le Roi
et mon père, qu'il fit entrer et rester. Le capitaine des
gardes même fut exclu. Mme de Combalet, depuis duchesse d'Aiguillon, arriva, comme le Roi et la Reine parloient du raccommodement qui s'alloit faire, en des termes
qui ne laissoient rien à desirer, lorsque l'aspect de Mme de
Combalet glaça tout à coup la Reine. Cette dame se jeta
à ses pieds, avec tous les discours les plus respectueux,
les plus humbles et les plus soumis. J'ai ouï dire à mon
père, qui n'en perdit rien, qu'elle y mit tout son bien-

dire et tout son esprit, et elle en avoit beaucoup. A la froideur de la Reine, l'aigreur succéda ; puis incontinent la colère, l'emportement, les plus amers reproches, enfin un torrent d'injures, et peu à peu de ces injures qui ne sont connues qu'aux halles. Aux premiers mouvements, le Roi voulut s'entremettre ; aux reproches, sommer la Reine de ce qu'elle lui avoit formellement promis, et sans qu'il l'en eût priée ; aux injures, la faire souvenir qu'il étoit présent, et qu'elle se manquoit à elle-même. Rien ne put arrêter ce torrent. De fois à autre, le Roi regardoit mon père, et lui faisoit quelque signe d'étonnement et de dépit ; et mon père, immobile, les yeux bas, osoit à peine et rarement les tourner vers le Roi comme à la dérobée. Il ne contoit jamais cette énorme scène, qu'il n'ajoutât qu'en sa vie il ne s'étoit trouvé si mal à son aise. A la fin, le Roi outré s'avança, car il étoit demeuré debout, prit Mme de Combalet, toujours aux pieds de la Reine, la tira par l'épaule, et lui dit en colère que c'étoit assez en avoir entendu, et de se retirer. Sortant en pleurs, elle trouva le cardinal son oncle, qui entroit dans les premières pièces de l'appartement. Il fut si effrayé de la voir en cet état, et tellement de ce qu'elle lui raconta, qu'il balança quelque temps s'il s'en retourneroit.

Pendant cet intervalle, le Roi, avec respect, mais avec dépit, reprocha à la Reine son manquement de parole donnée de son gré, sans en avoir été sollicitée ; lui s'étant contenté qu'elle vît seulement le cardinal de Richelieu au conseil, non ailleurs, ni pas un des siens : que c'étoit elle qui avoit voulu les voir chez elle, sans qu'il l'en eût priée, pour leur rendre ses bonnes grâces ; au lieu de quoi, elle venoit de chanter les dernières pouilles[1] à Mme de Combalet, et de lui faire, à lui, cet affront.

Il ajouta que ce n'étoit pas la peine d'en faire autant au cardinal, à qui il alloit mander de ne pas entrer. A cela, la Reine s'écria que ce n'étoit pas la même chose ;

---

1. Voyez tome II, p. 225 et note 1, et tome IV, p 461, etc.

que Mme de Combalet lui étoit odieuse, et n'étoit utile à l'État en rien ; mais que le sacrifice qu'elle vouloit faire de voir et pardonner au cardinal de Richelieu, étoit uniquement fondé sur le bien des affaires, pour la conduite desquelles il croyoit ne pouvoir s'en passer, et qu'il alloit voir qu'elle le recevroit bien. Là-dessus le cardinal entra, assez interdit de la rencontre qu'il venoit de faire. Il s'approcha de la Reine, mit un genou à terre, commença un compliment fort soumis. La Reine l'interrompit, et le fit lever assez honnêtement. Mais, peu après, la marée commença à monter : les sécheresses ; puis les aigreurs vinrent ; après, les reproches et les injures, très-assénées, d'ingrat, de fourbe, de perfide, et autres gentillesses, qu'il trompoit le Roi, et trahissoit l'État, pour sa propre grandeur et des siens ; sans que le Roi, comblé de surprise et de colère, pût la faire rentrer en elle-même, et arrêter une si étrange tempête : tant qu'enfin elle le chassa, et lui défendit de se présenter jamais devant elle. Mon père, que le Roi regardoit de fois à autre comme à la scène précédente, m'a dit souvent que le cardinal souffroit tout cela comme un condamné, et que lui-même croyoit à tous instants rentrer sous le parquet. A la fin, le cardinal s'en alla. Le Roi demeura fort peu de temps après lui, à faire à la Reine de vifs reproches, elle à se défendre fort mal ; puis il sortit, outré de dépit et de colère. Il s'en retourna chez lui, à pied, comme il étoit venu, et demanda en chemin à mon père ce qu'il lui sembloit de ce qu'il venoit de voir et d'entendre. Il haussa les épaules et ne répondit rien.

La cour et bien d'autres gens considérables de Paris s'étoient cependant assemblés à Luxembourg et à l'hôtel des Ambassadeurs pour faire leur cour, et par la curiosité de cette grande journée de raccommodement, sue de bien des personnes, mais dont jusqu'alors le succès étoit ignoré de tous ceux qui n'avoient pas rencontré Mme de Combalet ou lu dans son visage. Le sombre de celui du Roi aiguisa la curiosité de la foule qu'il trouva chez lui.

Il ne parla à personne, et brossa[1] droit à son cabinet, où il fit entrer mon père seul, et lui commanda de fermer la porte en dedans et de n'ouvrir à personne.

Il se jeta sur un lit de repos, au fond de ce cabinet, et un instant après, tous les boutons de son pourpoint sautèrent à terre, tant il étoit gonflé par la colère. Après quelque temps de silence, il se mit à parler de ce qui venoit de se passer. Après les plaintes et les discours, pendant lesquels mon père se tint fort sobre, vint la politique, les embarras, les réflexions. Le Roi comprit plus que jamais qu'il falloit exclure du conseil et de toute affaire la Reine sa mère ou le cardinal de Richelieu, et tout irrité qu'il fût, se trouvoit combattu entre la nature et l'utilité, entre les discours du monde et l'expérience qu'il avoit de la capacité de son ministre. Dans cette perplexité, il voulut si absolument que mon père lui en dît son avis, que toutes ses excuses furent inutiles. Outre la bonté et la confiance dont il lui plaisoit de l'honorer, il savoit très-bien qu'il n'avoit ni attachement ni éloignement pour le cardinal ni pour la Reine, et qu'il ne tenoit uniquement et immédiatement qu'à un si bon maître, sans aucune sorte d'intrigue ni de parti.

Mon père fut donc forcé d'obéir. Il m'a dit que, prévoyant que le Roi pourroit peut-être le faire parler sur cette grande affaire, il n'avoit cessé d'y penser, depuis la sortie de Luxembourg, jusqu'au moment que le Roi avoit rompu le silence dans son cabinet.

Il dit donc au Roi qu'il étoit extrêmement fâché de se trouver dans le détroit forcé d'un tel choix; que Sa Majesté savoit qu'il n'avoit d'attachement de dépendance que de lui seul; qu'ainsi, vide de toute autre passion que de sa gloire, du bien des affaires, de son soulagement dans leur conduite, il lui diroit franchement; puisqu'il le lui commandoit si absolument, le peu de réflexions qu'il avoit faites depuis la sortie de la chambre de la Reine,

---

1. Voyez tome V, p. 121, et tome XIV, p. 92.

conformes à celles que lui avoient inspirées les précédents progrès d'une brouillerie qu'il avoit craint de voir conduire à la nécessité du choix, où les choses en étoient venues :

Qu'il falloit considérer la Reine comme prenant aisément des amitiés et des haines, peu maîtresse de ses humeurs, voulant, néanmoins, être maîtresse des affaires, et quand elle l'étoit en tout ou en partie, se laissant manier par des gens de peu, sans expérience ni capacité, n'ayant que leur intérêt ; dont elle revêtoit les volontés et les caprices, et les fantaisies des grands qui courtisoient ces gens de peu, lesquels, pour s'en appuyer, favorisoient leurs intérêts et souvent leurs vues les plus dangereuses sans s'en apercevoir : que cela s'étoit vu sans cesse depuis la mort de Henri IV ; et sans cesse aussi, un goût en elle de changement de serviteurs et de confidents de tout genre ; n'ayant longuement conservé personne dans sa confiance, depuis le maréchal et la maréchale d'Ancre, et faisant souvent de dangereux choix ; que se livrer à elle pour la conduite de l'État seroit se livrer à ses humeurs, à ses vicissitudes, à une succession de hasards de ceux qui la gouverneroient, aussi peu expérimentés ou aussi dangereux les uns que les autres, et tous insatiables : qu'après tout ce que le Roi avait essuyé d'elle et dans leur séparation, et dans leur raccommodement, après tout ce qu'il venoit de tenter et d'essayer encore dans l'affaire présente, il avoit rempli le devoir d'un bon fils au delà de toute mesure, que sa conscience en devoit être en repos, et sa réputation sans tache devant les gens impartiaux, quoi qu'il pût faire désormais ; enfin que sa conscience et sa réputation, à l'abri sur les devoirs de fils, exigeoient de lui avec le même empire qu'il se souvînt de ses devoirs de Roi, dont il ne compteroit pas moins à Dieu et aux hommes ; qu'il devoit penser qu'il avoit les plus grandes affaires sur les bras, que le parti protestant fumoit encore, que l'affaire de Mantoue n'étoit pas finie, enfin que le roi de Suède, attiré en Allemagne par les habiles menées du cardinal, y étoit triomphant et commençoit le grand ouvrage si nécessaire à la France, de l'abaissement de la maison d'Autriche (il faut remarquer que le roi de Suède étoit entré en Allemagne au commencement de cette même année 1630, et qu'il y fut tué à la bataille de Lutzen, le 16 novembre 1632); que Sa Majesté avoit besoin, pour une heureuse suite de ces grandes affaires, et pour en recueillir les fruits, de la même tête qui avoit su les embarquer et les conduire; du même qui, par l'éclat de ses grandes entreprises, s'étoit acquis la confiance des alliés de la France, qui ne la donneroient pas à aucun autre au même degré; et que les ennemis de la France, ravis de se voir aux mains avec une femme et ceux qui la gouvernoient, au lieu d'avoir affaire au même génie qui leur attiroit tant de travaux, de peines et de maux, triompheroient de joie d'une conduite si différente, tandis que nos alliés se trouveroient étourdis et peut-être fort ébranlés d'un changement si important; que, quelque puissant que fût le génie de Sa Majesté pour soutenir et gouverner une machine si vaste dont les ressorts et les rapports nécessaires étoient si délicats, si multipliés, si peu véritablement connus, il s'y trouvoit une infinité de détails auxquels il falloit journellement suffire, dans le plus grand secret, avec la plus infatigable activité, qui ne pourroient par leur nature, leur diversité, leur continuité, devenir le travail d'un roi, encore moins de gens nouveaux qui, en ignorant toute la bâtisse, seroient arrêtés à chaque pas, et peu desireux peut-être, par haine et par envie, de soutenir ce que le cardinal avoit si bien, si grandement, si profondément commencé. A quoi il falloit ajouter l'espérance des ennemis, qui remonteroient leur courage à la juste défiance des alliés, qui les détacheroit et les pousseroit à des traités particuliers, dans la pensée que les nouveaux ministres seroient bientôt réduits à faire place à d'autres encore plus nouveaux, et de la sorte à un changement perpétuel de conduite.

Ces raisons, que le Roi s'étoit sans doute dites souvent

à lui-même, lui firent impression. Le raisonnement se poussa, s'allongea, et dura plus de deux heures. Enfin le Roi prit son parti. Mon père le supplia d'y bien penser. Puis, l'y voyant très-affermi, lui représenta que, puisqu'il avoit résolu de continuer sa confiance au cardinal de Richelieu, et de se servir de lui, il ne devoit pas négliger de l'en faire avertir, parce que, dans l'état et dans la situation où il devoit être, après ce qui venoit de se passer à Luxembourg, et n'ayant point de nouvelles du Roi, il ne seroit pas étonnant qu'il prît quelque parti prompt de retraite.

Le Roi approuva cette réflexion, et ordonna à mon père de lui mander, comme de lui-même, de venir ce soir trouver Sa Majesté à Versailles, laquelle s'y en retournoit. Je n'ai point su, et mon père ne m'a point dit, pourquoi le message de sa part, et non de celle du Roi : peut-être pour moins d'éclat et plus de ménagement pour la Reine.

Quoi qu'il en soit, mon père sortit du cabinet, et trouva la chambre tellement remplie qu'on ne pouvoit s'y tourner. Il demanda s'il n'y avoit pas là un gentilhomme à lui. Le père du maréchal de Tourville, qui étoit à lui, et qu'il donna depuis à Monsieur le Prince, comme un gentilhomme de mérite et de confiance, lors du mariage de Monsieur son fils avec la fille du maréchal de Brezé, fendit la presse et vint à lui. Il le tira dans une fenêtre et lui dit à l'oreille d'aller sur-le-champ chez le cardinal de Richelieu, lui dire de sa part qu'il sortoit actuellement du cabinet du Roi, pour lui mander qu'il vînt ce soir même trouver sur sa parole le Roi à Versailles, et qu'il rentroit sur-le-champ dans le cabinet, d'où il n'étoit sorti que pour lui envoyer ce message. Il y rentra en effet, et fut encore une heure seul avec le Roi.

A la mention d'un gentilhomme de la part de mon père, les portes du cardinal tombèrent, quelque barricadées qu'elles fussent. Le cardinal, assis tête à tête avec le cardinal de la Valette, se leva, avec émotion, dès qu'on le lui annonça, et alla quelques pas au-devant de lui. Il écouta le compliment, et, transporté de joie, il embrassa Tourville des deux côtés. Il fut le jour même à Versailles, où il arriva des Marillacs le soir même, comme chacun sait.

LXXVI

LOUIS XIII AU PAS DE SUSE[1].

On a dérobé à Louis XIII la gloire d'un genre d'intrépidité que n'ont pas tous les héros. Les Alpes étoient pleines de peste. Le Roi, en y arrivant, se trouva logé dans une maison où elle étoit. Mon père l'en avertit et l'en fit sortir. Celle où on le mit se trouva pareillement infectée. Mon père voulut encore l'en faire sortir. Le Roi, avec une tranquillité parfaite, lui répondit qu'à ce qu'il éprouvoit, il falloit que la peste fût partout dans ces montagnes, qu'il devoit s'abandonner à la Providence, ne penser plus à la peste, et seulement au but où il tendoit; se coucha et dormit avec la même tranquillité. Cette grandeur d'âme n'étoit pas à oublier dans ce héros, si simplement, si modestement, si véritablement héros en tout genre. Quel bruit n'eût pas fait un tel trait dans ses successeurs? Mais sa vie à lui n'étoit qu'un tissu continuel de pareilles actions, variées suivant les circonstances, qui échappoient par leur foule, et dont sa modestie le détournoit saintement d'en sentir tout le mérite.

Or, voici le *Pas de Suse*, tel que mon père me l'a plusieurs fois raconté, qui, entre autres vertus, étoit parfaitement véritable.

Les barricades reconnues furent estimées très-difficiles, et tôt après, impossibles à forcer : les trois maréchaux,

1. Voyez ci-dessus, p. 414, note 1.

et ce qu'il y avoit de plus distingué après eux, ou en grade, ou en mérite et connoissance, furent de cet avis, et pour le moins autant que le cardinal de Richelieu. Ils le déclarèrent au Roi, qui en fut très-choqué, et plus encore quand le cardinal lui représenta la nécessité d'une prompte retraite, par les raisons des lieux, des logements, des vivres, de la saison, qui feroient périr l'armée. Ils redoublèrent, et comme le cardinal vit qu'il ne gagnoit rien sur l'esprit du Roi, qui faisoit plutôt des voyages que des promenades continuelles parmi les neiges et les rochers, pour s'informer et reconnoître par lui-même des endroits et des moyens d'attaquer ces retranchements, le cardinal eut recours à un artifice par lequel il crut venir à bout de son dessein. Le Roi, logé dans un méchant hameau de quelques maisons, y étoit presque seul, faute de couvert pour son plus nécessaire service, mais gardé d'ailleurs pour sa sûreté. Le cardinal, de concert avec les maréchaux et les principaux de la cour, fit en sorte que, sous prétexte de la difficulté des chemins, le Roi fût abandonné à une entière solitude dès que le jour commenceroit à tomber, ce qui en cette saison, et dans ces gorges étroites, étoit de fort bonne heure, ne doutant pas que l'ennui, joint à l'avis unanime, ne l'engageât enfin à se retirer.

L'ennui n'y put rien, mais il fut grand. Mon père, qui étoit dans ce même hameau tout près du Roi, dont il avoit l'honneur d'être premier gentilhomme et premier écuyer, à qui le Roi se plaignit de sa solitude et de l'affront que lui feroit recevoir une retraite après s'être avancé jusque-là pour le secours de Monsieur de Mantoue, qui, malgré sa protection, se trouveroit livré aux Espagnols et au duc de Savoie; mon père, dis-je, imagina un moyen de l'amuser les soirs. Le Roi aimoit fort la musique; M. de Mortemart avoit amené dans son équipage un nommé Nyert, qui la savoit parfaitement, qui jouoit très-bien du luth, fort à la mode en ce temps-là, et qu'il accompagnoit de sa voix, qui étoit très-agréable. Mon père demanda à M. de Mortemart s'il vouloit bien qu'il proposât au Roi de l'entendre. M. de Mortemart, non-seulement y consentit, mais il en pria mon père, et ajouta qu'il seroit ravi si cela pouvoit contribuer à quelque fortune pour Nyert. Cette musique devint donc l'amusement du Roi, les soirs, dans sa solitude, et ce fut la fortune de Nyert et des siens.

Le Roi, continuant ses pénibles recherches et ses infatigables cavalcades, trouva enfin un chevrier, qu'il questionna si bien qu'il en tira ce qu'il cherchoit depuis si longtemps. Il se fit conduire par lui sur les revers des montagnes par des sentiers affreux, d'où il découvrit les barricades à plein, qui, d'où il se trouvoit, lui étoient inférieures et très-proches. Il examina bien tout ce qui étoit à remarquer, longea le plus qu'il put cette crête et ces précipices, descendit et tourna de très-près la première barricade, forma son plan, l'expliqua à mon père, qui se trouva presque le seul homme de marque à sa suite, parce qu'on le vouloit laisser solitaire et s'ennuyer en ces pénibles promenades; revint enfin à son logis, résolu d'attaquer.

Le lendemain, ayant mandé de très-bonne heure les maréchaux et quelques officiers de confiance, il les mena partout où il avoit été la veille, leur expliqua son plan, qu'il avoit rédigé lui-même le soir précédent. Les maréchaux et les autres officiers ne purent disconvenir que, quoique très-difficile, l'attaque étoit praticable et savamment ordonnée. Le cardinal ne put ensuite s'y opposer seul, et fut même bien aise qu'elle se pût exécuter : ce qui fut le lendemain, parce qu'il falloit un jour pour les dispositions et les ordres. Le Roi y combattit en grand capitaine et en valeureux soldat; grimpant, l'épée à la main, à la tête de tous, quelques grenadiers seulement devant lui, et franchissant les barricades à mesure qu'il y gagnoit du terrain; se faisant pousser par derrière pour grimper sur les tonneaux et les autres obstacles; donnant cependant ordre à tout avec la plus grande présence d'esprit et la tranquillité d'un homme qui, dans son cabinet, raisonne sur un plan de ce qu'il faut faire. Mon père, qui eut l'honneur de ne quitter pas ses côtés d'un instant, ne parloit jamais de cette action de son maître qu'avec la plus grande admiration.

Après la bataille eut lieu l'entrevue du Roi et du duc de Savoie. Le Roi demeura à cheval, ne fit pas seulement mine d'en vouloir descendre, et ne fit que porter la main au chapeau. Monsieur de Savoie aborda à pied de plus de dix pas, mit un genou en terre, embrassa la botte du Roi, qui le laissa faire sans le moindre semblant de l'en empêcher. Ce fut en cette posture que ce fier Charles-Emmanuel fit son compliment. Le Roi, sans se découvrir, répondit majestueusement et courtement.

Lorsque, sous le règne suivant, le doge de Gênes vint en France faire ses soumissions au Roi (*Louis XIV*), après le bombardement, le bruit qu'on en fit m'impatienta par rapport à Louis XIII et au fait que je viens d'expliquer : tellement que dès lors je résolus d'en avoir un tableau, que j'ai exécuté depuis, ayant eu soin de me faire de temps en temps raconter cette entrevue par mon père, pour me mieux assurer des faits. Monsieur Phélypeaux, lors ambassadeur à Turin, m'envoya un portrait de Charles-Emmanuel. Le sieur Coypel me fit ce tableau tel que je lui fis croquer pour la situation du Roi et du duc de Savoie, et il eut soin d'y rendre parfaitement le paysage du lieu, et les barricades forcées en éloignement. Ce tableau, qui est fort grand, tient toute la cheminée de la salle de la Ferté avec les ornements assortissants. C'est un fort beau morceau, qui a une inscription convenable, avec la date de l'action, courte, mais pleine et latine.

LXXVII

TESTAMENT OLOGRAPHE DU DUC DE SAINT-SIMON[1].

✝

Au nom du Père, du Fils et du Saint-Esprit, un seul Dieu en trois personnes.

Étant présentement dans la ville de Paris, dans la maison que je loue rue Grenelle, faubourg Saint-Germain, paroisse de Saint-Sulpice, le vingt sixième juin mil sept cent cinquante-quatre, moi Louis duc de Saint-Simon, par la grâce de Dieu sain de corps et d'esprit, après avoir sérieusement réfléchi sur l'instabilité de la vie humaine, mon âge si avancé, la certitude de la mort, l'incertitude de son heure : de peur d'être prévenu par elle, j'ai écrit de ma main et signé aussi de ma main le présent testament olographe et la disposition de ma dernière volonté.

Premièrement, comme enfant de Dieu, quoique très-indigne, et de sa sainte Église catholique, apostolique et romaine, dans laquelle je suis né, et dans laquelle je veux vivre et mourir, moyennant la grâce de Dieu, qui m'y a fait naître et vivre, je me[2] recommande, en toute humilité, foi et espérance, mon âme à Dieu le Père, le Fils et le Saint-Esprit, qui est la très-sainte et adorable Trinité, pour en obtenir, tout indigne que j'en suis, miséricorde et le salut éternel, par le prix infini de l'Incarnation, des souffrances et du sang de Notre-Seigneur et Rédempteur Jésus-Christ. Et encore je me recommande à

---

1. Ce testament a déjà été publié dans l'édition des *Mémoires* de Saint-Simon donnée par M. Chéruel en 1856-58. L'original est conservé dans l'étude de M. Rouget, notaire à Paris, successeur médiat de Delaleu ; grâce à son obligeance nous avons pu le collationner de nouveau.

2. Ce *me* inutile est dans le manuscrit.

la très-sainte Vierge sa mère, à saint Louis mon patron, et à tous les saints de la cour céleste, les priant d'intercéder pour moi auprès de Dieu.

Secondement, je veux que mes dettes soient payées le plus promptement que faire se pourra.

Troisièmement, je veux que tous les legs faits par ma très-chère épouse soient acquittés avec toute l'exactitude et la promptitude possible, singulièrement la fondation de trois sœurs de charité dans le bourg de la Ferté-Arnauld, dit le Vidame; gage et maison d'icelles, bouillons, nourriture, médicaments, meubles, ustensiles pour elles et pour les pauvres malades; et celle aussi d'un vicaire audit lieu et paroisse, si de mon vivant elles n'étoient pas faites: ce que j'ordonne d'autant plus expressément que j'en suis l'exécuteur testamentaire, que j'ai eu toujours ces fondations à cœur, que j'y ai inutilement travaillé jusqu'à présent, et que je desire, par-dessus toutes les choses de ce monde, que ses volontés soient pleinement exécutées et accomplies, soit qu'elles soient exprimées ou non en ce mien testament.

Quatrièmement, lorsqu'il aura plu à Dieu me retirer de ce monde, je veux que mon corps soit laissé au moins trente heures sans y toucher ni le déplacer, sinon pour s'assurer qu'il n'y a plus de vie, qu'au bout de ce temps il soit ouvert en deux endroits, savoir au haut du nez et à la gorge au haut de la poitrine, pour reconnoître, à l'utilité publique, les causes de cet enchiffrement[1] qui m'a été une vraie maladie, et de ces étouffements étranges dont je me suis depuis toujours ressenti.

Cinquièmement, je veux que de quelque lieu que je meure, mon corps[2] soit apporté et inhumé dans le caveau de l'église paroissiale dudit lieu de la Ferté, auprès de celui de ma très-chère épouse, et qu'il[3] soit fait

1. De cet enchifrènement.
2. Les mots *mon corps* sont répétés.
3. Saint-Simon a écrit *qui*.

et mis anneaux, crochets et liens de fer, qui attachent nos deux cercueils si étroitement ensemble et si bien rivés, qu'il soit impossible de les séparer l'un de l'autre sans les briser tous deux. Je veux aussi et ordonne très-expressément qu'il soit mis et rivé sur nos deux cercueils une plaque de cuivre, sur chacune desquelles soient respectivement gravés nos noms et âges, le jour, trop heureux pour moi, de notre mariage, et celui de notre mort; que sur la sienne, autant que l'espace le pourra permettre, soient gravées ses incomparables vertus, sa piété inaltérable de toute sa vie, si vraie, si simple, si constante, si uniforme, si solide, si admirable, si singulièrement aimable, qui l'a rendue les délices et l'admiration de tout ce qui l'a connue; et sur toutes les deux plaques, la tendresse extrême et réciproque, la confiance sans réserve, l'union intime, parfaite, sans lacune, et si pleinement réciproque, dont il a plu à Dieu bénir singulièrement tout le cours de notre mariage, qui a fait de moi, tant qu'il a duré, l'homme le plus heureux, goûtant sans cesse l'inestimable prix de cette perle unique, qui réunissant tout ce qu'il est possible d'aimable et d'estimable avec le don du plus excellent conseil, sans jamais la plus légère complaisance en elle-même, ressembla si bien à la femme forte décrite par le Saint-Esprit; de laquelle aussi la perte m'a rendu la vie à charge, et le plus malheureux de tous les hommes, par l'amertume et les pointes que j'en ressens, jour et nuit, en presque tous les moments de ma vie. Je veux et j'ordonne très-expressément aussi que le témoignage de tant de si grandes et de si aimables vertus, de notre si parfaite union, et de l'extrême et continuelle douleur où m'a plongé une séparation si affreuse, soit écrit et gravé bien au long, de la manière la plus durable, sur un marbre, que pour cela je veux qui soit fort long et large, appliqué pour être vu de tout le monde dans l'église dudit la Ferté, à l'endroit du mur le plus immédiat au caveau de notre sépulture, avec nos armes et qualités, sans nulle magnificence ni rien qui ne soit modeste. Je conjure très-instamment l'exécuteur de ce présent testament d'avoir un soin et une attention particulière à l'exécution exacte de tout le contenu de ce présent article, pour laquelle je me rapporte et lègue pour la dépense ce que ledit exécuteur jugera à propos, dont je le constitue ordonnateur.

Sixièmement, je veux que le jour de l'inhumation de mon corps, il soit fait, dit et célébré un service solennel et des messes basses, autant qu'il sera possible, dans ladite église de la Ferté, pour le repos de mon âme, avec les collectes pour le repos de celle de ma très-chère épouse, et qu'il soit donné, le même jour, audit lieu, cinq cents francs aux pauvres, et dit, au plus tôt qu'il se pourra, en diverses églises, deux mille messes pour le repos de mon âme, et quinze cents francs aux pauvres.

Septièmement, je donne et lègue à la fabrique, à l'église paroissiale dudit la Ferté, la somme de mille livres une fois payée, laquelle sera mise en fonds acquis pour cela, qui produira cinquante livres de rente, ou mis de même en rente foncière, moyennant quoi ladite fabrique sera tenue de faire dire et célébrer tous les ans à perpétuité dans ladite église deux services, l'un le jour annuel de mon décès, l'autre le vingt-un janvier, jour du décès de ma très-chère épouse, pour le repos de nos âmes, avec les collectes comme ci-dessus, pour celui ou celle dont ce ne sera pas le jour du décès. En outre, douze messes basses, avec les collectes ci-dessus, pour celui ou celle dont ce ne sera pas le jour du décès, pour le repos de nos âmes, qui seront dites, en la même église, le même jour de chaque service. Et de plus, douze messes basses à même fin, qui seront dites, en la même église, à l'autel le plus proche de notre sépulture, alternativement par mois, le jour de la date de mon décès, et de celui de ma très-chère épouse, avec comme dessus les collectes, pour celui ou celle dont ce ne sera pas le jour du décès : lesquelles messes basses et deux services seront annoncés au prône de ladite paroisse le dimanche précédant immédiatement le jour desdits deux services, et douze messes basses, une chaque mois, et sera chanté un *Libera* pour le repos de nos âmes à la fin de la grand'messe paroissiale, pour le repos de nos âmes, en laquelle ladite annonce aura été faite. Et la veille desdits deux services ou grandes messes par an, seront chantées les vêpres, matines et laudes des morts pour le repos de nos âmes. Et si lesdits jours marqués pour célébrer lesdits deux services et douze messes basses, et autres douze messes basses, une par chacun mois, se trouveroient empêchés par dimanches ou fêtes, seront lesdits services et messes basses avancées au jour le plus commode et le plus prochain du jour naturel empêché.

Huitièmement, je défends très-expressément toutes tentures, armoiries et cérémonies quelconques, tant dans le lieu où je mourrai, qu'au transport de mon corps, en toute église et en l'église dudit la Ferté, et partout ailleurs, ainsi que toutes litres [1] aux églises de mes seigneuries.

Neuvièmement, je prie M.me la maréchale de Montmorency de vouloir bien recevoir, comme une marque de ma vraie amitié, la croix de bois bordée de métal [2] avec laquelle le saint abbé réformateur de la Trappe a été béni, que depuis sa mort j'ai toujours portée, les choses qui lui ont servi qui me restent de lui, quelques reliques que j'ai toujours portées, un portrait de poche de ma très-chère épouse, qui n'est jamais sorti de la mienne depuis notre mariage, quoique beaucoup moins bien qu'elle n'étoit alors, et ses tablettes, que j'ai toujours portées depuis que j'ai eu l'affreux malheur de la perdre.

Dixièmement, je laisse à ma fille, la princesse de Chimay, la bague d'un rubis où est gravé le portrait de

1. *Litre*, bande noire portant les armoiries du défunt.
2. Voyez tome XVIII, p. 410 et note 1.

Louis XIII, que je porte à mon doigt depuis plus de cinquante ans, une autre bague de composition où est le même portrait, les pièces de monnoies de Varin et les médailles que j'ai de ce grand et juste prince, qui à jamais nous doit être si cher, et une bourse de cent jetons d'argent, où il est représenté, et ce que j'ai de miniatures[1] peintes par ma mère et les portraits de sa chambre.

Onzièmement, je donne et substitue à ma petite-fille et unique héritière, la comtesse de Valentinois, tous les portraits que j'ai à la Ferté et chez moi à Paris, qui sont tous de famille, de reconnoissance, ou d'intime amitié. Je la prie de les tendre et de [ne] les pas laisser dans un garde-meuble.

Douzièmement, je donne à mon cousin M. de Saint-Simon, évêque de Metz, tous mes manuscrits, tant de ma main qu'autres, et les lettres que j'ai gardées pour diverses raisons, desquelles je proteste qu'aucune ne regarde les affaires de mes biens et maison.

Treizièmement, je donne et lègue à Mme de la Lande, de présent retirée aux Hospitalières de Pontoise, quinze cents livres par an sa vie durant.

Quatorzièmement, je lègue quatre cents francs par an leur vie durant chacun à Lodier, qui a soin de mes livres, et qui a déjà eu un legs de ma chère épouse, à Piat, mon officier, qui me sert aussi de maître d'hôtel, à Raimbault, mon valet de chambre, et à Talbot, qui a soin de mes chasses à la Ferté ; deux cents francs par an au dernier vivant à Tocart et à sa femme chaque année depuis le jour de mon décès, soit qu'ils restent concierges du château de la Ferté ou non ; et deux cents francs à Gabrielle Bertaut, sa vie durant, filleule de ma chère épouse, et actuellement femme de chambre de Mme de Saint Germain-Beaupré.

Quinzièmement, je lègue à Raimbault, mon valet de

---

1. Voyez tome XVIII, p. 10 et note 1.

chambre, outre ce que je lui ai légué ci-dessus, ma garde-robe, ma montre d'or, mes tabatières, mes croix d'or du Saint-Esprit et de Saint-Louis, excepté le reste de l'argenterie de ma garde-robe, avertissant qu'il faut rendre mon collier du Saint-Esprit et la croix qui y pend au grand trésorier de l'ordre, et la croix de Saint-Louis que le Roi m'a donnée, au bureau de la guerre.

Seizièmement, je lègue, une fois payé, trois mille livres au sieur Bertrand, que je ne puis trop louer depuis qu'il prend soin de mes affaires; mille livres au sieur du Mesme, qui a été mon très-bon et très-fidèle maître d'hôtel, et qui l'est à présent de M. de Maurepas; mille livres au sieur Foucault, mon chirurgien; cinq cents francs à Montfort, mon cuisinier; six cents francs à Broiler, mon suisse; autres six cents francs à Contois, mon laquais, que son asthme rendra difficile à placer; deux cents francs à chacun de mes deux autres laquais; deux cents francs à mon postillon, autant au frotteur, trois cents francs à Laurent, deux cents francs à Marie, qui fait bien des choses de service dans la maison, cent francs au garçon de cuisine, et quatre[1] cents francs à mon cocher Fribourg (si on ne lit pas bien, parce que j'ai récrit la somme, c'est quatre cents francs que je lui donne): déclarant bien expressément que je révoque tout legs fait à ceux de mes domestiques actuels qui ne seroient plus à moi au jour de mon décès. Je suis si content de tous, principalement des principaux, et j'en ai toujours été si fidèlement et si honnêtement servi, que j'ai grand regret de ne pouvoir le reconnoître mieux.

Je donne à l'abbaye de la Trappe le portrait original de leur saint abbé et réformateur, et je demande très-instamment à tous les abbés, religieux et solitaires de cette sainte maison leurs prières et sacrifices pour le repos de mon âme, de celle de ma très-chère épouse, et de tous les miens.

---

1. *Quatre* est écrit en surcharge par dessus *trois*.

Je prie M. Daguesseau de Fresnes, conseiller d'État ordinaire, duquel, ainsi que de sa famille, j'ai toujours reçu beaucoup de marques d'amitié, de vouloir bien m'en donner cette dernière, d'être l'exécuteur de ce mien testament olographe, et de le faire exécuter et accomplir de point en point, selon sa forme et teneur, me démettant entre ses mains de tous mes biens et de tout ce que j'ai en ce monde pour cet effet. Je le supplie, en même temps, de vouloir bien accepter un de mes plus beaux et plus agréables tableaux de Raphaël, qui représente la sainte Vierge assise, tenant Notre-Seigneur Jésus-Christ, son divin fils, sur ses genoux, que je lui lègue.

Lequel présent testament, écrit de ma main, j'ai, pour marque et témoignage de ma dernière volonté, signé de ma main, audit lieu, an, mois et jour que dessus.

Louis duc de Saint-Simon.

FIN DU DIX-NEUVIÈME VOLUME.

TABLE

DES CHAPITRES DU DIX-NEUVIÈME VOLUME.

CHAPITRE PREMIER. — Piége tendu au maréchal de Villeroy, qui y donne en plein. — Le maréchal de Villeroy arrêté, et conduit tout de suite à Villeroy. — Le Roi fort affligé. — Fuite inconnue de l'évêque de Fréjus, découvert à Basville, mandé, et de retour aussitôt. — Fureurs du maréchal de Villeroy. — Le Roi un peu apaisé par le retour si prochain de l'évêque de Fréjus; mesures à prendre avec cet évêque, et prises en effet; le duc de Charost déclaré gouverneur. — Désespoirs du maréchal de Villeroy; il dévoile la cause de la fuite de Fréjus, dont cet évêque se tire fort mal; sa joie et ses espérances fondées sur l'éloignement du maréchal. — Maréchal de Villeroy exilé à Lyon, mais avec ses fonctions de gouverneur de la ville et de la province; crayon léger de ce maréchal. — Le Roi tout consolé du maréchal de Villeroy. — Art et ambition de la conduite de Fréjus. — Confirmation et première communion du Roi. — Cardinal du Bois, sans plus d'obstacles, tout occupé de se faire brusquement déclarer premier ministre, employe Belle-Isle pour m'en parler. — Conversation singulière entre M. le duc d'Orléans et moi sur faire un premier ministre, dont je ne suis point d'avis. — Ennui du Régent le porte à faire un premier ministre, à quoi je m'oppose. — Comparaison du feu prince de Conti, gendre du dernier Monsieur le Prince. — Aveu sincère de M. le duc d'Orléans. — Considérations futures. — Cardinal du Bois bien connu de son maître. — Foiblesse incroyable du Régent. — Belle-Isle resté en embuscade; réponse que je lui fais. — Embuscade de Belle-Isle. 1

CHAPITRE II. — Autre conversation singulière et curieuse entre M. le duc d'Orléans et moi sur faire un premier ministre, dont je persiste à n'être pas d'avis. — Malheur des princes indiscrets et peu fidèles au secret. — Exemples des premiers ministres en tous pays depuis Louis XI. — Quel est nécessairement un premier ministre. — Quel est le prince qui fait un premier ministre. — Embuscade de Belle-Isle. — Le cardinal du Bois déclaré premier ministre; il me le mande, et veut me faire accroire qu'il m'en a l'obligation, et n'oublie rien pour en persuader le public; Conches; quel. — Je vais le lendemain à Versailles, où je vois le cardinal du Bois chez M. le duc d'Orléans. — Indignité des Rohans. — Épisode nécessaire. — Plénœuf, sa femme et sa fille, depuis marquise de Prie, et maîtresse déclarée de Monsieur le Duc. — Infamie du marquis de Prie. — Liaison intime de Belle-Isle et de le Blanc entre eux et avec Mme de Plénœuf leur attire la haine, puis la persécution de Mme de Prie et de Monsieur le Duc. — Le cardinal du Bois, fort avancé dans son projet d'élaguer entièrement M. le duc d'Orléans, se propose de perdre le Blanc, et peut-être Belle-Isle; conduite qu'il y tient. — Désordre des affaires de la Jonchère, trésorier de l'extraordinaire des guerres, dévoué à M. le Blanc. — Belle-Isle toujours mal avec M. le duc d'Orléans. — Mariage futur de Mlle de Beaujolois avec l'infant don Carlos, déclaré. — Mariage du prince électoral de Bavière avec une archiduchesse, Joséphine. — Fort pour amuser le Roi. — Mort de Ruffé; étrange licence en France. — Mort de Dacier; érudition profonde de sa femme, et sa modestie. — Mort, famille et caractère de la duchesse de Luynes Aligre. — Mort de Reynold. — Mariage de Pezé avec une fille du premier écuyer. 29

CHAPITRE III. — Préparatifs du voyage de Reims, où pas un duc ne va, excepté ceux de service actuel et indispensable, et de ceux-là même aucun ne s'y trouva en pas une cérémonie sans la même raison. — Désordres des séances et dès cérémonies du sacre; étranges nouveautés partout. — Bâtards ne font point le voyage de Reims. — Remarques de nouveautés principales. — Cardinaux. — Conseillers d'État, maîtres des requêtes, secrétaires du Roi. — Maréchal d'Estrées non encore alors duc et pair. — Secrétaires d'État. — Mépris outrageux de toute la noblesse, seigneurs et autres. — Mensonge et friponnerie avérée qui fait porter la première des quatre offrandes au maréchal de Tallart duc vérifié. — Barons otages de la sainte ampoule. — Peuple nécessaire dans la nef dès le premier instant du sacre. — Deux couronnes; leur usage. — Esjouissance des pairs très-essentiellement estropiée. — Le couronnement, et achevé, c'est au Roi à se mettre sa petite couronne sur la tête et à se l'ôter quand il le faut, non à autre. — Festin royal; le Roi y doit être vêtu de tous les mêmes vêtements du sacre. — Trois évêques, non pairs, suffragants de Reims, assis en rochet et camail à la table des pairs ecclésiastiques, vis-à-vis les trois évêques comtes-pairs. — Tables des ambassadeurs et du grand chambellan placées au-dessous de celles des pairs laïques et ecclésiastiques; lourdise qui les fait placer sous les yeux du Roi. — Cardinal de Rohan hasarde l'Altesse dans ses certificats de profession de foi à MM. les duc de Chartres et comte de Charolois; est forcé sur-le-champ d'y supprimer l'Altesse, qui l'est en même temps pour tous certificats à tous chevaliers de l'ordre nommés, avec note de ce dans les registres de l'ordre, et observé depuis toujours. — Grands officiers de l'ordre couverts comme les chevaliers; ridicule et confusion de la séance. — Princes du sang s'arrogent un de leurs principaux domestiques près d'eux à la cavalcade, où plus de confusion que jamais. — Fêtes à Villers-Cotterets et à Chantilly. — La Fare et Belle-Isle à la Ferté; leur inquiétude, et mon avis, que Belle-Isle ne peut se résoudre à suivre. — Survivance du gouvernement de Paris du duc de Tresmes à son fils aîné. — Signature du contrat de futur mariage de Mlle de Beaujolois avec l'infant don Carlos; départ et accompagnement de cette princesse; Laullez complimenté par la ville de Paris, qui lui fait le présent de la ville. — Mort à Rome de la fameuse princesse des Ursins. — Mort de Madame; son caractère; et de la maréchale de Clérembault; famille et caractère de cette maréchale. — Mariage de Mme de Cani avec le prince de Chalais, et du prince de Robecque avec Mlle du Bellay. — Paix de Nystadt, entre le Czar et la Suède. 60

CHAPITRE IV. — Année 1723; stérilité des récits de cette année; sa cause. — Mort de l'abbé de Dangeau. — Mort du prince de Vaudemont. — Mort du duc de Popoli à Madrid, et sa dépouille. — Mort et caractère de M. le Hacquais. — Obsèques de Madame à Saint-Denis. — Mort, famille, caractère, obsèques de Madame la Princesse. — Biron, Lévy et la Vallière faits et reçus ducs et pairs à la majorité. — Majorité du Roi; lit de justice; il visite les princesses belle-fille, filles, même la sœur de feu Madame la Princesse, et point ses petites-filles, quoique princesses du sang. — Conseil de régence éteint; forme nouvelle du gouvernement. — Survivance de la charge de secrétaire d'État de la Vrillière à son fils. — Mariage secret du comte de Toulouse avec la marquise de Gondren. — Fin de la peste de Provence, et le commerce universellement rétabli. — Mlle de Beaujolois remise à la frontière par le duc de Duras au duc d'Ossone, et reçue par Leurs Majestés Catholiques, etc., à une journée de Madrid, où il se fait de belles fêtes. — Le chevalier d'Orléans, grand prieur de France, et le comte de Bavière, bâtard de l'électeur, faits grands d'Espagne. — Explication des diverses sortes d'entrées chez le Roi, et du changement et de la nouveauté qui s'y fit. — Rétablissement des rangs et honneurs des bâtards, avec des exceptions peu perceptibles, dont ils osent n'être pas satisfaits. — Cardinal du Bois éclate sans mesure contre le P. d'Aubanton; cause de cet éclat sans retour. — Mort du prince de Courtenay. — Détails des troupes et de la marine rendus au secrétaire d'État; duc du Maine conserve ceux de l'artillerie et des Suisses, et y travaille chez le cardinal du Bois. — Maulevrier arrivé de Madrid, où Chavigny est chargé des affaires, sans titre. — Mariage de Maulevrier Colbert avec Mlle d'Estaing, et du comte de Peyre avec Mlle de Gassion. — Mort de la princesse de Piémont, palatine Soultzbach. — Mort du duc d'Aumont. — Mort de Beringhen, premier écuyer du Roi. — Mort de la marquise d'Alègre. — Mort de Mme de Châteaurenaud; mort de Mme de Coëtquen, sœurs et Noailles. — Mort du fils aîné du duc de Lorraine. — Cardinal du

Bois préside à l'assemblée du clergé. — La Jonchère à la Bastille; le Blanc exilé; Breteuil secrétaire d'État de la guerre; cause singulière et curieuse de sa fortune; leur caractère. 87

Chapitre V. — Bâtards de Montbéliard. — Mezzabarba, légat *a latere* à la Chine, en arrive à Rome avec le corps du cardinal de Tournon, et le jésuite portugais Magalhaens; succès de son voyage et de son retour. — Le Roi à Meudon pour la convenance du cardinal du Bois, dont la santé commence visiblement à s'affoiblir. — Belle-Isle, Conches et Séchelles interrogés. — La Vrillière travaille à se faire duc et pair par une singulière intrigue. — Mort du marquis de Bedmar à Madrid. — Maréchal de Villars grand d'Espagne. 110

Chapitre VI. — Mort de la duchesse d'Aumont Guiscard. — Mort et caractère de l'abbé Fleury. — Mort du duc d'Estrées — Mort du comte de Saillant; marquis d'Alègre gouverneur des Trois-Évêchés. — Mort de la comtesse de Châtillon Voysin. — Mort de l'abbé de Camps. — Mort du P. d'Aubanton à Madrid; le P. Bermudez confesseur du roi d'Espagne; son caractère. — Mort du cardinal du Bois. — Ses richesses. — Ses obsèques. — Son esquisse. — Sa conduite à s'emparer de M. le duc d'Orléans. — Ses négociations à Hanovre et en Angleterre, et son énorme grandeur. — Sa négociation en Espagne; cause de sa facilité. — Son gouvernement. — Ses folles incartades. — M. le duc d'Orléans fort soulagé par la mort du cardinal du Bois; est fait premier ministre; le Roi l'aimoit, et point du tout le cardinal du Bois. 131

Chapitre VII. — Mort du premier président de Mesmes. — Je retrouve et revois M. le duc d'Orléans comme auparavant. — Compagnie d'Ostende. — Mort de la Houssaye; sa place de chancelier de M. le duc d'Orléans donnée à Argenson, et les postes à Morville. — Le mariage du prince et de la princesse des Asturies consommé. — Mariage des deux fils du duc de Bouillon avec la seconde fille du prince Jacques Sobieski, par la mort de l'aîné; succès de ce mariage. — Inondation funeste à Madrid, et incendie en même moment. — Nocé, Canillac et le duc de Noailles rappelés; le premier bien dédommagé. — Translation de l'évêque-duc de Laon à Cambray; sa cause; Laon donné à la Fare, évêque de Viviers, au pieux refus de Belsunce, évêque de Marseille; quel étoit ce nouvel évêque de Laon. — Mort et caractère de Besons, archevêque de Rouen; Rouen donné à Tressan, évêque de Nantes; Besançon à l'abbé de Monaco; Luçon à l'abbé de Bussy, etc.; Madame de Chelles écrit fortement à M. le duc d'Orléans sur ses choix aux prélatures. — Mort du prince de Croy; absurdité de cette nouvelle chimère de princerie. — Mort de la duchesse d'Aumont Brouilly. — Mort du jeune duc d'Aumont; sa dépouille. — Triste et volontaire état de la santé de M. le duc d'Orléans. — J'avertis l'évêque de Fréjus de l'état de M. le duc d'Orléans, et l'exhorte à prendre ses mesures en conséquence; fausseté et politique de ce prélat, qui veut se rendre le maître de tout à l'ombre d'un prince du sang, premier ministre de nom et d'écorce. — Mort de la Chaise, capitaine de la porte; Torcy obtient cette charge pour son fils; secondes charges de la cour proie des enfants des ministres. — Mort de Livry. — Mort du grand-duc de Toscane; sa famille, son caractère. — Mort de l'électeur de Cologne. — Mort et caractère de la maréchale de Chamilly. — Mort de Mme de Montsoreau. 150

Chapitre VIII. — Mort du duc de Lauzun; sa maison, sa famille; raison de m'étendre sur lui. — Son caractère; sa rapide fortune. — Il manque l'artillerie par sa faute. — Son inconcevable hardiesse pour voir clair à son affaire. — Il insulte Mme de Montespan, puis le Roi même. — Belle action du Roi. — Lauzun, conduit à la Bastille, en sort peu de jours après capitaine des gardes du corps, de la charge du duc de Gesvres, qui est premier gentilhomme de la chambre en la place du comte du Lude, fait grand maître de l'artillerie à la place du duc Mazarin. — Aventures de Lauzun avec Mademoiselle, dont il manque follement le mariage public. — Il fait un cruel tour à Mme de Monaco, et un plus hardi au Roi et à elle. — Patente de général d'armée au comte de Lauzun, qui commande un fort gros corps de troupes en Flandres à la suite du Roi. — Le comte de Lauzun conduit à Pignerol; sa charge donnée à M. de Luxembourg, et son gouvernement à M. de la Rochefoucauld. — Sa précaution pour se confesser, fort malade. — Il fait secrètement connoissance avec d'autres prisonniers; ils trouvent moyen de se voir; Lauzun entretient de sa fortune et de ses malheurs le surintendant Fouquet, prisonnier, qui lui croit la tête entièrement tournée, a grand'peine à l'en croire sur tous les témoignages d'autrui, et à la fin se brouillent pour toujours. — Sœurs du comte de Lauzun. — Caractère et deuil extrême de Mme de Nogent, toute sa vie, de son mari, imitée de deux autres veuves. — Mademoiselle achète bien cher la liberté de Lauzun, à leurs communs dépens, en enrichissant forcément le duc du Maine, qui, à son grand dépit, prend ses livrées et les transmet aux siens et à son frère. — Lauzun en liberté en Anjou et en Touraine. — Lauzun à Paris, sans approcher la cour de deux lieues, se jette dans le gros jeu, y gagne gros; passe avec permission à Londres, où il est bien reçu, et n'est pas moins heureux. — Lauzun sauve la reine d'Angleterre et le prince de Galles; rappelé à la cour avec ses anciennes distinctions; obtient la Jarretière, est général des armées en Irlande, enfin duc vérifié, 1692. — Splendeur de la vie du duc de Lauzun, toujours outré de l'inutilité de tout ce qu'il emploie pour rentrer dans la confiance du Roi; ses bassesses sous un extérieur de dignité; son fol anniversaire de sa disgrâce; son étrange singularité; est craint, ménagé, nullement aimé, quoique fort noble et généreux. — Étrange désespoir du duc de Lauzun, inconsolable, à son âge, de n'être plus capitaine des gardes, et son terrible aveu; réflexion. — Combien il étoit dangereux; étoit reconnoissant et généreux. — Quelques-uns de ses bons mots à M. le duc d'Orléans. — Il ne peut s'empêcher de lâcher sur moi un dangereux trait. — Il tombe fort malade, et se moque plaisamment de son curé, de son cousin de la Force et de sa nièce de Biron. — Sa grande santé. — Ses brouilleries avec Mademoiselle; leur étrange raccommodement à Eu; ils se battent dans la suite, et se brouillent pour toujours. — Son humeur solitaire; son incapacité d'écrire ce qu'il avoit vu, même de le raconter. — Sa dernière maladie; sa mort courageuse et chrétienne.—Causes de prolixité sur le duc de Lauzun. 166

Chapitre IX. — Mort subite de M. le duc d'Orléans. — Diligence de la Vrillière à se capter Monsieur le Duc. — Le Roi affligé; Monsieur le Duc premier ministre. — Lourdise de M. le duc de Chartres. — Je vais au lever du Roi, et j'y prends un rendez-vous avec Monsieur le Duc. — Je vais parler à la duchesse Sforze, puis chez Mme la duchesse d'Orléans et chez M. le duc de Chartres; leur réception. — Conversation entre Monsieur le Duc et moi dans son cabinet tête à tête; je m'en retourne à Meudon. — Mme de Saint-Simon à Versailles pour voir le Roi, etc., sans y coucher; y reçoit la visite de l'évêque de Fréjus et de la Vrillière; entrevoit que le premier ne me desire pas à la cour, et que le dernier m'y craint; je me confirme dans la résolution de longtemps prise : nous allons à Paris nous y fixer. — Monseigneur et M. le duc d'Orléans morts au même âge. — Effet de la mort de M. le duc d'Orléans chez les étrangers, dans la cour, dans l'Église, dans le Parlement et toute la magistrature, dans les troupes, dans les marchands et le peuple. — Obsèques de M. le duc d'Orléans. — Visites du Roi. — Maréchal de Villars entre dans le conseil. — Indépendance du grand écuyer confirmée au premier écuyer. — Faute du grand écuyer par dépit, dont le grand maître de France profite. — Mécanique des comptes des diverses dépenses domestiques du Roi à passer à la chambre des comptes. — Mort de Beringhen, premier écuyer; fortune de son frère, qui obtient sa charge. — Nangis chevalier d'honneur de la future Reine; le maréchal de Tessé premier écuyer de la future Reine, avec la survivance pour son fils, et va ambassadeur en Espagne. — Mort de la maréchale d'Humières. — Comte de Toulouse déclare son mariage. — Novion fait premier président avec force grâces; sa famille, son caractère, sa démission, sa mort. — Crozat et Montargis vendent à regret leurs charges de l'ordre à Dodun et à Maurepas, dont le râpé est donné à d'Armenonville, garde des sceaux, et à Novion, premier président. — Conclusion : vérité; désappropriation; impartialité. 198

LETTRES,
MÉMOIRES SUR DIVERS SUJETS,
REMARQUES, ETC.

Pages.

I. Cérémonies observées en l'église de l'abbaye royale de Saint-Denis en France le lundi 5ᵉ du mois de juin en l'année 1690, en la célébration du service solennel pour le repos de l'âme de très-haute, très-puissante et excellente princesse Marie-Anne-Victoire-Christine-Joséphine-Josèphe-Bénédictine-Rosalie-Pétronille de Bavière, Dauphine de France, et de l'enterrement du corps de cette princesse. — Recueilli par M. Louis de Saint-Simon, vidame de Chartres, qui y fut présent. 231
II. Lettre de Saint-Simon à Desmaretz, 15 juillet 1706. . . 248
III. Lettre de Saint-Simon à le Rebours, 1ᵉʳ [avril] 1707. . 249
IV. Lettre de Saint-Simon à Desmaretz, 26 janvier 1708. . 250
V. Lettre de Saint-Simon à Desmaretz [5 septembre 1708]. 251
VI. Lettre de Saint-Simon à Desmaretz, 8 octobre 1708. . . 252
VII. Lettre de Saint-Simon à Desmaretz [1708]. 252
VIII. Lettre de Saint-Simon au comte de Pontchartrain, 19 avril 1709. 253
IX. Note à Desmaretz [mars 1710]. 254
X. Note à Desmaretz [mars 1710]. 256
XI. Autre note à Desmaretz [1710]. 257
XII. Lettre de Saint-Simon au comte de Pontchartrain, 1ᵉʳ novembre 1711. 257
XIII. Lettre de Saint-Simon au comte de Pontchartrain, 15 novembre 1711. 258

		Pages.
XIV.	Lettre de Saint-Simon au comte de Pontchartrain, 23 novembre 1711.	259
XV.	Lettre de Saint-Simon à Desmaretz, 9 mars 1712.	260
XVI.	Lettre de Saint-Simon à Desmaretz, 23 mars 1712.	261
XVII.	Lettre de Saint-Simon à Chamillart, 9 août 1713.	263
XVIII.	Lettre de Saint-Simon au comte de Pontchartrain, 12 novembre 1713.	265
XIX.	Lettre de Saint-Simon au duc d'Orléans, 4 avril 1714.	266
XX.	Réponse du duc d'Orléans, 5 avril [1714].	268
XXI.	Au Roi. Choses concernant le voyage du cardinal del Giudice à Paris et le projet de celui du duc de Berwick à Madrid, 1714.	269
XXII.	Au Roi. Mémoire.	274
XXIII.	Au Roi, 15 juillet 1714.	285
XXIV.	Lettre de la duchesse de Saint-Simon à Desmaretz, 3 septembre [1715].	286
XXV.	Lettre du Régent au chancelier de Pontchartrain, 6 novembre [1715].	287
XXVI.	Lettre de Saint-Simon au duc de Noailles, 29 novembre 1716.	288
XXVII.	Lettre de Saint-Simon au duc de Noailles, 28 mars 1717.	289
XXVIII.	Lettre de Saint-Simon au cardinal de Noailles, 4 mai 1718.	289
XXIX.	Lettre de Saint-Simon au cardinal de Noailles, 5 mai 1718.	290
XXX.	Lettre de Saint-Simon à Valincour, 3 décembre 1718.	291
XXXI.	Lettre de Saint-Simon datée de la Trappe, 1er juin 1720.	292
XXXII.	Lettre de Valincour à Saint-Simon, 9 juin 1720.	294
XXXIII.	Réponse de Saint-Simon à Valincour, 11 juin 1720.	294
XXXIV.	Lettre de Saint-Simon à un inconnu, 15 juin 1720.	296
XXXV.	Lettre de Saint-Simon à un inconnu [juin 1720].	298
XXXVI.	Lettre de Saint-Simon à un inconnu [1720].	301
XXXVII.	Fragment de lettre au maréchal de Berwick [1720].	305
XXXVIII.	Pour chiffrer, à M. le cardinal Gualterio, 4 juillet 1721.	305
XXXIX.	Lettre du prétendant Jacques-Édouard à Saint-Simon, 14 octobre 1721.	308
XL.	Lettre du prétendant Jacques-Édouard à Saint-Simon, 20 octobre 1721.	309
XLI.	Pour chiffrer, à M. le cardinal Gualterio, 20 janvier 1722.	311
XLII.	Pour chiffrer, à M. le cardinal Gualterio, 9 mars 1722.	322
XLIII.	Lettre de Saint-Simon à le Pelletier de la Houssaye, 6 octobre 1722.	327
XLIV.	Lettre de Saint-Simon au cardinal Gualterio, 10 janvier 1723.	328

		Pages.
XLV.	Lettre de Saint-Simon au cardinal Gualterio, 10 janvier 1724.	329
XLVI.	Lettre de la duchesse de Saint-Simon au cardinal Gualterio, 10 janvier [1724].	329
XLVII.	Lettre de Saint-Simon à d'Armenonville, 10 janvier 1728.	330
XLVIII.	Lettre de Saint-Simon à Clairembault, 27 janvier 1728.	331
XLIX.	Lettre de Saint-Simon à la maréchale de Noailles, 10 octobre 1729.	332
L.	Projet de continuation de l'*Histoire généalogique* du P. Anselme, donné par Saint-Simon à la fin de l'année 1731.	334
LI.	Lettre de Saint-Simon au cardinal de Fleury, 2 mai 1732.	339
LII.	Lettre de Saint-Simon au comte de Belle-Isle, 5 octobre 1733.	340
LIII.	Lettre de Saint-Simon au comte de Belle-Isle, 7 octobre 1733.	342
LIV.	Lettre de Saint-Simon au comte de Belle-Isle, 19 octobre 1733.	343
LV.	Lettre de Saint-Simon au duc de Luynes, 1er janvier 1734.	345
LVI.	Lettre de Saint-Simon à Mme Mol, 28 mars 1734.	346
LVII.	Lettre de Saint-Simon à d'Ormesson, dernier avril 1738.	348
LVIII.	Lettre de Saint-Simon au marquis de Breteuil, 10 novembre 1740.	348
LIX.	Lettre de Saint-Simon au comte d'Argenson, ministre de la guerre, 11 avril 1745.	349
LX.	Lettre de Saint-Simon au comte d'Argenson, 12 mai 1745.	350
LXI.	Lettre de Saint-Simon au duc de Luynes, 18 avril 1746.	351
LXII.	Lettre de Saint-Simon au comte d'Argenson, 12 juin 1746.	352
LXIII.	Lettre de Saint-Simon au duc de Luynes, 24 octobre 1746.	353
LXIV.	Lettre de Saint-Simon au comte de Maurepas, 30 octobre 1746.	355
LXV.	Lettre de Saint-Simon au comte d'Argenson, 2 novembre 1749.	355
LXVI.	Lettre de Saint-Simon au comte d'Argenson, 4 novembre 1749.	357
LXVII.	Lettre de Saint-Simon au comte d'Argenson, 27 février 1750.	358
LXVIII.	Lettre de Saint-Simon au comte d'Argenson, 9 mai 1750.	359
LXIX.	Lettre de Saint-Simon au duc de Luynes, jour de Noël 1752.	360

Pages.
LXX. Lettre de Saint-Simon à un inconnu (sur le jansénisme). 361
LXXI. Lettre de Saint-Simon à un inconnu. 367
LXXII. Mémoire des prérogatives que les ducs ont perdues depuis la régence de Son Altesse Royale et de quelques autres qui leur ont été ôtées sur la fin du règne de Louis XIV, qui anéantissent totalement cette dignité. 368
LXXIII. Deux mémoires remis au Régent pour le détourner de faire des ducs. 376
LXXIV. Extraits, etc. Remarques sur les séances au parlement des rois, pairs, etc., faites sur *le Cérémonial françois*. 382
LXXV. La journée des dupes. 414
LXXVI. Louis XIII au Pas de Suse. 422
LXXVII. Testament olographe du duc de Saint-Simon. . . . 426

ERRATA.

Tome I.

P. xv, ligne 19, dont il furent, *lisez :* dont ils furent.
P. xxii, ligne 31, polique, *lisez :* politique.
P. 52, ligne 1. M. Éd. Fournier suppose que le nom gratté au manuscrit est celui de Leclerc : voyez ses *Variétés historiques et littéraires*, tome IX, p. 310 et 311, note.

Tome III.

P. 229, ligne 21, differenco, *lisez :* différence.
P. 321, ligne 15, Choiseuil, *lisez :* Choiseul.
P. 342, ligne 5, singulèrement, *lisez :* singulièrement.

Tome IV.

P. 255, note 1, citron, *lisez :* Citron.
P. 356, note 1, Unpamphile, *lisez :* Un Pamphile.
P. 471, ligne avant-dernière, Noirmoustiers, *lisez :* Noirmonstiers.

Tome V.

P. 129, ligne 6 du sommaire, Flandre, *lisez :* Flandres.

Tome VI.

P. 67, ligne 5 et 6, s'encourageant, *lisez :* s'encourageants.
P. 100, ligne 9 du sommaire, Madame la duchesse, *lisez :* Madame la Duchesse.
P. 143, ligne 1, retours, *lisez :* retour.

P. 285, note 1, *Forme*, lisez : *Formes*.
P. 430, ligne 29, le roi, *lisez :* le Roi.

Tome VII.

P. 306, ligne 10, il n'y en eu point, *lisez :* il n'y en eut point.

Tome VIII.

P. 73, ligne 27 du sommaire, désire, *lisez :* desire.
P. 206, note 1, ou, *lisez :* où.
P. 409, ligne 9, joulousie, *lisez :* jalousie.
Ibid., ligne 31, touvoient, *lisez :* trouvoient.

Tome IX.

P. 88, ligne 10, d'Orance, *lisez :* d'Orange.
P. 228, ligne 12, de Lude, *lisez :* du Lude.
P. 241, note 2, a bien écrit les *eau bénite*, lisez : a bien écrit *eau bénite*.
P. 259, ligne 32, amité, *lisez :* amitié.
P. 367, ligne 31, dépit, *lisez :* dépits.

Tome X.

P. 104, ligne 2, Desmarest, *lisez :* Desmarets.
P. 342, ligne 19 du sommaire, Près. *lisez :* Prés.
P. 422, ligne 13, du justice, *lisez :* de justice.
P. 456, ligne antépénultième du sommaire, Cour, *lisez :* Court.

Tome XI.

P. 163, ligne 3, dequis, *lisez :* depuis.
P. 289, ligne 23, conversation, *lisez :* conservation.
P. 466, ligne 37, scéleratesse, *lisez :* scélératesse.

Tome XII.

P. 53, ligne 15, mettez une virgule après le mot *subalterne*, et une autre, deux lignes plus loin, après le mot *régiment*.

Tome XIV.

P. 24, ligne 9, placez entre crochets le mot *du*, sauté par Saint-Simon en passant d'une page à une autre.

ERRATA.

P. 79, ligne 32, Boromée, *lisez :* Borromée.
P. 159, note 1, manuscrit, *lisez :* manuscrit.

Tome XVI.

P. 173, ligne 6, de public, *lisez :* du public.

Tome XVII.

P. 211, ligne 3 et lig. 4 du sommaire, Harley, *lisez :* Harlay.
P. 410, ligne 26 du sommaire, Hiéronimites, *lisez :* Hiéronymites.
P. 448, ligne 2, Harley, *lisez :* Harlay.

Tome XVIII.

P. 2, ligne 42, Montleon, *lisez :* Montelcon.

Tome XIX.

P. 60, ligne 7 du sommaire, maîtres de requêtes, *lisez :* maîtres des requêtes.
P. 61, ligne 1, quatres offrandes, *lisez :* quatre offrandes.
P. 110, ligne 7 du sommaire, Bedmard, *lisez :* Bedmar.
P. 289, ligne 3, 28 mars 171, *lisez :* 28 mars 1717.

2999 Paris.— Imprimerie ARNOUS DE RIVIÈRE et Cie, rue Racine, 26.

www.ingramcontent.com/pod-product-compliance
Lightning Source LLC
Chambersburg PA
CBHW070605230426
43670CB00010B/1415